中国共产党党内法规选编

（1978—1996）

中共中央办公厅法规室
中共中央纪委法规室　编
中共中央组织部办公厅

法律出版社

编辑说明

一、《中国共产党党内法规选编》是经中央领导同志批准，由中央办公厅法规室、中央纪委法规室、中央组织部办公厅共同编辑的。《选编》收录了党的十一届三中全会以来中共中央、中央纪委、中央办公厅、中央组织部发布的部分现行有效的党内法规。

二、《选编》按照《中国共产党章程》的体例编排。各部分党内法规的排列以发布时间先后为序。

三、对收入《选编》的标有密级的党内法规，均按照国家有关法律规定履行了解密手续。同时，对个别党内法规进行了注释。

四、《选编》收入的党内法规，截止日期为1996年5月4日。

中共中央办公厅法规室
中共中央纪委法规室
中共中央组织部办公厅
1996年5月30日

目　录

中国共产党章程 …………………………………………………………… 1
（中国共产党第十四次全国代表大会部分修改　1992 年 10 月 18 日通过）
附:1. 中国共产党第十四次全国代表大会关于《中国共产党章程》(修正案)的决议 …………………………………………… 18
(1992 年 10 月 18 日通过)
2. 关于《中国共产党章程(修正案)》的说明 …………………………… 19
(党章修改小组　1992 年 10 月 12 日)
3. 中国共产党十四大秘书处负责人就十四大部分修改并通过的《中国共产党章程》答新华社记者问 …………………… 25
关于党内政治生活的若干准则 ……………………………………………… 30
(1980 年 2 月 29 日中国共产党第十一届中央委员会第五次全体会议通过)
关于建国以来党的若干历史问题的决议 …………………………………… 42
(1981 年 6 月 27 日中国共产党第十一届中央委员会第六次全体会议通过)
中共中央关于加强党同人民群众联系的决定 ……………………………… 75
(1990 年 3 月 12 日中国共产党第十三届中央委员会第六次全体会议通过)
中共中央关于加强党的建设几个重大问题的决定 ………………………… 82
(1994 年 9 月 28 日中国共产党第十四届中央委员会第四次全体会议通过)

党　员

中共中央关于处理建国前党员脱党期间党籍、党龄问题的几点补充规定 …… 94
(1982年5月14日)
附:中共中央关于对脱党分子的党籍和工作的处理和计算党龄问题的指示 …… 97
(1949年11月20日)
中国共产党发展党员工作细则(试行) …… 99
(中共中央组织部1990年8月1日印发)
关于加强党员流动中组织关系管理的暂行规定 …… 104
(中共中央组织部1994年1月4日印发)
关于共产党员交纳党费办法的规定 …… 106
(中共中央组织部1994年2月18日印发)
中共中央组织部关于试行《流动党员活动证》制度的通知 …… 108
(1994年12月19日)
中国共产党党员权利保障条例(试行) …… 121
(中共中央1995年1月7日印发)

党的组织制度

各级党委组织部门处理来信来访工作暂行条例 …… 127
(中共中央组织部1980年3月3日印发)
中共中央组织部关于进一步健全县以上领导干部生活会制度的通知 …… 131
(1981年8月25日)
党政机关信访工作暂行条例(草案) …… 133
(中共中央办公厅、国务院办公厅1982年4月8日转发)
机关档案工作条例 …… 137
(中共中央办公厅、国务院办公厅1983年4月28日印发)
关于中央文件印发、阅读和管理的办法 …… 141
(中共中央办公厅1985年6月10日印发)

中共中央批转《中央组织部关于建立民主评议党员制度的意见》的通知 …… 143
（1988 年 12 月 15 日）
中共中央关于坚持和完善中国共产党领导的多党合作和政治协商制度的意见 …… 146
（1989 年 12 月 30 日）
关于县以上党和国家机关党员领导干部民主生活会的若干规定 …… 152
（中共中央 1990 年 5 月 25 日印发）
中国共产党党校工作暂行条例 …… 155
（中共中央 1995 年 9 月 6 日印发）
中国共产党党内统计工作规定 …… 162
（中共中央组织部 1996 年 1 月 3 日印发）
中国共产党机关公文处理条例 …… 165
（经中共中央批准　中共中央办公厅 1996 年 5 月 3 日印发）

党的中央组织

中共中央办公厅关于中央直属机关领导体制问题的通知 …… 173
（1979 年 8 月 17 日）
中共中央批转《中央组织部、中央直属机关党委、中央国家机关党委关于加强和改进中央党政机关党的工作的意见》的通知 …… 175
（1988 年 2 月 13 日）

党的地方组织

关于党的地方各级代表大会若干具体问题的暂行规定 …… 180
（中共中央组织部 1985 年 2 月 1 日印发）
关于党的省、自治区、直辖市代表大会实行差额选举的暂行办法 …… 187
（中共中央组织部 1988 年 3 月 26 日印发）
中国共产党地方组织选举工作条例 …… 189
（中共中央 1994 年 1 月 26 日印发）
中国共产党地方委员会工作条例（试行） …… 195
（中共中央 1996 年 4 月 5 日印发）

党的基层组织

中国共产党全民所有制工业企业基层组织工作条例 …… 202
(中共中央、国务院1986年9月15日印发)
中共中央、国务院关于认真贯彻执行全民所有制工业企业三个条例的补充通知 …… 207
(1986年11月11日)
中共中央组织部、财政部关于企业党组织活动经费问题的通知 …… 208
(1989年1月6日)
中国共产党基层组织选举工作暂行条例 …… 209
(中共中央1990年6月27日印发)
中共中央组织部关于党的基层组织任期的意见 …… 213
(中共中央办公厅1993年7月6日转发)
中共中央组织部关于加强股份制企业中党的工作的几点意见 …… 214
(1994年4月23日)
中国共产党普通高等学校基层组织工作条例 …… 217
(中共中央1996年3月18日印发)
中共中央组织部关于在现代企业制度百家试点企业中加强和改进党的工作的意见(试行) …… 222
(1996年4月20日)

党的干部

中共中央、国务院关于高级干部生活待遇的若干规定 …… 226
(1979年11月13日)
中共中央组织部关于实行干部考核制度的意见 …… 230
(1979年11月21日)
中共中央关于建立老干部退休制度的决定 …… 233
(1982年2月20日)
关于确定建国前干部参加革命工作时间的规定 …… 239
(中共中央组织部、劳动人事部1982年9月27日印发)
中共中央、国务院关于中央党政机关干部教育工作的决定 …… 242

(1982 年 10 月 3 日)
中共中央办公厅、国务院办公厅关于新任副部长、副省长以上干部生活待遇的几项暂行规定 …………………………………… 247
(1983 年 5 月 21 日)
中共中央办公厅、中共中央组织部关于省级以下负责干部退出领导岗位时不要发致敬信的通知 ………………………………… 249
(1983 年 6 月 4 日)
中共中央组织部关于建立省部级后备干部制度的意见 …………… 250
(1983 年 10 月 5 日)
中共中央关于任免国家机关领导人员必须严格依照法律程序办理的通知 ……………………………………………………… 253
(1984 年 4 月 26 日)
附:中共中央组织部关于任免国家机关和其他行政领导职务必须按照法律程序和有关规定办理的通知 …………………… 254
(1983 年 9 月 8 日)
中共中央办公厅、国务院办公厅关于贯彻执行离休干部生活待遇规定的通知 …………………………………………………… 256
(1984 年 6 月 3 日)
中共中央办公厅、国务院办公厅关于简化各级领导干部外出活动接待工作的若干规定 ……………………………………… 258
(1986 年 1 月 23 日)
中共中央关于严格按照党的原则选拔任用干部的通知 …………… 260
(1986 年 1 月 28 日)
中共中央办公厅、国务院办公厅关于加强县以上领导机关秘书工作人员管理的规定 ……………………………………………… 264
(1986 年 7 月 24 日)
中共中央关于建立健全省部级在职领导干部学习制度的通知 ……… 267
(1989 年 12 月 27 日)
中共中央关于地方党委向地方国家机关推荐领导干部的若干规定 ……………………………………………………………… 269
(1990 年 1 月 12 日)
中共中央关于实行党和国家机关领导干部交流制度的决定 ……… 272
(1990 年 7 月 7 日)

中共中央关于党和国家高级干部逝世后丧事改革的通知 …………………… 274
(1991 年 6 月 26 日)
中共中央组织部关于干部双重管理工作若干问题的通知 …………………… 275
(1991 年 11 月 15 日)
干部统计工作暂行规定 …………………………………………………………… 278
(中共中央组织部、人事部 1992 年 5 月 11 日印发)
中共中央组织部关于积极大胆地做好选拔年轻干部工作的通知 ………… 281
(1992 年 11 月 3 日)
中共中央组织部关于中国共产党机关参照试行《国家公务员暂行条例》的实施意见……………………………………………………………… 284
(中共中央 1993 年 9 月 13 日转发)
中国共产党机关参照试行《国家公务员暂行条例》实施方案 ……………… 287
(中共中央组织部 1993 年 12 月 8 日印发)
中共中央组织部、中共中央统战部、国家民族事务委员会关于进一步做好培养选拔少数民族干部工作的意见 ……………………………… 290
(1993 年 12 月 30 日)
党政领导干部选拔任用工作暂行条例 …………………………………………… 295
(中共中央 1995 年 2 月 9 日印发)

党的纪律

中共中央关于禁止在对外活动中送礼、受礼的决定……………………………… 305
(1980 年 8 月 16 日)
中共中央、国务院关于严禁进口、复制、销售、播放反动黄色下流录音录像制品的规定 ………………………………………………………… 307
(1982 年 2 月 27 日)
中共中央纪律检查委员会、公安部为查禁反动黄色下流录音录像制品联合向在京有关单位宣布五条规定(节选) ………………………… 309
(1982 年 4 月 10 日)
中共中央纪律检查委员会关于彻底查禁传播淫秽录像图书制造淫乱活动的通知(节选) ……………………………………………………… 310
(1983 年 12 月 6 日)
中共中央、国务院关于严禁党政机关和党政干部经商、办企业的

决定 …………………………………………………………… 312
(1984 年 12 月 3 日)
中共中央、国务院关于禁止领导干部的子女、配偶经商的决定 ………… 316
(1985 年 5 月 23 日)
中共中央办公厅、国务院办公厅关于党政机关干部不兼任经济实体职务的补充通知 ……………………………………… 317
(1985 年 7 月 9 日)
国家经济体制改革委员会关于成立全国性组织的若干规定 ………… 318
(中共中央办公厅、国务院办公厅 1985 年 9 月 25 日转发)
中共中央办公厅关于严格控制为个人举办工作周年纪念活动的通知 …………………………………………………………… 322
(1985 年 11 月 7 日)
中共中央办公厅、国务院办公厅关于坚决制止干部用公款旅游的通知 …………………………………………………………… 323
(1986 年 2 月 1 日)
中共中央、国务院关于进一步制止党政机关和党政干部经商、办企业的规定 ……………………………………………… 325
(1986 年 2 月 4 日)
附：中共中央办公厅、国务院办公厅关于贯彻执行《中共中央、国务院关于进一步制止党政机关和党政干部经商、办企业的规定》几个问题的说明 …………………………………… 327
(1986 年 3 月 29 日)
中共中央办公厅、国务院办公厅关于中央机关团体购买自用农副土特产品的规定 ………………………………………… 328
(1986 年 5 月 18 日)
中共中央纪律检查委员会、国家教育委员会关于进一步纠正各类高等学校招生工作中不正之风的通知 ………………………… 329
(1986 年 5 月 30 日)
中共中央纪律检查委员会关于共产党员必须严格遵守党章的通知 …………………………………………………………… 331
(1987 年 1 月 13 日)
中共中央、国务院关于严格控制党政机关干部出国问题的若干规定 …………………………………………………………… 333

(1987年7月4日)
中共中央纪律检查委员会关于对党员干部加强党内纪律监督的若干规定(试行) …… 337
(1987年7月29日)
党员领导干部犯严重官僚主义失职错误党纪处分的暂行规定 …… 341
(中共中央纪律检查委员会1988年5月23日印发)
共产党员在涉外活动中违犯纪律党纪处分的暂行规定 …… 345
(中共中央纪律检查委员会1988年5月23日印发)
对参与嫖娼、卖淫活动的共产党员及有关责任者党纪处分的暂行规定 …… 347
(中共中央纪律检查委员会1988年5月23日印发)
中共中央办公厅、国务院办公厅关于县以上党和国家机关退(离)休干部经商办企业问题的若干规定 …… 348
(1988年10月3日)
中共中央办公厅、国务院办公厅关于清理党和国家机关干部在公司(企业)兼职有关问题的通知 …… 350
(1989年2月5日)
中共中央办公厅、国务院办公厅关于严格控制领导干部出国访问的规定 …… 352
(1989年8月17日)
中共中央办公厅、国务院办公厅关于中央党政机关汽车配备和使用管理的规定 …… 354
(1989年9月6日)
中共中央办公厅、国务院办公厅关于在国内公务活动中严禁用公款宴请和有关工作餐的规定 …… 356
(1989年9月18日)
中共中央纪律检查委员会关于共产党员违反社会主义道德党纪处分的若干规定(试行) …… 358
(1989年12月28日)
附:关于《中共中央纪律检查委员会关于共产党员违反社会主义道德党纪处分的若干规定(试行)》的说明 …… 360
中共中央纪律检查委员会关于共产党员在经济方面违法违纪党纪处分的若干规定(试行) …… 362

(1990 年 7 月 1 日)
附:《中共中央纪律检查委员会关于共产党员在经济方面违法违纪党纪处分的若干规定(试行)》的几点说明 …… 369
中共中央纪律检查委员会关于对妨碍违纪案件查处的党组织和党员党纪处分的规定(试行) …… 373
(1990 年 7 月 11 日)
中共中央纪律检查委员会关于印发《中共中央纪委关于清理党政干部违纪违法建私房和用公款超标准装修住房的报告》的通知 …… 378
(1990 年 7 月 12 日)
中共中央保密委员会关于高级干部保守党和国家秘密的规定 …… 381
(中共中央 1990 年 12 月 13 日转发)
中共中央办公厅、国务院办公厅关于严格控制领导干部出国访问的补充规定 …… 383
(1991 年 3 月 28 日)
中共中央办公厅、国务院办公厅关于处理党和国家机关正、副省(部)级干部用公款、公物超标准装修住房问题的通知 …… 384
(1991 年 11 月 20 日)
中共中央办公厅、国务院办公厅关于党政机关兴办经济实体和党政机关干部从事经营活动问题的通知 …… 386
(1992 年 6 月 26 日)
中共中央办公厅、国务院办公厅关于严禁用公费变相出国(境)旅游的通知 …… 388
(1993 年 10 月 2 日)
中共中央、国务院关于反腐败斗争近期抓好几项工作的决定 …… 390
(1993 年 10 月 5 日)
中共中央纪律检查委员会、中共中央组织部、监察部关于党政机关县(处)级以上领导干部廉洁自律“五条规定”的实施意见 …… 392
(1993 年 10 月 8 日)
中共中央办公厅、国务院办公厅关于转发《国家经贸委关于党政机关与所办经济实体脱钩的规定》的通知 …… 394
(1993 年 10 月 9 日)
中共中央办公厅、国务院办公厅关于认真贯彻执行《国务院关于在对外公务活动中赠送和接受礼品的规定》的通知 …… 397

(1993年12月16日)
附:国务院关于在对外公务活动中赠送和接受礼品的规定 …………… 399
(1993年12月5日中华人民共和国国务院令第133号发布)
中共中央纪律检查委员会关于党政机关县(处)级以上干部违反廉洁自律“五条规定”行为的党纪处理办法 …………… 401
(1993年12月29日)
附:《中共中央纪律检查委员会关于共产党员在经济方面违法违纪党纪处分的若干规定(试行)》有关条文 …………… 403
中共中央纪律检查委员会关于中央纪委三次全会重申和提出的党政机关县(处)级以上领导干部廉洁自律“五条规定”的实施意见 …………… 404
(1994年4月20日)
中共中央办公厅、国务院办公厅关于党政机关工作人员在国内公务活动中食宿不准超过当地接待标准的通知 …………… 408
(1994年4月28日)
国务院纠正行业不正之风办公室关于清理党政机关及其工作人员利用职权无偿占用企业钱物的实施意见 …………… 409
(中共中央办公厅、国务院办公厅1994年7月6日转发)
中共中央纪律检查委员会关于党政机关县(处)级以上领导干部廉洁自律补充规定的实施和处理意见 …………… 411
(1995年4月14日)
关于党政机关县(处)级以上领导干部收入申报的规定 …………… 414
(中共中央办公厅、国务院办公厅1995年4月30日印发)
关于对党和国家机关工作人员在国内交往中收受的礼品实行登记制度的规定 …………… 416
(中共中央办公厅、国务院办公厅1995年4月30日印发)
中共中央纪律检查委员会关于国有企业领导干部廉洁自律“四条规定”的实施和处理意见 …………… 419
(1995年5月11日)

党的纪律检查机关

中共中央纪律检查委员会、中共中央组织部关于加强各级纪律检查部门与组织部门相互联系的通知 …………………………… 422
(1982 年 4 月 22 日)
中共中央纪律检查委员会关于健全党的纪律检查系统加强纪检队伍建设的暂行规定 ………………………………………… 423
(1983 年 3 月 2 日)
中共中央纪律检查委员会关于未在纪检部门担任具体工作的中纪委委员工作的几项规定 ………………………………… 427
(1983 年 3 月 2 日)
党的纪律检查机关案件审理工作条例 ………………………………… 428
(中共中央纪律检查委员会 1987 年 7 月 14 日印发)
中共中央纪律检查委员会关于建立健全报告制度的通知 ……………… 433
(1988 年 4 月 19 日)
中共中央纪律检查委员会、最高人民检察院关于党的纪律检查委员会与国家检察机关建立联系制度的通知 ……………… 434
(1988 年 11 月 21 日)
纪检机关档案工作管理规定(试行) ……………………………………… 436
(中共中央纪律检查委员会办公厅 1989 年 4 月 28 日印发)
中共中央纪律检查委员会、最高人民法院、最高人民检察院、公安部关于纪律检查机关与法院、检察院、公安机关在查处案件过程中互相提供有关案件材料的通知 …………………………… 440
(1989 年 9 月 17 日)
中共中央纪律检查委员会机关提高办案效率防止案件积压的暂行办法 …………………………………………………………… 442
(中共中央纪律检查委员会办公厅 1989 年 10 月 28 日印发)
中共中央纪律检查委员会、中共中央组织部、监察部、人事部关于加强工作联系的通知 ……………………………………… 444
(1990 年 8 月 4 日)
中共中央纪律检查委员会关于全民所有制工业企业纪律检查工作的暂行规定 …………………………………………………… 445

(1990 年 11 月 5 日)
中共中央纪律检查委员会关于中央纪委派驻纪检组和各部门党组纪检组(纪委)若干问题的规定(试行) …………………………………… 450
(1991 年 4 月 23 日)
中共中央纪律检查委员会办公厅关于中央纪委案件审理室承办的征求意见案件的办理办法 …………………………………… 453
(1991 年 6 月 13 日)
中共中央纪律检查委员会关于审理党员违纪案件工作程序的规定 …………………………………… 455
(1991 年 7 月 13 日)
中共中央纪律检查委员会关于查处党员违纪案件中收集、鉴别、使用证据的具体规定 …………………………………… 461
(1991 年 7 月 23 日)
中共中央纪律检查委员会关于所要作出的处分决定和所依据的事实材料同犯错误党员见面的具体办法 …………………………………… 465
(1991 年 7 月 23 日)
中共中央纪律检查委员会、监察部关于党的纪律检查机关和国家行政监察机关在案件查处工作中分工协作的补充规定 …………………… 467
(1992 年 1 月 13 日)
中共中央纪律检查委员会、中共中央组织部关于省、自治区、直辖市纪委和中央、国家机关各部门纪检组(纪委)领导干部任免审批程序的通知 …………………………………… 469
(1992 年 4 月 17 日)
中共中央纪律检查委员会办公厅关于中央、中央纪委决定或批准的对犯错误党员的处分执行程序的通知 …………………………………… 471
(1992 年 9 月 5 日)
中共中央纪律检查委员会关于加强纪检条规解答工作的通知 ………… 473
(1993 年 4 月 22 日)
中共中央纪律检查委员会、监察部关于中央直属机关和中央国家机关纪检、监察机构设置的意见 …………………………………… 474
(1993 年 5 月 18 日)
中国共产党纪律检查机关控告申诉工作条例 …………………………………… 477
(中共中央纪律检查委员会 1993 年 8 月 22 日印发)

中共中央纪律检查委员会、最高人民检察院、监察部关于纪检监察机关和检察机关在反腐败斗争中加强协作的通知 ······ 484
(1993 年 11 月 5 日)
中国共产党纪律检查机关案件检查工作条例 ······ 486
(中共中央纪律检查委员会 1994 年 3 月 25 日印发)
中国共产党纪律检查机关案件检查工作条例实施细则 ······ 493
(中共中央纪律检查委员会 1994 年 3 月 25 日印发)
中共中央纪律检查委员会办公厅关于建立纪检监察工作统计分析制度的意见 ······ 518
(1994 年 6 月 14 日)
中共中央纪律检查委员会办公厅关于中央和国家机关各部委纪检监察机关执行案件备案制度的通知 ······ 520
(1994 年 6 月 24 日)
中共中央纪律检查委员会办公厅关于纪检条规备案工作的通知 ······ 526
(1994 年 9 月 6 日)
中共中央纪律检查委员会、最高人民法院、最高人民检察院、公安部、监察部关于采取有力措施保护执纪执法办案人员合法权利的通知 ······ 529
(1994 年 11 月 21 日)
关于保护检举、控告人的规定 ······ 531
(中共中央纪律检查委员会、监察部 1996 年 1 月 19 日印发)

党　组

中共中央关于建立党组、党委问题的补充通知 ······ 533
(1978 年 4 月 5 日)
中共中央组织部转发《中央国家机关工委关于中央国家机关各部门党组指导机关党委工作的意见》的通知 ······ 534
(1994 年 6 月 21 日)

其　他

中共中央关于清理历史遗留问题中涉及到有关中央文件的处理

办法的通知 …………………………………………………………………… 537
(1979 年 8 月 17 日)
中共中央关于坚持“少宣传个人”的几个问题的指示 ……………………… 539
(1980 年 7 月 30 日)
中共中央办公厅、国务院办公厅关于重申严格控制建立纪念设施
的通知 …………………………………………………………………… 541
(1988 年 8 月 31 日)
中国共产党党内法规制定程序暂行条例 ………………………………… 542
(中共中央 1990 年 7 月 31 日印发)
中共中央办公厅关于党内法规备案工作有关问题的通知 ……………… 546
(1990 年 11 月 12 日)
中共中央办公厅、国务院办公厅关于严格执行建立纪念设施有关
规定的通知 ……………………………………………………………… 547
(1996 年 2 月 17 日)

中国共产党章程

（中国共产党第十四次全国代表大会部分修改
1992 年 10 月 18 日通过）

总　纲

中国共产党是中国工人阶级的先锋队，是中国各族人民利益的忠实代表，是中国社会主义事业的领导核心。党的最终目标，是实现共产主义的社会制度。

中国共产党以马克思列宁主义、毛泽东思想作为自己的行动指南。

马克思列宁主义揭示了人类社会历史发展的普遍规律，分析了资本主义制度本身无法克服的固有矛盾，指出社会主义社会必然代替资本主义社会、最后必然发展为共产主义社会。《共产党宣言》发表一百多年来的历史证明，科学社会主义理论是正确的，社会主义具有强大的生命力。社会主义的本质，是解放生产力，发展生产力，消灭剥削，消除两极分化，最终达到共同富裕。社会主义制度的发展和完善是一个长期的历史过程。社会主义在发展过程中会有曲折和反复，但是社会主义必然代替资本主义是社会历史发展不可逆转的总趋势。社会主义必将通过各国人民自愿选择的、适合本国特点的道路，逐步取得胜利。

以毛泽东同志为主要代表的中国共产党人，把马克思列宁主义的基本原理同中国革命的具体实践结合起来，创立了毛泽东思想。毛泽东思想是马克思列宁主义在中国的运用和发展，是被实践证明了的关于中国革命和建设的正确的理论原则和经验总结，是中国共产党集体智慧的结晶。

中国共产党领导全国各族人民，经过长期的反对帝国主义、封建主义、官僚资本主义的革命斗争，取得了新民主主义革命的胜利，建立了人民民主专政的中华人民共和国；建国以后，顺利地进行了社会主义改造，完成了从新民主主义到社会主义的过渡，确立了社会主义制度，发展了社会主义的经济、政治和文化；十一届三中全会以来，党总结正反两方面的经验，解放思想，实事求是，实现全党工作中心向经济建设的转移，实行改革开放，把马克思主义的基本原理与当代中国社会主义建设的实践相结合，逐步形成了建设有中国特色社会主义的理论和路线、方针、政策,开创了社会主义事业发展的新时期。建设有中国特色社会主义的理论,阐明了在中国建设社会主义、巩固和发展社会主义的基本问题,继承和发展了马克思主义,是引导我国社会主义事业不断前进的指针。

我国正处于社会主义初级阶段。这是在经济文化落后的中国建设社会主义现代化不可逾越的历史阶段,需要上百年的时间。我国的社会主义建设,必须从我国的国情出发,走有中国特色的社会主义道路。在现阶段,我国社会的主要矛盾是人民日益增长的物质文化需要同落后的社会生产之间的矛盾。由于国内的因素和国际的影响,阶级斗争还在一定范围内长期存在,在某种条件下还有可能激化,但已经不是主要矛盾。我国社会主义建设的根本任务,是进一步解放生产力,发展生产力,逐步实现社会主义现代化,并且为此而改革生产关系和上层建筑中不适应生产力发展的方面和环节。必须坚持以生产资料公有制为主体、多种经济成分并存的所有制结构,实行以按劳分配为主体、其他分配方式为补充的分配制度,鼓励一部分地区和一部分人先富起来,逐步消灭贫穷,达到共同富裕,在生产发展和社会财富增长的基础上不断满足人民日益增长的物质文化需要。各项工作都要把有利于发展社会主义社会的生产力,有利于增强社会主义国家的综合国力,有利于提高人民的生活水平,作为总的出发点和检验标准。我国经济发展的战略目标,是实现本世纪末国民生产总值比1980年翻两番,下世纪中叶人均国民生产总值达到中等发达国家水平。

中国共产党在社会主义初级阶段的基本路线是:领导和团结全国各族人民,以经济建设为中心,坚持四项基本原则,坚持改革开放,自力更生,艰苦创业,为把我国建设成为富强、民主、文明的社会主义现代化国家而奋斗。

中国共产党在领导社会主义事业中,必须坚持以经济建设为中心,其他各项工作都服从和服务于这个中心。要抓紧时机,加快发展,充分发挥科学技术作为第一生产力的作用,依靠科技进步,提高劳动者素质,做到效益好、质量高、速度快,努力把经济建设搞上去。

坚持社会主义道路、坚持人民民主专政、坚持中国共产党的领导、坚持马克思列宁主义毛泽东思想这四项基本原则,是我们的立国之本。在社会主义现代化建设的整个过程中,必须坚持四项基本原则,反对资产阶级自由化。

改革开放是解放和发展生产力的必由之路。要从根本上改革束缚生产力发展的经济体制,建立社会主义市场经济体制;与此相适应,要进行政治体制改革和其他领域的改革。开放包括对外对内的全面开放。要发展对外经济技术交流与合作,更多更好地利用外来资金、资源和技术,吸收和借鉴人类社会创造的一切文明成果,包括西方发达国家的一切反映现代社会化生产规律的先进经营方式、管理方法。改革开放应当大胆探索，勇于开拓，在实践中开创新路。

中国共产党领导人民在建设物质文明的同时，努力建设社会主义精神文明。社会主义精神文明建设为经济建设和改革开放提供强大的精神动力和智力支持，创造良好的社会环境。应当大力发展教育、科学、文化事业，尊重知识，尊重人才，提高全民族的思想道德和科学文化素质，弘扬民族优秀传统文化，繁荣和发展社会主义文化。应当用党的基本路线和爱国主义、集体主义、社会主义思想教育党员和人民群众，增强民族自尊、自信和自强精神，对党员还要进行共产主义远大理想教育，抵御资本主义和封建主义腐朽思想的侵蚀，扫除各种社会丑恶现象，努力使我国人民成为有理想、有道德、有文化、有纪律的人民。

中国共产党领导人民发展社会主义民主，健全社会主义法制，巩固人民民主专政。坚持人民代表大会制度，坚持共产党领导的多党合作和政治协商制度。积极支持人民当家作主，切实保障人民管理国家事务和社会事务、管理经济和文化事业的权利。广开言路，建立健全民主决策、民主监督的制度和程序。加强国家立法和法律实施工作，使国家各项工作逐步走上法制化轨道。加强社会治安综合治理，保持社会长期稳定。坚决打击各种危害国家安全和利益、危害社会稳定和经济发展的犯罪活动和犯罪分子。严格区分和正确处理敌我矛盾和人民内部矛盾这两类不同性质的矛盾。

中国共产党坚持对人民解放军和其他人民武装力量的领导，加强人民解放军的建设，充分发挥人民解放军在巩固国防、保卫祖国和参加社会主义现代化建设中的作用。

中国共产党维护和发展国内各民族的平等、团结、互助关系，坚持实行和不断完善民族区域自治制度，积极培养、选拔少数民族干部，帮助各少数民族地区发展经济、文化，实现各民族的共同繁荣和全面进步。

中国共产党同全国各民族工人、农民、知识分子团结在一起，同各民主党派、无党派民主人士、各民族的爱国力量团结在一起，进一步发展和壮大由全体社会主义劳动者、拥护社会主义的爱国者、拥护祖国统一的爱国者组成的最广泛的爱国统一战线。不断加强全国人民包括台湾同胞、港澳同胞和海外侨胞的团结。按照“一个国家、两种制度”的方针，完成祖国统一的大业。

中国共产党主张积极发展对外关系，努力为我国的改革开放和现代化建设争取有利的国际环境。在国际事务中，坚持独立自主的和平外交政策，维护我国的独立和主权，反对霸权主义和强权政治，维护世界和平，促进人类进步。在互相尊重主权和领土完整、互不侵犯、互不干涉内政、平等互利、和平共处五项原则的基础上，发展我国同世界各国的关系。不断发展我国同周边国家的睦邻友好关系,加强同发展中国家的团结与合作。按照独立自主、完全平等、互相尊重、互不干涉内部事务的原则,发展我党同各国共产党和其他政党的关系。

中国共产党要领导全国各族人民实现社会主义现代化的宏伟目标,必须紧密围绕党的基本路线加强党的建设,坚持从严治党,发扬党的优良传统和作风,提高党的战斗力,把党建设成为领导全国人民沿着有中国特色的社会主义道路不断前进的坚强核心。党的建设必须坚决实现以下四项基本要求:

第一,坚持党的基本路线。全党要用建设有中国特色社会主义的理论和党的基本路线统一思想,统一行动,并且毫不动摇地长期坚持下去。必须把改革开放同四项基本原则统一起来,全面落实党的基本路线,反对一切"左"的和右的错误倾向,要警惕右,但主要是防止"左"。加强各级领导班子建设,选拔使用在改革开放和社会主义现代化建设中政绩突出、群众信任的干部,培养和造就千百万社会主义事业接班人,从组织上保证党的基本路线的贯彻落实。

第二,坚持解放思想,实事求是。党的思想路线是一切从实际出发,理论联系实际,实事求是,在实践中检验真理和发展真理。全党必须依据这条思想路线,积极探索,大胆试验,创造性地开展工作,不断研究新情况,总结新经验,解决新问题,在实践中丰富和发展马克思主义。

第三,坚持全心全意为人民服务。党除了工人阶级和最广大人民群众的利益,没有自己特殊的利益。党在任何时候都把群众利益放在第一位,同群众同甘共苦,保持最密切的联系,不允许任何党员脱离群众,凌驾于群众之上。党在自己的工作中实行群众路线,一切为了群众,一切依靠群众,从群众中来,到群众中去,把党的正确主张变为群众的自觉行动。党风问题、党同人民群众联系问题是关系党生死存亡的问题,党坚持不懈地反对腐败,加强党风建设和廉政建设。

第四,坚持民主集中制。民主集中制是民主基础上的集中和集中指导下的民主相结合。它既是党的根本组织原则,也是群众路线在党的生活中的运用。必须充分发扬党内民主,发挥各级党组织和广大党员的积极性创造性。必须实行正确的集中,保证全党行动的一致,保证党的决定得到迅速有效的贯彻执行。加强组织性纪律性,在党的纪律面前人人平等。党在自己的政治生活中正确地开展批评和自我批评,在原则问题上进行思想斗争,坚持真理,修正错误。努力造成又有集中又有民主,又有纪律又有自由,又有统一意志又有个人心情舒畅的生动活泼的政治局面。

党的领导主要是政治、思想和组织的领导。党要适应改革开放和社会主义现代化建设的要求,加强和改善党的领导。党必须集中精力领导经济建设,组织、协调各方面的力量,同心协力,围绕经济建设开展工作。党必须实行民主的科学的决策,制定和执行正确的路线、方针、政策,做好党的组织工作和宣传教育工作,发挥全体党员的先锋模范作用。党必须在宪法和法律的范围内活动。党必须保证国家的立法、司法、行政机关,经济、文化组织和人民团体积极主动地、独立负责地、协调一致地工作。党必须加强对工会、共产主义青年团、妇女联合会等群众组织的领导,充分发挥它们的作用。党必须适应形势的发展和情况的变化,不断改进领导方式和方法,提高领导水平。共产党员必须同党外群众亲密合作,共同为建设有中国特色的社会主义而奋斗。

第一章　党　　员

第一条　年满十八岁的中国工人、农民、军人、知识分子和其他革命分子,承认党的纲领和章程,愿意参加党的一个组织并在其中积极工作、执行党的决议和按期交纳党费的,可以申请加入中国共产党。

第二条　中国共产党党员是中国工人阶级的有共产主义觉悟的先锋战士。

中国共产党党员必须全心全意为人民服务,不惜牺牲个人的一切,为实现共产主义奋斗终身。

中国共产党党员永远是劳动人民的普通一员。除了法律和政策规定范围内的个人利益和工作职权以外,所有共产党员都不得谋求任何私利和特权。

第三条　党员必须履行下列义务:

(一)认真学习马克思列宁主义、毛泽东思想,学习建设有中国特色社会主义的理论和党的路线、方针、政策及决议,学习党的基本知识,学习科学、文化和业务知识,努力提高为人民服务的本领。

(二)贯彻执行党的基本路线和各项方针、政策,带头参加改革开放和社会主义现代化建设,带动群众为经济发展和社会进步艰苦奋斗,在生产、工作、学习和社会生活中起先锋模范作用。

(三)坚持党和人民的利益高于一切,个人利益服从党和人民的利益,吃苦在前,享受在后,克己奉公,多做贡献。

(四)自觉遵守党的纪律和国家的法律,严格保守党和国家的秘密,执行党的决定,服从组织分配,积极完成党的任务。

(五)维护党的团结和统一,对党忠诚老实,言行一致,坚决反对一切派别组织和小集团活动,反对阳奉阴违的两面派行为和一切阴谋诡计。

(六)切实开展批评和自我批评,勇于揭露和纠正工作中的缺点、错误,坚决同消极腐败现象作斗争。

(七)密切联系群众,向群众宣传党的主张,遇事同群众商量,及时向党反映群众的意见和要求,维护群众的正当利益。

(八)发扬社会主义新风尚,提倡共产主义道德,为了保护国家和人民的利益,在一切困难和危险的时刻挺身而出,英勇斗争,不怕牺牲。

第四条 党员享有下列权利:

(一)参加党的有关会议,阅读党的有关文件,接受党的教育和培训。

(二)在党的会议上和党报党刊上,参加关于党的政策问题的讨论。

(三)对党的工作提出建议和倡议。

(四)在党的会议上有根据地批评党的任何组织和任何党员,向党负责地揭发、检举党的任何组织和任何党员违法乱纪的事实,要求处分违法乱纪的党员,要求罢免或撤换不称职的干部。

(五)行使表决权、选举权,有被选举权。

(六)在党组织讨论决定对党员的党纪处分或作出鉴定时,本人有权参加和进行申辩,其他党员可以为他作证和辩护。

(七)对党的决议和政策如有不同意见,在坚决执行的前提下,可以声明保留,并且可以把自己的意见向党的上级组织直至中央提出。

(八)向党的上级组织直至中央提出请求、申诉和控告,并要求有关组织给以负责的答复。

党的任何一级组织直至中央都无权剥夺党员的上述权利。

第五条 发展党员,必须经过党的支部,坚持个别吸收的原则。

申请入党的人,要填写入党志愿书,要有两名正式党员作介绍人,要经过支部大会通过和上级党组织批准,并且经过预备期的考察,才能成为正式党员。

介绍人要认真了解申请人的思想、品质、经历和工作表现,向他解释党的纲领和党的章程,说明党员的条件、义务和权利,并向党组织作出负责的报告。

党的支部委员会对申请入党的人,要注意征求党内外有关群众的意见,进行严格的审查,认为合格后再提交支部大会讨论。

上级党组织在批准申请人入党以前,要派人同他谈话,作进一步的了解,并帮助他提高对党的认识。

在特殊情况下,党的中央和省、自治区、直辖市委员会可以直接接收党员。

第六条 预备党员必须面向党旗进行入党宣誓。誓词如下:我志愿加入中国共产党,拥护党的纲领,遵守党的章程,履行党员义务,执行党的决定,严守党的纪律,保守党的秘密,对党忠诚,积极工作,为共产主义奋斗终身,随时准备为党和人民牺牲一切,永不叛党。

第七条 预备党员的预备期为一年。党组织对预备党员应当认真教育和考察。

预备党员的义务同正式党员一样。预备党员的权利,除了没有表决权、选举权和被选举权以外,也同正式党员一样。

预备党员预备期满,党的支部应当及时讨论他能否转为正式党员。认真履行党员义务,具备党员条件的,应当按期转为正式党员;需要继续考察和教育的,可以延长预备期,但不能超过一年;不履行党员义务,不具备党员条件的,应当取消预备党员资格。预备党员转为正式党员,或延长预备期,或取消预备党员资格,都应当经支部大会讨论通过和上级党组织批准。

预备党员的预备期,从支部大会通过他为预备党员之日算起。党员的党龄,从预备期满转为正式党员之日算起。

第八条 每个党员,不论职务高低,都必须编入党的一个支部、小组或其他特定组织,参加党的组织生活,接受党内外群众的监督。党员领导干部还必须参加党委、党组的民主生活会。不允许有任何不参加党的组织生活、不接受党内外群众监督的特殊党员。

第九条 党员有退党的自由。党员要求退党,应当经支部大会讨论后宣布除名,并报上级党组织备案。

党员缺乏革命意志,不履行党员义务,不符合党员条件,党的支部应当对他进行教育,要求他限期改正;经教育仍无转变的,应当劝他退党。劝党员退党,应当经支部大会讨论决定,并报上级党组织批准。如被劝告退党的党员坚持不退,应当提交支部大会讨论,决定把他除名,并报上级党组织批准。

党员如果没有正当理由,连续六个月不参加党的组织生活,或不交纳党费,或不做党所分配的工作,就被认为是自行脱党。支部大会应当决定把这样的党员除名,并报上级党组织批准。

第二章 党的组织制度

第十条 党是根据自己的纲领和章程,按照民主集中制组织起来的统一整体。党的民主集中制的基本原则是:

(一)党员个人服从党的组织,少数服从多数,下级组织服从上级组织,全党各个组织和全体党员服从党的全国代表大会和中央委员会。

(二)党的各级领导机关,除它们派出的代表机关和在非党组织中的党组外,都由选举产生。

(三)党的最高领导机关,是党的全国代表大会和它所产生的中央委员会。

党的地方各级领导机关,是党的地方各级代表大会和它们所产生的委员会。党的各级委员会向同级的代表大会负责并报告工作。

(四)党的上级组织要经常听取下级组织和党员群众的意见,及时解决他们提出的问题。党的下级组织既要向上级组织请示和报告工作,又要独立负责地解决自己职责范围内的问题。上下级组织之间要互通情报、互相支持和互相监督。党的各级组织要使党员对党内事务有更多的了解和参与。

(五)党的各级委员会实行集体领导和个人分工负责相结合的制度。凡属重大问题都要由党的委员会集体讨论,作出决定;委员会成员要根据集体的决定和分工,切实履行自己的职责。

(六)党禁止任何形式的个人崇拜。要保证党的领导人的活动处于党和人民的监督之下,同时维护一切代表党和人民利益的领导人的威信。

第十一条 党的各级代表大会的代表和委员会的产生,要体现选举人的意志。选举采用无记名投票的方式。候选人名单要由党组织和选举人充分酝酿讨论。可以直接采用候选人数多于应选人数的差额选举办法进行正式选举。也可以先采用差额选举办法进行预选,产生候选人名单,然后进行正式选举。选举人有了解候选人情况、要求改变候选人、不选任何一个候选人和另选他人的权利。任何组织和个人不得以任何方式强迫选举人选举或不选举某个人。

党的地方各级代表大会和基层代表大会的选举,如果发生违反党章的情况,上一级党的委员会在调查核实后,应作出选举无效和采取相应措施的决定,并报再上一级党的委员会审查批准,正式宣布执行。

第十二条 党的中央和地方各级委员会在必要时召集代表会议,讨论和决定需要及时解决的重大问题。代表会议代表的名额和产生办法,由召集代表会议的委员会决定。

第十三条 凡是成立党的新组织,或是撤销党的原有组织,必须由上级党组织决定。

党的中央和地方各级委员会可以派出代表机关。

在党的地方各级代表大会和基层代表大会闭会期间,上级党的组织认为有必要时,可以调动或者指派下级党组织的负责人。

第十四条 党的各级领导机关,对同下级组织有关的重要问题作出决定时,在通常情况下,要征求下级组织的意见。要保证下级组织能够正常行使他们的职权。凡属应由下级组织处理的问题,如无特殊情况,上级领导机关不要干预。

第十五条 有关全国性的重大政策问题,只有党中央有权作出决定,各部门、各地方的党组织可以向中央提出建议，但不得擅自作出决定和对外发表主张。

党的下级组织必须坚决执行上级组织的决定。下级组织如果认为上级组织的决定不符合本地区、本部门的实际情况，可以请求改变；如果上级组织坚持原决定，下级组织必须执行，并不得公开发表不同意见，但有权向再上一级组织报告。

党的各级组织的报刊和其他宣传工具，必须宣传党的路线、方针、政策和决议。

第十六条 党组织讨论决定问题，必须执行少数服从多数的原则。决定重要问题，要进行表决。对于少数人的不同意见，应当认真考虑。如对重要问题发生争论，双方人数接近，除了在紧急情况下必须按多数意见执行外，应当暂缓作出决定，进一步调查研究，交换意见，下次再表决；在特殊情况下，也可将争论情况向上级组织报告，请求裁决。

党员个人代表党组织发表重要主张，如果超出党组织已有决定的范围，必须提交所在的党组织讨论决定，或向上级党组织请示。任何党员不论职务高低，都不能个人决定重大问题；如遇紧急情况，必须由个人作出决定时，事后要迅速向党组织报告。不允许任何领导人实行个人专断和把个人凌驾于组织之上。

第十七条 党的中央、地方和基层组织，都必须重视党的建设，经常讨论和检查党的宣传工作、教育工作、组织工作、纪律检查工作、群众工作、统一战线工作等，注意研究党内外的思想政治状况。

第三章　党的中央组织

第十八条 党的全国代表大会每五年举行一次，由中央委员会召集。中央委员会认为有必要，或者有三分之一以上的省一级组织提出要求，全国代表大会可以提前举行；如无非常情况，不得延期举行。

全国代表大会代表的名额和选举办法，由中央委员会决定。

第十九条 党的全国代表大会的职权是：

（一）听取和审查中央委员会的报告；

（二）听取和审查中央纪律检查委员会的报告；

（三）讨论并决定党的重大问题；

（四）修改党的章程；

（五）选举中央委员会；

(六)选举中央纪律检查委员会。

第二十条 党的全国代表会议的职权是:讨论和决定重大问题;调整和增选中央委员会、中央纪律检查委员会的部分成员。调整和增选中央委员及候补中央委员的数额,不得超过党的全国代表大会选出的中央委员及候补中央委员各自总数的五分之一。

第二十一条 党的中央委员会每届任期五年。全国代表大会如提前或延期举行,它的任期相应地改变。中央委员会委员和候补委员必须有五年以上的党龄。中央委员会委员和候补委员的名额,由全国代表大会决定。中央委员会委员出缺,由中央委员会候补委员按照得票多少依次递补。

中央委员会全体会议由中央政治局召集,每年至少举行一次。

在全国代表大会闭会期间,中央委员会执行全国代表大会的决议,领导党的全部工作,对外代表中国共产党。

第二十二条 党的中央政治局、中央政治局常务委员会和中央委员会总书记,由中央委员会全体会议选举。中央委员会总书记必须从中央政治局常务委员会委员中产生。

中央政治局和它的常务委员会在中央委员会全体会议闭会期间,行使中央委员会的职权。

中央书记处是中央政治局和它的常务委员会的办事机构;成员由中央政治局常务委员会提名,中央委员会全体会议通过。

中央委员会总书记负责召集中央政治局会议和中央政治局党务委员会会议,并主持中央书记处的工作。

党的中央军事委员会组成人员由中央委员会决定。

每届中央委员会产生的中央领导机构和中央领导人,在下届全国代表大会开会期间,继续主持党的经常工作,直到下届中央委员会产生新的中央领导机构和中央领导人为止。

第二十三条 中国人民解放军的党组织,根据中央委员会的指示进行工作。中央军事委员会的政治工作机关是中国人民解放军总政治部,总政治部负责管理军队中党的工作和政治工作。军队中党的组织体制和机构,由中央军事委员会作出规定。

第四章 党的地方组织

第二十四条 党的省、自治区、直辖市、设区的市和自治州的代表大会,每五年举行一次。

党的县(旗)、自治县、不设区的市和市辖区的代表大会,每五年举行一次。

党的地方各级代表大会由同级党的委员会召集。在特殊情况下,经上一级委员会批准,可以提前或延期举行。

党的地方各级代表大会代表的名额和选举办法,由同级党的委员会决定,并报上一级党的委员会批准。

第二十五条 党的地方各级代表大会的职权是:

(一)听取和审查同级委员会的报告;

(二)听取和审查同级纪律检查委员会的报告;

(三)讨论本地区范围内的重大问题并作出决议;

(四)选举同级党的委员会,选举同级党的纪律检查委员会。

第二十六条 党的省、自治区、直辖市、设区的市和自治州的委员会,每届任期五年。这些委员会的委员和候补委员必须有五年以上的党龄。

党的县(旗)、自治县、不设区的市和市辖区的委员会,每届任期五年。这些委员会的委员和候补委员必须有三年以上的党龄。

党的地方各级代表大会如提前或延期举行,由它选举的委员会的任期相应地改变。

党的地方各级委员会的委员和候补委员的名额,分别由上一级委员会决定。党的地方各级委员会委员出缺,由候补委员按照得票多少依次递补。

党的地方各级委员会全体会议,每年至少召开两次。

党的地方各级委员会在代表大会闭会期间,执行上级党组织的指示和同级党代表大会的决议,领导本地方的工作,定期向上级党的委员会报告工作。

第二十七条 党的地方各级委员会全体会议,选举常务委员会和书记、副书记,并报上级党的委员会批准。党的地方各级委员会的常务委员会,在委员会全体会议闭会期间,行使委员会职权;在下届代表大会开会期间,继续主持经常工作,直到新的常务委员会产生为止。

第二十八条 党的地区委员会和相当于地区委员会的组织,是党的省、自治区委员会在几个县、自治县、市范围内派出的代表机关。它根据省、自治区委员会的授权,领导本地区的工作。

第五章 党的基层组织

第二十九条 企业、农村、机关、学校、科研院所、街道、人民解放军连队和其他基层单位,凡是有正式党员三人以上的,都应当成立党的基层组织。

党的基层组织,根据工作需要和党员人数,经上级党组织批准,分别设立党的基层委员会、总支部委员会、支部委员会。基层委员会由党员大会或代表大会选举产生,总支部委员会和支部委员会由党员大会选举产生。

第三十条 党的基层委员会每届任期三年或四年,总支部委员会、支部委员会每届任期两年或三年。基层委员会、总支部委员会、支部委员会选出的书记、副书记,应报上级党组织批准。

第三十一条 党的基层组织是党在社会基层组织中的战斗堡垒,是党的全部工作和战斗力的基础。它的基本任务是:

(一)宣传和执行党的路线、方针、政策,宣传和执行党中央、上级组织和本组织的决议,充分发挥党员的先锋模范作用,团结、组织党内外的干部和群众,努力完成本单位所担负的任务。

(二)组织党员认真学习马克思列宁主义、毛泽东思想,学习建设有中国特色社会主义的理论和党的路线、方针、政策及决议,学习党的基本知识,学习科学、文化和业务知识。

(三)对党员进行教育、管理和监督,提高党员素质,增强党性,严格党的组织生活,开展批评和自我批评,维护和执行党的纪律,监督党员切实履行义务,保障党员的权利不受侵犯。

(四)密切联系群众,经常了解群众对党员、党的工作的批评和意见,维护群众的正当权利和利益,做好群众的思想政治工作。

(五)充分发挥党员和群众的积极性创造性,发现、培养和推荐他们中间的优秀人才,鼓励和支持他们在改革开放和社会主义现代化建设中贡献自己的聪明才智。

(六)对要求入党的积极分子进行教育和培养,做好经常性的发展党员工作,重视吸收在生产和工作第一线的工人、农民、知识分子中的优秀分子入党。

(七)监督党员干部和其他任何工作人员严格遵守国法政纪,严格遵守国家的财政经济法规和人事制度,不得侵占国家、集体和群众的利益。

(八)教育党员和群众自觉抵制不良倾向,坚决同各种违法犯罪行为作斗争。

第三十二条 街道、乡、镇党的基层委员会和村党支部,领导本地区的工作,支持和保证行政组织、经济组织和群众自治组织充分行使职权。

全民所有制企业中党的基层组织,发挥政治核心作用,围绕企业生产经营开展工作。保证监督党和国家的方针、政策在本企业的贯彻执行;支持厂长(经理)依法行使职权,坚持和完善厂长(经理)负责制;全心全意依靠职工群众,支持职工代表大会开展工作;参与企业重大问题的决策;加强党组织的自身建设,领导思想政治工作和工会、共青团等群众组织。

实行行政领导人负责制的事业单位中党的基层组织，发挥政治核心作用。实行党委领导下的行政领导人负责制的事业单位中党的基层组织，对重大问题进行讨论和作出决定，同时保证行政领导人充分行使自己的职权。

各级党和国家机关中党的基层组织，协助行政负责人完成任务，改进工作，对包括行政负责人在内的每个党员进行监督，不领导本单位的业务工作。

第六章　党的干部

第三十三条　党的干部是党的事业的骨干，是人民的公仆。党按照德才兼备的原则选拔干部，坚持任人唯贤，反对任人唯亲，努力实现干部队伍的革命化、年轻化、知识化、专业化。

党重视教育、培训、选拔和考核干部，特别是培养、选拔优秀年轻干部。积极推进干部制度改革。

党重视培养、选拔女干部和少数民族干部。

第三十四条　党的各级领导干部必须模范地履行本章程第三条所规定的党员的各项义务，并且必须具备以下的基本条件：

（一）具有履行职责所需要的马克思列宁主义、毛泽东思想的理论政策水平，掌握建设有中国特色社会主义的理论，努力用马克思主义的立场、观点、方法分析和解决实际问题。

（二）坚决执行党的基本路线和各项方针、政策，立志改革开放，献身现代化事业，在社会主义建设中艰苦创业，开拓创新，做出实绩。

（三）坚持实事求是，认真调查研究，能够把党的方针、政策同本地区、本部门的实际相结合，讲实话，办实事，求实效，反对形式主义。

（四）有强烈的革命事业心和政治责任感，有实践经验，有胜任领导工作的组织能力、文化水平和专业知识。

（五）正确行使人民赋予的权力，清正廉洁，勤政为民，以身作则，艰苦朴素，密切联系群众，坚持党的群众路线，自觉地接受党和群众的批评和监督，反对官僚主义，反对任何滥用职权、谋求私利的不正之风。

（六）坚持和维护党的民主集中制，有民主作风，有全局观念，善于团结同志，包括团结同自己有不同意见的同志一道工作。

第三十五条　党员干部要善于同非党干部合作共事，尊重他们，虚心学习他们的长处。

党的各级组织要善于发现和推荐有真才实学的非党干部担任领导工作，保证他们有职有权,充分发挥他们的作用。

第三十六条 党的各级领导干部,无论是由民主选举产生的,或是由领导机关任命的,他们的职务都不是终身的,都可以变动或解除。

年龄和健康状况不适宜于继续担任工作的干部,应当按照国家的规定退、离休。

第七章 党的纪律

第三十七条 党的纪律是党的各级组织和全体党员必须遵守的行为规则,是维护党的团结统一、完成党的任务的保证。党组织必须严格执行和维护党的纪律,共产党员必须自觉接受党的纪律的约束。

第三十八条 党组织对违犯党的纪律的党员,应当本着惩前毖后、治病救人的精神,按照错误性质和情节轻重,给以批评教育直至纪律处分。

严重触犯刑律的党员必须开除党籍。

党内严格禁止用违反党章和国家法律的手段对待党员,严格禁止打击报复和诬告陷害。违反这些规定的组织或个人必须受到党的纪律和国家法律的追究。

第三十九条 党的纪律处分有五种:警告、严重警告、撤销党内职务、留党察看、开除党籍。

留党察看最长不超过两年。党员在留党察看期间没有表决权、选举权和被选举权。党员经过留党察看,确已改正错误的,应当恢复其党员的权利;坚持错误不改的,应当开除党籍。

开除党籍是党内的最高处分。各级党组织在决定或批准开除党员党籍的时候,应当全面研究有关的材料和意见,采取十分慎重的态度。

第四十条 对党员的纪律处分,必须经过支部大会讨论决定,报党的基层委员会批准;如果涉及的问题比较重要或复杂,或给党员以开除党籍的处分,应分别不同情况,报县级或县级以上党的纪律检查委员会审查批准。在特殊情况下,县级和县级以上各级党的委员会和纪律检查委员会有权直接决定给党员以纪律处分。

对党的中央委员会和地方各级委员会的委员、候补委员,给以撤销党内职务、留党察看或开除党籍的处分,必须由本人所在的委员会全体会议三分之二以上的多数决定。在特殊情况下,可以先由中央政治局和地方各级委员会常务委员会作出处理决定,待召开委员会全体会议时予以追认。对地方各级委员会委员和候补委员的上述处分,必须经过上级党的委员会批准。

严重触犯刑律的中央委员会委员、候补委员，由中央政治局决定开除其党籍；严重触犯刑律的地方各级委员会委员、候补委员，由同级委员会常务委员会决定开除其党籍。

第四十一条 党组织对党员作出处分决定，应当实事求是地查清事实。处分决定所依据的事实材料和处分决定必须同本人见面，听取本人说明情况和申辩。如果本人对处分决定不服，可以提出申诉，有关党组织必须负责处理或者迅速转递，不得扣压。对于确属坚持错误意见和无理要求的人，要给以批评教育。

第四十二条 党组织如果在维护党的纪律方面失职，必须受到追究。

对于严重违犯党的纪律、本身又不能纠正的党组织，上一级党的委员会在查明核实后，应根据情节严重的程度，作出进行改组或予以解散的决定，并报再上一级党的委员会审查批准，正式宣布执行。

第八章 党的纪律检查机关

第四十三条 党的中央纪律检查委员会在党的中央委员会领导下进行工作。党的地方各级纪律检查委员会和基层纪律检查委员会在同级党的委员会和上级纪律检查委员会双重领导下进行工作。

党的各级纪律检查委员会每届任期和同级党的委员会相同。

党的中央纪律检查委员会全体会议，选举常务委员会和书记、副书记，并报党的中央委员会批准。党的地方各级纪律检查委员会全体会议，选举常务委员会和书记、副书记，并由同级党的委员会通过，报上级党的委员会批准。党的基层委员会是设立纪律检查委员会，还是设立纪律检查委员，由它的上一级党组织根据具体情况决定。党的总支部委员会和支部委员会设纪律检查委员。

党的中央纪律检查委员会根据工作需要，可以向中央一级党和国家机关派驻党的纪律检查组或纪律检查员。纪律检查组组长或纪律检查员可以列席该机关党的领导组织的有关会议。他们的工作必须受到该机关党的领导组织的支持。

第四十四条 党的各级纪律检查委员会的主要任务是：维护党的章程和其他党内法规，协助党的委员会加强党风建设，检查党的路线、方针、政策和决议的执行情况。

各级纪律检查委员会要经常对党员进行遵守纪律的教育，作出关于维护党纪的决定；检查和处理党的组织和党员违反党的章程和其他党内法规的比较重要或复杂的案件，决定或取消对这些案件中的党员的处分；受理党员的控告和申诉。

各级纪律检查委员会要把处理特别重要或复杂的案件中的问题和处理的结果,向同级党的委员会报告。党的地方各级纪律检查委员会和基层纪律检查委员会要同时向上级纪律检查委员会报告。

各级纪律检查委员会发现同级党的委员会委员有违犯党的纪律的行为,可以先进行初步核实,如果需要立案检查的,应当报同级党的委员会批准,涉及常务委员的,经报告同级党的委员会后报上一级纪律检查委员会批准。

第四十五条 上级纪律检查委员会有权检查下级纪律检查委员会的工作,并且有权批准和改变下级纪律检查委员会对于案件所作的决定。如果所要改变的该下级纪律检查委员会的决定,已经得到它的同级党的委员会的批准,这种改变必须经过它的上一级党的委员会批准。

党的地方各级纪律检查委员会和基层纪律检查委员会如果对同级党的委员会处理案件的决定有不同意见,可以请求上一级纪律检查委员会予以复查;如果发现同级党的委员会或它的成员有违犯党的纪律的情况,在同级党的委员会不给予解决或不给予正确解决的时候,有权向上级纪律检查委员会提出申诉,请求协助处理。

第九章 党 组

第四十六条 在中央和地方国家机关、人民团体、经济组织、文化组织和其他非党组织的领导机关中,可以成立党组。党组的任务,主要是负责实现党的路线、方针、政策,讨论和决定本部门的重大问题,团结非党干部和群众,完成党和国家交给的任务,指导机关和直属单位党组织的工作。

第四十七条 党组的成员,由批准成立党组的党的委员会指定。党组设书记、副书记。

党组必须服从批准它成立的党的委员会领导。

第四十八条 对下属单位实行集中统一领导的国家工作部门可以建立党委,党委的产生办法、职权和工作任务,由中央另行规定。

第十章 党和共产主义青年团的关系

第四十九条 中国共产主义青年团是中国共产党领导的先进青年的群众组织,是广大青年在实践中学习共产主义的学校,是党的助手和后备军。共青团中央委员会受党中央委员会领导。共青团的地方各级组织受同级党的委员会领导,同时受共青团上级组织领导。

第五十条　党的各级委员会要加强对共青团的领导，注意团的干部的选拔和培训。党要坚决支持共青团根据广大青年的特点和需要，生动活泼地、富于创造性地进行工作，充分发挥团的突击队作用和联系广大青年的桥梁作用。

团的县级和县级以下各级委员会书记，企业事业单位的团委员会书记，是党员的，可以列席同级党的委员会和常务委员会的会议。

附 1:

中国共产党第十四次全国代表大会关于《中国共产党章程》(修正案)的决议

(1992 年 10 月 18 日通过)

中国共产党第十四次全国代表大会通过十三届中央委员会提出的《中国共产党章程》(修正案),决定自通过之日起,经修正后的《中国共产党章程》即行生效。

大会认为,把建设有中国特色社会主义的理论和党的基本路线写进党章,对于统一全党的思想和行动,夺取有中国特色社会主义事业的更大胜利,具有十分重要的意义。

大会要求,各级党组织和全党同志要坚决执行党章的各项规定,进一步增强党的凝聚力和战斗力,使党在改革开放和社会主义现代化建设中更好地发挥领导核心作用。

附 2:

关于《中国共产党章程(修正案)》的说明

(党章修改小组　1992 年 10 月 12 日)

今年 3 月,经中央政治局常委会研究,成立了党章修改小组,开始进行十四大修改党章的准备工作。修改小组在学习领会邓小平同志关于建设有中国特色社会主义的一系列论述特别是今年初视察南方重要谈话的基础上,认真研究了近年来一些地区、部门的党组织和党员对党章的修改意见和建议,认真研究了党的工作和党的建设面临的新情况、新问题,起草了党章(修正案)初稿。7 月 16 日和 8 月 27 日,中央政治局常委会议对党章(修正案)初稿进行了讨论。修改小组按照中央政治局常委会议讨论的意见作了修改,形成了党章(修正案)讨论稿。9 月 17 日,中央政治局会议讨论了党章(修正案)讨论稿,同意提交党的十三届九中全会讨论。10 月 5 日至 9 日举行的党的十三届九中全会讨论并通过了《中国共产党章程(修正案)》,决定提请党的第十四次全国代表大会审议。现就有关问题说明如下:

一、修改党章的基本考虑

现行党章是 1982 年 9 月党的十二大通过的,1987 年 11 月党的十三大对部分条文作了修正。实践证明,十二大党章确定的党的性质、指导思想、最终目标、组织原则等都是正确的,关于党的工作和党内生活的规定也是可行的,十二大党章是一部好党章。

十二大以来,我国形势和党的任务发生了很大变化。邓小平同志在十二大提出的"走自己的道路,建设有中国特色的社会主义"的思想在实践中不断丰富发展,形成了建设有中国特色社会主义的理论和党的"一个中心、两个基本点"的基本路线以及一系列重大方针、政策,指引着全党和全国人民沿着建设有中国特色的社会主义道路不断前进,取得了举世瞩目的成就,开辟了社会主义事业和党的历史发展的新阶段。今年初邓小平同志视察南方重要谈话的发表,进一步激发了全党全国人民的热忱,改革开放和社会主义现代化建设蓬勃发展。新形势,新任务,对党的工作和党的建设提出了新的要求。为了适应形势的发展和党的任务的需要,为了加强党的建设,充分发挥党在领导社会主义现代化建设中的作用,十四大有必要对党章进行部分修改。

这次修改党章的指导思想是:总结十二大以来社会主义现代化建设和党的建设的新经验,把邓小平同志建设有中国特色社会主义的理论和党的基本路线及一系列方针、政策写入党章,对党的工作和党的建设提出切合实际的新的要求,把党建设成为领导全国人民沿着有中国特色社会主义道路不断前进的坚强核心。根据这一指导思想,修改中突出了建设有中国特色社会主义的理论和党的基本路线,并将其贯穿于党章全文;按照基本路线的要求,对部分条文的内容作了修改、调整和充实,使其更加符合现阶段党的工作实际;保持党章原总体框架不变,保留其中一切现在仍然适用的内容和规定,文字上可改可不改的没有修改。这样做,有利于维护和保持党章的权威性和党章内容的连续性,也有利于适应形势的发展,使党章更好地指导当前和今后一个时期党的工作和党的建设。

各级党组织和广大党员对这次党章修改非常关心。近一两年,许多地区和部门的党组织通过各种方式对党章修改提出了意见和建议,中央和中央有关部门也收到了不少对党章提出具体修改意见的党员来信。对这些意见和建议,都一一进行了认真研究,许多已经采纳。有的意见和建议,需要在实践中进一步研究探讨,这次没有写入。还有些建议,将在其他党内法规中去规定。

二、总纲部分修改的主要内容

总纲是党的简要纲领。这次修改,对总纲部分作了较大的调整和充实,扼要地阐述了建设有中国特色社会主义的理论,增写了党在社会主义初级阶段的基本路线,并对党的建设和党的领导的基本要求作了补充。

1. 指出社会主义必然代替资本主义是社会历史发展不可逆转的总趋势。从半个多世纪以来社会主义的实践出发,修正案对总纲原第三、四自然段的内容作了改写,简要地叙述了马克思列宁主义关于人类社会历史发展的普遍规律和社会主义必然胜利的基本观点,指出《共产党宣言》发表一百多年来的历史证明,科学社会主义理论是正确的,社会主义具有强大的生命力。接着,写上了邓小平同志关于社会主义本质的论述。这段论述是对科学社会主义新的概括,表明我们党对社会主义认识的深化。最后,针对当前社会主义在发展中的变化和曲折,明确指出社会主义在发展过程中会有曲折和反复,但是社会主义必然代替资本主义是社会历史发展不可逆转的总趋势,社会主义必将逐步取得胜利。这充分表明了我们党对社会主义的必胜信念。

2. 增加了关于党的十一届三中全会以来历史进程的表述,鲜明地肯定了建设有中国特色社会主义的理论的历史地位和重要作用。关于历史进程的表述加在总纲原第六自然段中,肯定了十一届三中全会的历史地位,肯定了十一届三中全会以来党进行的主要工作和取得的成就，肯定了建设有中国特色社会主义的理论和路线、方针、政策。十一届三中全会是党的历史上的一次伟大的转折，十一届三中全会以来的历史是我们党开创建设有中国特色社会主义道路的历史，把这一历史进程载入党章是完全必要的，它反映了建设有中国特色社会主义的理论的形成过程。对建设有中国特色社会主义的理论的历史地位和重要作用，是这样表述的：它"阐明了在中国建设社会主义、巩固和发展社会主义的基本问题，继承和发展了马克思主义，是引导我国社会主义事业不断前进的指针"。

3. 增写了我国社会主义初级阶段的基本问题。这是建设有中国特色社会主义的理论的重要内容。在总纲原第七自然段增写的这些基本问题有：在初级阶段，必须从我国的国情出发，走有中国特色的社会主义道路；我国社会的主要矛盾是人民日益增长的物质文化需要同落后的社会生产之间的矛盾；我国社会主义建设的根本任务，是进一步解放生产力，发展生产力，逐步实现社会主义现代化，并且为此而改革生产关系和上层建筑中不适应生产力发展的方面和环节；社会主义的根本经济制度是坚持以生产资料公有制为主体、多种经济成分并存的所有制结构，实行以按劳分配为主体、其他分配方式为补充的分配制度；"三个有利于"是各项工作总的出发点和检验标准；我国经济发展的战略目标是分三步走，到下世纪中叶实现人均国民生产总值达到中等发达国家水平。

4. 增写了党的基本路线的内容。修正案把总纲原第八自然段中的总任务改为党的基本路线，并增写了三段，分别对一个中心、两个基本点进行阐述。对以经济建设为中心，强调党在领导社会主义事业中必须坚持这个中心，其他各项工作都服从和服务于这个中心，努力把经济建设搞上去。对两个基本点，修正案要求在社会主义现代化建设的整个过程中必须坚持四项基本原则，反对资产阶级自由化；强调从根本上改革束缚生产力发展的经济体制，建立社会主义市场经济体制，并进行政治体制改革和其他领域的改革，实行对内对外的全面开放。

5. 充实了社会主义精神文明建设的内容。修正案在总纲原第十自然段加上了社会主义精神文明建设为经济建设和改革开放提供强大的精神动力和智力支持，创造良好的社会环境的内容。强调尊重知识，尊重人才，提高全民族的思想道德和科学文化素质，弘扬民族优秀传统文化，繁荣和发展社会主义文化，增加了用党的基本路线和爱国主义、集体主义、社会主义思想教育党员和人民群众，增强民族自尊、自信和自强精神，对党员还要进行共产主义远大理想教育，抵御资本主义和封建主义腐朽思想的侵蚀，扫除各种社会丑恶现象等内容。

6. 对民主法制建设的内容作了补充。在总纲原第十一至十三自然段中,补充了以下内容:坚持人民代表大会制度,坚持共产党领导的多党合作和政治协商制度;积极支持人民当家作主;广开言路,建立健全民主决策、民主监督的制度和程序;加强国家立法和法律实施工作,使国家各项工作逐步走上法制化轨道;加强社会治安综合治理,保持社会长期稳定;坚决打击各种危害国家安全和利益、危害社会稳定和经济发展的犯罪活动和犯罪分子。修正案把人民解放军建设的内容从原第十一自然段中分出来,另写一段,从新时期军队的地位和作用出发,强调党对军队和其他人民武装力量的领导,要求充分发挥人民解放军在巩固国防、保卫祖国和参加社会主义现代化建设中的作用。修正案在原第十二自然段加上了实现各民族的共同繁荣和全面进步的内容,在原第十三自然段中还增写了"一国两制"的方针。

7. 部分改写了党对国际事务基本立场的一段文字。修正案在总纲原第十四自然段增写了"中国共产党主张积极发展对外关系,努力为我国的改革开放和现代化建设争取有利的国际环境"的一段话。将党对国际事务基本立场的一段文字改为"坚持独立自主的和平外交政策,维护我国的独立和主权,反对霸权主义和强权政治,维护世界和平,促进人类进步"。并加上了"不断发展我国同周边国家的睦邻友好关系,加强同发展中国家的团结与合作"。

8. 对党的建设和党的领导提出了新的要求。根据党的任务以及党的工作面临的新情况、新问题,修正案对总纲原第十五至十九自然段作了补充,明确提出党的建设必须紧密围绕党的基本路线,坚持从严治党,把党建设成为领导全国人民沿着有中国特色的社会主义道路不断前进的坚强核心。对党的建设的基本要求,修正案把原来三项改写为四项,增加了"坚持党的基本路线",作为第一项。要求全党要用建设有中国特色社会主义的理论和党的基本路线统一思想,统一行动,毫不动摇地长期坚持下去。必须把改革开放同四项基本原则统一起来,全面落实党的基本路线,反对一切"左"的和右的错误倾向,要警惕右,但主要是防止"左"。切实从组织上保证党的基本路线的贯彻落实。把"坚持解放思想,实事求是"作为第二项,增加了"积极探索,大胆试验,创造性地开展工作,研究新情况,总结新经验,解决新问题,在实践中丰富和发展马克思主义"等内容。在第三项"坚持全心全意为人民服务"的要求中,增加了党任何时候都坚持把群众利益放在第一位,坚持不懈地反对腐败,加强党风建设和廉政建设等内容。在第四项要求即"坚持民主集中制"中,把"在民主的基础上实行高度的集中"改为"民主集中制是民主基础上的集中和集中指导下的民主相结合",并指出这既是党的根本组织原则,也是群众路线在党的生活中的运用。要求努力造成又有集中又有民主，又有纪律又有自由，又有统一意志又有个人心情舒畅的生动活泼的政治局面。修正案在总纲原第十九自然段中强调党要适应改革开放和社会主义现代化建设的要求，加强和改善党的领导。要求党必须集中精力领导经济建设，组织、协调各方面的力量，同心协力，围绕经济建设开展工作。必须实行民主的科学的决策，适应形势的发展和情况的变化，不断改进领导方式和方法，提高领导水平。

三、条文部分修改的主要内容

党章条文部分的十章、五十条，保持原总体结构，对其中部分条文作了修改。主要是按照贯彻执行党的基本路线的需要，对党员、干部提出了新的更高的要求；同时，根据当前党的工作的实际，对党的组织制度、基层党组织的职责以及党内生活的一些规定作了必要的修改和补充。五十条中，删去了有关顾问委员会设置和工作任务的第三章第二十二条、第四章第二十八条；将第三章第十九条中有关党的全国代表会议职权的一段单列为第二十条；在第七章中增写了纪律的重要性和对党组织、党员执行纪律的要求的内容，作为第三十七条；原第三十八条第二段和第三十九条第四段合并为第三十八条。这样，总条文仍为十章五十条。

1. 对党员和党的干部提出了新的更高的要求。坚决贯彻执行党的基本路线和各项方针、政策，是新时期党员必须履行的主要义务和党的干部必须具备的基本条件。修正案在第一章第三条和第六章原第三十五条中增加了坚决贯彻执行党的基本路线和各项方针、政策的内容，要求党员带头参加改革开放和社会主义现代化建设，带动群众为经济发展和社会进步艰苦奋斗；要求干部立志改革开放，献身现代化事业，在社会主义建设中艰苦创业，开拓创新，做出实绩。对干部的基本条件，除强调必须履行党员义务外，还增加了掌握建设有中国特色社会主义的理论，努力用马克思主义的立场、观点、方法分析和解决实际问题；把党的方针、政策同本地区、本部门的实际相结合，讲实话，办实事，求实效，反对形式主义；有实践经验；正确行使人民赋予的权力，清正廉洁，勤政为民，以身作则，艰苦朴素，密切联系群众；坚持和维护党的民主集中制等要求。在第一章第八条，还规定党员领导干部必须参加党委、党组的民主生活会。

2. 删去了有关顾问委员会设置和工作任务的条文。十二大以来的十年中，中央顾问委员会和省、自治区、直辖市顾问委员会在党中央和省、自治区、直辖市党委的领导下，为维护党的团结和社会稳定，推进改革开放和现代化建设，做了大量卓有成效的工作，为党、国家和人民建立了新的历史性功绩。根据中顾委向党的第十四次全国代表大会的工作报告中提出的建议，经过中央审慎的考虑和研究,拟从十四大起不再设立党的中央顾问委员会,也不再设立党的省、自治区、直辖市顾问委员会。

3. 适当调整了党的地方组织和基层组织的任期。根据多年的实践和许多地方、基层党组织的要求,将第四、五章中县一级党的委员会的任期由三年改为五年,基层委员会的任期由三年改为三年或四年,总支部委员会、支部委员会的任期由两年改为两年或三年。由于基层组织党员人数、工作性质、职责权限、分布状况差异很大,对其任期作这样的弹性规定比较切实可行。

4. 进一步明确了党的基层组织的职责。根据实际工作需要,对第五章原第三十三条作了改写。对街道、乡、镇和村基层党组织,规定其领导本地区的工作,支持和保证行政组织、经济组织和群众自治组织充分行使职权。对全民所有制企业基层党组织,要求其发挥政治核心作用,围绕企业生产经营开展工作,并从保证监督党的方针政策的贯彻执行、坚持和完善厂长(经理)负责制、全心全意依靠职工群众、参与重大问题决策和加强自身建设等方面把政治核心作用具体化。由于其他企业,如乡镇企业、三资企业、私营企业、企业集团中党的基层组织的工作还需要在实践中探索,目前写入党章的时机尚不成熟,建议以后另行规定。对事业单位党的基层组织,修正案规定实行行政领导人负责制的事业单位中党的基层组织"发挥政治核心作用",实行党委领导下的行政领导人负责制的事业单位中党的基层组织"对重大问题进行讨论和作出决定,同时保证行政领导人充分行使自己的职权"。

5. 对党的纪律和纪律检查机关的工作程序作了个别改动。这主要是根据多年的实践,从有利于纪检工作的开展出发修改的。在第七章增写了一条,指出党的纪律是党的各级组织和全体党员必须遵守的行为规则,党组织和党员必须严格执行和维护党的纪律,接受党的纪律的约束。第三十八条、三十九条中关于违犯政纪国法的党员受政纪或法律处理问题、向党外组织建议撤销党员党外职务问题,不属于党内问题和党纪处分,修正案将其删去。为了及时处理违犯党的纪律的党委成员,修正案在第四十条中规定中央政治局和地方党委常委会对这类处分可以先作决定,然后由全会追认。修正案第四十四条还规定,各级纪委发现同级党委委员有违纪行为,可以先进行初步核实,如果需要立案检查的,报同级党委批准,涉及常委的,经报同级党委后报上级纪委批准。

6. 恢复了十二大党章对党组的规定。十三大党章部分条文修正案取消了在政府机关、经济组织和文化组织中设立党组的规定。根据实际工作需要,这次修正案恢复了十二大党章关于在这些领导机关中成立党组的规定。对党组的任务,增写了讨论和决定本部门的重大问题和指导直属单位党组织的工作的内容。

附3：

中国共产党十四大秘书处负责人就十四大部分修改并通过的《中国共产党章程》答新华社记者问

1992年10月18日，中国共产党第十四次全国代表大会通过了部分修改的《中国共产党章程》，新华社记者就此采访了十四大秘书处负责人。

问：首先，请你谈谈十四大修改党章的基本考虑。

答：现行党章是1982年9月党的十二大通过的，1987年11月党的十三大对部分条文作了修正。实践证明，十二大党章确定的党的性质、指导思想、最终目标、组织原则等都是正确的，关于党的工作和党内生活的规定也是可行的，十二大党章是一部好党章。

十二大以来，我国形势和党的任务发生了很大变化。邓小平同志在十二大提出的“走自己的道路，建设有中国特色的社会主义”的思想在实践中不断丰富发展，形成了建设有中国特色社会主义的理论和党的“一个中心、两个基本点”的基本路线以及一系列重大方针、政策，指引着全党和全国人民沿着建设有中国特色的社会主义道路不断前进，取得了举世瞩目的成就，开辟了社会主义事业和党的历史发展的新阶段。今年初邓小平同志视察南方的重要谈话，进一步激发了全党全国人民的热忱，改革开放和社会主义现代化建设蓬勃发展。新形势，新任务，对党的工作和党的建设提出了新的要求。为了适应形势的发展和党的任务的需要，为了加强党的建设，充分发挥党在领导社会主义现代化建设中的作用，十四大有必要对党章进行部分修改。

十四大修改党章的指导思想是：总结十二大以来社会主义现代化建设和党的建设的新经验，把邓小平同志建设有中国特色社会主义的理论和党的基本路线及一系列方针、政策写入党章，对党的工作和党的建设提出切合实际的新的要求，把党建设成为领导全国人民沿着有中国特色社会主义道路不断前进的坚强核心。按照这一指导思想，修改中突出了建设有中国特色社会主义的理论和党的基本路线，并将其贯穿于党章全文；根据基本路线的要求，对部分条文的内容作了删改、调整和充实，使其更加符合现阶段党的工作的实际；保持党章原总体框架不变，保留其中一切现在仍然适应的内容和规定，文字上可改可不改的没有修改。这样做，有利于维护和保持党章的权威性和党章内容的连续性，也有利于适应形势的发展,使党章更好地指导当前和今后一个时期党的工作和党的建设。

问:你刚才谈到十四大修改后的党章突出了建设有中国特色社会主义的理论和党的基本路线,能否具体介绍一下这方面的内容。

答:经过十二大以来的十年实践,建设有中国特色社会主义的理论和党的基本路线已经在我们全党形成共识,越来越深入人心。把建设有中国特色社会主义的理论和党的基本路线写入党章,这是深入进行改革开放和社会主义现代化建设的需要,也是全党同志的共同愿望和要求。它进一步表明我们党对建设有中国特色的社会主义充满必胜的信心,毫不动摇地把党的基本路线长期坚持下去。

总纲部分,增加了关于党的十一届三中全会以来历史进程的表述,充分肯定十一届三中全会的历史地位,肯定十一届三中全会以来党进行的主要工作和取得的成就,肯定建设有中国特色社会主义的理论和路线、方针、政策。十一届三中全会是我们党的历史上的一次伟大的转折,十一届三中全会以来的历史是我们党开创建设有中国特色社会主义道路并不断前进的历史。把这一段历史写入党章,反映了建设有中国特色社会主义的理论的形成和发展过程。接着,鲜明地指出这一理论对于我国社会主义现代化建设的极端重要性,它"阐明了在中国建设社会主义、巩固和发展社会主义的基本问题,继承和发展了马克思主义,是引导我国社会主义事业不断前进的指针"。

对社会主义初级阶段的基本问题,党章总纲部分作了扼要的阐述。明确指出我国处于社会主义初级阶段,初级阶段必须从我国的国情出发,走有中国特色的社会主义道路;我国社会的主要矛盾是人民日益增长的物质文化需要同落后的社会生产之间的矛盾;我国社会主义建设的根本任务是进一步解放生产力,发展生产力,逐步实现社会主义现代化,并且为此而改革生产关系和上层建筑中不适应生产力发展的方面和环节;社会主义的根本经济制度是坚持以生产资料公有制为主体、多种经济成分并存的所有制结构,坚持以按劳分配为主体、其他分配方式为补充的分配制度;邓小平同志视察南方谈话中提出的三个"有利于"是各项工作总的出发点和检验标准;我国经济发展的战略目标是分三步走,到下世纪中叶实现人均国民生产总值达到中等发达国家水平。这些都是建设有中国特色社会主义的理论的重要内容。

党章还分别对社会主义精神文明建设、民主法制建设以及人民解放军建设、民族问题、统一战线问题、国际事务问题等一一作了阐述。这些同样是建设有中国特色社会主义的理论和党的基本路线以及重大方针、政策的重要内容。

关于党的基本路线，党章增写了三段，分别对一个中心、两个基本点进行阐述。对以经济建设为中心，强调党在领导社会主义事业中必须坚持这个中心，其他各项工作都服从和服务于这个中心，努力把经济建设搞上去。对两个基本点，要求在社会主义现代化建设的整个过程中都必须坚持四项基本原则，反对资产阶级自由化；强调从根本上改革束缚生产力发展的经济体制，建立社会主义市场经济体制，并进行政治体制改革和其他领域的改革，实行对内对外的全面开放。

问：党章对党的建设和党的领导提出了哪些新的要求？

答：实现社会主义现代化建设的宏伟目标，关键是把我们党建设好。党章明确提出了党的建设必须紧密围绕党的基本路线，坚持从严治党的方针，把党建设成为领导全国人民沿着有中国特色社会主义道路不断前进的坚强核心。按照这样的指导思想，党章把关于党的建设的三项要求改为四项，增加了"坚持党的基本路线"，作为第一项。要求全党要用建设有中国特色社会主义的理论和党的基本路线统一思想，统一行动，毫不动摇地长期坚持下去。必须把改革开放同四项基本原则统一起来，全面落实党的基本路线，反对一切"左"的和右的错误倾向，要警惕右，但主要是防止"左"。切实从组织上保证党的基本路线的贯彻落实。把"坚持解放思想，实事求是"作为党的建设的第二项要求，增加了"积极探索，大胆试验，创造性地开展工作，不断研究新情况，总结新经验，解决新问题，在实践中丰富和发展马克思主义"等内容。在第三项"坚持全心全意为人民服务"的要求中，增加了党"任何时候都把群众利益放在第一位"，"坚持不懈地反对腐败，加强党风建设和廉政建设"的内容。在第四项"坚持民主集中制"的要求中，把"在民主的基础上实行高度的集中"改为"民主集中制是民主基础上的集中和集中指导下的民主相结合"，并指出这既是党的根本组织原则，也是群众路线在党的生活中的运用，要求努力造成又有集中又有民主，又有纪律又有自由，又有统一意志又有个人心情舒畅的生动活泼的政治局面。对于党的领导，党章要求适应改革开放和社会主义现代化建设，加强和改善党的领导。要求党必须集中精力领导经济建设，组织、协调各方面的力量，同心协力，围绕经济建设开展工作，必须实行民主的科学的决策，不断改进领导方式和方法，提高领导水平。

问：党章对党员和党的干部提出了哪些新的要求？

答：坚决贯彻执行党的基本路线和各项方针、政策，是新时期党员必须履行的主要义务和党的干部必须具备的基本条件。党章在第一章第三条和第六章第三十四条中增加了这方面的内容，要求党员带头参加改革开放和社会主义现代化建设,带动群众为经济发展和社会进步艰苦奋斗;要求干部立志改革开放,献身现代化事业,在社会主义建设中艰苦创业,开拓创新,做出实绩。对干部的基本条件,除强调必须履行党员义务外,还增加了掌握建设有中国特色社会主义的理论,努力用马克思主义的立场、观点、方法分析和解决实际问题;把党的方针、政策同本地区、本部门的实际相结合,讲实话,办实事,求实效,反对形式主义;有实践经验;正确行使人民赋予的权力,清正廉洁,勤政为民,以身作则,艰苦朴素,密切联系群众;坚持和维护党的民主集中制等要求。

问:请你谈谈删去有关顾问委员会的条文的问题。

答:顾问委员会是党的十二大根据当时党的工作的实际和干部队伍的状况决定设立的。十年来,中央和省、自治区、直辖市顾问委员会在党中央和省、自治区、直辖市党委的领导下,为维护党的团结和社会稳定,推动改革开放和现代化建设,做了大量卓有成效的工作,为党、国家和人民建立了新的历史性功绩。根据中央顾问委员会向党的第十四次全国代表大会的工作报告中提出的建议,代表大会经过充分讨论,决定从十四大起,不再设立党的中央顾问委员会和省、自治区、直辖市顾问委员会。鉴此,删去了党章中有关顾问委员会的条文。

问:党章对党的地方组织和基层组织的任期作了哪些调整?

答:根据多年的实践和许多地方、基层党组织的要求,党章将县一级委员会的任期由三年改为五年,基层委员会的任期由三年改为三年或四年,总支部委员会、支部委员会的任期由两年改为两年或三年。作这样调整的主要考虑是,县一级委员会任期太短,换届频繁,不利于领导班子的稳定,不利于经济建设的长期打算和连续性;基层组织党员人数、单位规模、工作性质、职责权限、分布状况差异很大,对基层组织的任期作这样的弹性规定比较切合实际。至于各种不同类型的基层组织究竟执行哪种任期,将另行作出规定。

问:党章对党的基层组织的职责和作用作了哪些补充规定?

答:党的基层组织是党在社会基层组织中的战斗堡垒,是党的全部工作和战斗力的基础。党章对党的基层组织的基本任务作了补充,增加了组织党员学习建设有中国特色社会主义的理论,提高党员素质,增强党性,重视吸收在生产和工作第一线的工人、农民、知识分子中的优秀分子入党等内容。从基层党组织的基本任务出发,党章分别对不同类型的基层党组织的职责和作用作了补充规定。明确街道、乡、镇党的委员会和村党支部领导本地区的工作,支持和保证行政组织、经济组织和群众自治组织充分行使职权;对全民所有制企业基层党组织,规定其发挥政治核心作用,围绕企业生产经营开展工作,并从保证监督党和国家的方针政策的贯彻执行、坚持和完善厂长(经理)负责制、全心全意依靠职工群众、参与重大问题决策和加强自身建设等方面把政治核心作用具体化。这些规定,同《企业法》、《全民所有制工业企业转换经营机制条例》的精神都是一致的。此外,关于事业单位和机关中党的基层组织的职责,党章也都区别不同情况作了规定。

问:党章对加强党风党纪建设提出了哪些新的要求?

答:党风党纪建设是党的建设的重要组成部分。进一步加强党风党纪建设,对于坚决、全面贯彻执行党的基本路线,保证改革开放和社会主义现代化建设的顺利发展至关重要。党章在这方面充实了一些新的内容。在总纲中增加了坚持从严治党;党风问题、党同人民群众联系问题是关系党生死存亡的问题,党坚持不懈地反对腐败,加强党风建设和廉政建设等内容。在条文部分增加了党员要坚决同消极腐败现象作斗争,党的基层组织要重视提高党员素质,增强党性,开展批评和自我批评,维护和执行党的纪律等内容,特别要求党的各级领导干部要正确行使人民赋予的权力,清正廉洁,勤政为民,以身作则,艰苦朴素,反对任何滥用职权、谋求私利的不正之风。在党的纪律一章中,还增写了"党的纪律是党的各级组织和全体党员必须遵守的行为规则,是维护党的团结统一、完成党的任务的保证。党组织必须严格执行和维护党的纪律,共产党员必须自觉接受党的纪律的约束"的新的一条。此外,还就党纪处分的程序作了必要修改。上述新的补充和规定,是根据多年的实践,从有利于纪律检查工作的开展而作出的。只要领导带头,以身作则,全党认真贯彻执行这些规定,就能够进一步促进党风党纪建设的改进和加强,为改革开放和社会主义现代化建设创造良好的环境。

问:各级党组织和广大党员对这次党章修改提了哪些意见和建议?请谈谈对这些意见和建议的处理情况。

答:各级党组织和广大党员对这次党章修改非常关心。近一两年,许多地区和部门的党组织通过各种方式对党章修改提出了意见和建议,中央和中央有关部门也收到了不少对党章提出具体修改意见的党员来信。对这些意见和建议,都一一进行了认真研究,许多已经采纳。有的意见和建议,需要在实践中进一步研究探讨,这次没有写入。还有些建议,将在其他党内法规中去规定。

关于党内政治生活的若干准则

(1980 年 2 月 29 日中国共产党第十一届
中央委员会第五次全体会议通过)

党的十一届三中全会决定将全党工作的着重点转移到社会主义现代化建设上来。在新的历史时期,必须认真维护党规党法,切实搞好党风,加强和改善党的领导,在全党和全国范围内造成一个既有民主又有集中,既有自由又有纪律,既有个人心情舒畅、生动活泼又有统一意志、安定团结的政治局面。只有这样,才能充分发挥广大党员的革命热情和工作积极性,团结全党和全国各族人民胜利实现社会主义四个现代化的伟大任务。

我们党在长期的革命斗争中,特别是经过延安整风运动和党的第七次代表大会,全面总结了处理党内关系的正反两方面的经验,逐步形成了以实事求是、理论联系实际、党员和领导密切联系群众、开展批评与自我批评,坚持民主集中制为主要内容的党内政治生活准则。全党同志遵循这些准则,空前团结,步调一致,取得了抗日战争和解放战争的胜利。

全国解放以后,在社会主义革命和建设中,广大党员基本上坚持了党的好传统好作风。但是,由于革命斗争胜利和党在全国处于执政党地位而在一部分同志中产生的骄傲自满情绪,由于党和国家的民主集中制不够健全,由于封建阶级和资产阶级思想的影响,党内脱离实际、脱离群众、主观主义、官僚主义、独断专行、特权思想等不良倾向有所发展,同时在党内斗争的指导上发生了一些缺点和错误,党内正常的政治生活在一定程度上受到损害。特别是在文化大革命期间,林彪、“四人帮”出于篡党夺权的需要,利用当时党所犯的严重错误,大搞封建法西斯主义、无政府主义和派性分裂活动,肆意践踏党规党法,取消党的领导,使党的组织,党员的党性观念,党的优良传统和作风,都遭到了极其严重的破坏。粉碎“四人帮”以来,党中央大力整顿党风党纪,党的优良传统和作风已经有所恢复。但是,治愈林彪、“四人帮”给党造成的创伤,还需要进行广泛深入的教育和艰巨复杂的斗争。为了全面恢复和进一步发扬党的优良传统和作风,健全党的民主生活,维护党的集中统一,增强党的团结,巩固党的组织和纪律,提高党的战斗力,中央根据目前党的状况,向全党重申党内政治生活的下列准则。

一、坚持党的政治路线和思想路线

坚持党的政治路线和思想路线，是党内政治生活准则中最根本的一条。党中央所提出的政治路线，其基本内容是，团结全国各族人民，自力更生，艰苦奋斗，逐步实现工业、农业、国防和科学技术现代化，把我国建设成为高度文明、高度民主的社会主义国家。这是一条反映全国人民最高利益的马克思列宁主义的路线，全党同志必须坚决贯彻执行。

思想路线是党制定和执行政治路线的基础。党的思想路线要求坚持社会主义道路，坚持无产阶级专政，坚持党的领导，坚持马列主义、毛泽东思想。我们党一贯倡导的辩证唯物主义的思想方法和工作方法，其根本点就是一切从实际出发，理论联系实际，实事求是。林彪、“四人帮”长期歪曲、篡改马列主义、毛泽东思想，违反它的精神实质，离开实践标准，把毛泽东同志所说的每句话都当作真理，都当作法律和教条，严重地束缚了人们的思想。所以必须强调破除迷信，解放思想，以实践作为检验真理的唯一标准，认真研究新情况，解决新问题。只有这样，才能发展马列主义、毛泽东思想，才是真正捍卫和高举马列主义、毛泽东思想的伟大旗帜。

坚持正确的政治路线和思想路线，必须反对两种错误的思想倾向。

一是要反对思想僵化，反对一切从本本出发。那种本本上有的不许改，本本上没有的不许说、不许做的思想，是一种反马克思主义的思想，是执行党的政治路线的巨大障碍。我们看形势、想问题、办事情，一定要从客观实际出发，一定要把马列主义的基本原理同当前的国内外形势发展结合起来；同社会主义现代化建设的具体实践结合起来，一定要把党的路线、方针、政策同本地区、本单位的具体情况结合起来，进行实事求是的研究，以解决当前革命斗争和现代化建设过程中的各种理论和实际问题。

二是要反对和批判否定社会主义道路，否定无产阶级专政，否定党的领导，否定马列主义、毛泽东思想的错误观点和修正主义思潮。社会主义是中国走向繁荣富强的唯一正确的道路；无产阶级专政是社会主义革命和建设胜利的保障；党是领导全国人民实现四个现代化的核心力量；马列主义、毛泽东思想是指导我们进行革命和建设的理论基础。在实现四个现代化的斗争中，必须始终坚持这四项基本原则。

党的各级组织、各部门、每一个共产党员，都要自觉地、坚定不移地执行党的政治路线和思想路线。对党的路线和党的领导采取对抗、消极抵制或阳奉阴违的两面派态度，是党的纪律所不容许的。

二、坚持集体领导,反对个人专断

集体领导是党的领导的最高原则之一。从中央到基层的各级党的委员会,都要按照这一原则实行集体领导和个人分工负责相结合的制度。凡是涉及党的路线、方针、政策的大事,重大工作任务的部署,干部的重要任免、调动和处理,群众利益方面的重要问题,以及上级领导机关规定应由党委集体决定的问题,应该根据情况分别提交党的委员会、常委会或书记处、党组集体讨论决定,而不得由个人专断。

在任何情况下,都不许用其他形式的组织取代党委会及其常委会的领导。党委成立的研究处理任何专题的组织,必须在党委领导之下进行工作,不得代替党委,更不得凌驾于党委之上。

在党委会内,决定问题要严格遵守少数服从多数的原则。书记和委员不是上下级关系,书记是党的委员会中平等的一员。书记或第一书记要善于集中大家的意见,不允许搞"一言堂"、家长制。

各个领导成员之间,要互相支持、互相谅解、善于合作。大家都要自觉地维护党委集体领导的威信。在开展批评和自我批评的时候,既要坚持原则,又要与人为善。

党委会讨论重大问题,要让大家畅所欲言,各抒己见。讨论中发生了分歧,既要认真考虑少数人的意见,又不可议而不决,耽误工作。

坚持集体领导,并不是降低和否定个人的作用,集体领导必须和个人分工负责相结合。要明确地规定每个领导成员所负的具体责任,做到事事有人管,人人有专责,不要事无巨细统统拿到党委会上讨论。

在分工负责中,书记或第一书记担负着组织党委的活动和处理日常工作的主要责任。不应借口集体领导而降低和抹煞书记或第一书记在党委会中的重要作用。

要按照马克思主义的原则,正确认识和处理领袖、政党、阶级和群众的关系。对领导人的宣传要实事求是,禁止无原则的歌功颂德。不许用剥削阶级的阿谀之词称颂无产阶级的领导人,不许歪曲历史和捏造事实来宣扬领导人的功绩。禁止给领导人祝寿、送礼、发致敬函电。对活着的人不许设纪念馆,对已故的领袖们不应多设纪念馆。禁止用党的领导人的名字作街名、地名、企业和学校的名字。除外事活动外,禁止在领导人外出时组织迎送,张贴标语,敲锣打鼓,举行宴会。

三、维护党的集中统一,严格遵守党的纪律

民主集中制是党的根本组织原则。林彪、"四人帮"搞极左路线和无政府主义,既破坏了民主,又破坏了集中;既破坏了自由,又破坏了纪律。这种无政府主义流毒,至今没有肃清。因此,必须严肃地重申“个人服从组织,少数服从多数,下级服从上级,全党服从中央”的原则。每个党员要把维护党的集中统一,严格遵守党的纪律,作为自己言论和行动的准则。

每个共产党员特别是各级党委的成员,都必须坚决执行党委的决定。如果有不同意见,可以保留,或者向上一级党委提出声明,但在上级或本级党委改变决定以前,除了执行决定会立即引起严重后果的非常紧急的情况之外,必须无条件地执行原来的决定。

必须反对和防止分散主义。全党服从中央,是维护党的集中统一的首要条件,是贯彻执行党的路线、方针、政策的根本保证。任何部门、任何下级组织和党员,对党的决定采取各行其是、各自为政的态度,合意的就执行,不合意的就不执行,公开地或者变相地进行抵制,以至擅自推翻,都是严重违反党纪的行为。

对于关系党和国家的根本利益和全局的重大政治性的理论和政策问题,有不同看法,可以在党内适当的场合进行讨论。但是,在什么时候、用什么方式在报刊上进行讨论,应由中央决定。党的报刊必须无条件地宣传党的路线、方针、政策和政治观点。对于中央已经作出决定的这种有重大政治性的理论和政策问题,党员如有意见,可以经过一定的组织程序提出,但是绝对不允许在报刊、广播的公开宣传中发表同中央的决定相反的言论;也不得在群众中散布与党的路线、方针、政策和决议相反的意见。这是党的纪律。

每个共产党员和党的干部,都必须按照党的利益高于一切的原则来处理个人问题,自觉地服从党组织对自己工作的分配、调动和安排。如果认为对自己的工作分配不适当,可以提出意见,但经过党组织考虑作出最后决定时,必须服从。

每个党员都必须严守党和国家的机密,并同泄露党和国家机密的现象作坚决的斗争。一切党员看文件,听传达,参加党的会议,都要严格遵守保密纪律,严禁把党的秘密泄漏给家属、亲友和其他不应该知道这种秘密的人。必须注意内外有别,凡属党内不许对外公开的事情,不准向党外传布。

共产党员特别是各级领导干部必须成为遵守国家法规,遵守劳动纪律、工作纪律,遵守共产主义道德的模范。

共产党员无论何时何事,必须顾全党的、国家的和人民的大局,并且用这种顾全大局的精神教育群众。这是共产党员革命觉悟的重要表现,也是巩固全国安定团结的重要保证。少数人闹事,党员必须按照党的政策向他们进行宣传解释,慎重处理,使事态平息;对他们提出的某些合理要求,要说服和帮助他们通过正常的途径解决。共产党员在任何情况下,都不得怂恿、支持和参加闹事。

四、坚持党性,根绝派性

党是无产阶级的先进分子所组成的统一的战斗的集体,必须坚持党在马列主义、毛泽东思想原则基础上的团结,反对破坏党的团结统一的任何形式的派性和派别活动。

在党内组织秘密集团是分裂党和颠覆党的犯罪行为。共产党员绝对不允许参加反对党的秘密组织和秘密活动。各级党的组织和每个共产党员,都要从林彪、“四人帮”煽动派性,组织秘密集团,阴谋篡党夺权的反革命事件中吸取教训,提高警惕,坚决防止这类事件的重演。

派性同无产阶级的党性是根本不相容的。搞小派别,结帮营私,是剥削阶级极端个人主义和无政府主义的表现,是封建阶级和小生产者的行帮思想在党内的反映。

一部分党员如果背着党有组织地进行与党的路线、决议相背离的活动,就是派性活动。进行派性活动,必然会阻碍党的路线、方针、政策的贯彻执行,破坏安定团结的政治局面,如果不加以坚决制止而任其发展,就会导致党的分裂。

目前党内虽然已经不存在公开的派别集团,但有些受林彪、“四人帮”影响较深的干部和党员仍然有派性,甚至仍在进行派性活动;在一些地区、部门和单位,“明无山头暗有礁”,派性的“幽灵”不散,派性分子经常抵制党的方针政策和上级决议的执行。

各级党组织和每个共产党员一定要坚持党性,为根绝派性进行不懈的斗争。对于坚持派性屡教不改的人,一定要给予严肃的纪律处分。不应该让这样的人进领导班子,已在领导岗位上的一定要撤下来。

党的干部特别是领导干部,在处理党内关系方面要实行“五湖四海”的原则,这就是说,要团结一切忠实于党的利益的同志,团结大多数。共产党员一定要有共产主义者的伟大胸襟,严以律己,宽以待人。在处理同志的关系上,只问他是否坚决执行党的路线,遵守党的纪律,不应因为私怨而耿耿于怀,排挤打击,不应由于亲疏而有不同的对待。绝对禁止搞宗派活动,搞小圈子;不允许拉拢一部分人,排斥一部分人;抬一部分人,压一部分人。不要纠缠历史旧帐。

在党和群众的关系上,同样要防止和反对宗派主义倾向。共产党员在人民群众中是少数,必须把亿万群众团结在党的周围,同心同德地为实现四化而奋斗。共产党员必须在群众中起模范作用,吃苦在前,享受在后,满腔热情地团结非党同志一道工作。

在干部工作中要坚持正派的公道的作风，坚持任人唯贤，反对任人唯亲。严禁以派性划线，严禁利用职权在党内拉私人关系，培植私人势力。共产党员应该忠于党的组织和党的原则，不应该效忠于某个人。任何人不得把党的干部当做私有财产，不得把上下级关系变成人身依附关系。

五、要讲真话，言行一致

忠于党和人民的事业，说老实话，做老实事，当老实人，光明磊落，表里如一，是共产党人应有的品质。全党同志一定要努力肃清林彪、"四人帮"横行时期造成的假话盛行的歪风邪气，恢复和发扬党一贯倡导的讲真话，不讲假话，言行一致的优良作风。

共产党员要忠诚坦白，对党组织不隐瞒自己的错误和自己的思想、观点。对人对事要开诚布公，有什么意见，有什么批评，摆在桌面上。不要会上不说，会下乱说；不要当面一套，背面一套；不要口是心非，阳奉阴违。

要坚决反对拉拉扯扯，吹吹拍拍，看领导眼色说话办事，拿原则做交易，投机钻营，向党伸手要名誉地位的官僚政客作风和市侩行为。

共产党员无论何时何地、对人对己都要尊重事实，按照事物的本来面貌如实地向党反映情况。不可看领导需要什么就提供什么，报喜不报忧，更不许可弄虚作假，骗取信任、荣誉和奖励。不准以任何理由和任何名义纵容、暗示、诱使、命令或强迫下级说假话。

凡是弄虚作假给党和人民的利益造成重大损失的；凡是说假话骗取了荣誉地位的；凡是用说假话来掩饰严重过失或达到其他个人目的的；凡是纵容或诱迫下级说假话的，都必须绳以党纪。对于那些不怕打击报复，敢于为保卫党和人民的利益说真话的人，应该给以表扬。

各级党的领导机关和领导干部要做实事求是的模范。在工作中，各种不同意见都要听，成绩、缺点都要了解。要鼓励下级同志讲心里话，反映真实情况。要努力造成和保持让人当面提意见包括尖锐意见而进行从容讨论的气氛。

六、发扬党内民主，正确对待不同意见

发扬党内民主，首先要允许党员发表不同的意见，对问题进行充分的讨论，真正做到知无不言，言无不尽。只要不反对党的基本政治立场，不搞阴谋诡计，不在群众中进行派性分裂活动，不在群众中散布违反党的路线、方针、政策的言论，不泄漏党和国家的秘密，由于认识错误而讲错了话或者写了有错误的文章，不得认为是违反了党纪而给予处分。要严格实行不抓辫子、不扣帽子、不打棍子的"三不主义"。所谓不抓辫子、不扣帽子、不打棍子，就是禁止任意夸大一个人的错误，罗织成为罪状，并给予政治上、组织上的打击甚至迫害。

要纠正一部分领导干部中缺乏民主精神,听不得批评意见,甚至压制批评的家长作风。对于任何党员提出的批评和意见,只要是正确的,都应该采纳和接受。如果确有错误,只能实事求是地指出来,不允许追查所谓动机和背景。

必须注意区别:反对某个同志的某个意见,不等于反对这个同志,反对某个领导机关的某个同志,不等于反对这个组织,不等于反领导,更不等于反党。

领导干部利用职权对同志挟嫌报复、打击陷害,用“穿小鞋”、“装材料”的办法和任意加上“反党”、“反领导”、“恶毒攻击”、“犯路线错误”等罪名整人,是违反党内民主制度和违反革命道德品质的行为。对敢于坚持真理的同志妄加反革命的罪名,乱用专政手段,进行残酷迫害,这是严重违法的罪行,必须受到党纪国法的严惩。

党内在思想上理论上有不同认识、有争论是正常的。对待思想上理论上的是非,只能采取摆事实、讲道理、民主讨论的办法求得解决,决不能采取压服的办法。有些思想理论是非一时解决不了的,除了具有重大政治性的和迫切现实性的问题以外,不要匆忙作结论,留待以后进一步研究和经过实践来解决。

把思想认识问题任意扣上“砍旗”、“毒草”、“资产阶级”、“修正主义”种种政治帽子,任意说成是敌我性质的政治问题,不仅破坏党内正常的政治生活,造成思想僵化,而且易于被反党野心家所利用,破坏社会主义国家的民主秩序。这种做法必须制止。

七、保障党员的权利不受侵犯

各级党组织必须切实保障党员的各项权利。侵犯党员权利的行为,是严重违反党纪的。

党员有权在党的会议上和党的报刊上参加关于党的政策的制定和实施问题的讨论,有权在党的会议上对党的任何组织和个人提出批评。党员对党的方针、政策、决议有不同意见,可以在党的会议上提出,也可以向各级党组织直至中央作口头或书面的报告。党组织应当欢迎党员群众的批评和建议,并且鼓励党员为了推进社会主义事业提出创造性的见解和主张。

对于犯了严重错误拒不改正或不称职的干部,党员有权建议罢免或调换。

党员对党组织关于他本人或其他人的处理,有权在党的会议上、或向上级组织直至中央提出声明、申诉、控告和辩护。党组织对党员的声明、申诉、控告和辩护必须及时处理或转递,不得扣压,承办单位不得推诿。申诉和控告信不许转给被控告人处理。不许对申诉人或控告人进行打击报复。控告人和被控告人都不允许诬陷他人,对诬陷他人者,要按党纪国法严肃处理。

党组织对党员的鉴定、结论和处分决定,必须同本人见面。在通过处分决定的时候,如无特殊情况,应通知本人出席会议。党组织要认真听取和考虑本人的意见。如本人有不同的意见,应将组织决定和本人意见一并报上级党组织审定。

八、选举要充分体现选举人的意志

党内真正实行民主选举,才有可能建立起在党员和群众中有威信的强有力的领导班子。

各级党组织应按照党章规定,定期召开党员大会和代表大会。党的各级委员会要按期改选。每届代表和委员,应有一定数量的更新。选举要充分发扬民主,真正体现选举人的意志,候选人名单要由党员或代表通过充分酝酿讨论提出。选举应实行候选人多于应选人的差额选举办法,或者先采用差额选举办法产生候选人作为预选,然后进行正式选举。党员数量少的单位,可不实行差额选举或实行预选。候选人的基本情况要向选举人介绍清楚。选举一律用无记名投票。

选举人要注意把那些坚决拥护和执行党的政治路线和思想路线,大公无私,严守法纪,坚持党性,有强烈的革命事业心和政治责任心,有一定的专业知识和专业能力的干部选进领导班子。还要特别注意选举符合上述条件的中青年干部。

不得规定必须选举或不选举某个人。个别有特殊情况的人,需要由组织上推荐选入的,也必须确实取得多数选举人的同意。要坚决反对和防止侵犯党员选举权利,使选举流于形式,妨碍选举人体现自己意志的现象。

在各级党的代表大会闭会期间,上级党委可以根据工作需要,任免、调动下级党委的负责人。

凡是需要整顿,暂不具备民主选举条件的单位,经上级党组织批准,可暂缓举行选举,其领导人由上级指派。

九、同错误倾向和坏人坏事作斗争

为了端正党风,巩固无产阶级专政,树立良好的社会风尚,团结全体人民同心同德搞好四化,必须同错误倾向和坏人坏事作斗争。

各级党组织要充分发挥战斗堡垒作用,率领党员和群众,坚决揭露和打击反革命分子、贪污盗窃分子、刑事犯罪分子和严重违法乱纪分子。

对于派性、无政府主义、极端个人主义和官僚主义、特殊化等错误倾向,要进行严肃的批评和斗争。

对社会上的歪风邪气、错误的和反动的思潮,必须进行批判和斗争。

对于错误倾向和坏人坏事,采取明哲保身的自由主义态度,不制止,不争辩,不斗争,躲闪回避,就是放弃了共产党员的战斗责任,就是缺乏党性的表现。

共产党员特别是各级领导干部在同错误倾向和坏人坏事作斗争中,要有大无畏的革命精神,敢于挺身而出,不怕得罪人,不怕撕破脸皮,不怕受到打击迫害。只有这样,才能使错误倾向得到克服和纠正,使犯错误的人得到挽救,使坏人受到应有的制裁。

十、正确对待犯错误的同志

在党内斗争中,对犯错误的同志,采取“惩前毖后,治病救人”、“团结—批评—团结”的方针,达到既弄清思想、又团结同志的目的,是我们党的优良传统。对于一切犯错误的同志,要历史地全面地评价他们的功过是非,不要一犯错误就全盘否定;也不要纠缠历史上发生过而已经查清的问题和历史上犯过而已经纠正了的错误。要在弄清事实的基础上,具体分析他们所犯错误的性质和程度,以热情的同志式的态度,帮助他们认识犯错误的原因,指出改正的办法,启发他们做必要的检查。要相信犯错误的同志大多数是可以改正的,要给他们改正错误、继续为党工作的条件。

在分析一个同志所犯错误的时候,首先必须严格分清两类不同性质的矛盾。不可把工作中的一般错误或思想认识上的错误说成是政治错误,不可把一般的政治错误说成是路线错误,也不可把犯了路线错误、但仍属于党内斗争性质的问题,同属于企图颠覆党、颠覆社会主义国家的反革命性质的问题混淆起来。企图颠覆党、颠覆社会主义国家的阴谋家、野心家、反革命两面派,同党和人民的矛盾属于敌我矛盾。这种人是极少数。要把跟着上级或主要领导人犯了路线错误的人,同参与篡党夺权阴谋活动的人加以区别。

党内斗争,不许实行残酷斗争、无情打击。对犯错误的同志进行批评是完全必要的,但是不可采取一哄而起的围攻、不让本人辩解、也不让其他同志发表不同意见的“斗争会”方式,因为这种方式实际上是以势压人,而不是以理服人。党内不准用超越党的纪律或违犯国家法律的手段对待党员。要绝对禁止采用林彪、“四人帮”的封建法西斯手段解决党内问题。严禁所谓揪斗,严禁人身侮辱和人身迫害,严禁诱供逼供。

对人的处理应十分慎重。敌我矛盾和人民内部矛盾一时分不清的,先按人民内部矛盾处理。凡涉及定敌我矛盾、开除党籍、提交司法机关处理的,更要慎重。任何情况下都不允许株连无辜的家属和亲友。

建国以来的冤案、假案、错案,不管是哪一级组织、哪一个领导人定的和批的,都要实事求是地纠正过来,一切不实之词必须推倒。

犯了错误的同志,应该诚恳地接受党组织和同志们的批评教育和纪律处分。要吸取教训，认真改正，更好地为党工作。对于确实犯有严重错误、拒不承认而又坚持无理取闹的人，要加重处分。

十一、接受党和群众的监督，不准搞特权

各级领导干部都是人民的公仆，只有勤勤恳恳为人民服务的义务，没有在政治上、生活上搞特殊化的权利。按照工作需要，对领导人提供某些合理的便利条件并保证他们的安全是必要的，但绝不允许违反制度搞特殊化。

在我们的国家中，人们只有分工的不同，没有尊卑贵贱的分别。谁也不是低人一等的奴隶或高人一等的贵族。那种认为自己的权力可以不受任何限制的思想，就是腐朽的封建特权思想，这种思想必须受到批判和纠正。共产党员和干部应该把谋求特权和私利看成是极大的耻辱。

必须坚持在真理面前人人平等，在党纪国法面前人人平等的原则。党内决不容许有不受党纪国法约束或凌驾于党组织之上的特殊党员。决不允许共产党员利用职权谋取私利。

任何领导干部都不允许超越党组织所赋予自己的权限，侵犯集体的权限和别人的权限。所有的党员都是平等的同志和战友，党的领导干部要以平等的态度待人，不能以为自己讲的话不管正确与否，别人都得服从，更不能摆官架子，动辄训人、骂人。由于上级领导人员的缺点和错误，使下级的工作出了问题，上级要主动给下级承担责任，首先作自我批评。

各级领导干部必须保持和发扬我党艰苦奋斗，与群众同甘共苦的光荣传统。要坚决克服一部分领导干部中为自己和家属谋求特殊待遇的恶劣倾向。禁止领导人违反财经纪律，任意批钱批物。禁止利用职权为家属亲友在升学、转学、晋级、就业、出国等方面谋求特殊照顾。禁止违反规定动用公款请客送礼。禁止违反规定动用公款为领导人修建个人住宅。禁止公私不分，假公济私，用各种借口或巧立名目侵占、挥霍国家和集体的财物。

党的各级领导人员必须自觉地严格遵守关于生活待遇的规定，同时加强对子女的教育。如果违反了有关规定，经过批评教育仍不改正的，必须给予党的纪律处分。

任何领导干部，不得违反党的干部标准和组织原则，将自己的亲属提拔到领导岗位上来；不得让他们超越职权干预党和国家的工作；不应把他们安排在自己身边的要害岗位上。

为了保持党和广大人民群众的密切联系，防止党的领导干部和党员由人民的公仆变成骑在人民头上的老爷，必须采取自下而上和自上而下相结合、党内和党外相结合的方法，加强党组织和群众对党的领导干部和党员的监督。要监督他们是不是认真学习和贯彻执行党的路线、方针、政策,是不是遵守党纪国法,是不是坚持党的优良传统和作风,是不是搞特权,是不是在生产、工作、学习和对敌斗争中起模范作用,是不是密切联系群众和为人民谋利益。要表扬那些觉悟高、党性强、表现好的同志,批评教育表现差的同志。

要在充分走群众路线的基础上,建立和完善对干部的考试、考核、奖惩、轮换、退休、罢免等一整套制度。通过实行这些制度,真正做到功过分明,赏罚分明,鼓励先进,激励后进。

各级领导干部要定期听取所在单位的党员和群众的意见和评论。各级党组织要重视群众来信来访中对领导干部、党员的批评和意见。党组织要将党员和群众的评论、批评和意见经核实后报送上级党委,作为考核干部的一个重要依据。

每个党员不论职务高低,都必须编入党的一个组织,参加组织生活。各级党委或常委都应定期召开民主生活会,交流思想,开展批评和自我批评。

十二、努力学习,做到又红又专

四个现代化建设的艰巨任务,需要培养和造就一支宏大的坚持社会主义道路的具有专业知识的干部队伍,同时要把适合于这个要求的中年和青年干部(包括党员和非党员)大胆地提拔到领导岗位上来,让他们在工作中发挥长处,弥补短处。这是摆在全党面前一项迫切、重大的政治任务。

共产党员必须成为实现四个现代化的先锋战士,努力做到又红又专。"红"就是具有坚定正确的政治方向,坚持四项基本原则;"专"就是学习和掌握现代化建设的专业知识,成为本职工作的内行和能手。专不等于红,但红必须专。一个共产党员不认真学习专业知识,在本职工作上长期当外行,不能对四化建设做出真正的贡献,他的所谓政治觉悟和先进性就是空谈。

为了改善和加强党对现代化建设的领导,必须大大提高全体党员的文化、科学技术和业务水平。每个共产党员特别是各级领导干部,一定要以高度的革命进取精神,顽强刻苦地学习和掌握专业知识,必须成为本职工作的内行。干那一行就必须精通那一行。满足于一般化的领导,甚至长期安于当外行,不学无术,违反客观规律,搞瞎指挥,必然会给现代化建设带来严重损害。这样的人,经过批评教育,仍然不能改正的,要从领导岗位上撤换下来。

每个共产党员都必须以无产阶级先锋战士的标准,严格要求自己,努力学习和领会马列主义、毛泽东思想,不断提高觉悟程度和进行现代化建设的本领,以求对四化建设做出更大的贡献。某些党员和领导干部,革命意志衰退,不努力学习,不积极工作,不能在生产、工作、学习以及对敌斗争中起先锋模范作用,他们的行为不符合共产党员的光荣称号，损害了党在群众中的威信。对于这样的同志，必须进行严肃的教育和批评。经过长期教育不能改正的，不具备或者丧失了共产党员条件的人，应该劝其退党。

《关于党内政治生活的若干准则》是党的重要法规，全体党员要认真学习，自觉遵守，要对照《准则》的规定，认真检查自己的工作和作风。党的各级领导机关和领导干部要带头执行。任何党员如果有违反本准则的行为，要进行批评教育，情节严重的必须按照党的纪律给予处分，直至开除党籍。

各级党委和党的纪律检查委员会要定期检查本准则的执行情况，由纪律检查委员会向党的代表大会或党的委员会提出报告。

全党同志一定要振奋革命精神，彻底肃清林彪、“四人帮”的流毒，排除各种干扰和阻力，把维护党规党法，切实搞好党风这件关系到四个现代化的成败，关系到党和国家前途和命运的大事做好，使我们党成为更加团结一致，更加朝气蓬勃，更加具有战斗力的无产阶级先锋队组织。

（**注**：党的政治路线的表述，根据1983年11月12日中共中央办公厅对《关于党内政治生活的若干准则》中党的政治路线的表述进行修改的通知，按照党的十二大通过的《中国共产党章程》总纲部分关于党在现阶段总任务的规定，作了修改。）

关于建国以来党的若干历史问题的决议

(1981 年 6 月 27 日中国共产党第十一届
中央委员会第六次全体会议通过)

建国以前二十八年历史的回顾

(1)中国共产党自从 1921 年成立以来,已经走过六十年的光辉战斗历程。为了总结党在建国以来三十二年的经验,有必要简略地回顾一下建国以前二十八年党领导人民进行的新民主主义革命斗争。

(2)中国共产党是马克思列宁主义同中国工人运动相结合的产物,是在俄国十月革命和我国“五四”运动的影响下,在列宁领导的共产国际帮助下诞生的。伟大的革命先行者孙中山先生 1911 年领导的辛亥革命,推翻了清王朝,结束了两千多年的封建帝制。但是,中国社会的半殖民地、半封建性质并没有改变。无论是当时的国民党,还是其他资产阶级和小资产阶级政治派别,都没有也不可能找到国家和民族的出路。只有中国共产党才给人民指出了中国的出路在于彻底推翻帝国主义、封建主义的反动统治,并进而转入社会主义。中国共产党成立时只有五十多个党员。党发动了轰轰烈烈的工人运动和广大人民群众的反帝反封建斗争,很快发展成为中国人民前所未有的领导力量。

(3)中国共产党在领导中国各族人民为新民主主义而斗争的过程中,经历了国共合作的北伐战争,土地革命战争,抗日战争和全国解放战争这四个阶段,其间经受了 1927 年和 1934 年两次严重失败的痛苦考验。经过长期武装斗争和各个方面、各种形式斗争的密切配合,终于在 1949 年取得了革命的胜利。

1927 年,蒋介石和汪精卫控制的国民党,不顾以宋庆龄为杰出代表的国民党左派的坚决反对,背叛了孙中山所决定的国共合作政策和反帝反封建政策,勾结帝国主义,残酷屠杀共产党人和革命人民。党当时还比较幼稚,又处在陈独秀右倾投降主义的领导下,致使革命在强大敌人的突然袭击下遭到惨重失败,已经发展到六万多党员的党只剩下了一万多党员。

党仍然顽强地继续战斗。周恩来等同志领导的南昌起义打响了武装反抗国民党反动派的第一枪。党的“八七会议”确定了实行土地革命和武装起义的方针,会后举行了秋收起义、广州起义和其他许多地区的起义。毛泽东同志领导的湖南江西边界地区的秋收起义,创建了工农革命军第一师,在井冈山建立了第一个农村革命根据地。朱德同志领导的起义部队不久就到井冈山会师。随着斗争的发展,党创建了江西中央革命根据地和湘鄂西、海陆丰、鄂豫皖、琼崖、闽浙赣、湘鄂赣、湘赣、左右江、川陕、陕甘、湘鄂川黔等根据地,建立了工农红军第一、第二、第四方面军和其他许多红军部队。在国民党统治下的白区,也在艰苦的条件下,发展了党和其他革命组织,展开了群众革命斗争。在土地革命战争中,毛泽东、朱德同志直接领导的红军第一方面军和中央革命根据地起了最重要的作用。红军各个方面军曾连续击败国民党军队的多次"围剿"。由于王明"左"倾冒险主义领导造成的第五次反"围剿"的失败,第一方面军不得不进行二万五千里长征而转战到陕北,同在那里坚持斗争的陕北红军和先期到达的红二十五军相会合。第二、第四方面军也先后经过长征转战到陕北。红军主力撤离后的一些南方根据地,坚持了艰苦的游击战争。王明"左"倾错误造成的失败使革命根据地和白区的革命力量都受到极大损失,红军从三十万人减到三万人左右,共产党员从三十万人减到四万人左右。

1935 年 1 月党中央政治局在长征途中举行的遵义会议,确立了毛泽东同志在红军和党中央的领导地位,使红军和党中央得以在极其危急的情况下保存下来,并且在这以后能够战胜张国焘的分裂主义,胜利地完成长征,打开中国革命的新局面。这在党的历史上是一个生死攸关的转折点。

在日本帝国主义加紧对我国的侵略、民族危机空前严重的关头,以毛泽东同志为首的党中央决定和实行了正确的抗日民族统一战线政策。党领导了"一二·九"学生运动,掀起了要求停止内战、抗日救亡的强大群众斗争。张学良、杨虎城两将军发动的西安事变以及我们党促成的这次事变的和平解决,对推动国共再次合作、团结抗日,起了重大的历史作用。抗战期间,国民党统治集团继续反共反人民,消极抗战,因而在抗日的正面战场上节节败退。我们党坚持统一战线中独立自主的政策,紧密地依靠广大人民群众,开展敌后游击战争,建立了许多抗日根据地。由红军改编的八路军、新四军迅速地发展成为抗战的中坚力量。东北抗日联军在十分困难的情况下坚持战斗。在敌占区和国民党统治区,广泛开展了各种形式的抗日斗争。这样,中国人民的抗日战争才能够坚持八年之久,并同苏联和其他国家人民的反法西斯战争互相支援,直到取得最后胜利。

抗日战争期间,我们党从 1942 年开始在全党进行整风,这场马克思主义的思想教育运动收到了巨大的成效。在此基础上,1945 年党的六届七中全会作出了《关于若干历史问题的决议》,接着举行了党的第七次全国代表大会,总结了历史的经验,为建立新民主主义的新中国,制定了正确的路线、方针和政策,使全党在思想上、政治上、组织上达到空前的统一和团结。抗日战争结束后,蒋介石政府依赖美国帝国主义的援助,拒绝我们党和全国人民关于实现和平民主的正义要求,悍然发动全面内战。党在全国各解放区人民的全力支持下,在国民党统治区学生运动、工人运动和各阶层人民斗争的有力配合下,在各民主党派和无党派民主人士的积极合作下,领导人民解放军进行了三年多的解放战争,经过辽沈、平津、淮海三大战役和渡江作战,消灭了蒋介石的八百万军队,推翻了国民党反动政府,建立了伟大的中华人民共和国。从此,中国人民站起来了。

(4)二十八年斗争的胜利充分说明:

一、中国革命的胜利,是在马克思列宁主义的指导下取得的。我们党创造性地运用马克思列宁主义的基本原理,把它同中国革命的具体实践结合起来,形成了伟大的毛泽东思想,找到了夺取中国革命胜利的正确道路。这对于马克思列宁主义的发展是一个重大的贡献。

二、中国共产党是无产阶级的先锋队,是全心全意为人民服务的不谋任何私利的政党,是敢于并善于领导人民百折不挠地向敌人作斗争的政党。中国各民族人民从亲身经历中看到了这个事实,从而在党的周围结成广泛的统一战线,实现了我国历史上空前强大的政治团结。

三、中国革命的胜利,主要是依靠我们党所领导的完全新型的与人民血肉相连的人民军队,通过长期人民战争战胜强大敌人取得的。没有这样一支人民的军队,就不可能有人民的解放和国家的独立。

四、中国革命在各个阶段都曾得到各国革命力量的援助,这是中国人民永远不会忘记的。但是中国革命的胜利,从根本上说是中国共产党坚持独立自主、自力更生的原则,依靠中国各族人民自身的力量,经历千辛万苦,战胜许多艰难险阻才取得的。

五、中国革命的胜利,在我国结束了极少数剥削者统治广大劳动人民的历史,结束了帝国主义、殖民主义奴役中国各族人民的历史。劳动人民成了新国家新社会的主人。人民革命在一个人口占全人类近四分之一的大国的胜利,改变了世界政治力量的对比,也激励了许多类似中国这样受帝国主义、殖民主义剥削压迫的国家的人民,增强了他们前进的信心。中国革命的胜利是第二次世界大战以后最重大的政治事件,对国际局势和世界人民斗争的发展具有深刻的久远的影响。

(5)新民主主义革命的胜利是无数先烈和全党同志、全国各族人民长期牺牲奋斗的结果。我们不应该把一切功劳归于革命的领袖们,但也不应该低估领袖们的重要作用。在党的许多杰出领袖中,毛泽东同志居于首要地位。早在1927年革命失败以前,毛泽东同志就已经明确指出无产阶级领导农民斗争的极端重要性以及在这个问题上的右倾危险。革命失败后,他是成功地把党的工作重点由城市转入农村,在农村保存、恢复和发展革命力量的主要代表。在1927年至1949年的二十二年中,毛泽东同志和党的其他领导人一道,克服重重困难,逐步制定和领导执行了使革命由惨重失败转为伟大胜利的总的战略和各项政策。如果没有毛泽东同志多次从危机中挽救中国革命,如果没有以他为首的党中央给全党、全国各族人民和人民军队指明坚定正确的政治方向,我们党和人民可能还要在黑暗中摸索更长时间。同中国共产党被公认为全国各族人民的领导核心一样,毛泽东同志被公认为中国共产党和中国各族人民的伟大领袖,在党和人民集体奋斗中产生的毛泽东思想被公认为党的指导思想,这是中华人民共和国建国以前二十八年历史发展的必然结果。

建国三十二年历史的基本估计

(6)中国共产党在中华人民共和国成立以后的历史,总的说来,是我们党在马克思列宁主义、毛泽东思想指导下,领导全国各族人民进行社会主义革命和社会主义建设并取得巨大成就的历史。社会主义制度的建立,是我国历史上最深刻最伟大的社会变革,是我国今后一切进步和发展的基础。

(7)建国三十二年来,我们取得的主要成就是:

一、建立和巩固了工人阶级领导的、以工农联盟为基础的人民民主专政即无产阶级专政的国家政权。它是中国历史上从来没有过的人民当家作主的新型政权,是建设社会主义的富强民主文明的现代化国家的根本保证。

二、实现和巩固了全国范围(除台湾等岛屿以外)的国家统一,根本改变了旧中国四分五裂的局面。实现和巩固了全国各族人民的大团结,形成和发展了五十多个民族平等互助的社会主义民族关系。实现和巩固了全国工人、农民、知识分子和其他各阶层人民的大团结,加强和扩大了中国共产党领导的,同各爱国民主党派、人民团体通力合作的,由全体社会主义劳动者、拥护社会主义的爱国者和拥护祖国统一的爱国者组成的,包括台湾同胞、港澳同胞和国外华侨在内的广泛统一战线。

三、战胜了帝国主义、霸权主义的侵略、破坏和武装挑衅,维护了国家的安全和独立,胜利地进行了保卫祖国边疆的斗争。

四、建立和发展了社会主义经济,基本上完成了对生产资料私有制的社会主义改造,基本上实现了生产资料公有制和按劳分配。剥削制度消灭了,剥削阶级作为阶级已经不再存在,他们中的绝大多数人已经改造成为自食其力的劳动者。

五、在工业建设中取得重大成就,逐步建立了独立的比较完整的工业体系和国民经济体系。1980 年同完成经济恢复的 1952 年相比,全国工业固定资产按原价计算,增长二十六倍多,达到四千一百多亿元;棉纱产量增长三点五倍,达到二百九十三万吨;原煤产量增长八点四倍,达到六亿二千万吨;发电量增长四十倍,达到三千多亿度;原油产量达到一亿零五百多万吨;钢产量达到三千七百多万吨;机械工业产值增长五十三倍,达到一千二百七十多亿元。在辽阔的内地和少数民族地区,兴建了一批新的工业基地。国防工业从无到有地逐步建设起来。资源勘探工作成绩很大。铁路、公路、水运、空运和邮电事业,都有很大的发展。

六、农业生产条件发生显著改变,生产水平有了很大提高。全国灌溉面积已由 1952 年的三亿亩扩大到现在的六亿七千多万亩,长江、黄河、淮河、海河、珠江、辽河、松花江等大江河的一般洪水灾害得到初步控制。解放前我国农村几乎没有农业机械、化肥和电力,现在农用拖拉机、排灌机械和化肥施用量都大大增加,用电量等于解放初全国发电量的七点五倍。1980 年同 1952 年相比,全国粮食增长近一倍,棉花增长一倍多。尽管人口增长过快,现在已近十亿,我们仍然依靠自己的力量基本上保证了人民吃饭穿衣的需要。

七、城乡商业和对外贸易都有很大增长。1980 年与 1952 年相比,全民所有制商业收购商品总额由一百七十五亿元增加到二千二百六十三亿元,增长十一点九倍;社会商品零售总额由二百七十七亿元增加到二千一百四十亿元,增长六点七倍。国家进出口贸易的总额,1980 年比 1952 年增长七点七倍。随着工业、农业和商业的发展,人民生活比解放前有了很大的改善。1980 年,全国城乡平均每人的消费水平,扣除物价因素,比 1952 年提高近一倍。

八、教育、科学、文化、卫生、体育事业有很大发展。1980 年,全国各类全日制学校在校学生二亿零四百万人,比 1952 年增长二点七倍。三十二年来,高等学校和中等专业学校培养出近九百万专门人才。核技术、人造卫星和运载火箭等方面的成就,表现出我国的科学技术水平有很大的提高。文艺方面创作了一大批为人民服务、为社会主义服务的优秀作品。群众性体育事业蓬勃发展,不少运动项目取得出色的成绩。烈性传染病被消灭或基本消灭,城乡人民的健康水平大大提高,平均寿命大大延长。

九、人民解放军在新的历史条件下得到壮大和提高,由单一的陆军发展成为包括海军、空军和其他技术兵种在内的合成军队。野战军、地方军和民兵三结合的武装力量得到了加强,部队的素质和技术装备有了很大的提高和改进。在保卫和参加社会主义革命和社会主义建设中,人民解放军发挥了人民民主专政的坚强柱石作用。

十、在国际上,始终不渝地奉行社会主义的独立自主的外交方针,倡导和坚持了和平共处五项原则,同全世界一百二十四个国家建立了外交关系,同更多的国家和地区发展了经济、贸易和文化往来。我国在联合国和安理会的席位得到恢复。我们坚持无产阶级国际主义,发展同各国人民的友谊,支持和援助被压迫民族的解放事业、新独立国家的建设事业和各国人民的正义斗争,坚决反对帝国主义、霸权主义、殖民主义和种族主义,维护世界和平,在国际事务中发挥着越来越重大的积极作用。这一切为我国的社会主义建设创造了有利的国际条件,促进了国际形势朝着有利于世界人民的方向发展。

(8)新中国建立的时间不长,我们取得的成就只是初步的。由于我们党领导社会主义事业的经验不多,党的领导对形势的分析和对国情的认识有主观主义的偏差,"文化大革命"前就有过把阶级斗争扩大化和在经济建设上急躁冒进的错误。后来,又发生了"文化大革命"这样全局性的、长时间的严重错误。这就使得我们没有取得本来应该取得的更大成就。忽视错误、掩盖错误是不允许的,这本身就是错误,而且将招致更多更大的错误。但是,三十二年来我们取得的成就还是主要的,忽视或否认我们的成就,忽视或否认取得这些成就的成功经验,同样是严重的错误。我们的成就和成功经验是党和人民创造性地运用马克思列宁主义的结果,是社会主义制度优越性的表现,是全党和全国各族人民继续前进的基础。"坚持真理,修正错误",这是我们党必须采取的辩证唯物主义的根本立场。过去采取这个立场,曾使我们的事业转危为安、转败为胜。今后继续采取这个立场,必将引导我们取得更大的胜利。

基本完成社会主义改造的七年

(9)从 1949 年 10 月中华人民共和国成立到 1956 年,我们党领导全国各族人民有步骤地实现从新民主主义到社会主义的转变,迅速恢复了国民经济并开展了有计划的经济建设,在全国绝大部分地区基本上完成了对生产资料私有制的社会主义改造。在这个历史阶段中,党确定的指导方针和基本政策是正确的,取得的胜利是辉煌的。

(10)建国后的头三年,我们肃清了国民党反动派在大陆的残余武装力量和土匪,实现了西藏的和平解放,建立了各地各级的人民政府,没收了官僚资本企业并把它们改造成为社会主义国营企业,统一了全国财政经济工作,稳定了物价,完成了新解放区土地制度的改革,镇压了反革命,开展了反贪污、反浪费、反官僚主义的"三反"运动,开展了打退资产阶级进攻的反行贿、反偷税漏税、反盗骗国家财产、反偷工减料、反盗窃国家经济情报的"五反"运动。对旧中国的教育科学文化事业,进行了很有成效的改造。在胜利完成繁重的社会改革任务和进行伟大的抗美援朝、保家卫国战争的同时,我们迅速恢复了在旧中国遭到严重破坏的国民经济,全国工农业生产1952年底已经达到历史的最高水平。

(11)1952年,党中央按照毛泽东同志的建议,提出了过渡时期的总路线:要在一个相当长的时期内,逐步实现国家的社会主义工业化,并逐步实现国家对农业、对手工业和对资本主义工商业的社会主义改造。这个总路线反映了历史的必然性。

一、国家的社会主义工业化,是国家独立和富强的当然要求和必要条件。

二、新民主主义革命在全国胜利和土地制度改革在全国完成以后,国内的主要矛盾已经转为工人阶级和资产阶级之间、社会主义道路和资本主义道路之间的矛盾。国家需要有利于国计民生的资本主义工商业有一定的发展,但资本主义工商业的发展也必然出现不利于国计民生的一面,这就不能不发生限制和反限制的斗争。在资本主义企业和国家的各项经济政策之间,在它们和社会主义国营经济之间,在它们和本企业职工、全国各族人民之间,利益冲突越来越明显。打击投机倒把、调整和改组工商业、进行"五反"运动、工人监督生产、粮棉统购统销等一系列必要的措施和步骤,必然地把原来落后、混乱、畸形发展、唯利是图的资本主义工商业逐步引上社会主义改造的道路。

三、我国个体农民,特别是在土地改革中新获得土地而缺少其他生产资料的贫农下中农,为了避免重新借高利贷甚至典让和出卖土地,产生两极分化,为了发展生产,兴修水利,抗御自然灾害,采用农业机械和其他新技术,确有走互助合作道路的要求。随着工业化的发展,一方面对农产品的需要日益增大,一方面对农业技术改造的支援日益增强,这也是促进个体农业向合作化方向发展的一个动力。

历史证明,党提出的过渡时期总路线是完全正确的。

(12)在过渡时期中,我们党创造性地开辟了一条适合中国特点的社会主义改造的道路。对资本主义工商业,我们创造了委托加工、计划订货、统购包销、委托经销代销、公私合营、全行业公私合营等一系列从低级到高级的国家资本主义的过渡形式,最后实现了马克思和列宁曾经设想过的对资产阶级的和平赎买。对个体农业,我们遵循自愿互利、典型示范和国家帮助的原则,创造了从临时互助组和常年互助组,发展到半社会主义性质的初级农业生产合作社,再发展到社会主义性质的高级农业生产合作社的过渡形式。对于个体手工业的改造,也采取了类似的方法。在改造过程中,国家资本主义经济和合作经济表现了明显的优越性。到1956年,全国绝大部分地区基本上完成了对生产资料私有制的社会主义改造。这项工作中也有缺点和偏差。在1955年夏季以后,农业合作化以及对手工业和个体商业的改造要求过急,工作过粗,改变过快,形式也过于简单划一,以致在长期间遗留了一些问题。1956年资本主义工商业改造基本完成以后,对于一部分原工商业者的使用和处理也不很适当。但整个来说,在一个几亿人口的大国中比较顺利地实现了如此复杂、困难和深刻的社会变革,促进了工农业和整个国民经济的发展,这的确是伟大的历史性胜利。

(13)我国第一个五年计划的经济建设,依靠我们自己的努力,加上苏联和其他友好国家的支援,同样取得了重大的成就。一批为国家工业化所必需而过去又非常薄弱的基础工业建立了起来。从1953年到1956年,全国工业总产值平均每年递增百分之十九点六,农业总产值平均每年递增百分之四点八。经济发展比较快,经济效果比较好,重要经济部门之间的比例比较协调。市场繁荣,物价稳定。人民生活显著改善。1956年4月,毛泽东同志发表《论十大关系》的讲话,初步总结了我国社会主义建设的经验,提出了探索适合我国国情的社会主义建设道路的任务。

(14)1954年9月召开了第一次全国人民代表大会,制定了中华人民共和国宪法。1955年3月召开的党的全国代表会议,总结了反对野心家高岗、饶漱石阴谋分裂党、篡夺党和国家最高权力的重大斗争,增强了党的团结。1956年1月党中央召开的知识分子问题会议和随后提出的"百花齐放、百家争鸣"方针,规定了对知识分子和教育科学文化工作的正确政策,促进了这方面事业的繁荣。由于党的正确政策、优良作风和崇高威信深入人心,广大干部、群众、青年和知识分子自觉学习马克思列宁主义、毛泽东思想,在党的领导下积极参加各项革命和建设工作,在全国形成了革命的、健康的、朝气蓬勃的社会道德风尚。

(15)1956年9月党的第八次全国代表大会开得很成功。大会指出:社会主义制度在我国已经基本上建立起来;我们还必须为解放台湾、为彻底完成社会主义改造、最后消灭剥削制度和继续肃清反革命残余势力而斗争,但是国内主要矛盾已经不再是工人阶级和资产阶级的矛盾,而是人民对于经济文化迅速发展的需要同当前经济文化不能满足人民需要的状况之间的矛盾;全国人民的主要任务是集中力量发展社会生产力,实现国家工业化,逐步满足人民日益增长的物质和文化需要;虽然还有阶级斗争,还要加强人民民主专政,但其根本任务已经是在新的生产关系下面保护和发展生产力。大会坚持了1956年5月党中央提出的既反保守又反冒进即在综合平衡中稳步前进的经济建设方针。大会着重提出了执政党的建设问题,强调要坚持民主集中制和集体领导制度,反对个人崇拜,发展党内民主和人民民主,加强党和群众的联系。"八大"的路线是正确的,它为新时期社会主义事业的发展和党的建设指明了方向。

开始全面建设社会主义的十年

(16)社会主义改造基本完成以后,我们党领导全国各族人民开始转入全面的大规模的社会主义建设。直到"文化大革命"前夕的十年中,我们虽然遭到过严重挫折,仍然取得了很大的成就。以1966年同1956年相比,全国工业固定资产按原价计算,增长了三倍。棉纱、原煤、发电量、原油、钢和机械设备等主要工业产品的产量,都有巨大的增长。从1965年起实现了石油全部自给。电子工业、石油化工等一批新兴的工业部门建设了起来。工业布局有了改善。农业的基本建设和技术改造开始大规模地展开,并逐渐收到成效。全国农业用拖拉机和化肥施用量都增长六倍以上,农村用电量增长七十倍。高等学校的毕业生为前七年的四点九倍。经过整顿,教育质量得到显著提高。科学技术工作也有比较突出的成果。

党在这十年中积累了领导社会主义建设的重要经验。毛泽东同志在1957年春提出必须正确区分和处理社会主义社会两类不同性质的社会矛盾,把正确处理人民内部矛盾作为国家政治生活的主题。接着,他提出要"造成一个又有集中又有民主,又有纪律又有自由,又有统一意志、又有个人心情舒畅、生动活泼,那样一种政治局面"的要求。1958年,他又提出要把党和国家的工作重点转到技术革命和社会主义建设上来。这些都是"八大"路线的继续发展,具有长远的指导意义。毛泽东同志在领导纠正"大跃进"和人民公社化运动中的错误时提出了不能剥夺农民,不能超越阶段,反对平均主义,强调发展商品生产、遵守价值规律和做好综合平衡,主张以农轻重为序安排国民经济计划等观点;刘少奇同志提出了许多生产资料可以作为商品进行流通和社会主义社会要有两种劳动制度、两种教育制度的观点;周恩来同志提出了我国知识分子绝大多数已经是劳动人民的知识分子,科学技术在我国现代化建设中具有关键性作用等观点;陈云同志提出了计划指标必须切合实际,建设规模必须同国力相适应,人民生活和国家建设必须兼顾,制定计划必须做好物资、财政、信贷平衡等观点;邓小平同志提出了关于整顿工业企业,改善和加强企业管理,实行职工代表大会制等观点；朱德同志提出了要注意发展手工业和农业多种经营的观点；邓子恢等同志提出了农业中要实行生产责任制的观点。所有这些，在当时和以后都有重大的意义。党中央在调整国民经济过程中陆续制定的农村人民公社工作条例草案和有关工业、商业、教育、科学、文艺等方面的工作条例草案，比较系统地总结了社会主义建设的经验，分别规定了适合当时情况的各项具体政策，至今对我们仍然有重要的借鉴作用。

总之，我们现在赖以进行现代化建设的物质技术基础，很大一部分是这个期间建设起来的；全国经济文化建设等方面的骨干力量和他们的工作经验，大部分也是在这个期间培养和积累起来的。这是这个期间党的工作的主导方面。

(17)这十年中，党的工作在指导方针上有过严重失误，经历了曲折的发展过程。

1957年的经济工作，由于认真执行党的“八大”的正确方针，是建国以来效果最好的年份之一。这一年在全党开展整风运动，发动群众向党提出批评建议，是发扬社会主义民主的正常步骤。在整风过程中，极少数资产阶级右派分子乘机鼓吹所谓“大鸣大放”，向党和新生的社会主义制度放肆地发动进攻，妄图取代共产党的领导，对这种进攻进行坚决的反击是完全正确和必要的。但是反右派斗争被严重地扩大化了，把一批知识分子、爱国人士和党内干部错划为“右派分子”，造成了不幸的后果。

1958年，党的八大二次会议通过的社会主义建设总路线及其基本点，其正确的一面是反映了广大人民群众迫切要求改变我国经济文化落后状况的普遍愿望，其缺点是忽视了客观的经济规律。在这次会议前后，全党同志和全国各族人民在生产建设中发挥了高度的社会主义积极性和创造精神，并取得了一定的成果。但是，由于对社会主义建设经验不足，对经济发展规律和中国经济基本情况认识不足，更由于毛泽东同志、中央和地方不少领导同志在胜利面前滋长了骄傲自满情绪，急于求成，夸大了主观意志和主观努力的作用，没有经过认真的调查研究和试点，就在总路线提出后轻率地发动了“大跃进”运动和农村人民公社化运动，使得以高指标、瞎指挥、浮夸风和“共产风”为主要标志的“左”倾错误严重地泛滥开来。从1958年底到1959年7月中央政治局庐山会议前期，毛泽东同志和党中央曾经努力领导全党纠正已经觉察到的错误。但是，庐山会议后期，毛泽东同志错误地发动了对彭德怀同志的批判，进而在全党错误地开展了“反右倾”斗争。八届八中全会关于所谓“彭德怀、黄克诚、张闻天、周小舟反党集团”的决议是完全错误的。这场斗争在政治上使党内从中央到基层的民主生活遭到严重损害，在经济上打断了纠正“左”倾错误的进程，使错误延续了更长时间。主要由于“大跃进”和“反右倾”的错误,加上当时的自然灾害和苏联政府背信弃义地撕毁合同,我国国民经济在1959年到1961年发生严重困难,国家和人民遭到重大损失。

1960年冬,党中央和毛泽东同志开始纠正农村工作中的“左”倾错误,并且决定对国民经济实行“调整、巩固、充实、提高”的方针,随即在刘少奇、周恩来、陈云、邓小平等同志的主持下,制定和执行了一系列正确的政策和果断的措施,这是这个历史阶段中的重要转变。1962年1月召开的有七千人参加的扩大的中央工作会议,初步总结了“大跃进”中的经验教训,开展了批评和自我批评。会议前后又为“反右倾”运动中被错误批判的大多数同志进行了甄别平反。此外,还给被划为“右派分子”的大多数人摘掉了“右派分子”帽子。由于这些经济和政治的措施,从1962年到1966年国民经济得到了比较顺利的恢复和发展。

但是,“左”倾错误在经济工作的指导思想上并未得到彻底纠正,而在政治和思想文化方面还有发展。在1962年9月的八届十中全会上,毛泽东同志把社会主义社会中一定范围内存在的阶级斗争扩大化和绝对化,发展了他在1957年反右派斗争以后提出的无产阶级同资产阶级的矛盾仍然是我国社会的主要矛盾的观点,进一步断言在整个社会主义历史阶段资产阶级都将存在和企图复辟,并成为党内产生修正主义的根源。1963年至1965年间,在部分农村和少数城市基层开展的社会主义教育运动,虽然对于解决干部作风和经济管理等方面的问题起了一定作用,但由于把这些不同性质的问题都认为是阶级斗争或者是阶级斗争在党内的反映,在1964年下半年使不少基层干部受到不应有的打击,在1965年初又错误地提出了运动的重点是整所谓“党内走资本主义道路的当权派”。在意识形态领域,也对一些文艺作品、学术观点和文艺界学术界的一些代表人物进行了错误的、过火的政治批判,在对待知识分子问题、教育科学文化问题上发生了愈来愈严重的“左”的偏差,并且在后来发展成为“文化大革命”的导火线。不过,这些错误当时还没有达到支配全局的程度。

由于全党和全国各族人民的主要注意力从1960年冬以后一直是在贯彻执行调整经济的正确方针,社会主义建设逐步地重新出现欣欣向荣的景象。党和人民团结一致,同甘共苦,对内克服了自己的困难,对外顶住了苏联领导集团的压力,还清了对苏联的全部债款(主要是抗美援朝中的军火债款),并且大力支援了许多国家人民的革命斗争和建设事业。1964年底到1965年初召开的第三届全国人民代表大会宣布:调整国民经济的任务已经基本完成,整个国民经济将进入一个新的发展时期,要努力把我国逐步建设成为一个具有现代农业、现代工业、现代国防和现代科学技术的社会主义强国。这个号召由于“文化大革命”而没有得到实行。

(18)这十年中的一切成就,是在以毛泽东同志为首的党中央集体领导下取得的。这个期间工作中的错误,责任同样也在党中央的领导集体。毛泽东同志负有主要责任,但也不能把所有错误归咎于毛泽东同志个人。这个期间,毛泽东同志在关于社会主义社会阶级斗争的理论和实践上的错误发展得越来越严重,他的个人专断作风逐步损害党的民主集中制,个人崇拜现象逐步发展。党中央未能及时纠正这些错误。林彪、江青、康生这些野心家又别有用心地利用和助长了这些错误。这就导致了“文化大革命”的发动。

“文化大革命”的十年

(19)1966年5月至1976年10月的“文化大革命”,使党、国家和人民遭到建国以来最严重的挫折和损失。这场“文化大革命”是毛泽东同志发动和领导的。他的主要论点是:一大批资产阶级的代表人物、反革命的修正主义分子,已经混进党里、政府里、军队里和文化领域的各界里,相当大的一个多数的单位的领导权已经不在马克思主义者和人民群众手里。党内走资本主义道路的当权派在中央形成了一个资产阶级司令部,它有一条修正主义的政治路线和组织路线,在各省、市、自治区和中央各部门都有代理人。过去的各种斗争都不能解决问题,只有实行文化大革命,公开地、全面地、自下而上地发动广大群众来揭发上述的黑暗面,才能把被走资派篡夺的权力重新夺回来。这实质上是一个阶级推翻一个阶级的政治大革命,以后还要进行多次。这些论点主要地出现在作为“文化大革命”纲领性文件的《五·一六通知》和党的“九大”的政治报告中,并曾被概括成为所谓“无产阶级专政下继续革命的理论”,从而使“无产阶级专政下继续革命”一语有了特定的含义。毛泽东同志发动“文化大革命”的这些“左”倾错误论点,明显地脱离了作为马克思列宁主义普遍原理和中国革命具体实践相结合的毛泽东思想的轨道,必须把它们同毛泽东思想完全区别开来。至于毛泽东同志所重用过的林彪、江青等人,他们组成两个阴谋夺取最高权力的反革命集团,利用毛泽东同志的错误,背着他进行了大量祸国殃民的罪恶活动,这完全是另外一种性质的问题。他们的反革命罪行已被充分揭露,所以本决议不多加论列。

(20)“文化大革命”的历史,证明毛泽东同志发动“文化大革命”的主要论点既不符合马克思列宁主义,也不符合中国实际。这些论点对当时我国阶级形势以及党和国家政治状况的估计,是完全错误的。

一、“文化大革命”被说成是同修正主义路线或资本主义道路的斗争,这个说法根本没有事实根据,并且在一系列重大理论和政策问题上混淆了是非。“文化大革命”中被当作修正主义或资本主义批判的许多东西,实际上正是马克思主义原理和社会主义原则,其中很多是毛泽东同志自己过去提出或支持过的。“文化大革命”否定了建国以来十七年大量的正确方针政策和成就,这实际上也就在很大程度上否定了包括毛泽东同志自己在内的党中央和人民政府的工作,否定了全国各族人民建设社会主义的艰苦卓绝的奋斗。

二、上述的是非混淆必然导致敌我的混淆。“文化大革命”所打倒的“走资派”,是党和国家各级组织中的领导干部,即社会主义事业的骨干力量。党内根本不存在所谓以刘少奇、邓小平为首的“资产阶级司令部”。确凿的事实证明,硬加给刘少奇同志的所谓“叛徒”、“内奸”、“工贼”的罪名,完全是林彪、江青等人的诬陷。八届十二中全会对刘少奇同志所作的政治结论和组织处理,是完全错误的。“文化大革命”对所谓“反动学术权威”的批判,使许多有才能、有成就的知识分子遭到打击和迫害,也严重地混淆了敌我。

三、“文化大革命”名义上是直接依靠群众,实际上既脱离了党的组织,又脱离了广大群众。运动开始后,党的各级组织普遍受到冲击并陷于瘫痪、半瘫痪状态,党的各级领导干部普遍受到批判和斗争,广大党员被停止了组织生活,党长期依靠的许多积极分子和基本群众受到排斥。“文化大革命”初期被卷入运动的大多数人,是出于对毛泽东同志和党的信赖,但是除了极少数极端分子以外,他们也不赞成对党的各级领导干部进行残酷斗争。后来,他们经过不同的曲折道路而提高觉悟之后,逐步对“文化大革命”采取怀疑观望以至抵制反对的态度,许多人因此也遭到了程度不同的打击。以上这些情况,不可避免地给一些投机分子、野心分子、阴谋分子以可乘之机,其中有不少人还被提拔到了重要的以至非常重要的地位。

四、实践证明,“文化大革命”不是也不可能是任何意义上的革命或社会进步。它根本不是“乱了敌人”而只是乱了自己,因而始终没有也不可能由“天下大乱”达到“天下大治”。在我国,在人民民主专政的国家政权建立以后,尤其是社会主义改造基本完成、剥削阶级作为阶级已经消灭以后,虽然社会主义革命的任务还没有最后完成,但是革命的内容和方法已经同过去根本不同。对于党和国家肌体中确实存在的某些阴暗面,当然需要作出恰当的估计并运用符合宪法、法律和党章的正确措施加以解决,但决不应该采取“文化大革命”的理论和方法。在社会主义条件下进行所谓“一个阶级推翻一个阶级”的政治大革命,既没有经济基础,也没有政治基础。它必然提不出任何建设性的纲领,而只能造成严重的混乱、破坏和倒退。历史已经判明,“文化大革命”是一场由领导者错误发动,被反革命集团利用,给党、国家和各族人民带来严重灾难的内乱。

(21)“文化大革命”的过程分为三段。

一、从“文化大革命”的发动到1969年4月党的第九次全国代表大会。1966年5月中央政治局扩大会议和同年8月八届十一中全会的召开,是“文化大革命”全面发动的标志。这两次会议相继通过了《五·一六通知》和《关于无产阶级文化大革命的决定》,对所谓“彭真、罗瑞卿、陆定一、杨尚昆反党集团”和对所谓“刘少奇、邓小平司令部”进行了错误的斗争,对党中央领导机构进行了错误的改组,成立了所谓“中央文革小组”并让它掌握了中央的很大部分权力。毛泽东同志的“左”倾错误的个人领导实际上取代了党中央的集体领导,对毛泽东同志的个人崇拜被鼓吹到了狂热的程度。林彪、江青、康生、张春桥等人主要利用所谓“中央文革小组”的名义,乘机煽动“打倒一切、全面内战”。1967年2月前后,谭震林、陈毅、叶剑英、李富春、李先念、徐向前、聂荣臻等政治局和军委的领导同志,在不同的会议上对“文化大革命”的错误作法提出了强烈的批评,但被诬为“二月逆流”而受到压制和打击。朱德、陈云同志也受到错误的批判。各部门各地方的党政领导机构几乎都被夺权或改组。派人民解放军实行三支两军(支左、支工、支农、军管、军训),在当时的混乱情况下是必要的,对稳定局势起了积极的作用,但也带来了一些消极的后果。党的“九大”使“文化大革命”的错误理论和实践合法化,加强了林彪、江青、康生等人在党中央的地位。“九大”在思想上、政治上和组织上的指导方针都是错误的。

二、从党的“九大”到1973年8月党的第十次全国代表大会。1970年至1971年间发生了林彪反革命集团阴谋夺取最高权力、策动反革命武装政变的事件。这是“文化大革命”推翻党的一系列基本原则的结果,客观上宣告了“文化大革命”的理论和实践的失败。毛泽东、周恩来同志机智地粉碎了这次叛变。周恩来同志在毛泽东同志支持下主持中央日常工作,使各方面的工作有了转机。1972年,在批判林彪的过程中,周恩来同志正确地提出要批判极左思潮的意见,这是1967年2月前后许多中央领导同志要求纠正“文化大革命”错误这一正确主张的继续。毛泽东同志却错误地认为当时的任务仍然是反对“极右”。党的“十大”继续了“九大”的“左”倾错误,并且使王洪文当上了党中央副主席。江青、张春桥、姚文元、王洪文在中央政治局内结成“四人帮”,江青反革命集团的势力又得到加强。

三、从党的“十大”到1976年10月。1974年初,江青、王洪文等提出开展所谓“批林批孔”运动;同有的地方和单位清查与林彪反革命集团阴谋活动有关的人和事不同,江青等人的矛头是指向周恩来同志的。毛泽东同志先是批准开展所谓“批林批孔”运动,在发现江青等人借机进行篡权活动以后,又对他们作了严厉批评,宣布他们是“四人帮”,指出江青有当党中央主席和操纵“组阁”的野心。1975 年,周恩来同志病重,邓小平同志在毛泽东同志支持下主持中央日常工作,召开了军委扩大会议和解决工业、农业、交通、科技等方面问题的一系列重要会议,着手对许多方面的工作进行整顿,使形势有了明显好转。但是毛泽东同志不能容忍邓小平同志系统地纠正“文化大革命”的错误,又发动了所谓“批邓、反击右倾翻案风”运动,全国因而再度陷入混乱。1976 年 1 月周恩来同志逝世。周恩来同志对党和人民无限忠诚,鞠躬尽瘁。他在“文化大革命”中处于非常困难的地位。他顾全大局,任劳任怨,为继续进行党和国家的正常工作,为尽量减少“文化大革命”所造成的损失,为保护大批的党内外干部,作了坚持不懈的努力,费尽了心血。他同林彪、江青反革命集团的破坏进行了各种形式的斗争。他的逝世引起了全党和全国各族人民的无限悲痛。同年 4 月间,在全国范围内掀起了以天安门事件为代表的悼念周总理、反对“四人帮”的强大抗议运动。这个运动实质上是拥护以邓小平同志为代表的党的正确领导,它为后来粉碎江青反革命集团奠定了伟大的群众基础。当时,中央政治局和毛泽东同志对天安门事件的性质作出了错误的判断,并且错误地撤销了邓小平同志的党内外一切职务。1976 年 9 月毛泽东同志逝世,江青反革命集团加紧夺取党和国家最高领导权的阴谋活动。同年 10 月上旬,中央政治局执行党和人民的意志,毅然粉碎了江青反革命集团,结束了“文化大革命”这场灾难。这是全党、全军和全国各族人民长期斗争取得的伟大胜利。在粉碎江青反革命集团的斗争中,华国锋、叶剑英、李先念等同志起了重要作用。

(22)对于“文化大革命”这一全局性的、长时间的“左”倾严重错误,毛泽东同志负有主要责任。但是,毛泽东同志的错误终究是一个伟大的无产阶级革命家所犯的错误。毛泽东同志是经常注意要克服我们党内和国家生活中存在着的缺点的,但他晚年对许多问题不仅没有能够加以正确的分析,而且在“文化大革命”中混淆了是非和敌我。他在犯严重错误的时候,还多次要求全党认真学习马克思、恩格斯、列宁的著作,还始终认为自己的理论和实践是马克思主义的,是为巩固无产阶级专政所必需的,这是他的悲剧所在。他在全局上一直坚持“文化大革命”的错误,但也制止和纠正过一些具体错误,保护过一些党的领导干部和党外著名人士,使一些负责干部重新回到重要的领导岗位。他领导了粉碎林彪反革命集团的斗争,对江青、张春桥等人也进行过重要的批评和揭露,不让他们夺取最高领导权的野心得逞。这些都对后来我们党顺利地粉碎“四人帮”起了重要作用。他晚年仍然警觉地注意维护我国的安全,顶住了社会帝国主义的压力,执行正确的对外政策,坚决支援各国人民的正义斗争,并且提出了划分三个世界的正确战略和我国永远不称霸的重要思想。在“文化大革命”中,我们党没有被摧毁并且还能维持统一,国务院和人民解放军还能进行许多必要的工作,有各族各界代表人物出席的第四届全国人民代表大会还能召开并且确定了以周恩来、邓小平同志为领导核心的国务院人选,我国社会主义制度的根基仍然保存着,社会主义经济建设还在进行,我们的国家仍然保持统一并且在国际上发挥重要影响。这些重要事实都同毛泽东同志的巨大作用分不开。因为这一切,特别是因为他对革命事业长期的伟大贡献,中国人民始终把毛泽东同志看作是自己敬爱的伟大领袖和导师。

(23)党和人民在“文化大革命”中同“左”倾错误和林彪、江青反革命集团的斗争是艰难曲折的,是一直没有停止的。“文化大革命”整个过程的严峻考验表明:党的八届中央委员会和它所选出的政治局、政治局常委、书记处的成员,绝大多数都站在斗争的正确方面。我们党的干部,无论是曾被错误地打倒的,或是一直坚持工作和先后恢复工作的,绝大多数是忠于党和人民的,对社会主义、共产主义事业的信念是坚定的。遭到过打击和折磨的知识分子、劳动模范、爱国民主人士、爱国华侨以及各民族各阶层的干部和群众,绝大多数都没有动摇热爱祖国和拥护党、拥护社会主义的立场。在“文化大革命”中受迫害而牺牲的刘少奇、彭德怀、贺龙、陶铸等党和国家领导人以及其他一切党内外同志,将永远被铭记在各族人民心中。正是由于全党和广大工人、农民、解放军指战员、知识分子、知识青年和干部的共同斗争,使“文化大革命”的破坏受到了一定程度的限制。我国国民经济虽然遭到巨大损失,仍然取得了进展。粮食生产保持了比较稳定的增长。工业交通、基本建设和科学技术方面取得了一批重要成就,其中包括一些新铁路和南京长江大桥的建成,一些技术先进的大型企业的投产,氢弹试验和人造卫星发射回收的成功,籼型杂交水稻的育成和推广,等等。在国家动乱的情况下,人民解放军仍然英勇地保卫着祖国的安全。对外工作也打开了新的局面。当然,这一切决不是“文化大革命”的成果,如果没有“文化大革命”,我们的事业会取得大得多的成就。在“文化大革命”中,我们尽管遭到林彪、江青两个反革命集团的破坏,但终于战胜了他们。党、人民政权、人民军队和整个社会的性质都没有改变。历史再一次表明,我们的人民是伟大的人民,我们的党和社会主义制度具有伟大而顽强的生命力。

(24)“文化大革命”所以会发生并且持续十年之久,除了前面所分析的毛泽东同志领导上的错误这个直接原因以外,还有复杂的社会历史原因。主要的是:

一、社会主义运动的历史不长,社会主义国家的历史更短,社会主义社会的发展规律有些已经比较清楚,更多的还有待于继续探索。我们党过去长期处于战争和激烈阶级斗争的环境中,对于迅速到来的新生的社会主义社会和全国规模的社会主义建设事业,缺乏充分的思想准备和科学研究。马克思、恩格斯、列宁、斯大林的科学著作是我们行动的指针,但是不可能给我国社会主义事业中的各种问题提供现成答案。从领导思想上来看,由于我们党的历史特点,在社会主义改造基本完成以后,在观察和处理社会主义社会发展进程中出现的政治、经济、文化等方面的新矛盾新问题时,容易把已经不属于阶级斗争的问题仍然看做是阶级斗争,并且面对新条件下的阶级斗争,又习惯于沿用过去熟习而这时已不能照搬的进行大规模急风暴雨式群众性斗争的旧方法和旧经验,从而导致阶级斗争的严重扩大化。同时,这种脱离现实生活的主观主义的思想和做法,由于把马克思、恩格斯、列宁、斯大林著作中的某些设想和论点加以误解或教条化,反而显得有"理论根据"。例如:认为社会主义社会在消费资料分配中通行的等量劳动相交换的平等权利,即马克思所说的"资产阶级权利"应该限制和批判,因而按劳分配原则和物质利益原则就应该限制和批判;认为社会主义改造基本完成以后小生产还会每日每时地大批地产生资本主义和资产阶级,因而形成一系列左倾的城乡经济政策和城乡阶级斗争政策;认为党内的思想分歧都是社会阶级斗争的反映,因而形成频繁激烈的党内斗争,等等。这就使我们把关于阶级斗争扩大化的迷误当成保卫马克思主义的纯洁性。此外,苏联领导人挑起中苏论战,并把两党之间的原则争论变为国家争端,对中国施加政治上、经济上和军事上的巨大压力,迫使我们不得不进行反对苏联大国沙文主义的正义斗争。在这种情况的影响下,我们在国内进行了反修防修运动,使阶级斗争扩大化的迷误日益深入到党内,以致党内同志间不同意见的正常争论也被当作是所谓修正主义路线的表现或所谓路线斗争的表现,使党内关系日益紧张化。这样,党就很难抵制毛泽东等同志提出的一些"左"倾观点,而这些"左"倾观点的发展就导致"文化大革命"的发生和持续。

二、党在面临着工作重心转向社会主义建设这一新任务因而需要特别谨慎的时候,毛泽东同志的威望也达到高峰。他逐渐骄傲起来,逐渐脱离实际和脱离群众,主观主义和个人专断作风日益严重,日益凌驾于党中央之上,使党和国家政治生活中的集体领导原则和民主集中制不断受到削弱以至破坏。这种现象是逐渐形成的,党中央对此也应负一定的责任。从马克思主义的观点看来,这个复杂现象是一定历史条件的产物,如果仅仅归咎于某个人或若干人,就不能使全党得到深刻教训,并找出切实有效的改革步骤。在共产主义运动中,领袖人物具有十分重要的作用,这是历史已经反复证明和不容置疑的。但是国际共产主义运动史上由于没有正确解决领袖和党的关系问题而出现过的一些严重偏差,对我们党也产生了消极的影响。中国是一个封建历史很长的国家,我们党对封建主义特别是对封建土地制度和豪绅恶霸进行了最坚决最彻底的斗争,在反封建斗争中养成了优良的民主传统;但是长期封建专制主义在思想政治方面的遗毒仍然不是很容易肃清的,种种历史原因又使我们没有能把党内民主和国家政治社会生活的民主加以制度化、法律化,或者虽然制定了法律,却没有应有的权威。这就提供了一种条件,使党的权力过分集中于个人,党内个人专断和个人崇拜现象滋长起来,也就使党和国家难于防止和制止"文化大革命"的发动和发展。

历史的伟大转折

(25)1976 年 10 月粉碎江青反革命集团的胜利,从危难中挽救了党,挽救了革命,使我们的国家进入了新的历史发展时期。从这时开始到十一届三中全会之前的两年中,广大干部和群众以极大的热情投入各项革命和建设工作。揭发批判江青反革命集团的罪行,清查他们的反革命帮派体系,取得了很大成绩。党和国家组织的整顿,冤假错案的平反,开始部分地进行。工农业生产得到比较快的恢复。教育科学文化工作也开始走向正常。党内外同志越来越强烈地要求纠正"文化大革命"的错误,但是遇到了严重的阻碍。这固然是由于十年"文化大革命"造成的政治上思想上的混乱不容易在短期内消除,同时也由于当时担任党中央主席的华国锋同志在指导思想上继续犯了"左"的错误。华国锋同志是由毛泽东同志在 1976 年"批邓"运动中提议担任党中央第一副主席兼国务院总理的。他在粉碎江青反革命集团的斗争中有功,以后也做了有益的工作。但是,他推行和迟迟不改正"两个凡是"(即"凡是毛主席作出的决策,我们都坚决维护,凡是毛主席的指示,我们都始终不渝地遵循")的错误方针;压制 1978 年开展的对拨乱反正具有重大意义的关于真理标准问题的讨论;拖延和阻挠恢复老干部工作和平反历史上冤假错案(包括"天安门事件")的进程;在继续维护旧的个人崇拜的同时,还制造和接受对他自己的个人崇拜。1977 年 8 月召开的党的第十一次全国代表大会,在揭批"四人帮"和动员全党建设社会主义现代化强国方面起了积极作用。但是,由于当时历史条件的限制和华国锋同志的错误的影响,这次大会没有能够纠正"文化大革命"的错误理论、政策和口号,反而加以肯定。对经济工作中的求成过急和其他一些"左"倾政策的继续,华国锋同志也负有责任。很明显,由他来领导纠正党内的"左"倾错误特别是恢复党的优良传统,是不可能的。

(26)1978年12月召开的十一届三中全会,是建国以来我党历史上具有深远意义的伟大转折。全会结束了1976年10月以来党的工作在徘徊中前进的局面,开始全面地认真地纠正"文化大革命"中及其以前的"左"倾错误。这次全会坚决批判了"两个凡是"的错误方针,充分肯定了必须完整地、准确地掌握毛泽东思想的科学体系;高度评价了关于真理标准问题的讨论,确定了解放思想、开动脑筋、实事求是、团结一致向前看的指导方针;果断地停止使用"以阶级斗争为纲"这个不适用于社会主义社会的口号,作出了把工作重点转移到社会主义现代化建设上来的战略决策;提出了要注意解决好国民经济重大比例严重失调的要求,制订了关于加快农业发展的决定;着重提出了健全社会主义民主和加强社会主义法制的任务;审查和解决了党的历史上一批重大冤假错案和一些重要领导人的功过是非问题。全会还增选了中央领导机构的成员。这些在领导工作中具有重大意义的转变,标志着党重新确立了马克思主义的思想路线、政治路线和组织路线。从此,党掌握了拨乱反正的主动权,有步骤地解决了建国以来的许多历史遗留问题和实际生活中出现的新问题,进行了繁重的建设和改革工作,使我们的国家在经济上和政治上都出现了很好的形势。

一、在三中全会提出的解放思想、实事求是的号召下,广大干部和群众从过去盛行的个人崇拜和教条主义的精神枷锁中解脱出来,党内外思想活跃,出现了努力研究新情况解决新问题的生动景象。为了正确地贯彻解放思想的方针,党及时地重申必须坚持社会主义道路,坚持人民民主专政即无产阶级专政,坚持共产党的领导,坚持马克思列宁主义、毛泽东思想这四项基本原则,重申民主和集中不可偏废的原理,并指出剥削阶级作为阶级已经消灭,但阶级斗争仍在一定范围内继续存在的基本事实。党的四中全会通过的叶剑英同志在庆祝建国三十周年大会上的讲话,即充分肯定了建国以来党和人民所取得的伟大成就,又对党在过去工作中的错误作了自我批评,对国家的光明前途作了论证,加强了全党和全国各族人民的认识统一。1980年8月的中央政治局会议,提出反对资产阶级思想侵蚀和肃清政治思想上的封建余毒的历史性任务。同年12月的中央工作会议,决定加强党的思想政治工作,加强建设社会主义精神文明,批判违反四项基本原则的错误思潮,打击破坏社会主义事业的反革命活动,对全国安定团结、生动活泼的政治局面发生了重大的良好影响。

二、党在1979年4月召开的中央工作会议上提出对整个国民经济实行"调整、改革、整顿、提高"的方针,坚决纠正前两年经济工作中的失误,认真清理过去在这方面长期存在的"左"倾错误影响。党指出经济建设必须适合我国国情，符合经济规律和自然规律；必须量力而行，循序前进，经过论证，讲求实效，使生产的发展同人民生活的改善密切结合；必须在坚持独立自主、自力更生的基础上，积极开展对外经济合作和技术交流。在这些方针指导下，轻工业的发展加快了，工业内部结构正朝着合理的协调的方向发展；包括扩大企业自主权、恢复职工代表大会制度和加强企业的民主管理、财政分级管理等在内的经济管理体制的改革，正结合经济调整有步骤地进行。党认真补救农业合作化后期以来农村工作上的失误，提高农副产品价格，推行各种形式的联产计酬责任制，恢复并适当扩大自留地，恢复农村集市贸易，发展农村副业和多种经营，极大地调动了农民的积极性。这两年的粮食产量是建国以来最高的，经济作物和农副产品的生产都获得了迅速的发展。由于农业和整个国民经济的发展，人民生活有了改善。

三、经过大量切实的调查研究，为原中共中央副主席、中华人民共和国主席刘少奇同志以及遭受冤屈的其他党和国家领导人、各族各界的领袖人物恢复了名誉，肯定了他们在长期革命斗争中为党和人民建树的历史功勋。

四、在全国复查和平反了大量的冤假错案，改正了错划右派分子的案件。宣布原工商业者已改造成为劳动者；把原为劳动者的小商小贩、手工业者从原资产阶级工商业者中区别出来；为现已改造成为劳动者的绝大多数原地主、富农分子改订了成分。这一系列工作妥善地解决了大量党内和人民内部的矛盾。

五、各级人民代表大会的工作得到加强，省、县两级人代会增设了常设机构，县级和县级以下人民代表由选民直接选举的制度正在普遍实行。党和国家的集体领导和民主集中制正在健全。地方和基层组织的权力正在逐步扩大。取消了不利于发扬社会主义民主的所谓“大鸣、大放、大字报、大辩论”。恢复、制订和施行了一系列重要的法律、法令和条例，包括建国以来一直没有制订的刑法、刑事诉讼法。加强了司法、检察和公安机关的工作。打击了各种严重的刑事犯罪分子。依法公开审判了林彪、江青反革命集团十名主犯。

六、党大力调整和加强了各级领导班子。五中全会增补政治局常委委员，成立中央书记处，有力地加强了党中央的领导。中央和各级纪律检查委员会的建立，《关于党内政治生活的若干准则》和其他有关党内法规的制定，各级党的领导机关和纪律检查机关为纠正不正之风所做的工作，提高了党的战斗力。党的舆论机关在这方面也做了许多努力。党决定废除干部领导职务实际上存在的终身制，改变权力过分集中的状况，要求在坚持革命化的前提下逐步实现各级领导人员的年轻化、知识化和专业化，并在这些方面着手做了一些工作。由于调整了国务院的领导成员和实行党政分工，中央和地方政府工作得到加强。

此外,党在教育、科学、文化、卫生、体育工作,民族工作,统战工作,侨务工作,军事工作和外交工作等方面,认真落实党的各项政策,都取得了重要的成就。

总之,三中全会以来,毛泽东思想的科学原理和党的正确政策在新的条件下得到了恢复和发展,党和国家的各项工作重新蒸蒸日上。我们的工作中还有失误和缺点,我们的面前还有许多困难。但是,胜利前进的航道已经打通,党在人民中的威信正在日益提高。

毛泽东同志的历史地位和毛泽东思想

(27)毛泽东同志是伟大的马克思主义者,是伟大的无产阶级革命家、战略家和理论家。他虽然在"文化大革命"中犯了严重错误,但是就他的一生来看,他对中国革命的功绩远远大于他的过失。他的功绩是第一位的,错误是第二位的。他为我们党和中国人民解放军的创立和发展,为中国各族人民解放事业的胜利,为中华人民共和国的缔造和我国社会主义事业的发展,建立了永远不可磨灭的功勋。他为世界被压迫民族的解放和人类进步事业作出了重大的贡献。

(28)以毛泽东同志为主要代表的中国共产党人,根据马克思列宁主义的基本原理,把中国长期革命实践中的一系列独创性经验作了理论概括,形成了适合中国情况的科学的指导思想,这就是马克思列宁主义普遍原理和中国革命具体实践相结合的产物——毛泽东思想。在一个半殖民地、半封建的东方大国里进行革命,必然遇到许多特殊的复杂问题。靠背诵马克思列宁主义一般原理和照搬外国经验,不可能解决这些问题。主要在本世纪二十年代后期和三十年代前期在国际共产主义运动中和我们党内盛行的把马克思主义教条化、把共产国际决议和苏联经验神圣化的错误倾向,曾使中国革命几乎陷于绝境。毛泽东思想是在同这种错误倾向作斗争并深刻总结这方面的历史经验的过程中逐渐形成和发展起来的。它在土地革命战争后期和抗日战争时期得到系统总结和多方面展开而达到成熟,在解放战争时期和中华人民共和国成立以后继续得到发展。毛泽东思想是马克思列宁主义在中国的运用和发展,是被实践证明了的关于中国革命的正确的理论原则和经验总结,是中国共产党集体智慧的结晶。我党许多卓越领导人对它的形成和发展都作出了重要贡献,毛泽东同志的科学著作是它的集中概括。

(29)毛泽东思想具有多方面的内容。在以下几个方面,它以独创性的理论丰富和发展了马克思列宁主义。

一、关于新民主主义革命。毛泽东同志从中国的历史状况和社会状况出发，深刻研究中国革命的特点和中国革命的规律，发展了马克思列宁主义关于无产阶级在民主革命中的领导权的思想，创立了无产阶级领导的，工农联盟为基础的，人民大众的，反对帝国主义、封建主义和官僚资本主义的新民主主义革命的理论。这方面的主要著作有：《中国社会各阶级的分析》、《湖南农民运动考察报告》、《星星之火，可以燎原》、《〈共产党人〉发刊词》、《新民主主义论》、《论联合政府》、《目前形势和我们的任务》。其基本点，一是认为中国资产阶级有两个部分，一部分是依附于帝国主义的大资产阶级（即买办资产阶级、官僚资产阶级），另一部分是既有革命要求又有动摇性的民族资产阶级。无产阶级领导的统一战线要争取民族资产阶级参加，并且在特殊条件下把一部分大资产阶级也包括在内，以求最大限度地孤立最主要的敌人。在同资产阶级结成统一战线时，要保持无产阶级的独立性，实行又团结又斗争、以斗争求团结的政策；在被迫同资产阶级、主要是同大资产阶级分裂时，要敢于并善于同大资产阶级进行坚决的武装斗争，同时要继续争取民族资产阶级的同情或中立。二是认为由于中国没有资产阶级民主，反动统治阶级凭借武装力量对人民实行独裁恐怖统治，革命只能以长期的武装斗争为主要形式。中国的武装斗争，是无产阶级领导的以农民为主体的革命战争。农民是无产阶级的最可靠的同盟军。无产阶级有可能和必要通过自己的先锋队用先进思想、组织性和纪律性来提高农民群众的觉悟水平，建立农村根据地，长期进行革命战争，发展和壮大革命力量。毛泽东同志指出，“统一战线和武装斗争，是战胜敌人的两个基本武器”，加上党本身的建设，就成为革命的“三个法宝”。以上这些，就是中国共产党所以能成为全民族的领导核心，并且创造出一条以农村包围城市，最后夺取全国胜利的道路的基本依据。

二、关于社会主义革命和社会主义建设。毛泽东同志和中国共产党，依据新民主主义革命胜利所创造的向社会主义过渡的经济政治条件，采取社会主义工业化和社会主义改造同时并举的方针，实行逐步改造生产资料私有制的具体政策，从理论和实践上解决了在中国这样一个占世界人口近四分之一的、经济文化落后的大国中建立社会主义制度的艰难任务。毛泽东同志提出的对人民内部的民主方面和对反动派的专政方面互相结合起来就是人民民主专政的理论，丰富了马克思列宁主义关于无产阶级专政的学说。在社会主义制度建立以后，毛泽东同志指出，在社会主义制度下，人民的根本利益是一致的，但人民内部还存在着各种矛盾，必须严格区分和正确处理敌我矛盾和人民内部矛盾。他提出人民内部要在政治上实行“团结—批评—团结”，在党与民主党派的关系上实行“长期共存、互相监督”,在科学文化工作中实行“百花齐放、百家争鸣”,在经济工作中实行对全国城乡各阶层统筹安排和兼顾国家、集体、个人三者利益等一系列正确方针。他多次强调不要机械搬用外国的经验,而要从中国是一个大农业国这种情况出发,以农业为基础,正确处理重工业同农业、轻工业的关系,充分重视发展农业和轻工业,走出一条适合我国国情的中国工业化道路。他强调在社会主义建设中要处理好经济建设和国防建设,大型企业和中小型企业,汉族和少数民族,沿海和内地,中央和地方,自力更生和学习外国等各种关系,处理好积累和消费的关系,注意综合平衡。他还强调工人是企业的主人,要实行干部参加劳动、工人参加管理、改革不合理的规章制度和技术人员、工人、干部“三结合”。他提出了调动一切积极因素,化消极因素为积极因素,以便团结全国各族人民建设社会主义强大国家的战略思想。毛泽东同志关于社会主义革命和社会主义建设的重要思想,集中地体现在《在中国共产党第七届中央委员会第二次全体会议上的报告》、《论人民民主专政》、《论十大关系》、《关于正确处理人民内部矛盾的问题》、《在扩大的中央工作会议上的讲话》等主要著作中。

三、关于革命军队的建设和军事战略。毛泽东同志系统地解决了以农民为主要成分的革命军队如何建设成为一支无产阶级性质的、具有严格纪律的、同人民群众保持亲密联系的新型人民军队的问题。他规定了全心全意为人民服务是人民军队的唯一宗旨,规定了是党指挥枪而不是枪指挥党的原则,制定了三大纪律八项注意,强调实行政治、经济、军事三大民主,实行官兵一致、军民一致和瓦解敌军的原则,提出和总结了一套军队政治工作的方针和方法。他在《关于纠正党内的错误思想》、《中国革命战争的战略问题》、《抗日游击战争的战略问题》、《论持久战》、《战争和战略问题》等军事著作中,总结了中国长期革命战争的经验,系统地提出了建设人民军队的思想,提出了以人民军队为骨干,依靠广大人民群众,树立农村根据地,进行人民战争的思想。他把游击战争提到了战略的地位,认为中国革命战争在长时期内的主要作战形式是游击战和带游击性的运动战。他论述了要随着敌我力量对比的变化和战争发展的进程,正确地实行军事战略的转变。他为革命军队制定了在敌强我弱的形势下实行战略的持久战和战役、战斗的速决战,把战略上的劣势转变为战役、战斗上的优势,集中优势兵力、各个歼灭敌人等一系列人民战争的战略战术。他在解放战争中总结出著名的十大军事原则。这些是毛泽东同志对马克思列宁主义的军事理论的极为杰出的贡献。在建国以后,他提出必须加强国防,建设现代化革命武装力量(包括海军、空军以及其他技术兵种)和发展现代化国防技术(包括用于自卫的核武器)的重要指导思想。

四、关于政策和策略。毛泽东同志精辟地论证了革命斗争中政策和策略问题的极端重要性,指出政策和策略是党的生命,是革命政党一切实际行动的出发点和归宿,必须根据政治形势、阶级关系和实际情况及其变化制定党的政策,把原则性和灵活性结合起来。他在对敌斗争和统一战线等方面,提出了许多重要的政策和策略思想。他指出:弱小的革命力量在变化着的主客观条件下能够最终战胜强大的反动力量;战略上要藐视敌人,战术上要重视敌人;要掌握斗争的主要方向,不要四面出击;对敌人要区别对待、分化瓦解,实行利用矛盾、争取多数、反对少数、各个击破的策略;在反动统治地区,把合法斗争和非法斗争结合起来,在组织上采取荫蔽精干的方针;对被打倒的反动阶级成员和反动分子,只要他们不造反、不捣乱,都给以生活出路,让他们在劳动中改造成为自食其力的劳动者;无产阶级及其政党要实现自己对同盟者的领导,必须具备两个条件:一是率领被领导者向着共同的敌人作坚决斗争并取得胜利;二是对被领导者给以物质利益,至少不损害其利益,同时给以政治教育,等等。毛泽东同志的这些政策和策略思想,表现在他的许多著作中,特别是集中表现在《目前抗日统一战线中的策略问题》、《论政策》、《关于打退第二次反共高潮的总结》、《关于目前党的政策中的几个重要问题》、《不要四面出击》、《关于帝国主义和一切反动派是不是真老虎的问题》等著作中。

五、关于思想政治工作和文化工作。毛泽东同志在《新民主主义论》中指出:"一定的文化(当作观念形态的文化)是一定社会的政治和经济的反映,又给予伟大影响和作用于一定社会的政治和经济;而经济是基础,政治则是经济的集中表现。"他根据这个基本观点,在这方面提出过许多具有长远意义的重要思想。例如:关于思想政治工作是经济工作和其他一切工作的生命线,要实行政治和经济的统一、政治和技术的统一、又红又专的方针;关于发展民族的、科学的、大众的文化,实行百花齐放,推陈出新、古为今用、洋为中用的方针;关于知识分子在革命和建设中具有重要作用,知识分子要同工农相结合,通过学习马克思列宁主义、学习社会和工作实践树立无产阶级世界观的思想,等等。他指出"为什么人的问题,是一个根本的问题,原则的问题",强调要全心全意为人民服务,对革命工作要极端负责,要艰苦奋斗和不怕牺牲。毛泽东同志关于思想政治文化的许多著名的著作,例如《青年运动的方向》、《大量吸收知识分子》、《在延安文艺座谈会上的讲话》、《纪念白求恩》、《为人民服务》、《愚公移山》等,至今仍有重要意义。

六、关于党的建设。在无产阶级人数很少而战斗力很强,农民和其他小资产阶级占人口大多数的国家,建设一个具有广大群众性的、马克思主义的无产阶级政党,是极其艰巨的任务。毛泽东同志的建党学说成功地解决了这个问题。这方面的主要著作有:《反对自由主义》、《中国共产党在民族战争中的地位》、《改造我们的学习》、《整顿党的作风》、《反对党八股》、《学习和时局》、《关于健全党委制》、《党委会的工作方法》等。他特别着重于从思想上建设党,提出党员不但要在组织上入党,而且要在思想上入党,经常注意以无产阶级思想改造和克服各种非无产阶级思想。他指出,理论和实践相结合的作风,和人民群众紧密地联系在一起的作风,以及自我批评的作风,是中国共产党区别于其他任何政党的显著标志。他针对历史上党内斗争中存在过的"残酷斗争、无情打击"的"左"倾错误,提出"惩前毖后、治病救人"的正确方针,强调在党内斗争中要达到既弄清思想又团结同志的目的。他创造了在全党通过批评与自我批评进行马克思列宁主义思想教育的整风形式。建国前夕和建国以后,鉴于我们党成为领导全国政权的党,毛泽东同志多次提出要继续保持谦虚谨慎、戒骄戒躁、艰苦奋斗的作风,警惕资产阶级思想的侵蚀,反对脱离群众的官僚主义。

(30)毛泽东思想的活的灵魂,是贯串于上述各个组成部分的立场、观点和方法,它们有三个基本方面,即实事求是,群众路线,独立自主。毛泽东同志把辩证唯物主义和历史唯物主义运用于无产阶级政党的全部工作,在中国革命的长期艰苦斗争中形成了具有中国共产党人特色的这些立场、观点和方法,丰富和发展了马克思列宁主义。它们不仅表现在《反对本本主义》、《实践论》、《矛盾论》、《〈农村调查〉的序言和跋》、《关于领导方法的若干问题》、《人的正确思想是从那里来的?》等重要著作中,而且表现在毛泽东同志的全部科学著作中,表现在中国共产党人的革命活动中。

一、实事求是,就是从实际出发,理论联系实际,就是要把马克思列宁主义普遍原理同中国革命具体实践相结合。毛泽东同志从来反对离开中国社会和中国革命的实际去研究马克思主义。早在1930年,他就提出反对本本主义,强调调查研究是一切工作的第一步,没有调查就没有发言权。他在延安整风运动前夕指出,主观主义是共产党的大敌,是党性不纯的一种表现。这些精辟论断冲破了教条主义的束缚,使人们的思想得到一大解放。他的哲学著作和其他许多包含着丰富哲学思想的著作,从总结中国革命的经验教训中,深刻地论述和丰富了马克思主义的认识论和辩证法。毛泽东同志着重阐明辩证唯物主义认识论是能动的革命的反映论,特别强调充分发扬根据和符合客观实际的自觉的能动性。他以社会实践为基础,全面地系统地论述了辩证唯物主义关于认识的源泉、认识的发展过程、认识的目的、真理的标准的理论;指出正确认识的形成和发展,往往需要经过由物质到精神,由精神到物质,即由实践到认识,由认识到实践多次的反复;指出真理是同谬误相比较而存在、相斗争而发展的,真理是不可穷尽的,认识的是非即认识是否符合客观实际,最终只能通过社会实践来解决。毛泽东同志阐述和发挥了马克思主义辩证法的核心——对立统一规律。他指出不仅要研究客观事物的矛盾的普遍性,尤其重要的是要研究它的特殊性,对于不同性质的矛盾,要用不同的方法去解决。因此,不能把辩证法看作是可以死背硬套的公式,而必须把它同实践、同调查研究密切结合,加以灵活运用。他使哲学真正成为无产阶级和人民群众认识世界和改造世界的锐利武器。特别是他论述中国革命战争问题的重要著作,提供了在实践中运用和发展马克思主义认识论和辩证法的最光辉的范例。毛泽东同志的上述的思想路线,我们党必须永远坚持。

二、群众路线,就是一切为了群众,一切依靠群众,从群众中来,到群众中去。把马克思列宁主义关于人民群众是历史的创造者的原理系统地运用在党的全部活动中,形成党在一切工作中的群众路线,这是我们党长时期在敌我力量悬殊的艰难环境里进行革命活动的无比宝贵的历史经验的总结。毛泽东同志经常强调,只要我们依靠人民,坚决地相信人民的创造力是无穷无尽的,因而信任人民,和人民打成一片,那就任何困难都有可能克服,任何敌人最终都压不倒我们,而只能被我们所压倒。他还指出,领导群众进行一切实际工作时,要取得正确的领导意见,必须从群众中来、到群众中去,实行领导和群众相结合,一般号召和个别指导相结合。这就是说,把群众的意见集中起来,化为系统的意见,又到群众中坚持下去,在群众的行动中考验这些意见是否正确。如此循环往复,使领导的认识更正确、更生动、更丰富。这样,毛泽东同志就把马克思主义的认识论同党的群众路线统一起来了。党是阶级的先进部队,党是为人民的利益而存在和奋斗的,但是党永远只是人民的一小部分;离开人民,党的一切斗争和理想不但都会落空,而且都要变得毫无意义。我们党要坚持革命,把社会主义事业推向前进,就必须坚持群众路线。

三、独立自主,自力更生,是从中国实际出发、依靠群众进行革命和建设的必然结论。无产阶级革命是国际性的事业,需要各国无产阶级互相支援。但是完成这个事业,首先需要各国无产阶级立足于本国,依靠本国革命力量和人民群众的努力,使马克思列宁主义的普遍原理同本国革命的具体实践相结合,把本国的革命事业做好。毛泽东同志一贯强调,我们的方针要放在自己力量的基点上,自己找出适合我国情况的前进道路。在我们这样一个大国,尤其必须主要依靠自己的力量发展革命和建设事业。我们一定要有自己奋斗到底的决心,要信任和依靠本国亿万人民的智慧和力量,否则,无论革命和建设都不可能取得胜利,胜利了也不可能巩固。当然,我国的革命和建设不是也不可能孤立于世界之外,我们在任何时候都需要争取外援,特别需要学习外国一切对我们有益的先进事物。闭关自守、盲目排外以及任何大国主义的思想行为都是完全错误的。但是,尽管我国经济文化还比较落后,我们对待世界上任何大国、强国和富国,都必须坚持自己的民族自尊心和自信心,决不允许有任何奴颜婢膝、卑躬屈节的表现。建国以前和建国以后,在党和毛泽东同志领导下,无论遇到什么样的困难,我们都没有动摇过独立自主、自力更生的决心,没有在任何外来的压力面前屈服,表现了中国共产党、中国各族人民的大无畏的英雄气概。我们主张各国人民和平共处,平等互助。我们坚持独立自主,也尊重别国人民独立自主的权利。适合本国特点的革命道路和建设道路,只能由本国人民自己来寻找、创造和决定,任何人都无权把自己的意见强加于人。只有这样,才能有真正的国际主义,否则就只能是霸权主义。在今后的国际交往中,我们将永远坚持这样的原则立场。

(31)毛泽东思想是我们党的宝贵的精神财富,它将长期指导我们的行动。由马克思列宁主义、毛泽东思想培育的党的领导者和大批干部,过去是我们的事业取得巨大胜利的基本骨干,现在和今后仍然是社会主义现代化建设事业的宝贵中坚。毛泽东同志的重要著作,有许多是在新民主主义革命时期和社会主义改造时期写的,但仍然是我们必须经常学习的。这不但因为历史不能割断,如果不了解过去,就会妨碍我们对当前问题的了解;而且因为这些著作中包含的许多基本原理、原则和科学方法,是有普遍意义的,现在和今后对我们都具有重要的指导作用。因此,我们必须继续坚持毛泽东思想,认真学习和运用它的立场、观点和方法来研究实践中出现的新情况,解决新问题。毛泽东思想为马克思列宁主义的理论宝库增添了许多新的内容,我们应该把学习毛泽东同志的科学著作同学习马克思、恩格斯、列宁、斯大林的科学著作结合起来。因为毛泽东同志晚年犯了错误,就企图否认毛泽东思想的科学价值,否认毛泽东思想对我国革命和建设的指导作用,这种态度是完全错误的。对毛泽东同志的言论采取教条主义态度,以为凡是毛泽东同志说过的话都是不可移易的真理,只能照抄照搬,甚至不愿实事求是地承认毛泽东同志晚年犯了错误,并且还企图在新的实践中坚持这些错误,这种态度也是完全错误的。这两种态度都是没有把经过长期历史考验形成为科学理论的毛泽东思想,同毛泽东同志晚年所犯的错误区别开来，而这种区别是十分必要的。我们必须珍视半个多世纪以来在中国革命和建设过程中把马克思列宁主义普遍原理和中国实际相结合的一切积极成果，在新的实践中运用和发展这些成果，以符合实际的新原理和新结论丰富和发展我们党的理论，保证我们的事业沿着马克思列宁主义、毛泽东思想的科学轨道继续前进。

团结起来，为建设社会主义现代化强国而奋斗

（32）我们党在新的历史时期的奋斗目标，就是要把我们的国家，逐步建设成为具有现代农业、现代工业、现代国防和现代科学技术的，具有高度民主和高度文明的社会主义强国。我们还要实现台湾回归祖国，完成祖国统一的大业。我们总结建国以来三十二年历史经验的根本目的，就是要在坚持社会主义道路，坚持人民民主专政即无产阶级专政，坚持共产党的领导，坚持马克思列宁主义、毛泽东思想这四项基本原则的基础上，把全党、全军和全国各族人民的意志和力量进一步集中到建设社会主义现代化强国这个伟大目标上来。四项基本原则，是全党团结和全国各族人民团结的共同的政治基础，也是社会主义现代化建设事业顺利进行的根本保证。一切偏离四项基本原则的言论和行动都是错误的，一切否定和破坏四项基本原则的言论和行动都是不能容许的。

（33）只有社会主义才能救中国。这是中国各族人民从一百多年来的切身体验中得出的不可动摇的结论，也是建国三十二年来最基本的历史经验。尽管我们的社会主义制度还是处于初级的阶段，但是毫无疑问，我国已经建立了社会主义制度，进入了社会主义社会，任何否认这个基本事实的观点都是错误的。我们在社会主义条件下取得了旧中国根本不可能达到的成就，初步地但又有力地显示了社会主义制度的优越性。我们能够依靠自己的力量战胜各种困难，同样也是社会主义制度具有强大生命力的表现。当然，我们的社会主义制度由比较不完善到比较完善，必然要经历一个长久的过程。这就要求我们在坚持社会主义基本制度的前提下，努力改革那些不适应生产力发展需要和人民利益的具体制度，并且坚决地同一切破坏社会主义的活动作斗争。随着我们事业的发展，社会主义的巨大优越性必将越来越充分地显示出来。

（34）没有中国共产党就没有新中国，同样，没有中国共产党也就不会有现代化的社会主义中国。中国共产党是用马克思列宁主义、毛泽东思想武装起来的，以最终实现共产主义为历史使命的，有严明纪律和富于自我批评精神的无产阶级政党。如果没有这个党的领导，没有这个党在长期斗争中同人民群众形成的血肉联系，没有这个党在人民中间所进行的艰苦细致的有成效的工作和由

此而享有的崇高威信,那么我们的国家就必然由于种种内外原因而四分五裂,我们民族和人民的前途就只能被断送。党的领导不会没有错误,但是党和人民的亲密团结必定能够纠正这种错误,任何人都不能用党曾犯过错误作为削弱、摆脱甚至破坏党的领导的理由。削弱、摆脱和破坏党的领导,只会犯更大的错误,并且招致严重的灾难。为了坚持党的领导,必须改善党的领导。我们党在思想作风、组织状况、领导制度以及同群众的联系等方面仍然存在着不少缺点,必须坚决加以克服。只要我们认真坚持和不断改善党的领导,我们党就一定能够更好地担负起历史所赋予的巨大的责任。

(35)三中全会以来,我们党已经逐步确立了一条适合我国情况的社会主义现代化建设的正确道路。这条道路还将在实践中不断充实和发展,但是它的主要点,已经可以从建国以来正反两方面的经验、特别是"文化大革命"的教训中得到基本的总结。

一、在社会主义改造基本完成以后,我国所要解决的主要矛盾,是人民日益增长的物质文化需要同落后的社会生产之间的矛盾。党和国家工作的重点必须转移到以经济建设为中心的社会主义现代化建设上来,大大发展社会生产力,并在这个基础上逐步改善人民的物质文化生活。我们过去所犯的错误,归根到底,就是没有坚定不移地实现这个战略转移,而到了"文化大革命"期间,竟然提出了反对所谓"唯生产力论"这样一种根本违反历史唯物主义的荒谬观点。今后,除了发生大规模外敌入侵(那时仍然必须进行为战争所需要和容许的经济建设),决不能再离开这个重点。党的各项工作都必须服从和服务于经济建设这个中心,全党干部特别是经济部门的干部要努力学习经济理论、经济工作和科学技术。

二、社会主义经济建设必须从我国国情出发,量力而行,积极奋斗,有步骤分阶段地实现现代化的目标。我们过去在经济工作中长期存在的"左"倾错误的主要表现,就是离开了我国国情,超越了实际的可能性,忽视了生产建设、经营管理的经济效果和各项经济计划、经济政策、经济措施的科学论证,从而造成大量的浪费和损失。我们必须采取科学态度,深入了解和分析情况,认真听取各方面干部、群众和专家的意见,努力按照客观经济规律和自然规律办事,努力做到各经济部门按比例地协调发展。我们必须看到我国经济文化还比较落后这个基本事实,同时又必须看到我国经济建设已经取得的成就和经验以及国际经济技术交流的扩大等国内国际的有利条件,并充分利用这些有利条件。既反对急于求成,也反对消极情绪。

三、社会主义生产关系的变革和完善必须适应于生产力的状况,有利于生产的发展。国营经济和集体经济是我国基本的经济形式,一定范围的劳动者个体经济是公有制经济的必要补充。必须实行适合于各种经济成分的具体管理制度和分配制度。必须在公有制基础上实行计划经济,同时发挥市场调节的辅助作用。要大力发展社会主义的商品生产和商品交换。社会主义生产关系的发展并不存在一套固定的模式,我们的任务是要根据我国生产力发展的要求,在每一个阶段上创造出与之相适应和便于继续前进的生产关系的具体形式。

四、在剥削阶级作为阶级消灭以后,阶级斗争已经不是主要矛盾。由于国内的因素和国际的影响,阶级斗争还将在一定范围内长期存在,在某种条件下还有可能激化。既要反对把阶级斗争扩大化的观点,又要反对认为阶级斗争已经熄灭的观点。对敌视社会主义的分子在政治上、经济上、思想文化上、社会生活上进行的各种破坏活动,必须保持高度警惕和进行有效的斗争。必须正确认识我国社会内部大量存在的不属于阶级斗争范围的各种社会矛盾,采取不同于阶级斗争的方法来正确地加以解决,否则也会危害社会的安定团结。一定要毫不动摇地团结一切可以团结的力量,巩固和扩大爱国统一战线。

五、逐步建设高度民主的社会主义政治制度,是社会主义革命的根本任务之一。建国以来没有重视这一任务,成了"文化大革命"得以发生的一个重要条件,这是一个沉痛教训。必须根据民主集中制的原则加强各级国家机关的建设,使各级人民代表大会及其常设机构成为有权威的人民权力机关,在基层政权和基层社会生活中逐步实现人民的直接民主,特别要着重努力发展各城乡企业中劳动群众对于企业事务的民主管理。必须巩固人民民主专政,完善国家的宪法和法律并使之成为任何人都必须严格遵守的不可侵犯的力量,使社会主义法制成为维护人民权利,保障生产秩序、工作秩序、生活秩序,制裁犯罪行为,打击阶级敌人破坏活动的强大武器。决不能让类似"文化大革命"的混乱局面在任何范围内重演。

六、社会主义必须有高度的精神文明。要坚决扫除长期间存在而在"文化大革命"期间登峰造极的那种轻视教育科学文化和歧视知识分子的完全错误的观念,努力提高教育科学文化在现代化建设中的地位和作用,明确肯定知识分子同工人、农民一样是社会主义事业的依靠力量,没有文化和知识分子是不可能建设社会主义的。要在全党大大加强对马克思主义理论的研究,对中外历史和现状的研究,对各门社会科学和自然科学的研究。要加强和改善思想政治工作,用马克思主义世界观和共产主义道德教育人民和青年,坚持德智体全面发展、又红又专、知识分子与工人农民相结合、脑力劳动与体力劳动相结合的教育方针,抵制腐朽的资产阶级思想和封建残余思想的影响,克服小资产阶级思想的影响,发扬祖国利益高于一切的爱国主义精神和为现代化建设贡献一切的艰苦创业精神。

七、改善和发展社会主义的民族关系,加强民族团结,这对于我们这个多民族国家具有重大意义。在民族问题上,过去,特别是在“文化大革命”中,我们犯过把阶级斗争扩大化的严重错误,伤害了许多少数民族干部和群众。在工作中,对少数民族自治权利尊重不够。这个教训一定要认真记取。必须明确认识,现在我国的民族关系基本上是各族劳动人民之间的关系。必须坚持实行民族区域自治,加强民族区域自治的法制建设,保障各少数民族地区根据本地实际情况贯彻执行党和国家政策的自主权。要切实帮助少数民族地区发展经济文化,努力培养和提拔少数民族干部。坚决反对一切破坏民族团结和民族平等的言论和行为。要继续贯彻执行宗教信仰自由的政策。坚持四项基本原则并不要求宗教信徒放弃他们的宗教信仰,只是要求他们不得进行反对马列主义、毛泽东思想的宣传,要求宗教不得干预政治和干预教育。

八、在战争危险依然存在的国际条件下,必须加强现代化的国防建设。国防建设要同国家的经济建设相适应。人民解放军要加强军事训练、政治工作、后勤工作和军事科学研究,进一步提高战斗力,逐步把自己建设成为一支强大的现代化的革命军队。要恢复和发扬军队内部和军政之间、军民之间紧密团结的优良传统。民兵建设也要进一步加强。

九、在对外关系上,必须继续坚持反对帝国主义、霸权主义、殖民主义和种族主义,维护世界和平。在和平共处五项原则的基础上,积极发展同世界各国的关系和经济文化往来。坚持无产阶级国际主义,支持被压迫民族的解放事业、新独立国家的建设事业和各国人民的正义斗争。

十、根据“文化大革命”的教训和党的现状,必须把我们党建设成为具有健全的民主集中制的党。一定要树立党必须由在群众斗争中产生的德才兼备的领袖们实行集体领导的马克思主义观点,禁止任何形式的个人崇拜。一定要维护党的领袖人物的威信,同时保证他们的活动处于党和人民的监督之下。在高度民主的基础上实行高度的集中,坚持少数服从多数、个人服从组织、下级服从上级、全党服从中央。执政党的党风问题是关系到党的生死存亡的问题。各级党组织和全体党员干部必须深入群众,深入实际,谦虚谨慎,和群众同甘共苦,坚决克服官僚主义。必须正确运用批评和自我批评的武器,克服离开党的正确原则的各种错误思想,根除派性,反对无政府主义和极端个人主义,纠正特殊化等不正之风。必须整顿党的组织,纯洁党的队伍,清除那些欺压人民的腐化变质分子。党在对国家事务和各项经济、文化、社会工作的领导中,必须正确处理党同其他组织的关系，从各方面保证国家权力机关、行政机关、司法机关和各种经济文化组织有效地行使自己的职权，保证工会、共青团、妇联、科协、文联等群众组织主动负责地进行工作。党要加强同党外人士的合作共事，发挥人民政协的作用，在国家事务的重大问题上同民主党派和无党派人士认真协商，尊重他们和各方面专家的意见。党的各级组织同其他社会组织一样，都必须在宪法和法律的范围内活动。

(36)我们坚决纠正"文化大革命"中所谓一个阶级推翻一个阶级的"无产阶级专政下继续革命"口号的错误，这绝对不是说革命的任务已经完成，不需要坚决继续进行各方面的革命斗争。社会主义不但要消灭一切剥削制度和剥削阶级，而且要大大发展社会生产力，完善和发展社会主义的生产关系和上层建筑，并在这个基础上逐步消灭一切阶级差别，逐步消灭一切主要由于社会生产力发展不足而造成的重大社会差别和社会不平等，直到共产主义的实现。这是人类历史上空前伟大的革命。我们现在为建设社会主义现代化国家而进行的斗争，正是这个伟大革命的一个阶段。这种革命和剥削制度被推翻以前的革命不同，不是通过激烈的阶级对抗和冲突来实现，而是通过社会主义制度本身，有领导、有步骤、有秩序地进行。这个转入和平发展时期的革命比过去的革命更深刻，更艰巨，不但需要很长的历史时期才能完成，而且仍然需要许多代人坚持不懈、严守纪律的艰苦奋斗，英勇牺牲。在这个和平发展的历史时期中，革命的道路决不会是风平浪静的，仍然有公开的和暗藏的敌人以及其他破坏分子在伺机捣乱，我们必须十分注意提高革命警惕，随时准备挺身而出，捍卫革命利益。我们全体中国共产党员和全国各族人民，在新的历史时期中一定要继续保持崇高的革命理想和旺盛的革命斗志，把伟大的社会主义革命和社会主义建设进行到底。

(37)经过建国三十二年来成功和失败、正确和错误的反复比较，特别是经过近几年来的思考和总结，全党同志和我国各族爱国人民的政治觉悟是大大地提高了。我们党对社会主义革命和建设的认识程度，显然超过了建国以来任何一个时期的水平。我们党敢于正视和纠正自己的错误，有决心有能力防止重犯过去那样严重的错误。从历史发展的长远观点看问题，我们党的错误和挫折终究只是一时的现象，而我们党和人民由此得到的锻炼，我们党经过长期斗争形成的骨干队伍的更加成熟，我国社会主义制度优越性的更加显著，要求祖国兴盛起来的党心、军心、民心的更加奋发，则是长远起作用的决定性的因素。我们的社会主义事业有伟大的前途，我国各族亿万人民有伟大的前途。

(38)党的团结，党同人民的团结，是进行社会主义现代化建设、夺取新的胜利的根本保证。只要全党紧密地团结一致,并且同人民群众紧密地团结一致,那么,我们党和党所领导的社会主义事业虽然还会遇到这样那样的困难,但总的趋势必然会日益兴旺发达。

1945 年党的六届七中全会所一致通过的《关于若干历史问题的决议》,曾经统一了全党的认识,加强了全党的团结,促进了人民革命事业的迅猛前进和伟大胜利。十一届六中全会相信,这次全会一致通过的《关于建国以来党的若干历史问题的决议》,必将起到同样的历史作用。全会号召,在马克思列宁主义、毛泽东思想的伟大旗帜下,全党、全军、全国各族人民紧密团结在党中央周围,继续发扬愚公移山的精神,同心同德,排除万难,为把我们的国家逐步建设成为现代化的、高度民主的、高度文明的社会主义强国而努力奋斗!我们的目的一定要达到!我们的目的一定能达到!

中共中央关于加强党同人民群众联系的决定

（1990年3月12日中国共产党第十三届中央委员会第六次全体会议通过）

（一）人民群众是我们党的力量源泉和胜利之本。能否始终保持和发展同人民群众的血肉联系，直接关系到党和国家的盛衰兴亡。

中国共产党是马克思列宁主义、毛泽东思想武装起来的全心全意为人民服务的工人阶级先锋队。我们党的性质、宗旨和指导思想，决定了党必须把为人民谋利益作为自己全部活动的出发点和归宿。党在长期斗争中创造和发展起来的一切为了群众，一切依靠群众，从群众中来到群众中去的群众路线，是实现党的思想路线、政治路线、组织路线的根本工作路线，是中国共产党的优良传统和政治优势。历史经验反复证明，什么时候党的群众路线执行得好，党群关系密切，我们的事业就顺利发展；什么时候党的群众路线执行得不好，党群关系受到损害，我们的事业就遭受挫折。我们党执政以后，有了更多更好的为人民服务的条件。由于地位的变化，现在又实行改革开放，发展商品经济，如果不能正确地运用权力，如果不能自觉抵制资产阶级和其他剥削阶级腐朽思想的侵蚀，就会滋长脱离群众的危险。全党同志必须时刻警惕这种危险，经受住执政和改革开放的考验，努力保持和发展党同群众的密切联系。

现在，我们党和国家正处在一个历史发展的关键时期。我们要更好地贯彻执行党的基本路线，推进社会主义现代化建设，深化经济、政治体制改革，扩大对外开放，实现到本世纪末国民生产总值再翻一番的战略目标，巩固和完善社会主义制度，挫败国内外反共反社会主义势力的和平演变活动，任务十分繁重艰巨。党只有支持和领导人民群众当家作主，行使管理国家事务和社会事务的权利，充分发挥历史主动精神，才能胜利完成这些任务。我们党同群众的关系、干部同群众的关系总的说是好的。但是，这些年来在一些党员干部中也滋长了官僚主义、主观主义、形式主义、个人主义和以权谋私等腐败现象，有的发展到相当严重的地步。我们必须坚决克服各种脱离群众的弊病，大力加强党风建设，进一步密切党同群众的联系，增强党的凝聚力和战斗力，团结一切可以团结的力量共同奋斗，这对于实现党所肩负的历史任务，具有重大而深远的意义。

(二)我们党要密切同人民群众的联系,领导人民群众胜利前进,首要的问题是必须保证决策和决策的执行符合人民的利益。

十一届三中全会以来,我们党制定并执行了一条建设有中国特色的社会主义的路线和一系列重大方针政策,国家实力大为增强,人民生活明显改善,广大群众基本上是满意的。但在具体工作指导和某些具体政策措施上,也有缺点和失误。积多年正反两方面的经验,要保证决策正确,执行有效,必须坚持从群众中来到群众中去,建立和健全民主的、科学的决策和执行程序。

(1)制定政策措施,拟制工作计划,决定重大事项,务必以马克思主义为指导,走群众路线,充分调查研究,广泛听取各方面意见,反复比较、鉴别和论证。有的重大决策在实施前还需要经过试点。

(2)党委在决策过程中要严格执行民主集中制原则,充分发扬民主,认真倾听不同意见,在民主讨论的基础上实行正确的集中。重大问题的决定,要实行表决。个人有不同意见,允许保留,但必须服从和执行集体的决定。

(3)决策作出之后,领导机关和领导干部要结合实际情况带头贯彻执行,绝不能政出多门,各行其是。有关国家事务的重大决策,要经过人大和政府通过法律程序变成国家意志,党组织和党员都要严格依法办事。在决策执行中,要紧紧依靠群众,并不断接受实践的检验,及时总结经验,补充完善,纠正偏差,防止酿成大错误。遇有重大问题,应提出处理意见,及时向上报告。

要重视和加强决策研究、决策咨询机构的工作,发挥它们的参谋作用。

(三)各级领导干部必须经常深入基层,深入群众,扎扎实实工作,把党的路线、方针、政策落到实处。

正确的认识只能来源于群众的实践,正确的决策只有变成群众的自觉行动才能实现。现在,有的领导干部高高在上,满足于发号施令,工作漂浮,不务实事;有的对党的决定敷衍应付,做表面文章;有的弄虚作假,报喜不报忧,听喜不听忧;有的精神不振,无所用心,不去了解基层情况,不关心群众的疾苦。这些不良作风,严重脱离群众,贻误党的事业,必须痛下决心加以改变。

(1)领导要坚持一般号召与个别指导结合、点面结合的工作方法。每年要拿出一定的时间,蹲点调查,解剖"麻雀",从群众中汲取智慧和营养,推动面上的工作。要及时发现先进人物和先进典型,总结群众在现代化建设和改革开放中创造的新鲜经验,教育、鼓舞、引导群众前进。

(2)县以上机关要根据各自的工作特点和实际需要,组织在职干部采取专题调查、解决突出问题、挂职锻炼等多种形式轮流下基层,并制定计划,形成制度，长期坚持。领导干部每年下基层的时间，由各地区、各部门根据实际情况确定，要特别注意到艰苦的地方、困难的地方和问题多的地方去。大中型企业领导干部，要经常下车间、班组和职工宿舍了解情况，听取生产第一线职工群众的意见，采纳他们的合理化建议。

(3)干部下基层，务必讲求实效，切忌形式主义。要真正和群众打成一片，以平等态度对待群众，甘当小学生，不许妄自尊大；深入了解真实情况，如实向上反映，不许弄虚作假；遇事同当地干部群众商量，多办实事，关心群众疾苦；宣传党的政策，做思想政治工作；适当参加生产劳动；不许用公款吃喝，不许收受礼物，不许增加基层和群众的负担。党组织要教育下基层的干部自觉遵守这些规定，并进行检查监督，对做得好的要表扬，对违反的要批评，情节严重的要严肃处理。

(4)对严重脱离群众，给工作造成重大损失，引起群众强烈不满的领导干部，要就地免职或给予纪律处分。

(四)从中央到地方，各级党委都要在深化政治体制改革中，推进社会主义民主和法制建设，积极疏通和拓宽党同人民群众联系的渠道。

(1)人民代表大会制度是我国的根本政治制度。党要加强在人民代表大会中的工作，进一步发挥人大作为权力机关的作用，加强人大及其常委会的立法和监督职能。人大中的党组织和人大代表中的党员，要密切联系非党代表和广大群众，经常了解他们的意见和要求。

(2)加强共产党领导的多党合作和政治协商制度的建设，密切同各民主党派和各族各界人士的联系，坚持重大问题同他们协商，切实保障民主党派成员和无党派人士参政议政和进行民主监督的权利。

(3)充分发挥工会、共青团、妇联和其它群众团体在加强党同群众联系中的桥梁、纽带作用，经常听取它们的情况反映和建议。

(4)努力开辟和创造联系群众的新渠道、新形式，以利更加广泛、深入、及时地听取群众的意见、要求和批评。

(5)鼓励群众反映真实情况。对正确的意见要虚心接受和采纳，能解决的问题要及时解决，对不同的意见要认真考虑，做不到的要据实说明，对不正确的意见也要作出解释并加以引导。不允许对群众的意见采取听而不闻、视而不见、文过饰非、敷衍塞责等错误态度，更不允许压制批评、打击报复。

(6)领导干部要在工人、农民、知识分子和其他群众中结交一些敢于反映真实情况的朋友。通过他们，可以听到群众的心里话，听到基层干部的呼声，发现处于萌芽状态的问题。

(五)坚定不移地加强廉政建设,继续发扬艰苦奋斗精神,克服党内存在的消极腐败现象。这是改善党群关系,保证我们事业立于不败之地的战略措施。

我们党的大多数干部是廉洁奉公、勤政为民的。在反对腐败问题上,党同人民群众是站在一起的。我们在这方面已经做了不少工作,取得了成效,但问题还不少,有的还很严重,不能丝毫懈怠。在改革开放、发展商品经济的条件下,共产党员更加需要自觉保持清正廉洁,坚决反对腐败行为。如果听任腐败现象蔓延,党就有走向自我毁灭的危险。

今明两年,一定要在以下几个方面切实抓出成效:

(1)继续认真落实党中央、国务院《关于近期做几件群众关心的事的决定》和各地区、各部门作出的有关规定,已经做到的要坚持下去,没有做到的要抓紧做到,再犯的要加重处理。

(2)各级党委要支持纪检机关、监察部门经常检查党员干部和党员遵纪守法的情况,严肃处理利用职权敲诈勒索、索贿受贿、贪污盗窃、私分公款公物,以及党政机关党员干部违法违纪建私房等问题。查明事实后,要区分不同情况,给予经济处罚,纪律处分,触犯刑律的要交由司法部门依法惩处。所有从事纪检、监察、公安、审判、检察等工作的共产党员,必须秉公执纪执法,严禁徇私枉法。

(3)继续抓紧查处大案要案。群众反映强烈的案件,应公布处理结果。任何人都不得利用职权干扰查处工作。

(4)各级经济管理部门、监督部门、公用事业部门和政法部门的党组织,要同行政领导一起,大力加强行业廉政建设和职业道德教育。要采用领导与群众相结合的办法,坚决刹住行业不正之风,认真解决乱收费、乱摊派、乱罚款问题。要支持行政机关和公用事业部门在直接同群众利益相关的问题上,继续推行公开办事章程、公开办事结果、加强群众监督的制度。同时建立健全内部制约机制,堵塞漏洞。

(5)提拔和任用干部,必须严格按党的原则和规定程序办理,广泛听取群众意见。违反中央规定,任人唯亲,结帮营私,搞不正之风的,要坚决查处,并追究有关领导的责任。要抓紧建立领导干部交流制度和回避制度,并严格执行。

加强廉政建设,从中央到地方,各级领导干部都要严于律己,一级带一级,一级抓一级。各省、自治区、直辖市党委和中央各部委、中央国家机关各部委党组,要对本地区、本部门党内存在的腐败现象,在充分调查了解的基础上,作出如实的估计和分析,提出解决的步骤、办法和措施。各地区、各部门今年底要将克服腐败现象的进展情况向中央作一次专门报告。党的各级纪律检查委员会、各级党委组织部要会同国家各级监察部门，具体负责督促检查。

（六）对各级领导机关和领导干部必须加强监督。要建立和完善党内监督与党外监督，自上而下的监督与自下而上的监督的制度。

各级党组织和党的所有干部都要接受监督。领导层次和领导职位越高的越要自觉接受监督，绝不允许有特殊党员。

（1）建议全国人大常委会拟定实行工作监督和法律监督的监督法，国务院制定行政监督法规。中央纪律检查委员会要会同中央组织部拟定党内监督条例。

（2）各级党组织要十分重视群众来信来访。对于群众反映的情况，要认真研究分析，区别情况，正确处理。需要查处的，应提交或责成有关机关查证核实处理。凡涉及领导干部的重要案件，要按照干部管理权限和有关规定，由相应机关负责查办，严禁压置不理、层层照转、互相推诿、不了了之。

（3）县以上党员领导干部，要自觉执行过双重组织生活的规定。领导干部在民主生活会上，要坚持原则，认真开展批评与自我批评，互相帮助，互相监督。要坚持和完善民主评议领导干部的制度。

（4）充分发挥舆论监督的作用。对于违背党的路线、方针、政策和违反国家法律的行为，对于严重侵犯群众利益的现象，党委要支持舆论机关按照有关规定予以揭露和批评。党报要及时准确地反映群众的意见和要求，正确引导社会舆论。

（5）中央和各省、自治区、直辖市党委，可根据需要向各地、各部门派出巡视工作小组，授以必要的权力，对有关问题进行督促检查，直接向中央和省、区、市党委报告情况。这项工作，可吸收有经验、有威望的老同志参加。

（七）党的基层组织和广大党员，都要联系群众，宣传群众，组织群众，充分发挥战斗堡垒作用和先锋模范作用。

党的路线、方针、政策最终要通过基层党组织和党员在群众中的工作贯彻落实。所有基层党组织和党员，都要带头执行党的路线、方针、政策和国家的法律。无论做什么事，都要向群众进行正确的宣传解释，使群众真正理解它的意义、做法以及同自己利益的关系，齐心协力去办。要关心群众的生活和进步，做好群众的思想政治工作。共产党员要吃苦在前，享受在后。遇到损害群众利益的现象要挺身而出，坚决斗争。当个人和小团体的利益同国家和人民利益发生矛盾时，要自觉服从国家和人民的利益。

企业党组织要同行政领导一起，把全心全意依靠工人阶级的方针落到实处，尊重职工的主人翁地位，维护职工的民主权利，支持职代会依法行使各项职权,充分发挥职代会参与企业决策、管理和监督干部的作用,充分发挥职工在发展生产、加强管理和合理分配中的作用。农村党组织要积极带领群众勤劳致富、共同致富,坚持和完善联产承包责任制,发展服务体系,壮大集体经济,建设社会主义新农村。学校党组织要依靠和团结广大教职员工,认真贯彻执行党的教育方针,坚持把德育放在首位,努力培养有理想、有道德、有文化、有纪律的新人。各地基层党组织联系群众的好经验、好形式,要总结推广,不断完善,并针对现实生活提出的新课题,创造新的经验。

党的基层组织担负着繁重的任务,大多数是有战斗力的。十年来建设和改革的巨大成绩,是与基层党组织的辛勤工作分不开的。领导机关要面向基层,为基层着想,为基层服务。目前,农村、工厂、商店、街道、学校都有一些基层党组织软弱涣散,有的瘫痪半瘫痪,不能发挥应有作用,上级党组织要摸清情况,找准原因,采取有力措施,抓紧进行整顿,帮助改变面貌。

(八)在党内普遍深入地进行马克思主义群众观点和党的群众路线的再教育。

群众观点是马克思主义的基本观点。共产党员如何对待群众,是一个根本的立场问题,世界观问题,党性问题。要通过教育,使广大党员特别是各级领导干部懂得,历史活动是群众的事业,生机勃勃的创造性的社会主义是由人民群众自己创立的。要牢固树立人民群众是历史创造者的观点,向人民群众学习的观点,全心全意为人民服务的观点,干部的权力是人民赋予的观点,对党负责与对人民负责相一致的观点,党要依靠群众又要教育和引导群众前进的观点。这些重要观点,近几年来,有的被搞乱了,有的在一些党员干部中淡漠了。用这些观点武装全党同志,划清历史唯物主义和历史唯心主义的界限,是贯彻本决定各项内容,完成党的各项任务的思想保证。

各级党委要把进行马克思主义群众观点和党的群众路线的教育,同坚持四项基本原则、反对资产阶级自由化的教育结合起来,列入党员教育、干部培训和理论学习的规划。各级党校、干校要把这项教育作为重要课程列入教学计划。县以上领导干部要联系自己的思想和工作,有针对性地选学马列主义、毛泽东思想的有关内容和邓小平等同志的有关著作,学习党章和《关于党内政治生活的若干准则》等中央文件。要坚持理论联系实际的学风,把学习与实践结合起来,增强党性锻炼,改造世界观。坚持不懈地抓好这项工作,才有利于保证各级领导权真正掌握在忠于马克思主义、全心全意为人民服务、密切联系群众的人手里。

全体共产党员和党员干部,都要带头学习雷锋,一切为群众着想,做人民的公仆。

电视、广播、报刊要多宣传群众，充分反映广大工人、农民、知识分子、解放军指战员的创造性劳动、先进思想和模范事迹。领导同志的一般性活动和一般性工作会议，不作公开报道。

（九）各级党委要组织广大党员用整风精神学习和贯彻执行这个决定。

各地区、各部门都要根据各自的实际情况，制定贯彻本决定的细则和措施，认真实施。要力争今明两年在密切党群关系方面取得明显进步，实实在在地解决群众最关心而又有条件解决的问题。从今年起，每年年终总结工作，都要结合检查党群关系、干群关系中存在的问题，研究解决办法，开展批评与自我批评，考评干部，以利于不断改进领导作风和工作作风。我们的目标仍然是逐步造成又有集中又有民主，又有纪律又有自由，又有统一意志、又有个人心情舒畅、生动活泼的政治局面。

中央要求，全党同志在新的历史条件下，继承和发扬我们党密切联系群众的优良传统，更加紧密地依靠和团结全国各族人民，把建设有中国特色的社会主义事业不断推向前进。

中共中央关于加强党的建设几个重大问题的决定

(1994年9月28日中国共产党第十四届中央委员会第四次全体会议通过)

中国共产党第十四届中央委员会第四次全体会议分析了国内外形势和党的状况,就加强党的建设的几个重大问题作出如下决定。

一、党的建设面临的形势和任务

(一)我国正在进行伟大而艰巨的改革开放和社会主义现代化建设。当今世界发生大转折,各种政治力量的斗争错综复杂,以经济和科技为基础的综合国力较量日趋激烈,我们正面临着难得的发展机遇,也面临着严峻的挑战。进一步解放思想,抓住机遇,加快改革开放和现代化建设的步伐,建立社会主义市场经济体制,必将有力地推动我国的社会生产力、综合国力和人民物质文化生活水平再上新的台阶,从而保证我国能够取得更加主动的地位,胜利地跨入二十一世纪。

中国共产党是领导和团结全国各族人民建设有中国特色社会主义伟大事业的核心力量。我们党作为执政党,肩负着历史的重任,经受着时代的考验,必须加强自身建设,不断提高领导水平和执政水平。

(二)十一届三中全会以来,党的建设取得巨大成绩。

——在思想建设方面,坚持解放思想、实事求是,勇于探索、勇于创新,在实践中检验真理和发展真理,重新确立和发展了马克思主义的思想路线。

——在理论建设方面,把马克思主义基本原理同当代中国实际和时代特征结合起来,继承和发展了毛泽东思想,创立了建设有中国特色社会主义理论这一当代中国的马克思主义。

——在政治建设方面,制定和执行以经济建设为中心、坚持四项基本原则、坚持改革开放的基本路线,增强了在这条路线基础上的全党团结。

——在组织建设方面,恢复和逐步健全民主集中制,废除实际存在的干部领导职务终身制,推进干部队伍和各级领导班子的革命化、年轻化、知识化、专业化,完成了第二代中央领导集体和第三代中央领导集体的交接,巩固和发展了党的队伍和组织。

——在作风建设方面,恢复和发扬党的优良传统和作风,大力倡导求真务实,坚持不懈地开展党风建设、廉政建设和反腐败斗争,得到了人民群众的拥护和支持。

十六年来我国在各方面取得的举世瞩目的伟大胜利,都是在党的领导下取得的。邓小平同志对建设有中国特色社会主义理论的创立做出了历史性的重大贡献。实践证明,中国共产党不愧为我国社会主义现代化事业的坚强领导核心,是无负于人民重托和希望的执政党。

(三)1992 年邓小平同志视察南方的重要谈话和党的十四大,开创了我国改革开放和现代化建设的新阶段。十四大确立邓小平同志建设有中国特色社会主义理论在全党的指导地位,提出用这一理论武装全党,宣告坚持党的基本路线一百年不动摇;确定建立社会主义市场经济体制的改革目标,指明实现这一目标的途径;制定两个文明一起抓,在本世纪末实现小康的战略规划;阐明了加强党的建设和改善党的领导的历史性任务和指导原则。

十四大以后,党为落实上述各项任务进行了多方面富有成效的工作。出版《邓小平文选》第三卷,全党认真学习和研究建设有中国特色社会主义理论;三中全会通过关于建立社会主义市场经济体制若干问题的决定,有力地推动着改革开放的进程;采取切实有效的措施,保持国民经济持续、快速、健康发展;加强宣传思想工作,积极推进社会主义精神文明建设;加大反腐败斗争的力度,取得阶段性成果。党对民主和法制建设,对教育工作、统战工作、民族工作以及其他各项工作,也都作出了部署。现在,各方面的大政方针已定。以经济建设为中心,发展社会主义市场经济,发展社会主义民主政治,发展社会主义精神文明,都要求强有力的党的领导,进一步加强党的建设。

(四)党的建设是同党的政治路线紧密联系在一起的。党的正确的政治路线是确立正确的组织路线的前提,组织路线为政治路线的实现提供组织保证。这是我们党一条基本的历史经验。民主革命时期,以毛泽东同志为核心的第一代中央领导集体,把马克思主义基本原理与中国革命实际结合起来,集中全党智慧,创立了毛泽东思想,制定了正确的政治路线和组织路线。在旧中国小生产十分广大、经济文化非常落后的社会里,在长期被敌人分割的农村根据地和白色恐怖下的城市,建设起一支团结统一、纪律严明、英勇善战的工人阶级先锋队,这在世界政治史上是罕见的壮举,毛泽东同志豪迈地称之为“伟大的工程”。

在新的历史时期,以邓小平同志为核心的第二代中央领导集体,坚持和发展了这条基本历史经验,集中全党智慧,创立了在中国这样经济文化比较落后的大国建设、巩固和发展社会主义的科学理论,确立了正确的政治路线,同时紧密联系这条政治路线开展党的建设。邓小平同志建设有中国特色社会主义理论,包含着内容丰富的党的建设理论。关于坚持和改善党的领导,使党成为领导社会主义现代化建设的坚强核心;关于解放思想,实事求是,坚持正确的思想路线;关于纠正长期"左"的错误,反对资产阶级自由化,要警惕右,但主要是防止"左",提高坚持党的基本路线的坚定性;关于进行党的领导制度改革,完善党规党法,实现党内生活民主化制度化;关于坚持和健全民主集中制,增强党的团结统一;关于实行干部队伍"四化"方针,造就朝气蓬勃的领导干部队伍;关于从严治党,反对腐败,加强党的纪律性等方面的思想,都是党的建设理论的重要发展,为加强党的建设指明了方向。在当代世界风云变幻的条件下,在当代中国改革开放和现代化建设的伟大变革中,把党建设成为用建设有中国特色社会主义理论武装起来、全心全意为人民服务、思想上政治上组织上完全巩固、能够经受住各种风险、始终走在时代前列的马克思主义政党,这是以邓小平同志为核心的第二代中央领导集体开创的、以江泽民同志为核心的第三代中央领导集体正在领导全党继续进行的新的伟大的工程。

(五)党必须善于在改革开放的新形势下认识自己、加强自己、提高自己,认真研究和解决在自身建设中出现的新矛盾新问题。改革开放给党的建设注入了新的活力,同时党的建设也遇到了许多复杂情况。我们党已有五千四百多万党员,教育和管理的任务比过去任何时候都更加繁重。面对新情况,我们的工作还不适应。一些地方和单位党不管党、治党不严,纪律松弛、组织涣散,思想上组织上作风上存在着种种不容忽视的问题。特别是某些消极因素和腐败现象在党内滋长蔓延,严重侵蚀着党员和干部队伍。对此,全党必须引起高度警觉和重视,严肃认真、扎扎实实地加以解决。

要继续把党的思想建设放在首要地位,推动全党对建设有中国特色社会主义理论的学习不断向广度和深度发展。要围绕什么是社会主义、怎样建设社会主义这个基本问题,联系实际,把握理论的科学体系,统一全党思想,坚持党的基本路线一百年不动摇。

要继续抓好党的作风建设,把反腐败斗争深入持久地进行下去。要深刻认识执政党的党风是关系党的生死存亡的问题。要在党员领导干部廉洁自律、查处违法违纪案件、纠正不正之风等方面不断取得新的进展,逐步建立健全有效的监督约束机制,进一步发扬艰苦奋斗的优良传统,密切党同人民群众的联系。

党的思想建设、组织建设和作风建设是相辅相成的整体。当前,在全面贯彻落实中央关于思想建设和作风建设部署的同时,加强党的组织建设已经成为

突出的环节。为此,特别要提出和解决组织建设方面的三个问题:

——必须进一步坚持和健全民主集中制,特别要注重制度建设,以完备的制度保障党内民主,维护中央权威,保证全党在重大问题上的统一行动。

——必须进一步巩固和加强数以百万计的党的基层组织,使之成为能够团结和带领群众进行改革开放和现代化建设的战斗堡垒。

——必须进一步培养和锻炼数以万计的党的中高级领导干部,特别是培养和选拔大批德才兼备的年轻干部,形成坚定地走建设有中国特色社会主义道路、善于研究新情况、解决新问题、干练而充满活力的领导层。

全党要在江泽民同志为核心的第三代中央领导集体的领导下,继续聚精会神抓党的建设,努力把党的建设提高到新的水平。

二、坚持和健全民主集中制

(六)民主集中制是我们党的根本组织制度和领导制度。党创造性地运用民主集中制原则,制定正确规范党内政治生活、处理党内关系的基本准则和具体制度,形成了党在组织建设上的鲜明特征。党在全国执政以后,把这种制度运用于政权建设,在国家机构中实行民主集中制的原则。

民主集中制是民主基础上的集中和集中指导下的民主相结合的制度,是马克思主义认识论和群众路线在党的生活和组织建设中的运用。民主集中制的民主,就是党员和党组织的意愿、主张的充分表达和积极性创造性的充分发挥;民主集中制的集中,就是全党意志、智慧的凝聚和行动的一致。实行这种制度,就是要努力造成又有集中又有民主,又有纪律又有自由,又有统一意志又有个人心情舒畅、生动活泼的政治局面。

党在长期实践中,积累了贯彻民主集中制的成功经验,也有包括“文化大革命”期间民主集中制遭到严重破坏,给党和国家造成巨大灾难的沉痛教训。民主集中制贯彻得好不好,关系到党的事业的兴衰成败。十一届三中全会以来,党在恢复和健全民主集中制方面做了大量工作,党内政治生活日益正常和活跃,为不断开创社会主义现代化建设新局面提供了组织保证。历史经验告诉我们,民主集中制是科学的合理的有效率的制度,它有利于体现人民群众的根本利益和愿望,有利于党的路线方针政策的正确制定和执行,发生失误也能得到有效的纠正;制度建设更带有根本性、全局性、稳定性和长期性,必须进一步健全和完善民主集中制的一系列制度,使之不因领导人的改变而改变,不因领导人的看法和注意力的改变而改变;必须提高全党特别是领导干部执行民主集中制的自觉性,反对违背和否定这一制度的各种错误倾向,防止个人专断和极端民主化。

当前,我国正在进行一场广泛而深刻的社会变革,更要求我们党坚持和健全民主集中制,而决不能削弱和放弃民主集中制。这里要特别指出,社会主义市场经济体制是同社会主义基本制度结合在一起的,是要使市场在国家宏观调控下对资源配置起基础性作用。建立社会主义市场经济体制,需要调动一切积极因素,发挥全党全国人民的主动性和创造力;需要统筹规划、协调配套、有秩序有步骤地进行;需要在实践中不断认识和运用客观规律;需要以完备的法制来规范和保障。这一切都离不开党和国家按照民主集中制实行的正确领导。以为实行社会主义市场经济就可以不要党和国家领导制度中的民主集中制,或者以为坚持民主集中制就是回到计划经济的老路上去,都是不对的。现在,我们党执行民主集中制总体上是好的,但还有不少问题。民主不够和集中不够都不同程度地存在。有的地方和部门对中央的某些决策执行得不够有力,甚至有令不行,有禁不止。民主科学决策制度在有些方面还不够完善。鉴于这种状况,当前要在全党特别是领导干部中切实加强民主集中制的教育,健全贯彻民主集中制的各项具体制度,完善党内政治生活的各项准则。

(七)发展党内民主,充分发挥全党的积极性。没有民主就没有社会主义,就没有社会主义现代化。社会主义民主的实质是人民当家作主,这种最广泛的人民民主同资产阶级民主有本质区别,也完全不同于不讲纪律和秩序的无政府主义。发扬党内民主必然推进人民民主,这也是建设社会主义民主政治的一条重要途径。发展党内民主是多层次、多方面、多途径的。党内民主要以实现党的纲领为目的,以引导、保护、发挥积极性为出发点,紧密结合党组织的职能和党员的权利、义务而展开。要鼓励党员解放思想,实事求是,勇于探索,敢讲真话。从党的中央委员会到每一个支部,从领导机关的决策到在党的会议和党的报刊上参加政策问题的讨论,从党内选举到对领导干部进行评议、监督,都要充分发扬民主。

决策民主化是发展党内民主的重要内容,也是实现决策科学化的前提。要建立健全领导、专家、群众相结合的决策机制,逐步完善民主科学决策制度。党的领导机关和领导干部要发扬民主作风,坚持从群众中来,到群众中去,集中起来,坚持下去的群众路线,充分尊重群众的首创精神,及时总结来自基层和实践的丰富经验。要倾听各方面的意见,包括反对的意见。党的上级组织作出同下级组织有关的重要决定,要听取下级组织的意见。

发展党内民主必须切实保障各级党组织和党员的民主权利。要疏通和拓宽党内民主渠道,使党员对党内事务有更多的了解和参与。要把党的方针政策、指示决议,及时传达给下级党组织和党员。有些重要事情应该在党内先讨论,让党员早知道。党章规定的党员的各项权利,任何组织和个人都不得侵犯。要制定党员权利保障条例。明确党员正确行使权利的原则和保障党员行使权利的措施。

(八)加强民主基础上的集中,有力地执行党的路线方针政策。民主和集中是相辅相成、内在统一的。没有民主,就没有正确的集中。没有集中,就不能形成正确的路线方针政策,不能形成全党的统一意志。集中,就要集中正确的意见,使之成为多数人的共识,形成正确的决策,并坚决付诸实施。

我国是幅员辽阔、人口众多的发展中国家,我们党面临着艰巨复杂的改革和建设任务。只有维护中央的权威,才能增强党的凝聚力和战斗力;才能保证国家统一、民族团结和社会稳定;才能保障改革开放和现代化建设的顺利进行,逐步实现各族人民的共同富裕,实现社会主义物质文明与精神文明的共同发展。这是全党和全国人民的最高利益所在。党章规定,党员个人服从党的组织,少数服从多数,下级组织服从上级组织,全党各个组织和全体党员服从党的全国代表大会和中央委员会。"四个服从"最重要的是全党服从中央。党的历史表明,必须有一个在实践中形成的坚强的中央领导集体,在这个领导集体中必须有一个核心。如果没有这样的领导集体和核心,党的事业就不能胜利。这是坚持民主集中制的一个重大问题。

维护中央的权威,就是要保证中央的政令畅通,决定了的事情各方都要认真去办。在党的基本路线和总方针、总政策、总目标以及关系全局的重大问题上,全党必须与中央保持一致。各级党组织和全体党员要模范地遵守国家的宪法和法律。各地、各部门要牢固树立全局观念,坚决贯彻执行中央的决议、决定,结合实际创造性地工作,重大问题要请示报告。

在中央的统一领导下,充分发挥地方的积极性,是我们一贯坚持的重要指导原则。发挥地方的积极性应当是贯彻中央精神与立足本地实际相结合,对当地人民负责与对全国人民负责相统一。强调维护中央权威,决不是把应该赋予地方的权力收上来,而是要在合理划分中央与地方职责和权限的基础上,充分发挥两个积极性。

中央各部门要正确行使中央赋予的职责和权限,根据改革的要求,切实转变职能,正确处理部门利益与全局利益的关系,加强和改进宏观调控和宏观管理,更好地为地方为基层服务。

(九)坚持和完善集体领导和个人分工负责相结合的制度。凡属方针政策性的大事,凡属全局性的问题,凡属重要干部的推荐、任免和奖惩,都要由中央或地方党委集体决定。重大问题的决定,要充分酝酿、协商和讨论,并按照少数服从多数的原则表决。对集体的决定,任何个人无权改变,个人或少数人有不同意见允许保留,但必须无条件服从,并在行动上积极执行。

集体领导和个人分工负责,二者不可偏废。要提倡领导干部敢于负责的精神,反对遇事推诿、互相扯皮和无人负责。党的委员会成员既要根据集体的决定和分工,切实履行自己的职责,又要关心全局工作,积极参与集体领导。在党的委员会内部,书记和委员是平等的。书记在集体领导中负有主要责任,应当成为执行民主集中制的表率。党委成员要互相信任,互相支持,互相谅解,互相补充,包括互相帮助克服缺点和错误,不断增强领导班子的团结。

中央和地方国家机关、人民团体中的党组或党员负责干部,要自觉接受中央和地方党委的领导。重大问题要提请党委讨论决定,并在国家机关和人民团体中同多方商量,按照法定程序或章程办理。党必须在宪法和法律的范围内活动,又要善于组织、协调各方面的力量,充分发挥各个组织的作用,实行正确的领导。

要在总结经验的基础上,制定中央和地方党委工作条例,进一步明确和规范党委会及其常委会的职责范围、议事规则、决策程序。要完善党代表大会制度,进一步发挥党的中央和地方各级委员会全体会议的作用。

(十)加强和健全党内监督,严肃党的纪律。党内监督的实质是党从人民利益出发,按照从严治党的要求进行自我约束和自我完善。主要是监督党的组织和党员是否正确地贯彻执行党的路线方针政策,是否正确地运用人民赋予的权力,是否严格地遵守民主集中制的各项制度。党内监督的重点是党的各级领导机关和领导干部。在发展社会主义市场经济的条件下,要特别注意防范在党员干部中发生违法违纪行为。党员无论从事何种职业,担负何种领导职务,都要严格遵守党的纪律,自觉接受党组织和群众的监督。坚持在纪律面前人人平等,对违纪党员要严肃查处。

批评和自我批评是实行党内监督的有力武器。要坚持和健全组织生活会制度、党员领导干部民主生活会制度,开展谈心活动,从团结的愿望出发,认真进行批评和自我批评,分清是非,团结同志,克服缺点,改进工作。

要完善党内监督制度,制定党内监督条例。要充分发挥各级纪律检查机关在党内监督中的作用。要把党内监督同群众监督、舆论监督、民主党派和无党派人士的监督结合起来,把自上而下和自下而上的监督结合起来,逐步形成强有力的监督体系,以保证党的肌体的健康和各项任务的顺利完成。

三、加强和改进党的基层组织建设

(十一)党的基层组织是党的全部工作和战斗力的基础,担负着直接联系群众、宣传群众、组织群众、团结群众，把党的路线方针政策落实到基层的重要责任。改革的推进、经济的发展和社会的稳定，都要依靠基层党组织战斗堡垒作用和广大党员先锋模范作用的充分发挥。必须下大功夫把党的基层组织建设好。放松基层党组织建设，削弱基层党组织作用，是错误的和有害的。

在改革开放和现代化建设中，基层党组织团结带领群众开拓创新，艰苦奋斗，创造了新的业绩。许许多多共产党员在急、难、险、重的任务面前和关键时刻，冲在前面，舍己为人，展现了工人阶级先锋战士的优良品格和时代风范。与此同时，基层党组织建设也面临许多新情况新问题。随着多种经济成分的发展、利益关系的调整和经营形式的多样化，需要改进基层党组织的工作；各种新建立的经济组织和社会组织日益增多，需要从实际出发建立党的组织，开展党的活动；大批劳动力在产业间转移和地区间流动，需要采取有效措施管理好流动中的党员；消极腐败现象侵蚀着党组织的肌体，需要加强对党员的教育和管理，坚持党的宗旨，保持工人阶级先锋队的本色。按照新形势的要求，党的基层组织建设还存在许多不适应的地方。特别要指出，目前有一部分基层党组织软弱涣散，有的甚至处于瘫痪状态；有些基层干部作风不正，脱离群众；一些党员不起模范作用。这些问题的存在，同领导机关放松基层党组织建设工作是分不开的。必须引起高度重视，认真加以解决。

（十二）党的基层组织建设的指导方针是：第一，必须紧紧围绕党的基本路线，为党的中心任务服务，用完成本单位任务的实际效果来检验基层党组织的工作。第二，必须用改革的精神研究新情况、解决新问题，运用已有的成功经验并进行革新和创造，改进基层党组织的活动内容和工作方式。第三，必须严格党内生活，严肃党的纪律，弘扬正气，反对歪风，保持党员队伍的先进性和纯洁性，增强基层党组织解决自身矛盾的能力。第四，必须立足于经常性工作，常抓不懈，既要制定切实可行的长期规划，又要抓紧解决当前的突出问题。

各级党委都要健全抓好基层党组织建设的责任制。中央有关部门和省、自治区、直辖市党委要经常进行调查研究，分类指导，作出工作部署，认真督促检查。加强农村基层党组织建设，关键在县委。加强城市基层党组织建设，责任主要在市委。要把基层党组织建设工作做得好不好，作为考核市、县委和市、县委书记工作实绩的一个重要依据。

（十三）基层党组织要结合各自特点做好工作，努力成为团结带领群众进行改革和建设的战斗堡垒。

农村乡（镇）党委和村党支部要认真贯彻执行党的农村政策，在深化农村改革，全面发展农村经济，建设精神文明，带领农民群众奔小康、实现共同富裕和共同进步中发挥核心领导作用。村党支部建设要着重抓好四项工作:一是建设一个好的支部领导班子,特别是选一个认真贯彻党的路线方针政策、公正廉洁、年富力强、能带领群众致富的支部书记。二是确定一条符合本地实际的发展路子,稳定和完善以家庭联产承包为主的责任制和统分结合的双层经营体制,兴办各种经济实体,逐步壮大集体经济实力,在生产发展的基础上增加农民收入。三是做好思想政治工作,普及科学文化知识,教育党员发挥先锋模范作用,提高农民的素质,抵制和摆脱封建迷信等愚昧落后观念和资产阶级腐朽思想的影响,用爱国主义、集体主义、社会主义思想和健康、文明、进步的风尚占领农村阵地。四是加强以党支部为核心的村级组织配套建设,并同基层民主法制建设和社会治安综合治理结合起来,建立健全民主监督制度和村规民约,调动农民群众当家作主的积极性。对处于软弱涣散和瘫痪状态的党支部,各地要派出专门力量进行整顿,当务之急是整顿好领导班子,解决存在的突出问题,要力争在三年内分期分批完成这项任务。

国有企业要充分发挥党组织的政治核心作用,坚持和完善厂长(经理)负责制,全心全意依靠工人阶级。国有企业党组织要按照党章规定的职责和国家的有关法律法规,开展工作。要把保证搞好企业改革、转换经营机制、提高经济效益作为党组织工作的出发点和落脚点。认真总结党组织参与企业重大决策,保证监督党和国家方针政策贯彻执行的经验,使其不断丰富和完善。加强和改进思想政治工作,提高职工队伍素质,教育党员以模范行动影响和带动职工群众,同心同德办好企业。国有企业建立现代企业制度,要坚持发挥党组织的政治核心作用,在实践中积极探索,逐步完善企业领导制度,改进和加强党的工作。在其他各种所有制的企业中,都要加强党的工作。没有党组织的,要积极创造条件建立党的组织,采取适应各自特点的工作方法和活动方式,开展党的活动。

学校党的建设要围绕学校的改革和发展,加强和改进德育工作,培养有理想、有道德、有文化、有纪律的社会主义事业的建设者和接班人来进行。教育、科技、文化、卫生等单位的基层党组织要认真贯彻党的知识分子政策,加强党对知识分子的工作。党和国家机关中党的基层组织要紧密结合本单位的业务工作,抓好思想政治工作,加强对党员和领导干部的监督。街道和其他基层党组织,也要按照各自的不同情况,制定加强和改进自身建设的具体措施。

从事党务工作和思想政治工作的基层干部处在第一线,条件艰苦,任务繁重。要在他们中提倡任劳任怨、为党为人民作奉献的精神,又要支持他们的工作,关心他们的思想和生活,帮助他们解决实际困难。

（十四）以提高素质、增强党性为目标，加强和改进党员教育和管理工作。从现在起，用三年的时间，在全体党员中有计划、有步骤地开展一次建设有中国特色社会主义理论和党章的学习活动。学习要联系当前的形势和任务，联系党员的思想和工作实际，着重解决好三个问题：第一，树立共产主义理想，坚定走有中国特色社会主义道路的信念，提高坚持党的基本理论和基本路线的自觉性，模范执行党的各项政策。第二，坚持全心全意为人民服务的宗旨，密切联系群众，廉洁奉公，遵纪守法，自觉抵制拜金主义、个人主义和腐朽生活方式的侵蚀。第三，按照党章规定认真履行义务，正确行使权利，在改革和建设中建功立业。中央各部门和省、自治区、直辖市党委要根据上述要求，结合实际作出部署。

把党员教育同改进党员管理结合起来。要大力表彰先进的基层党组织和优秀党员，妥善处置不合格党员，坚决清除腐败分子。党的组织部门要制定有效管理流动党员的措施。要按照坚持标准、保证质量、改善结构、慎重发展的方针发展党员，不断增加党的新鲜血液。加强在生产、工作第一线发展党员的工作，重视培养和吸收青年和妇女中的优秀分子入党。共青团要进一步做好推荐优秀团员作党的发展对象的工作。

四、培养和选拔德才兼备的领导干部

（十五）培养和选拔德才兼备的领导干部是关系全局的重大问题。坚持党的基本理论和基本路线不动摇，保持党和国家的长治久安，不断把改革开放和现代化建设事业推向前进，关键在于我们党，首先在于县以上党政领导干部。建设有中国特色社会主义的全新事业和错综复杂的国际环境，对各级领导干部提出了新的更高要求。同时，新老干部的交替与合作是永无完结的历史过程。这些年大批经过长期革命斗争锻炼的老干部退出领导岗位，建国后成长起来的干部逐渐成为各级领导班子的主体。但是，一些领导班子素质不高、年轻干部偏少的问题仍然比较突出。这给我们党提出两项重大而紧迫的战略任务：一是必须全面提高现有领导干部的素质，把各级领导班子建设成为坚决贯彻党的基本路线、全心全意为人民服务、具有领导现代化建设能力的坚强领导集体；二是必须抓紧培养和选拔优秀年轻干部，努力造就大批能够跨世纪担当重任的领导人才。

（十六）高级干部特别是省部以上党政主要领导干部的领导水平，尤其是政治水平如何，关系到党和国家的前途命运。这些干部不仅要努力成为有知识、懂业务、胜任本职工作的内行，而且首先要努力成为忠诚于马克思主义、坚持走有中国特色社会主义道路、会治党治国的政治家。他们应该具有坚定的政治信念，始终保持清醒的头脑，自觉坚持党的基本理论和基本路线，经得起各种风浪的考验;他们应该具有开阔的眼界,熟悉国情,了解世界,解放思想,实事求是,务实创新,开拓前进;他们应该具有宽阔的胸襟,讲党性,顾大局,模范执行民主集中制,公道正派,任人唯贤,善于团结同志一道工作;他们应该具有较强的领导能力,讲究领导艺术,审时度势,驾驭全局,善于协调各方面的力量;他们应该具有优良的作风,廉洁勤政,艰苦奋斗,深入实际,调查研究,谦虚谨慎,联系群众,真心诚意为人民谋利益。我们不仅要按照这样的要求提高现有高级干部的水平,而且要按照这样的要求培养和选拔接班人。

(十七)切实加强对县以上党政领导干部特别是年轻干部的培养教育。育人是用人的基础,只着眼于用人,忽视育人,是短视的。务必把培养教育干部作为一项事关全局的基础性工作坚持不懈地抓下去。要组织县以上党政领导干部认真学习马克思列宁主义、毛泽东思想,中心内容是学习和掌握邓小平同志建设有中国特色社会主义理论。同时,努力学习社会主义市场经济理论和基本知识,现代科学技术知识和法律知识,世界历史、中国历史特别是近现代史和中共党史。通过学习和实践,树立正确的世界观、人生观,更加自觉地坚持党的基本路线,增强工作中的原则性、系统性、预见性和创造性。坚决克服忙于事务和应酬,忽视和放松学习的倾向。要根据不同领导职务的不同要求,制定切实可行的教育和培训规划,分期分批对县以上党政领导干部进行培训,并对学习情况认真考核,把考核结果作为使用领导干部的重要依据之一。积极推进党校和各类干部学校的教育改革,更好地为培养德才兼备的领导干部服务。

要根据党政领导干部的成长规律,采取多种形式,放手让他们在实践中锻炼。对有发展潜力的年轻干部,要加紧培养。对缺乏全面领导工作经验的,要及早放到一定层次的关键领导岗位压担子;对缺乏基层工作经验的,要放下去任职锻炼。要鼓励、引导和安排年轻干部到基层去、到群众中去、到改革和建设的第一线去,特别是到条件艰苦或情况复杂的环境中去,经受考验。

(十八)高度重视人才的发现和使用,抓紧选拔大批优秀年轻干部。要结合新的历史条件,全面正确地贯彻干部队伍"四化"方针和德才兼备原则。衡量干部的德和才,应该主要看贯彻执行党的基本路线的实绩,选人用人要注意社会公论。要破除论资排辈、求全责备、迁就照顾等陈旧观念,不拘一格选拔人才。要广开进贤之路,搞五湖四海,避免只在党政机关或周围熟悉的少数人中选干部,反对任人唯亲。对那些在改革开放和现代化建设中政绩突出、群众信任的优秀干部特别是年轻干部,要大胆提拔,委以重任。对那些思想品质不好、弄虚作假、伸手要官的人决不能提拔。要重视各级党政领导班子主要负责人的选拔培养,加强女干部、少数民族干部和非党干部的选拔培养工作。严格执行干部离退休制度，认真做好离退休干部工作。

（十九）加快党政领导干部选拔任用等重要制度的改革。要坚持党管干部的原则，改进党管干部的方法，继续扩大民主、完善考核、推进交流、加强监督，逐步形成优秀人才能够脱颖而出、富有生机与活力的用人机制。

扩大选拔任用领导干部工作中的民主。无论选任还是委任、聘任领导干部，都要走群众路线，通过民主推荐、民意测验或民主评议，让群众更多地参与。同时，认真进行组织考察，由党委集体讨论决定。多数群众不拥护的，不应提拔。

完善领导干部考核制度，并与升降、奖惩制度相衔接。要全面考核干部的德、能、勤、绩，注重考核工作实绩，坚持领导与群众相结合的考核方法。有关部门要根据不同领导职务的不同特点，制定科学的考核体系和标准，对工作实绩进行全面考核和准确评价。根据考核结果实施升降奖惩，对不胜任现职的要果断调整。要使干部能上能下形成制度。

认真推行领导干部交流制度，并同回避制度和各级领导班子的任期制度结合起来。要有计划、有步骤地在上下级机关之间、地区之间、地区与部门之间、党政之间以及经济比较发达与相对落后地区之间进行干部交流，使他们在多种环境和岗位经受锻炼，增长才干。要加大省部级干部交流力度，继续推进地市县级干部交流，同时注意领导班子相对稳定。各级党委对领导干部的交流要统筹规划，周密安排，认真做好思想政治工作，严格执行党的纪律，坚决克服干部调不出、派不进的不良倾向。

切实加强对选拔任用领导干部工作的监督检查，坚决防止和纠正用人上的不正之风。要制定和实行党政领导干部选拔任用工作条例，使选拔任用干部的工作规范化、制度化。对那些不遵守党的原则，违反组织人事纪律，在用人问题上搞不正之风的，要严肃处理。

要认真推行国家公务员制度。对近年来一些地方在一定范围试行委任干部任期制、聘任制、试用制以及公开推荐与考试考核相结合选拔领导干部等，要认真研究和总结，使其不断完善。

（二十）各级党委（党组）都要从自己的实际出发，制定具体措施，认真贯彻执行本决定。中国人民解放军党的建设工作，由中央军委按照本决定精神和军队的特点作出部署。

全会号召，全党同志紧密地团结在以江泽民同志为核心的党中央周围，在邓小平同志建设有中国特色社会主义理论和党的基本路线指引下，进一步加强和改进党的建设，增强党的凝聚力和战斗力，团结和带领全国各族人民，为建设有中国特色社会主义的伟大事业努力奋斗！

党员

中共中央关于处理建国前党员脱党期间党籍、党龄问题的几点补充规定

(1982年5月14日)

建国以来,对在历史上曾经脱过党的同志的党籍、党龄问题,多数都做过结论,现在有一些同志提出申诉或要求复议。鉴于建国以前党组织多数处于秘密状态,斗争非常艰苦,环境十分复杂,一些同志的脱党原因不尽相同,脱党后的经历和表现各有差别,且距离现在的时间已经很久,因此,各级党委在处理这类问题时,要本着实事求是,严肃认真,具体分析,区别对待的精神,首先把这些同志脱党的原因、脱党后的表现等情况搞清楚,然后再考虑其党籍应该不应该恢复。应该恢复的要抓紧审批,予以恢复;不应该恢复的,也要耐心地做好说服工作。为了妥善地做好这项工作,除重申按照1949年11月《中共中央关于对脱党分子的党籍和工作的处理和计算党龄问题的指示》的基本原则办理外,特作如下补充规定。

(一)关于脱党期间党籍、党龄问题的处理原则:

1. 党员被迫脱党后,积极设法找党,因客观条件限制,未能找到党组织,但仍继续进行革命活动,其历史经过严格审查,每段都有可靠证明,确无问题的,其脱党期间的党籍可予以恢复,党龄连续计算。

2. 党员被迫脱党,后又回到革命队伍,过去审查时,因客观原因,脱党期间的情况无人证明而暂按重新入党处理的,现已查清其脱党期间曾积极找党,继续进行革命活动,每段都有可靠证明的,可以改为恢复党籍,党龄连续计算。

3. 党员被迫脱党后,曾有短时间(如一年以内)政治上一度表现消沉,但不久即转为积极找党,为党工作,表现好或工作有成绩,很快又被重新接收为党员的,其脱党期间的党籍可予恢复,党龄连续计算。

4. 党员被迫脱党后,有的有条件找党而没有找党,有的虽曾找过党,但行

动上不积极，致使脱党时间较长（三年以上）的；或入党时间很短，脱党时间较长的，这些同志在脱党期间尽管有过某些进步活动，他们的党籍也不能恢复。

5. 党员虽系被迫脱党，脱党后政治上有过动摇，或有其他政治错误，革命形势好转后才回到革命队伍又重新入党的，其脱党期间的党籍不能恢复，党龄应从重新入党之日算起。但有的同志归队后，已将自己的问题如实向组织交代清楚，过去审查已经作了恢复党籍处理的，现在也没有发现新的重大问题，也可不再变动。

6. 有的同志虽系被迫脱党，但由于脱党期间的历史比较复杂，过去没有审查清楚，一直没有解决党籍问题。现在本人全部历史已经审查清楚，虽然不符合恢复党籍的条件，但也没有发现其脱党期间有损害党或革命利益行为，目前本人基本具备党员条件的，可以重新入党，不要预备期。重新入党的时间，可根据审查结果，由省级以上党组织酌情研究决定。

7. 凡过去自行脱党，后又参加革命工作和重新入党，现在要求恢复其脱党期间党籍并连续计算党龄的，一律不予解决。

（二）有的同志被迫脱党，后来回到革命队伍，当时党组织对其脱党的情况未作全面审查，即予接上组织关系。如现在已将其脱党期间的情况审查清楚，可根据各人的实际情况，参照本规定上列有关条款的精神，有的可以恢复其脱党期间的党籍，连续计算党龄；有的可将其接上组织关系的时间，确定为重新入党的时间。

（三）在地下工作环境中，有些同志曾经加入过党，但因本人并不很明确或因组织上的原因，未承认其党籍的，现经查证，本人一直在革命队伍里工作，三年以内又重新入了党，并有两名以上党员能证明其在这以前确实曾入过党，这段党籍可予以恢复，党龄从第一次入党时算起。

（四）对于已经逝世多年的党员，其家属子女要求恢复其过去脱党期间的党籍并连续计算党龄的，如果没有切实可靠的证明材料又不能提供证明人线索，一般不予复查，但属于历史上的冤假错案，涉及到党籍党龄的，则应予复查。对不再复查的，也要向其遗属耐心做好说服工作。

（五）审批手续问题：

1. 要求恢复建党初期和第一次国内革命战争时期（1927 年 7 月底以前）的党籍并连续计算党龄的和中央管理干部的党籍、党龄的更改，由省、市、自治区党委或中直机关党委、国家机关党委审理后，报中央审批。

2. 要求恢复第二次国内革命战争时期（1927 年 8 月至 1937 年 7 月 6 日）的党籍并连续计算党龄的和省、市、自治区或中央和国家机关部委一级党委管理干部的党籍、党龄的更改,应报省、市、自治区党委或中直机关党委、国家机关党委审批。

3. 其他党员,应由县或相当于县一级党委审理后,报地(市)委审批。

4. 军队干部的党籍、党龄更改的审批手续,由总政治部作相应的规定。

(六)复查处理脱党人员的党籍、党龄问题,主要是依据切实可靠的证明材料。本人要忠实地提供历史情况和证明人线索。组织上在调查取证时,应该要求证明人本着对党负责的态度,提供符合历史事实的证明。如果发现证明人有改变或更正过去屡次证明的事实时,证明人应说明改变或更正事实的充分理由,组织上要对这些证明材料进行认真地审核鉴别。

处理党籍、党龄问题是一项严肃的政治工作。要注意防止两种倾向:一种是不认真负责地考虑申诉人的意见,而多方强调客观困难,对申诉敷衍应付,甚至一推了之,该复查的不予复查,该改变结论的不予改变结论;另一种是不注意查清事实,不仔细研究调查证明材料,不按党的原则和有关规定办事,随意作出迎合申诉人意愿的不恰当的结论。

(七)凡过去的结论基本符合本规定精神而本人现在要求不合理的,或过去已作过结论,现在没有新的可靠的证据和其他理由足以改变原结论的,不再改动。但应耐心做好说服教育工作。

附：

中共中央关于对脱党分子的党籍和工作的处理和计算党龄问题的指示

（1949 年 11 月 20 日）

（一）对脱党分子的党籍和工作的处理问题

在全国胜利的形势下，过去脱党的分子现在来找我党要求解决党籍及工作问题者，日益增多，情况亦甚复杂。自 1949 年 6 月以来，经各地介绍或本人直接来信，或迳赴北京找中央组织部及中央各负责同志者已达百余人。其中大多数为大革命时期及内战时期入党，而在内战时期白色恐怖严重的情况下脱党者。脱党原因有被迫与个人错误之别。脱党后的表现亦各有不同：或消沉，长期未作革命工作；或一度为反革命工作；或中间有一段做过一些革命活动的。目前对此类问题的处理，除按照“中央关于新解放城市中对脱党、自首、叛变分子的处理的指示”及“中央组织部关于归俘人员党籍问题的处理方法”的精神外，并根据具体情况，采取了并采取着以下办法：

甲、凡党员过去被迫脱党后，继续进行革命活动，并设法找党，但因客观困难终未能找到者，其历史经省委或市委严格审查，每段均获有可靠证明，确无问题者，可准予恢复党籍，并分配以适当的工作。

乙、凡党员过去自由脱党，旋又自行悔悟，重新参加革命工作，设法找党不获，现在恳切要求入党者，经审查后有确实证明时，可准予重新入党，并分配其工作。

丙、凡党员不论其过去系自由或被迫脱党，凡有以下情节之一者，均须加以长期考察，不应即予考虑其党籍问题。

1. 长期未作革命工作，虽未发现有反党行为者。

2. 曾有损害革命之行为或嫌疑者。

3. 曾为敌人服务后又为我工作者。

4. 本人历史复杂一时无法获得证明者。

为了保持党的纯洁性和照顾党内外的影响，对脱党分子在政治上尚不能完全信赖时，不应分配在党的系统或军政重要领导机关和带有机密性之部门工作，且不宜任以负责职位。至于历史不清或有政治嫌疑者，除其具有专长，须要慎重加以使用外,其余一般地应送学校学习,在学习中继续考察,不宜马上分配其工作。

由于此类问题今后必然增多,为了更易于搜集材料,解决问题,并节省人力物力起见,各地组织凡遇此类问题,应依照中央指示自行照规处理。一般地不应迳送中央。本人自行来中央者,如其问题中央易于解决者应即处理,如其问题地方较为熟悉者,应转由地方处理。

(二)关于计算党员党龄中是否可以扣除中间一段党龄的问题

七大以前,关于处理党员党籍办法中,有因党员脱党后较长时期未继续为党工作,或脱党时期某段情况一时无人证明,或因有其他不好表现者,采取扣除党龄的办法,即恢复其党籍,但中间一段不算党龄,予以保留或作为处分。

七大以后,中央组织部在处理此种问题时,没有采取中间扣除党龄的办法,因为此种办法有割断历史的缺点。如党员系被迫脱党、确无法找到组织,且因能力限制及缺乏社会关系,不能作出显著工作成绩,而当其一有机会即又继续找党者,其党籍应予全部恢复。若党员脱党后,无反党行为,只一度消沉,未及时积极找党和为党工作,但为时不久旋即觉悟,转为积极,工作表现有成绩,因而又回到组织者,亦应全部恢复,中间表现消沉的一段应以错误论,不扣党籍,只酌情给以适当处分,或给以批评,并在结论中指出。

如党员在脱党期间一段无人证明,应分别情况或暂准重新入党,或暂不解决其党籍问题,俟获有确切证明后再行处理。

如党员在脱党后长期未积极找党,亦未做革命工作,现在环境一好又来找党者,其党籍不能恢复,自无扣除党龄问题。如果以后在长期工作中表现其成绩和进步,因而可以重新入党者,其过去的党龄,因其自行脱党,自应取消,不能再算。

如党员在脱党后失去党员气节,或叛卖党和阶级者,即使过去功劳很大,或失节后又复坚定起来。其过去党籍应予以开除,今后若各方面具备一个党员条件时,可考虑其重新入党,不能扣除其中间一段,恢复其前后两段。

在这个问题上,党内处理的办法是很不一致的,现在需要一个统一的规定,故指示如上。

中国共产党
发展党员工作细则(试行)

(中共中央组织部1990年8月1日印发)

第一章 总 则

第一条 中国共产党是中国工人阶级的先锋队。为了切实保证新发展的党员质量,保持党组织的先进性和纯洁性,提高党的战斗力,依据《中国共产党章程》的规定,制订本细则。

第二条 党的基层组织要把吸收具有共产主义觉悟的先进分子入党,作为一项经常性的重要工作。

第三条 发展党员工作,要从贯彻党的基本路线的要求出发,坚持标准,保证质量,有领导、有计划地进行。

第四条 发展党员必须坚持入党自愿的原则和个别吸收的原则,成熟一个,发展一个。禁止突击发展,反对关门主义。

第二章 对要求入党的积极分子的培养教育

第五条 党组织要通过宣传党的政治主张和深入细致的思想政治工作,提高党外群众对党的认识,不断扩大要求入党的积极分子队伍。

第六条 党组织要对要求入党的积极分子进行马克思列宁主义、毛泽东思想基本理论的教育,党的基本知识和党的基本路线的教育,以及党的优良传统和作风的教育,使他们懂得党的性质、纲领、指导思想、宗旨、任务、组织原则和纪律,懂得党员的义务和权利,帮助他们端正入党动机,确立为共产主义事业奋斗终身的信念。

第七条 党组织要指定一至两名正式党员做要求入党的积极分子的培养联系人,并采取吸收他们听党课、参加党内有关活动,给他们分配一定的社会工作,以及定期培训等方法,对他们进行培养和教育。

第八条 党支部每半年要对要求入党的积极分子进行一次考察。基层党委每年要对要求入党的积极分子队伍的状况作一次分析。针对存在的问题,采取改进的措施。

要求入党的积极分子调动工作时,调出单位党组织应将培养、教育的有关材料,转给调入单位党组织。

第九条 要求入党的积极分子经过一年以上培养教育后,在听取党小组、培养联系人和党内外群众意见的基础上,经支委会(不设支委会的支部大会)讨论同意,可列为发展对象。

第十条 党组织要对要求入党的积极分子的本人历史和政治表现进行了解。确定为发展对象后,要进行政治审查。政治审查的主要内容是:对党的路线、方针、政策的态度;本人的政治历史和在重大政治斗争中的表现;直系亲属和与本人关系密切的主要社会关系的政治情况。政治审查要形成综合性的政审材料。

政治审查的基本方法是:同本人谈话、查阅有关档案材料、找有关单位和人员了解,以及必要的函调或外调。在听取本人介绍和查阅有关材料后,情况清楚的可不再函调或外调。

凡没有经过政治审查的,不能发展入党。

第十一条 基层党委要对发展对象进行短期集中培训。时间一般为五至七天(或不少于四十个学时)。主要学习《中国共产党章程》、《关于党内政治生活的若干准则》等文件。中央组织部组织局编写的《入党教材》,可作为学习辅导材料。

因客观原因不能集中进行培训的,党组织应安排他们学习指定的文件,并搞好辅导。

没有经过培训的,除个别特殊情况外,不能发展入党。

第三章 预备党员的接收

第十二条 接收预备党员必须严格按照党章规定的程序办理。

第十三条 申请入党的人要有两名正式党员作介绍人。入党介绍人一般由培养联系人担任,也可由发展对象自己约请,或由党组织指定。

受留党察看处分尚未恢复党员权利或尚在缓期登记期间的党员,不能做入党介绍人。

第十四条 入党介绍人的主要任务是:

1. 向被介绍人解释党的纲领、章程,说明党员的条件、义务和权利。认真了解被介绍人的入党动机、政治觉悟、思想品质、本职工作表现、经历等情况,如实向党组织汇报。

2. 指导被介绍人填写《入党志愿书》,并认真填写自己的意见。向支部大会负责地介绍被介绍人的情况。

3. 被介绍人批准为预备党员以后,继续对他进行教育帮助。

第十五条 发展对象填写《入党志愿书》,须经上级党组织同意。支委会要对发展对象填写的《入党志愿书》和有关情况进行严格审查,经集体讨论认为合格后,再提交支部大会讨论。

第十六条 在接收预备党员的支部大会上,申请人应汇报对党的认识、入党动机、本人履历,以及需向党组织说明的问题。支委会要向大会报告对申请人审议的情况。与会党员要对申请人能否入党进行充分的讨论,并采取举手或无记名投票的方式进行表决。赞成人数超过应到会有表决权的正式党员的半数,才能通过接收预备党员的决议。因故不能到会的党员正式向支部提出书面意见的,应统计在票数内。

支部大会讨论两个以上的人入党时,必须逐个讨论和表决。

第十七条 党支部要及时将支部大会决议填写在《入党志愿书》上,连同本人入党申请书、政审材料、培养教育和考察的材料,报上级党委审批。

第十八条 预备党员必须由党委(工委,下同)审批。

党总支不能审批预备党员,但要对支部大会通过接收的预备党员进行审议。县以上党委直接领导的独立单位的党总支和大型厂矿企业、大专院校直属的分厂、分校党总支,经县以上党委授权,可以审批党员(需注明是授权的)。

临时党支部、临时党委无权接收、审批预备党员。党组不能审批预备党员。

第十九条 党委审批前,要指派专人(党委委员或组织员)对《入党志愿书》和有关材料进行审查,广泛听取党内外群众的意见,并同申请人进行谈话,作进一步的考察。谈话人应将谈话的情况和自己对申请人能否入党的意见,如实填写在《入党志愿书》上,并向党委汇报。

第二十条 党委审批预备党员,必须集体讨论、表决决定。

党委主要审议申请人是否具备党员条件,入党手续是否完备。申请人符合党员条件、入党手续完备的,可批准其为预备党员。党委审批的意见要填写在《入党志愿书》上,注明预备期的起止时间,并通知报批的党支部。党支部应及时通知本人并在党员大会上宣布。对未被批准入党的,也要通知党支部和本人,做好思想工作。

党委会审批两个以上的人入党时,应逐个审议和表决。

第二十一条 党委对党支部上报的接收预备党员的决议,必须在三个月内审批。如遇特殊情况可适当延长审批时间,但不得超过六个月。凡无故超过规定时间而未予审批的,应追究有关人员的责任。

第四章　预备党员的教育、考察和转正

第二十二条　党组织应及时将上级党委批准的预备党员编入党支部和党小组。通过党的组织生活和实际工作锻炼,对他们继续进行教育和考察。

第二十三条　预备党员必须面对党旗进行宣誓。入党宣誓仪式,一般由基层党委或党支部(党总支)组织进行。上级党组织应派人参加由党支部举行的宣誓仪式。

第二十四条　党组织要通过听取本人汇报、个别谈心、集中培训等方式,对预备党员进行教育和考察。党支部每季度要讨论一次,发现问题要及时同本人谈话。

预备党员调动工作时,调出单位党组织应将教育、考察的情况,认真负责地介绍给调入单位党组织。

第二十五条　预备党员预备期满后,党支部应按时讨论其能否转为正式党员。具备党员条件的,按期转正;不完全具备条件、需进一步教育和考察的,可延长一次预备期,延长时间不能少于半年,最长不超过一年;不具备党员条件的,应取消其预备党员资格。

按期转正,延长预备期,取消预备党员资格,都必须经支部大会讨论通过并报上级党委批准。

第二十六条　预备党员转正的手续是:本人提出书面转正申请;党小组提出意见;党支部征求党内外群众的意见;支委会审查;支部大会讨论、表决通过;报上级党委审批。

第二十七条　党委对党支部上报的预备党员转正的决议,应在三个月内讨论审批。审批结果应及时通知党支部。党支部书记要与本人谈话,并将审批结果在党员大会上宣布。

第二十八条　预备党员转正后,应将其《入党志愿书》、入党和转正申请书、自传、政审材料、教育考察的材料,交党委存入本人人事档案。无人事档案的,建立党员档案,由所在党委保存。

第五章　发展党员工作的领导和纪律

第二十九条　各级党委必须把发展党员工作列入重要议事日程,切实加强领导。对发展党员工作的情况,地(市)、县委每半年要检查一次,省、自治区、直辖市党委每年要检查一次。检查的结果要及时上报,并向下通报。

第三十条　各级党委组织部每年要向党委和上级党委的组织部门报告发

展党员工作情况和发展党员工作计划。要如实反映带有倾向性的问题和对违反党章规定现象的查处情况。

第三十一条 县以上党委和组织部门要重视对组织员的选拔、配备和培训,充分发挥他们在发展党员工作中的作用。

第三十二条 各级党组织对发展党员工作中出现的违纪问题,一定要严肃查处。违反党章规定而被吸收入党的,不予承认,并在支部大会上公布。上级党组织要对有关责任者批评教育,违犯党纪的应给予必要的纪律处分。

第六章 附 则

第三十三条 本细则自1990年9月1日起试行。过去有关发展党员工作的规定和解释,凡与本细则不一致的,均以本细则规定为准。

关于加强党员流动中组织关系管理的暂行规定

(中共中央组织部1994年1月4日印发)

随着经济体制改革及人事劳动制度改革的深入,党员流动的数量越来越多,范围越来越广。为了适应建立社会主义市场经济体制的需要,促进改革开放和经济发展,进一步解放和发展生产力,使流动的党员能够及时参加党的组织生活,接受党组织的教育和监督,更好地发挥先锋模范作用,现对党员流动中组织关系管理问题作如下规定:

一、党员外出务工经商或从事其它正当职业,有固定地点、时间在6个月以上的,党员所在党组织应将党员组织关系转至所去地方或单位党组织;时间在3至6个月的,应出具党员证明信,由所去地方或单位党组织负责安排其参加党的有关活动。党员应及时主动与所去地方或单位党组织联系,转递党员组织关系。

二、党员短期外出3个月以内,或外出时间较长但无固定地点无法转移组织关系的,党员应通过适当方式主动与原所在党组织保持联系,汇报外出活动情况,按时交纳党费。

三、党员3人以上集体外出、地点相对集中的,原所在党组织应在他们中建立党小组或党支部(或临时党支部)。对外出时间在3个月以上的,应同时出具有关证明,委托所去地方或单位的党组织负责管理这些党员,原所在党组织应继续同他们保持联系。

四、外来经商党员较多的集贸市场,应在这部分党员中建立党支部或党小组。根据不同情况,这些党支部或党小组,可由乡镇、街道党组织领导,也可由当地工商管理部门党组织或个体劳动者协会党组织领导。

五、党员要求流动应向所在单位及其党组织提出申请,凡符合人员流动有关政策规定的,党组织应予以同意并及时为党员转移组织关系。所去单位尚未建立党组织的,应将党员组织关系转到所去单位上级主管部门的党组织,或转到所去单位所在地的街道、乡镇党组织。

六、县以上政府人事(劳动)部门所属的人才(劳动)流动服务机构的党组织,具备管理条件并经同级地方党委同意,可以接收在人员流动过程中尚未落实工作单位或因某些原因暂时无法转移组织关系的党员的组织关系，并根据不同情况，组织这些党员过组织生活，收缴党费。

七、在人员流动问题上，因单位与单位或单位与个人发生争议，而提交仲裁机构或有关主管部门进行仲裁的，有关单位党组织应根据仲裁结论确定是否办理转移党员组织关系手续。

八、党员擅自离职，党组织应给予批评教育；本人坚持不改的，可区别不同情况作必要的处理。涉及党籍处理的，应慎重对待。

九、在党员流动中，没有转来党员组织关系或没有出具党员证明信的，所去地方或单位的党组织，不得承认其党委身份和安排其参加党的组织生活。

十、凡是按照规定转来党员组织关系的，有关地方和单位党组织应予接纳，不应拒绝接收。

十一、本规定原则上适用于退伍军人、大中专毕业生中尚未落实工作单位的党员的组织关系管理。

关于共产党员交纳党费办法的规定

(中共中央组织部1994年2月18日印发)

共产党员按照党章规定向党组织交纳党费,是增强党的组织观念、履行党员义务的重要内容。根据工资制度改革后的工资收入情况,现将党员交纳党费的办法重新规定如下:

一、党员交纳党费的数额

1. 凡有工资收入的党员,每月以比较固定的经常性工资收入总额为基数(见附注),按以下比例交纳党费:

每月工资收入在400元(含400元)以下者,交纳月工资收入的0.5%。

每月工资收入在400元以上至600元(含600元)者,交纳月工资收入的1%。

每月工资收入在600元以上至800元(含800元)者,交纳月工资收入的1.5%。

每月工资收入在800元以上(税后)至1500元(含1500元)者,交纳月工资收入的2%。

每月工资收入在1500元以上(税后)者,交纳月工资收入的3%。

2. 在乡镇企业工作的农民党员,按其月工资收入参照第一条第1款规定的比例交纳党费。其他农民党员每月交纳党费2角。

3. 学生党员(包括没有工资收入的研究生党员),没有经济收入或依靠抚恤、救济为生的党员,每月交纳党费1角。

4. 城市和农村中从事个体工商经营的党员,每月按上季度缴纳个人所得税后平均月收入,参照第一条第1款规定的比例交纳党费。

二、生活确有困难的党员,由本人提出申请,经党支部委员会批准,可以少交或免交党费。

三、党员除按规定交纳党费外,本人自愿多交不限。党员自愿一次交纳党费1000元以上的,应全部上交中央。由所在党组织汇交中央组织部(附该党员的简要情况),中央组织部给本人出具收据。

四、党员应自觉地向所在党组织交纳党费。如有特殊情况不能亲自交纳或不能按月交纳时,经党支部委员会同意,可以委托其他党员代为交纳或预交、补交,预交、补交的时间一般不得超过6个月。

五、对不按规定交纳党费的党员,党组织应及时对其进行批评、教育。无正当理由连续6个月不交纳党费的,按自行脱党处理。

附注:

每月工资收入总额包括:

机关工作人员(不含工人):职务工资、级别工资、基础工资、工龄工资、津贴。

事业单位专业技术人员、管理人员:职务工资、等级工资、津贴(不包括政府特殊津贴)、奖金(指作为工资部分的奖金,不包括一次性重奖和年终一次性奖金,下同)。

机关、事业单位工人:岗位工资、等级工资、津贴、奖金。

企业人员:工资收入中固定部分(基本工资)和活的部分(各类津贴、奖金)。实行年薪制的人员按月平均收入计算。

中共中央组织部关于试行《流动党员活动证》制度的通知

(1994年12月19日)

随着改革开放和社会主义市场经济的不断发展,劳动力在产业间转移和地区间流动日趋广泛,外出务工经商和人才流动中的党员越来越多,流动的范围越来越广。近几年来,各地在流动党员管理方面作了有益的探索。中央组织部1994年1月下发了《关于加强党员流动中组织关系管理的暂行规定》。为了进一步改进和加强流动党员管理,根据党的十四届四中全会决定精神,本着有利于党员合理流动,有利于党组织管理,有利于党员发挥作用的原则,现就试行《流动党员活动证》制度,通知如下:

一、《流动党员活动证》的适用范围

《流动党员活动证》适用于短期外出(6个月以内),或长期外出但暂时无法转移组织关系的党员。

《流动党员活动证》是流动党员参加党的活动的凭证。党员可持证在外出所在地或单位党组织(基层党委、总支或支部,下同。)参加党的组织生活,交纳党费,但不享有表决权、选举权和被选举权。

二、《流动党员活动证》的制发

《流动党员活动证》由省、自治区、直辖市党委组织部按中央组织部制定的统一式样印制,印制点由省(自治区、直辖市)统一确定,并加强管理。《流动党员活动证》由基层党委加盖印章后登记发放,农村由乡镇党委发放,城市分别由机关党委(工委)、企事业单位党委和街道党委(工委)发放。《流动党员活动证》应妥善保管,不得私自涂改,不准将其用于使用范围以外的其它活动,如有遗失应及时向签发单位党组织报告。

三、《流动党员活动证》的使用

试行《流动党员活动证》制度的目的是加强流动党员的管理。党员原所在党组织和外出所在地党组织,要本着对党负责的态度,认真做好工作。

原所在党组织应做到:(1)对外出党员进行教育并提出要求,按规定登记发放《流动党员活动证》。(2)通过适当方式与党员继续保持联系,了解党员外出后的思想、工作情况,及时向外出党员通报党组织的重要情况。(3)党员返回后,认真查验《流动党员活动证》内记载的有关内容,详细了解党员外出期间的表现。党员外出后不按规定将《流动党员活动证》交外出所在地党组织,无正当理由连续6个月不参加党的组织生活,或不交纳党费,或不做党所分配的工作的,按党章有关规定办理。

外出所在地党组织应做到:(1)对持有《流动党员活动证》的外来党员,验证后及时接收并将其编入党支部、党小组,同时报上级党组织备案。不得借各种理由拒绝接收。(2)安排他们参加党的组织生活和其它党内活动,收缴党费,并分配他们做适当工作。(3)认真填写《流动党员活动证》内有关内容。

流动党员应做到:(1)外出前向所在党支部报告。(2)外出后及时将《流动党员活动证》交给外出所在地党组织,接受外出所在地党组织的教育管理。(3)外出期间按照党员标准严格要求自己,积极参加党的组织生活,按规定交纳党费,完成党组织交给的任务,发挥党员的先锋模范作用。(4)外出返回后,及时将《流动党员活动证》交党组织查验,如实向党组织汇报外出期间的情况。

各级党委要加强对试行《流动党员活动证》工作的领导,县(市)委要认真抓好落实。党委组织部门要严格执行有关规定,加强具体指导。在试行过程中,各地要及时研究解决流动党员管理中存在的问题,尽快建立起流动党员管理的正常秩序。

本制度自1995年7月1日起执行。有关事宜由中央组织部负责解释。

附:《流动党员活动证》式样。

流动党员活动证

中共中央组织部制

入 党 誓 词

我志愿加入中国共产党，拥护党的纲领，遵守党的章程，履行党员义务，执行党的决定，严守党的纪律，保守党的秘密，对党忠诚，积极工作，为共产主义奋斗终身，随时准备为党和人民牺牲一切，永不叛党。

党 员 义 务

(一)认真学习马克思列宁主义、毛泽东思想,学习建设有中国特色社会主义的理论和党的路线、方针、政策及决议,学习党的基本知识,学习科学、文化和业务知识,努力提高为人民服务的本领。

(二)贯彻执行党的基本路线和各项方针、政策,带头参加改革开放和社会主义现代化建设,带动群众为经济发展和社会进步艰苦奋斗,在生产、工作、学习和社会生活中起先锋模范作用。

(三)坚持党和人民的利益高于一切,个人利益服从党和人民的利益,吃苦在前,享受在后,克己奉公,多做贡献。

(四)自觉遵守党的纪律和国家的法律,严格保守党和国家的秘密,执行党的决定,服从组织分配,积极完成党的任务。

(五)维护党的团结和统一,对党忠诚老实,言行一致,坚持反对一切派别组织和小集团活动,反对阳奉阴违的两面派行为和一切阴谋诡计。

(六)切实开展批评和自我批评,勇于揭露和纠正工作中的缺点、错误,坚决同消极腐败现象作斗争。

(七)密切联系群众,向群众宣传党的主张,遇事同群众商量,及时向党反映群众的意见和要求,维护群众的正当利益。

(八)发扬社会主义新风尚,提倡共产主义道德,为了保护国家和人民的利益,在一切困难和危险的时刻挺身而出,英勇斗争,不怕牺牲。

党　员　权　利

（一）参加党的有关会议，阅读党的有关文件，接受党的教育和培训。

（二）在党的会议上和党报党刊上，参加关于党的政策问题的讨论。

（三）对党的工作提出建议和倡议。

（四）在党的会议上有根据地批评党的任何组织和任务党员，向党负责地揭发、检举党的任何组织和任何党员违法乱纪的事实，要求处分违法乱纪的党员，要求罢免或撤换不称职的干部。

（五）行使表决权、选举权，有被选举权。

（六）在党组织讨论决定对党员的党纪处分或作出鉴定时，本人有权参加和进行申辩，其他党员可以为他作证和辩护。

（七）对党的决议和政策如有不同意见，在坚决执行的前提下，可以声明保留，并且可以把自己的意见向党的上级组织直至中央提出。

（八）向党的上级组织直至中央提出请求、申诉和控告，并要求有关组织给以负责的答复。

<table>
<tr><td>姓名</td><td colspan="3"></td><td rowspan="5">照
片</td></tr>
<tr><td>性别</td><td></td><td>民族</td><td></td></tr>
<tr><td>出生年月</td><td colspan="3"></td></tr>
<tr><td>入党时间</td><td colspan="3"></td></tr>
<tr><td>正式或预备党员</td><td colspan="3"></td></tr>
<tr><td>职　务</td><td colspan="2"></td><td>文化程度</td><td></td></tr>
<tr><td>所在单位</td><td colspan="4"></td></tr>
<tr><td>身份证号码</td><td colspan="4"></td></tr>
<tr><td>基层党委盖章</td><td colspan="4">年　　月　　日签发</td></tr>
</table>

参加党的组织生活情况

外出时间		至
外出地支部名称		
参加党内活动情况记录		支部书记 签名盖章 年　月　日
		支部书记 签名盖章 年　月　日
		支部书记 签名盖章 年　月　日
		支部书记 签名盖章 年　月　日

交纳党费情况

时　间	基本工资额	交纳金额	经手人签章

流动地点(单位)变更情况

到达时间	离开时间	单位名称	支部书记签章

备　注　栏

查验情况

时间	查验记录	党组织 负责人签章

说　明

1.《流动党员活动证》自签发之日起有效期为3年,逾期无效。

2. 此证用钢笔或圆珠笔填写,不得私自涂改,不准将其用于使用范围以外的其它活动。

3. 此证应妥善保管,如有遗失应及时向签发单位党组织报告。党员返回后应及时将此证交签发单位党组织查验收存。

中国共产党党员权利保障条例(试行)

(中共中央1995年1月7日印发)

第一章　总　　则

第一条　为了发扬党内民主,健全党内生活,保障党员权利的正常行使和不受侵犯,根据《中国共产党章程》,特制定本条例。

第二条　党员享有的党章规定的各项权利必须受到尊重和保护,任何党员、党的任何一级组织都无权剥夺。

第三条　坚持民主集中制的原则,即民主基础上的集中和集中指导下的民主相结合,党内充分发扬民主,健全民主生活,加强组织性和纪律性。

第四条　坚持在党的纪律面前人人平等的原则,不允许任何党员享有特权。

第五条　坚持权利与义务相统一的原则,党员必须按党章的规定行使权利,并在宪法和法律的范围内活动,同时必须履行党章规定的义务,不得侵犯其他党员的权利。

第六条　坚持实事求是的原则,对侵犯党员权利行为的认定和惩处,必须以事实为根据,以党章和其他党内法规为准绳。

第七条　任何侵犯党员权利的行为,都应受到追究;情节严重的,必须受到党纪处分。

第二章　党员享有的各项权利

第八条　党员有权参加党小组会、支部大会、党员大会以及按其担任的党内职务和代表资格应当参加的有关会议。党员应积极参加党的有关会议,因故不能到会者,应履行请假手续。

党员有权阅读按规定可以阅读的各种党内文件。

党员有权根据党组织的计划提出接受培训的要求。党员接受培训要服从组织安排。

第九条　党员有权在党的会议上参加关于党的政策和理论问题的讨论,可以在党的会议上充分发表自己的意见。

党员有权在党报党刊上参加党的中央和地方组织组织的关于党的政策和理论问题的讨论。讨论中党员以个人名义投送稿件无须经过其所在党组织审阅或批准。

党员在讨论党的政策和理论问题的过程中,必须坚持党的基本路线,在思想上政治上同党中央保持一致。

第十条 党员有权以口头或书面方式对本单位、本地区、本部门党组织,上级党组织直至中央的各方面工作提出建议和倡议。

第十一条 党员有权在党的会议上有根据地批评党的任何组织和任何党员,也有权以写信的方式有根据地批评党的任何组织和任何党员,但该批评信件只能寄送被批评对象及其所在的党组织或上级党组织。

党员有权以口头或书面的方式向党的各级组织直至中央负责地揭发、检举党的任何组织和任何党员违法违纪的事实,有权要求处分违法违纪的党员。

党员有权要求党的组织罢免或撤换不称职的党员领导干部的职务。

党员在进行批评、揭发、检举时,必须实事求是,明确列举事实根据,不得夸大和歪曲事实,更不准捏造事实、诬告陷害;必须按组织原则办事,符合有关程序,不得随便扩散、传播。

第十二条 党组织讨论决定问题,要执行少数服从多数的原则。决定重要问题,应充分进行协商、酝酿,必要时进行表决。参加表决的党员有表示赞成、反对的权利,也可以弃权。

重要问题,主要是指:

(一)涉及党的路线、方针、政策的事项;

(二)重大工作任务的部署;

(三)按干部管理规定应该由集体讨论的干部的任免、调动和处理;

(四)涉及群众利益的重要问题;

(五)发展新党员;

(六)上级党组织规定应由党组织集体决定的其他问题。

每个正式党员都享有选举权和被选举权(正在受留党察看处分的党员除外)。选举人有了解候选人情况、要求改变候选人、不选任何一个候选人和另选他人的权利。

第十三条 在党的支部大会讨论决定对党员的党纪处分时,在党组织对党员作出鉴定时,本人均有权参加和进行申辩,其他党员可以为其作证和辩护。

申辩、作证和辩护必须实事求是。作伪证者应受到党纪追究。

第十四条 党员对党的决议和政策如有不同意见,在坚决执行的前提下,有权以口头或书面的方式向党组织声明保留,有权向党的上级组织直至中央提出。

第十五条 党员在政治、工作、学习等方面遇到重要问题,需要党组织帮助解决的,有权向各级党组织直至中央提出请求。

党员对于党组织给予本人或其他党员的处分、鉴定、审查结论或其他处理不服,有权逐级向党组织直至中央提出申诉。

党员的各项合法权益受到党组织或其他党员的侵害时,有权向上级党组织直至中央提出控告。

党员在请求、申诉和控告时,应有正当理由,实事求是。

第三章 对党员各项权利的保护

第十六条 党组织要创造条件,保障党员及时参加其应当参加的各种会议。会议的组织、召集人员或机构应在会前通知应到会的党员。党代表大会、党代表会议、党的委员会全体会议,以及党的其他重要会议之后,党组织应按有关规定和要求及时将会议内容和决议向党员传达。

党组织应给党员提供阅读党的文件的必要条件。党员因缺乏阅读能力或受其他条件限制无法直接阅读文件时,党组织应及时向党员宣读文件。

党组织要有计划地采取多种形式,经常对党员进行教育和培训。

第十七条 党组织要根据上级党组织的安排,组织和引导党员参加关于党的政策问题的讨论。党的中央或地方组织决定在会议上和党报党刊上讨论某方面问题时,应将讨论的时间、方式和内容,通过适当方式告知党员,以便党员参加讨论。

第十八条 党组织要支持和鼓励党员对党的工作提出建议和倡议。对党员提出的建议和倡议,党组织应认真研究,合理的应予采纳并告知提出建议和倡议的党员。对于改进党的工作有重要价值的,党组织应给予表扬或奖励。

第十九条 党组织要支持党员在党内开展批评和自我批评,支持党员同各种违法违纪行为和不正之风作斗争。党组织对于党员的批评、检举、控告和罢免要求,应及时受理,然后按照"分级负责、分工归口"的工作制度进行处理。对于署名的批评人、检举人和控告人,应进行回访或回函并告知处理结果。

要保护检举人和控告人。对检举人、控告人及检举、控告内容,应当保密。不准将检举控告材料转给被检举、被控告的组织和人员。严禁对批评人、检举人、控告人歧视、刁难、压制,严禁各种形式的打击报复。

对如实检举、控告或反映情况的,应予以支持、鼓励。对检举、控告不完全属实的,除对不属实的部分予以解释说明外,对属实的部分应予以处理。对检举、控告不实的,必须分清是错告还是诬告。如系错告,应说明情况,澄清是非;如属诬告,必须对诬告者追究责任,严肃处理。

第二十条 党组织在党的会议上按规定进行表决时,应根据不同情况,采取举手表决或投票表决的方式。要保护参加表决的党员享有平等的表决权,每一票具有同等效力。

党组织在按照规定进行选举时,要充分体现选举人的意志。候选人名单要经选举人充分酝酿讨论后确定。任何组织和个人不得以任何方式,强迫选举人选举或不选举某个人,不得阻挠有表决权或选举权的人到场,不得采用非组织活动拉选票破坏选举。

第二十一条 党组织对党员作出的处分决定和所依据的事实材料必须同本人见面,听取本人说明情况和申辩。对于党员的申辩及其他党员为之作的证明和辩护,有关党组织要认真听取,进一步核实,采纳其合理意见。不予采纳的,要向本人说明不予采纳的理由。对党员实事求是的申辩、作证和辩护,不得进行追究。

党组织对党员作出处分决定后,本人对处分决定要签署意见。如本人提出不同意见,有关党组织应写出书面说明,然后将处分决定、本人对处分决定的意见、党组织对其意见的书面说明一并上报审批。本人拒不签署意见的,有关党组织应在处分决定上注明。

第二十二条 党组织要善于倾听各种不同意见。对于持有不同意见的党员,只要他们坚决执行党的决议和政策,就不得对他们进行纪律追究。

第二十三条 党组织要认真处理党员的申诉。对于党员的申诉,应由作出或批准处分、鉴定、审查结论或其他处理的党组织进行复查或复议。上级党组织认为必要时,可以直接或指定有关党组织进行复查或复议。应按照全错全纠、部分错部分纠、不错不纠的原则,实事求是地处理。复查或复议的结果应告知申诉人。对于处理正确而本人拒不承认错误的,应批评教育;属于无理纠缠的,应正式通知本人不再受理,并在适当范围内公布。

对党员提出的请求,凡属合理而且能够解决的,党组织应认真及时地予以解决;对于要求合理,但一时解决不了的,要说明情况,并积极创造条件,争取早日解决;对于不合理的要求,要耐心解释,进行说服教育,做好思想工作。

第四章　对侵犯党员权利行为的惩处

第二十四条　对侵犯党员权利行为的处理是保障党员权利的重要环节。对于侵犯党员权利行为的处理方式，除党章规定的党纪处分种类外，还可以根据情节和后果，采取以下非党纪处分的处理方式：

（一）责令停止侵权行为；

（二）口头批评；

（三）责令赔礼道歉；

（四）责令作出检查；

（五）通报批评；

（六）党组织认为需要采取的其他方式。

上述非党纪处分的处理方式可以独立使用，也可以合并使用或与党纪处分合并使用。违反政纪的，由行政监察机关或所在单位处理；违法犯罪的，由司法机关依法处理。

第二十五条　侵犯党员权利，情节轻微的，按本条例第二十四条非党纪处分的处理方式处理。

第二十六条　侵犯党员权利，有下列行为之一，情节较重的或造成严重后果的，必须给予党纪处分：

（一）进行表决和选举时，故意不通知或阻挠有表决权或选举权的人到场；

（二）用非组织活动拉选票破坏选举，妨碍选举人自由行使选举权和被选举权；

（三）不允许党员本人申辩，不允许其他党员为犯错误党员作证和辩护；

（四）对其他党员实事求是的作证和辩护进行追究；

（五）将检举材料、控告材料私自扣压、销毁，或将其转给被检举人、被控告人；

（六）对批评人、检举人、控告人进行各种形式的打击报复；

（七）捏造事实，进行诬告陷害；

（八）其他严重侵犯党员权利的行为。

第二十七条　党组织有侵犯党员权利行为的，除对该组织按本条例第二十四条非党纪处分的处理方式或党章规定的处理方式进行处理外，还应追究该组织主要负责人的责任，情节严重或造成严重后果的，必须给予党纪处分。

第五章 程序和责任

第二十八条 党员权利受到党组织或党员侵犯时,可以向党的各级委员会、纪律检查委员会提出控告。党的各级委员会、纪律检查委员会要按照《中国共产党纪律检查机关控告申诉工作条例》所规定的程序和方法进行处理。

党的各级委员会、纪律检查委员会要严肃查处侵犯党员权利的案件。对于打击报复案件的定性,应经县和县级以上纪律检查委员会批准。

第二十九条 党员在党内所享有的各项权利受到党外各种组织或个人的侵害时,可以向各级党组织请求帮助和保护。党组织应采取措施,与党外有关组织或个人联系协商,提出建议,要求停止侵害,保障党员权利的正常行使。

第三十条 党员因党内权利受到侵犯而影响工作、生活或其他合法权益的,可以向各级党组织请求帮助。党组织在保护党员党内权利的同时,应采取措施,与有关部门联系协商,提出建议,维护其正常的工作、生活条件或其他合法权益。

第三十一条 保障党员权利是党的各级委员会、纪律检查委员会的重要职责,也是党的各级领导干部的重要职责。党组织在保护党员权利方面失职,必须追究该组织及其主要负责人的责任。

对于在保护党员权利方面失职的党组织,党员可以向该党组织的上级党组织提出控告,上级党组织应即受理。

第三十二条 党的各级委员会、纪律检查委员会负责本条例的实施、监督和检查。

第六章 附 则

第三十三条 省、自治区、直辖市党的委员会可根据本条例制定实施细则,并报中央备案。

第三十四条 本条例由中央纪律检查委员会商中央组织部进行解释。

第三十五条 本条例自颁布之日起施行。

党的组织制度

各级党委组织部门处理来信来访工作暂行条例

(中共中央组织部1980年3月3日印发)

第一章 总 则

第一条 处理来信来访,是党委组织部门的一项重要工作,是党组织联系群众、了解情况的一条渠道。做好这项工作,对于恢复和发扬党的优良传统和作风,从思想上、组织上加强党的建设和干部队伍的建设,发扬民主,调动一切积极因素,巩固和发展安定团结的政治局面,加速社会主义现代化建设,都具有重要意义。

第二条 处理来信来访,必须坚决贯彻执行党的路线、方针和政策,为四个现代化建设服务。对来信来访,要认真负责地、及时地作出恰当处理。反对漠不关心、置之不理的官僚主义态度。

第三条 处理来信来访,必须坚持实事求是的原则。一切从实际出发,坚持实践是检验真理的唯一标准,反对主观主义和形而上学。

第四条 处理来信来访,必须贯彻群众路线。实行专人负责和依靠群众相结合的方法,大家动手,层层负责,深入群众,认真调查研究。

第五条 党员和群众向党的各级组织揭发、反映问题,提出批评、建议或申诉自己的问题,是党章和宪法规定的民主权利,应当受到切实的保障。任何人不得私自扣压来信,不准以任何借口对来信来访人打击报复。严禁利用来信来访诬告陷害他人。

第二章 职责和范围

第六条 各级党委组织部门信访工作的职责是:根据党的路线、方针、政策和有关信访工作的指示,认真处理有关党的组织工作和干部工作方面的来信来访;及时向上级和领导反映来信来访的情况和问题;督促、检查和指导本系统的信访工作。

第七条 各级党委组织部门受理来信来访的范围是：

一、反映党的组织工作和干部工作的路线、方针、政策的贯彻执行情况和问题。

二、反映各级领导班子和干部队伍的建设以及老干部管理工作的情况和问题。

三、反映各级党组织的建设和党员管理教育的情况和问题。

四、党员、干部对政治历史问题的审查结论和处理不服的申诉。

五、反映对发展党员、预备党员转正、转办党员组织关系的意见和要求，对组织部门处理的有关党籍问题的申诉。

六、各级党委组织部门管理范围内的人事方面的申诉和要求。

七、对党的组织工作和干部工作的批评、建议、询问和其他需要组织部门处理的问题。

不属于组织部门受理范围的来信来访，应按照归口办理的原则，及时转请有关部门处理。其中如有需要组织部门协同办理的，要积极主动地予以协助。

第三章 原则和方法

第八条 对于来信来访反映的问题，要分别情况，妥善处理。凡属文化大革命中的冤假错案，要坚决地、认真地予以平反或纠正；对于文化大革命前的问题，要坚持历史唯物主义的观点，按照党的有关政策进行处理。凡要求合理，按政策能够解决的问题，要认真地、尽快地解决；要求虽然合理，但目前还解决不了的，要耐心地进行解释；要求过高或不合理的，要坚持原则，不能迁就，并做好思想教育工作。对揭发反映的重要问题，要查明情况，认真处理。对组织工作提出的批评、建议，应当认真研究。

第九条 各级党委组织部门对应由自己直接处理的来信来访，要认真负责地处理好，不能推拖，把矛盾上交。对于上级批示交办的案件，要及时办理。遇到阻力和困难，应向党委或上级组织部门报告，上级组织部门要积极协助解决。对于应该解决而顶着不办的要批评教育，拒不改正的要严肃处理。

第十条 各级党委组织部门要采取多种方法直接办案。对于重要案件和久拖不决的案件，应派人下去，会同有关部门，直接调查，就地解决问题。也可以请有关单位派人携卷上来，共同研究，统一认识，进行处理。

第十一条 县一级组织部门把来信来访处理好，是做好信访工作的基础。要采取有力措施，加强县一级组织部门的信访工作，力争把问题解决在基层。县一级组织部门应该做到多办少转。凡是需要转请有关部门或下级处理的，一定要督促检查。

第十二条 在调查处理信访案件时，要深入群众，认真调查研究，排除派性等各种干扰，广泛听取各方面的意见。作出的复查结论或处理决定，必须同本人见面，允许申辩。申诉人对复查结论、处理决定提出的正确、合理意见要采纳，不合理的意见，应进行说服教育。处理恰当，本人仍不同意的，可以根据事实予以结论，允许本人保留意见。处理的案件，要做到事实清楚，证据确凿，定性准确，处理恰当，手续完备，经得起历史的检验。

第十三条 对上级要报处理结果的案件，一般地应在三个月内作出回报，到期不能结案的，应当说明原因，并提出上报时间。上级组织部门对于逾期不报的，应当及时催办。结案报告应包括调查报告、处理意见，如属申诉个人问题，应有本人对复查处理的意见。向上级转报下级组织部门的结案报告，转报单位应当签署审查意见。上级组织部门认为处理不当或不符合结案要求的，可责成原承办单位或其上一级领导机关补报或重新处理。

第十四条 对待来访群众，应当热情接待。要认真耐心地听取他们的意见和要求，客观地分析、鉴别，防止偏听偏信，主观臆断。在问题未查清以前，不要轻易表态。要积极宣传党的政策，有针对性地做深入细致的政治思想工作。对上访人员中无理取闹、蓄意捣乱的，要按照有关规定，提请公安部门处理；对确有问题需要解决，但滋事取闹者，可一方面解决他需要解决的问题，另一方面根据情节轻重，进行批评教育或提请公安部门处理其违法行为。

第十五条 对于揭发控告党员、干部的来信来访，需要转办的，只可转到被告者的上级处理，严禁转到被告人手里。有些可视情况只转抄件，不转原件，或删去来信来访人的姓名。对于搞打击报复的，一定要追究责任，严肃处理，情节恶劣者，要给予党纪国法的制裁。

第十六条 要严格区分诬告和错告或检举失实的界限。对于捏造事实，挟嫌报复、有意诬告陷害他人的，要严肃处理；对于错告或检举失实的，应予指出或批评教育，但不应以诬陷论处。

第十七条 慎重处理对现实不满的信件。对于有不满情绪或错误言论的信件，不要轻易按反革命信件处理。一时分不清矛盾性质的，可以先按人民内部矛盾处理。确属反革命信件，要经领导批准后，方可转交公安部门处理。

第十八条 对于重复来信来访，要区别情况，予以处理。对于要求合理能够解决而长期得不到解决的，应直接调查处理，或责成有关部门限期处理；对于组织部门自己难以解决的，要主动与有关部门协商，共同解决；对于经过复查，处理正确，本人仍然不服的，要讲清道理，不再受理。

第十九条 对于因申诉人工作变动，长期无人受理的案件，原则上应由原单位复查,现所在单位积极予以协助。原单位已撤销的,应由现所在单位或所在地区县以上机关受理并负责复查,遇有困难,上级组织协助解决。其复查结论或处理决定,原来是由哪一级批准的,仍应经相应的机关批准。

第二十条 各级党委组织部门都要经常研究和掌握来信来访的动态和变化,不断注意新情况,发现新问题,加强综合研究,及时向领导和上级反映。对于带有普遍性而又没有政策规定的问题,要认真调查研究,提出切实可行的解决办法,及时向党委和上级组织部门报告。

第四章 组织领导

第二十一条 处理来信来访是一项经常性的政治任务。各级党委组织部门要切实加强对信访工作的领导。把信访工作列入议事日程,经常督促检查,并由部长或一名副部长分管这项工作。领导同志要亲自阅批重要来信,定期接待来访,直接审理重要案件。要形成制度,坚持下去。

第二十二条 信访机构和工作人员:中央组织部在办公厅下设信访处;各省、市、自治区党委组织部在办公室下设信访科(组);地(市)、县委组织部可根据实际情况配备专职干部。要选择那些党性强,没有派性,作风正派,办事公道,能联系群众,并有一定政策水平和业务能力的干部做信访工作。对信访干部要专职专用,不能随便抽调。

第二十三条 各级党委组织部门都要建立和健全信访登记、统计、转办、检查、催办、归档等制度,不断提高工作效率和质量。上级组织部门要经常派人调查了解下级组织部门信访工作的情况,总结交流经验,指导和推动信访工作。

第二十四条 各级领导要从政治上和生活上关心信访工作干部,支持他们的工作,帮助解决工作中的困难。要经常组织他们学习党的方针、政策,阅读必要的文件,参加必要的会议,作些调查研究,不断提高政策水平和业务能力。信访部门和信访干部要经常向领导请示汇报工作,主动取得领导的支持和指导。

第二十五条 组织部门的信访工作干部,应该做到:

一、认真学习马列主义、毛泽东思想,学习和执行党的路线、方针、政策,刻苦钻研业务。

二、坚持原则,刚直不阿,办事公道,不谋私利,不徇私情。

三、认真负责,耐心细致,不怕麻烦,热爱本职工作。

四、坚持实事求是和群众路线,深入调查研究,遇事同群众商量。

五、遵守党纪国法,保守党和国家机密,执行请示报告制度。

中共中央组织部
关于进一步健全县以上
领导干部生活会制度的通知

（1981 年 8 月 25 日）

自贯彻《关于党内政治生活的若干准则》以来，县以上领导干部参加组织生活的情况有了比较明显的好转。今年上半年，在学习贯彻中央工作会议精神的过程中，有 25 个省、市、自治区党委常委和 94 个中央、国家机关部、委、总局、人民团体党组召开了生活会。最近，北京市委常委、宁夏自治区党委常委和卫生部、粮食部党组，又召开了今年以来的第二次生活会。各省、市、自治区党委在抓好常委生活会的同时，还认真抓了地、县级党委（党组）生活会。通过生活会，对于端正路线，提高贯彻执行党的方针、政策的自觉性，发扬党内民主，加强集体领导，增强领导核心的团结，严格党的组织纪律，纠正不正之风，都起了较好的作用。当前存在的主要问题是：少数单位还没有按期召开生活会；有的开得一般化，走过场；有的不能开诚布公地交换意见，不能认真地开展批评与自我批评；有的把问题摆出来了，但解决得不好。这些都是需要认真改进的。

根据党的十一届六中全会精神，为了进一步健全党的民主生活，严格党的组织纪律，端正党风，使组织生活制度化，特作如下通知：

一、要进一步健全生活会制度。县级以上党委常委除了必须编入党的一个组织参加组织生活外，同时要坚持每半年开一次党委常委（党组）生活会，并要及时地向上级党委或组织部门报告生活会情况，开一次报一次。今年下半年要结合贯彻六中全会精神开一次生活会。

二、生活会要以认真检查贯彻执行党的路线、方针、政策、决议和《准则》的情况为主要内容。当前应以六中全会的精神为内容，统一思想，加强团结，振奋精神，搞好生产，把国民经济搞上去，把精神文明搞好。

三、要认真开展批评与自我批评。要从党和人民的利益出发，本着“团结——批评——团结”的精神，严于律己，各自多做自我批评。同志之间要敞开思想，推诚相见，认真地开展相互批评。互相帮助，互相支持，互相谅解，互相信任。提倡经常主动地谈心通气，交流思想。做到原则问题不含糊，小是小非要谅解。对待犯错误的同志要热情帮助,实事求是,和风细雨,以理服人。

四、各级党委应把健全组织生活作为加强和改善党的领导,恢复与发扬党的优良传统的一个重要问题来抓,列入党委工作的议事日程。要一级抓一级,每年至少抓两次,要形成制度,持之以恒。省、市、自治区党委要抓好地(州、市)委、省直机关和大专院校、大型厂矿企业、科研单位的领导干部生活会。地(州、市)委要抓好县一级单位领导干部生活会。各级党委的组织部门要在党委领导下把这项工作抓好,要认真进行检查,注意总结交流经验,及时地反映情况;对问题较多,自身难以解决的单位,上级要派人去帮助指导。各省、市、自治区党委组织部今后每年年底或下年初要把地、县级党委(党组)生活会的情况向中央组织部作一次综合报告。

党政机关信访工作暂行条例(草案)

(中共中央办公厅、国务院办公厅
1982年4月8日转发)

第一章 总 则

第一条 正确处理人民群众来信来访,是各级党委和政府的一项经常性的政治任务。做好这项工作,对于发扬社会主义民主,贯彻执行党和国家的方针政策,改进领导作风,密切党群关系,调动人民群众建设社会主义的积极性,推动我国社会主义现代化建设,巩固人民民主专政,都有着重大的意义。各级党委和政府必须把这件大事认真办好。

第二条 人民群众通过来信来访向各级党委和政府提出要求、建议、批评和揭发、控告、申诉,是宪法规定的民主权利,也是人民群众参与管理和监督国家各项工作、监督国家工作人员的一种方式。各级党委和政府要保障人民群众行使这项民主权利。

第三条 处理人民群众来信来访,要坚持实事求是的原则,按照党和国家的方针、政策、法律、法令,正确回答群众提出的问题,满足群众的正当要求。

第四条 处理人民群众来信来访,实行按地区、按系统分级分工,归口办理的工作责任制。

第二章 领导和机构

第五条 各级党委和政府要加强对信访工作的领导,经常研究和解决信访工作中的问题,要有一位负责同志主管信访工作。党委和政府的负责同志要经常阅处人民群众来信,定期接待来访群众。

第六条 各级党政机关,要按照方便群众、有利工作和机构精干的原则,建立健全信访工作机构。

党中央、国务院分别在它的办公厅设立信访局。

中央、国家机关各部委(局),一般在办公厅设立信访处;信访量少的,可配备一定数量的专职信访干部。

省、市、自治区党委和政府,可联合设立信访办公室(可以相当于省级机关的局),或分别在办公厅设立信访处。

地(市、州、盟)委和行署(政府),一般可联合设立信访办公室(可以相当于地级机关的局)。

县(市、旗)委和政府,一般可联合设立信访办公室。

地区级以上的党政机关所属各部门和相当县一级的企事业单位,根据实际情况,设立相应的信访工作机构,或配备专职信访干部。

县级以下的企事业单位和人民公社,可配备专职或兼职的信访干部,不另设机构。

第七条 各级党政机关的信访机构,都要配备一定数量的党性强,作风正派,有一定工作能力和身体健康的干部。

信访干部要相对稳定。

要从政治上、业务上、生活上关心信访干部。吸收他们参加必要的会议,阅读有关文件。

第八条 各级党政机关信访部门的基本任务是:

(一)受理本地区、本系统和上级领导机关交办的来信来访问题。

(二)定期综合研究人民群众来信来访的情况和问题,及时向有关党政领导机关反映,并提出解决问题的建议。

(三)向有关地区、部门和单位交办来信来访的问题,并有责任督促、检查,直到解决为止。

(四)协助党政领导机关检查本地区、本系统的信访工作,发现问题,解决问题,组织交流经验。

第三章 原则和方法

第九条 处理人民群众来信来访,要遵循下列原则:正确贯彻执行党的方针、政策;分工负责,归口办理;件件有着落、有结果。

(一)对于群众的合理要求,凡属能够解决的,要认真地给予解决;一时难以办到的,要讲清情况,耐心说服;对要求过高或不合理的,要认真做好思想教育工作。

(二)对于群众的申诉,要认真复查、核实,妥善解决;处理意见要同申诉人见面。

(三)对于群众的揭发和控告,要认真查明情况,严肃处理;处理结果要通知揭发、控告人。对确属利用来信来访诽谤诬告他人者,应根据具体情节,依法处理。

（四）对于人民群众的合理建议和正当批评，要热情欢迎，虚心采纳；有重要创议的，应给予表扬和鼓励。

第十条 对于涉及到几个部门、情况又比较复杂的信访问题，应由党委或政府负责同志组织有关单位联合办理。

中央、国家机关各部门所属的企事业单位，同当地党政机关处理意见不一致的信访问题，原则上由当地党委或政府出面主持，会商办理。

第十一条 严禁把人民群众揭发和控告的信件、材料，转交给被揭发、控告的单位或本人。对揭发、控告、申诉人进行打击报复的，要追究责任；情节严重的，应依法处理。

对人民群众来信来访提出的正当要求，采取官僚主义态度和顶着不办的，应给予批评教育；严重的，要给予党纪、政纪处分。

第十二条 对于上级领导机关和负责同志批办或要求查处结果的信访问题，承办单位一般应在三个月内上报处理结果；到期不能上报的，要主动说明情况。

第十三条 对于人民群众来信来访及处理过程中的有关材料、记录、文件等，要整理归档。要建立和健全保密制度。

第十四条 对于来访群众要进行正确行使民主权利的教育和法制教育，要求他们遵纪守法，如实反映情况，不得弄虚作假，不许诬陷他人，不准无理取闹。

对无理取闹，妨碍社会秩序和工作、生产秩序的上访人员，由公安部门依法处理。

第十五条 信访部门所需业务经费，列入行政预算，实报实销；所需粮食，由粮食部门解决。

第四章 加强县一级党委和政府的信访工作

第十六条 县一级党委和政府（包括相当县一级的单位），要就地解决来信来访中的问题。凡是县里能够解决的问题，都应当积极主动地就地予以解决。

第十七条 县委和政府要切实加强信访工作的领导。县委和政府及各部门的负责同志要亲自处理信访问题。

第十八条 县一级党委和政府要注意发挥基层组织处理信访问题的作用。教育党员、干部认真执行党的政策，改善工作作风，注意工作方法，正确处理人民内部矛盾，努力把问题解决在基层。

第十九条 上级机关要关心和支持县一级党政机关的工作。对于他们处理的问题,凡属正确的,应给予支持;上下意见不一致的,应积极协商,统一认识;处理不当的,应热情给予指导,按照党的政策,妥善解决。

第五章 信访工作人员守则

第二十条 处理人民群众来信来访,是信访工作人员的光荣职责。为了做好这项工作,所有信访工作人员必须做到:

(一)认真学习马克思列宁主义、毛泽东思想;学习党的方针、政策和科学文化知识;向群众学习,虚心接受群众的监督;不断提高思想水平,改善工作作风。

(二)模范地执行党和国家的方针、政策、法律、法令,实事求是,坚持原则,秉公办事,不徇私受贿,坚决抵制和反对不正之风。

(三)全心全意为人民服务,热情接待来访群众,认真处理人民来信,如实地反映他们的意见和要求,合理地解决他们的问题。对持有不正确意见和过高要求的上访人员,要敢于和善于做教育疏导工作。

(四)顾大局、识大体,主动、热情地搞好同有关单位和部门的团结,互相尊重,密切合作。

(五)严守党和国家机密,遵守纪律,不得扩散来信来访中反映的情况和问题。

第六章 附　　则

第二十一条 各级党委和政府可根据本条例,结合自己的实际情况制定工作细则。

机关档案工作条例

(中共中央办公厅、国务院办公厅
1983年4月28日印发)

第一章 总 则

第一条 根据中共中央、国务院有关档案工作的决定和指示,为加强各级党、政、军机关和人民团体(以下统称机关)档案的科学管理,更好地为机关工作服务,特制订本条例。

第二条 机关档案工作是机关工作的组成部分,是提高机关工作效率和工作质量的必要条件,是维护机关历史真实面貌的一项重要工作。

第三条 各机关在工作活动中形成的全部档案均由本机关档案部门集中统一管理。

第四条 机关档案部门的基本任务是:

(一)对本机关文书部门或业务部门文件材料的归档工作,进行指导和监督;

(二)负责管理本机关的全部档案,积极提供利用,为机关各项工作服务,并为党和国家积累档案史料;

(三)中央和地方专业主管机关的档案部门,应根据本专业的管理体制,负责对本系统和直属单位的档案工作进行指导、监督与检查。

第五条 机关档案部门必须贯彻执行党和国家的保密、保卫制度,确保档案和档案机密的安全。

第二章 机关档案工作体制、机构和干部

第六条 机关必须建立档案工作,成立相应的档案工作机构。不需要建立档案机构的机关,应配备专职或兼职的档案人员。机关档案部门受办公厅(室)领导。

第七条 各级机关档案部门的业务工作受同级和上级档案业务管理机关的指导、监督与检查。

对驻在地方的上级直属单位的档案工作,实行以专业主管机关为主、地方

档案管理机关为辅的管理体制。

第八条 各机关应为档案部门配备政治上可靠、具有高中或高中以上文化水平和一定专业知识、能够胜任工作的相应数量的干部。

第九条 档案干部要努力学习马克思列宁主义、毛泽东思想,坚持四项基本原则,认真执行党和国家的方针、政策,热爱档案事业,刻苦钻研业务,努力提高政治思想、科学文化和档案业务水平,以保证工作任务的顺利完成。

第十条 档案干部应相对稳定。对有业务职称的档案干部,在调离档案部门时,应征得授予职称的档案业务管理机关的同意。

第三章 档案的接收

第十一条 机关应建立、健全文件材料的归档制度。凡相关工作活动中形成的具有保存价值的文件材料(包括党、政、工、团以及人事、保卫、财会等工作中形成的文件材料),均由文书部门或业务部门进行整理、立卷,并定期向档案部门归档。机关领导人和承办人员办理完毕的文件材料应及时交有关部门整理、立卷。

第十二条 机关档案部门接收的档案,应符合下列要求:

(一)应归档的文件材料齐全、完整;

(二)文件和电报按其内容的联系,合并整理、立卷;

(三)归档的文件材料,保持它们之间的历史联系,区分保存价值,分类整理、立卷,案卷标题简明确切,便于保管和利用。

第十三条 机关文书部门或业务部门一般应在第二年上半年向档案部门移交档案,交接双方根据移交目录清点核对,并履行签字手续。

第四章 档案的管理和提供利用

第十四条 一个机关在工作活动中形成的全部档案,应在文书或业务部门立卷的基础上,按照一定的要求进行分类、加工整理和保管。

第十五条 机关档案部门应建立档案的统计制度,对档案的收进、移出、保管、利用等情况进行统计,并按照规定向档案业务管理机关报送档案工作基本情况统计表。

第十六条 机关档案部门应根据国家的有关规定,编制本机关或本专业系统的《档案材料保管期限表》,经机关领导人批准后执行,并报同级档案业务管理机关备案。

第十七条 机关应定期对已超过保管期限的档案进行鉴定。鉴定档案必须在机关办公厅(室)主任的主持下,由档案部门和有关业务部门组成鉴定小组共同进行。鉴定工作结束后,应提出工作报告,对确无保存价值的档案进行登记造册,经机关领导人批准后销毁。

第十八条 机关销毁档案,应指定两人负责监销,防止档案遗失和泄密。监销人要在销毁清册上签字。

第十九条 机关的档案库房应该坚固,并力求逐步做到有防盗、防火、防虫、防鼠、防潮、防尘、防高温等设施。要定期检查档案保管状况,对破损或变质的档案应及时修补、复制或作其他技术处理。

第二十条 机关档案部门应根据工作需要,编制必要的目录、卡片、索引等检索工具,编辑档案文件汇集和各种参考资料,积极主动地开展档案的利用工作,为机关各项工作服务,并注意掌握档案的利用效果。

第二十一条 机关档案部门应建立档案的借阅制度,根据档案的机密程度,确定不同的利用范围,规定不同的审批手续。

机关档案部门保管的档案,是现行档案,主要供本机关和上级主管机关使用,不属于开放范围。对外提供利用需经上级主管机关批准。

第二十二条 省级以上党、政领导机关的重要档案,根据需要和可能可多保存一套重份或复印件,以保证档案的安全和方便利用。

第二十三条 机关应根据需要和可能,采用先进技术设备,逐步实现档案管理的科学化、现代化。

第二十四条 档案保管人员调动工作时,应在离职前办好交接手续。

第五章 档案的移交

第二十五条 省级以上机关应将永久保存的档案在本机关保存二十年左右;省辖市(州、盟)和县级以下机关应将永久、长期保存的档案在本机关保存十年左右,连同案卷目录(一式三份)和有关的检索工具、参考资料,一并向有关的档案馆移交。一个机关的全部档案是不可分割的整体,应统一向一个档案馆移交。

第二十六条 机关撤销或合并必须将本机关的全部档案进行认真整理,妥善保管,不得分散,并按下列办法进行处理:

(一)撤销机关的档案,应向有关的档案馆进行移交或由有关主管机关代管;

(二)机关撤销的业务分别划归几个机关的,其档案材料不得分散,可由其中一个机关代管或向有关的档案馆移交;

(三)一个机关并入另一个机关或几个机关合并为一个新的机关,其档案材料应移交给合并后的机关代管或向有关的档案馆移交;

(四)一个机关内一部分业务或者一个部门划给另一个机关接收,其档案材料不得带入接收机关,如果接收机关需要利用,可以借阅或者复制;

(五)机关撤销或者合并时,没有处理完毕的文件材料,可以移交给新的机关继续处理,并作为新的机关的档案加以保存;

(六)一个机关改变了领导关系,在其工作活动中形成的全部档案仍属原来的全宗,实行集中统一管理。

第二十七条 各种临时工作机构撤销时,其档案应向有关的主管机关或档案馆移交。

第六章 附 则

第二十八条 机关可根据本条例规定的原则,结合本机关的具体情况,制定具体实施办法。

第二十九条 企业、事业单位的档案工作应参照本条例执行,其中科学技术档案工作应按《科学技术档案工作条例》办理。

第三十条 本条例自发布之日起施行。

关于中央文件
印发、阅读和管理的办法

（中共中央办公厅1985年6月10日印发）

为了更好地发挥中央文件的效用，又确保党的机密安全，特修订中央文件的印发级别、阅读范围和管理的办法，请按此执行。

一、《中共中央文件》和《中央办公厅文件》，一般分省军级和县团级（包括县团级以下）两个级别印发。有些属于专业性或特殊性的文件，只印发有关部门，供有关人员阅读。中央文件一般只发组织，不发个人，并由各级机要秘书部门指定专人保管。

二、发至省军级的中央文件，各省、自治区、直辖市可供省、自治区、直辖市党委常委、顾委常委、纪委正副书记，政府党员正副省长、市长、主席，人大党员正副主任，政协党员正副主席以上干部阅读；中央和国家机关各部委、各人民团体，可供部党组（党委）正副书记及成员、党员正副部长、顾问以上干部以及经中央或中央组织部批准按部长、副部长（省长、副省长）级待遇及其他相当职务的党员干部阅读。

现任地（市、州、盟）、厅局党委（党组）主要负责同志，可阅读有关的省军级中央文件。

三、发至县团级的中央文件，可供县（旗）委常委、纪委正副书记、政府党员正副县长、人大党员正副主任、政协党员正副主席和其他相当县、处级以上职务的党员干部阅读。

发至县团级注明可登党刊的中央文件，各省、自治区、直辖市党委可登党刊或印成小册子，发至基层党委或党支部，按照文件规定的阅读、传达范围办理。

四、属于专业性或特殊性的中央文件，根据文件内容和机密程度，采取两种形式办理：

（一）机密性大、要求阅读范围小的中央文件，发各省、自治区、直辖市党委三至五份，各大军区党委二至三份，中央和国家机关各部委、各人民团体党组一至二份。这类中央文件只供各受文单位的党委常委（党组成员）以上干部阅读。文件注明“发至省委、大军区党委”。

（二）属于专业性的文件，根据不同内容分别注明“发至省级有关部门”、

“发至地级有关部门”或“发至县级有关部门”。这类文件发每省五十份,由各省掌握分发;如份数不够,授权各省、自治区、直辖市自行翻印。中央和国家机关各部委、各人民团体所需份数由中央办公厅直接发给。

五、驻在地方,未担任上述领导职务或未按上述级别待遇的中央委员、候补中央委员、中央顾问委员会委员、中央纪律检查委员会委员以及党内的全国人大常务委员会委员、全国政协常务委员会委员由所在的省、自治区、直辖市党委办公厅负责组织阅读中央文件(包括省军、县团级)。

六、离退休干部可按原来的职务阅读相应级别的中央文件。文件不发个人,各单位可采取传阅、阅文室阅读、组织传达等多种办法解决老干部阅读文件问题。

七、党外人士阅读中央文件,除少数纯属党内问题的文件外,原则上可与担任同级职务的共产党员的阅读范围相同。在具体执行中,各级党委办公厅应注意征询并听取统战部门的意见。

八、军队系统阅读中央文件,请解放军总政治部参照上述规定,制订具体办法下达执行,并报中央办公厅备案。

九、发至省军级的中央文件,由中央办公厅根据各地、各部门申报的数字统一印发。发至县团级及县团级以下党组织的中央文件,仍按现行办法,由中央办公厅统一印发样本,各省、自治区、直辖市党委和总政治部按照样本自行翻印。印发份数应根据上述规定掌握,并一次性(不必每次)报中央办公厅备案。发至中央和国家机关各部委、各人民团体的中央文件,仍由中央办公厅统一印发。

十、县团和相当于县团级以上单位的党组织,均应建立机要文件阅览室。在一般情况下,有关干部应到机要阅文室阅读中央文件。如遇特殊情况需要携带中央文件外出时,必须经有关领导批准,并采取必要的保密措施。

十一、各级党委办公厅(室)应加强对中央文件的管理,严格执行规章制度和保密纪律,主管领导同志应定期检查文件的分发、阅读、保管和清退等情况,及时研究解决存在的问题。做到既充分发挥每份文件的作用,又严防失密、泄密现象的发生。今后各省、自治区、直辖市和中央各部委办公厅在每年第二季度要将上一年中央文件管理、清退等情况报中央办公厅。

十二、以前有关中央文件的印发、阅读和管理的办法,凡与本办法抵触的,均以本办法为准。

中共中央批转《中央组织部关于建立民主评议党员制度的意见》的通知

(1988年12月15日)

中央同意《中央组织部关于建立民主评议党员制度的意见》,现转发给你们,请结合本地区、本部门的具体情况组织实施。

建立民主评议党员制度,是从严治党,提高党员素质的一项重要措施,是通过制度建设加强对党员进行经常性教育、管理和监督的有效方法,对于在治理经济环境、整顿经济秩序、全面深化改革中充分发挥党的领导核心作用和党员的先锋模范作用,具有重要的意义。

民主评议党员制度要在试点的基础上逐步推行。基层党组织领导班子不健全的,首先要把领导班子整顿调整好。各级党委要加强领导,协调组织、宣传、纪检等部门的力量,共同把这项工作搞好。

中央组织部关于建立民主评议党员制度的意见

党的十三大提出了从严治党的任务,并要求党的建设走出一条不搞政治运动,而靠改革和制度建设的新路子。十三届三中全会强调在治理经济环境、整顿经济秩序、全面深化改革的关键时刻,尤其要发挥党的领导核心作用和党员的先锋模范作用。为了贯彻落实上述任务和要求,目前许多地方的党组织,在加强对党员领导干部实行民主监督的同时,开展了民主评议党员的活动,把教育、管理和监督党员融为一体,对于提高党员素质、发挥党员作用收到了很好的效果。我们建议,从今年年底开始,在试点的基础上,在全国城乡基层党组织中逐步建立和实行民主评议党员的制度。具体意见如下:

一、评议目的

通过对全体党员进行做新时期合格共产党员的教育,通过民主评议和组织考察,检查和评价每个党员在坚持党的基本路线的实践中,特别是在当前治理经济环境、整顿经济秩序、全面深化改革中发挥先锋模范作用的情况,表彰优秀党员,推动清除腐败分子和处置不合格党员的工作,提高党员素质,增强党组织的凝聚力和战斗力。

二、评议内容

在新的历史时期,共产党员应当忠诚于共产主义事业,坚定不移地执行党在社会主义初级阶段的基本路线,为建设有中国特色的社会主义而努力奋斗。按照这个总的要求,着重从以下五个方面对党员进行评议:

1. 是否具有坚定的共产主义信念,能否坚持四项基本原则,坚持改革开放,把实现现阶段的共同理想同脚踏实地地做好本职工作结合起来,全心全意为人民服务。

2. 是否坚决贯彻执行党在社会主义初级阶段的基本路线和各项方针、政策,在政治上同党中央保持一致,为推动生产力的发展和社会主义精神文明建设作出贡献。

3. 是否站在改革的前列,维护改革的大局,正确处理国家、集体、个人利益之间的关系,做到个人利益服从党和人民的利益,局部利益服从整体利益。

4. 是否切实地执行党的决议,严守党纪、政纪、国法,坚决做到令行禁止。

5. 是否密切联系群众,关心群众疾苦,艰苦奋斗,廉洁奉公,在个人利益同党和人民的利益发生矛盾时,自觉地牺牲个人利益。

各地、各部门要结合实际情况,确定评议党员的具体内容。党政机关和大中型企业评议党员干部,要把顾全大局、清正廉洁、严守法纪作为重要内容。

三、基本方法

民主评议党员工作,要在党委的领导下,以支部为单位有步骤地进行。方法要简便易行,时间要相对集中,不要拖得过长。

1. 学习教育。对党员普遍进行在新形势下坚持党员标准的教育。这项教育要同形势教育结合起来。学习内容以《中国共产党章程》、《关于党内政治生活的若干准则》、党的十三大报告的有关章节和十三届三中全会文件为主。学习方法可以多种多样,要讲求实效。

2. 自我评价。在学习讨论的基础上,对照党员标准,总结个人在思想、工作、学习等方面的情况,特别要检查对深化改革、保持廉洁、加强纪律的认识、态度和行动,肯定成绩,找出差距,明确努力方向。

3. 民主评议。一般应召开党小组会或党支部会,进行民主评议。评议中,要是非分明,敢于触及矛盾,认真地而不是敷衍地开展批评和自我批评。还要采取适当的方式,听取非党群众的意见。

4. 组织考察。支委会对党内外评议的意见,进行实事求是的分析、综合,形成组织意见，转告本人，并向支部大会报告。

5. 表彰和处理。对民主评议的好党员，由党组织通过口头或书面形式进行表扬。对模范作用突出的党员，可经过支部大会讨论通过，报上级党委批准，授予优秀共产党员的称号。对评议中揭露的违法乱纪等问题，要认真查明，严肃处理。经评议认为是不合格的党员，支委会应区别不同情况，提出妥善处置的意见，提交支部大会，按照民主集中制的原则进行表决。对党员进行组织处理，应当十分慎重，原则要坚持，方法要得当。对被劝退和除名的，党组织要做好思想工作。在他们出党以后，仍要继续关心和团结他们，在工作中继续发挥他们的作用。

四、加强领导

民主评议党员是对党员进行教育和加强监督的重要措施，也是扶持和发扬党内的积极因素，克服消极因素，消除腐败分子和妥善处置不合格党员的一种有效办法。各级党委要认真讨论研究，作出具体部署，加强调查研究，进行督促检查，及时指导，防止形式主义。基层党组织要事先了解党员的情况，做到心中有数，并做好必要的准备工作，避免仓促从事。今后，民主评议党员每年进行一次，形成制度。

中共中央关于坚持和完善中国共产党领导的多党合作和政治协商制度的意见

(1989 年 12 月 30 日)

中国共产党领导的多党合作和政治协商制度是我国一项基本政治制度。中国共产党和各民主党派团结合作,互相监督,共同致力于建设有中国特色的社会主义和统一祖国、振兴中华的伟大事业。我国实行的共产党领导、多党合作的政党体制是我国政治制度的特点和优点。它根本不同于西方资本主义国家的多党制或两党制,也有别于一些社会主义国家实行的一党制。它是马克思列宁主义同中国革命与建设相结合的一个创造,是符合中国国情的社会主义政党制度。坚持和完善这项制度,是我国政治体制改革的一项重要内容,对巩固扩大爱国统一战线,发扬社会主义民主,促进全国各族人民大团结,实现党和国家的总任务具有重要意义。

中国共产党领导的多党合作和政治协商制度是在长期革命与建设中形成和发展起来的。在民主革命时期,各民主党派同中国共产党长期合作,共同奋斗,为争取新民主主义革命胜利和建立中华人民共和国作出了重要贡献。新中国成立后,各民主党派参加了人民政权和人民政协的工作,为巩固人民民主专政,顺利实现社会主义改造和促进社会主义事业的发展,推进改革开放,进行社会主义现代化建设,发挥了重要作用。实践证明,各民主党派是同中国共产党长期风雨同舟、患难与共的亲密战友,是我国爱国统一战线的一支重要力量,也是维护我国安定团结、促进社会主义现代化建设和祖国统一的一支重要力量。中国共产党和各民主党派的共同任务,就是坚持社会主义初级阶段的基本路线,为把我国建设成为富强、民主、文明的社会主义现代化国家,为统一祖国、振兴中华而奋斗。

我国是人民民主专政的社会主义国家。中国共产党是社会主义事业的领导核心,是执政党。各民主党派是各自所联系的一部分社会主义劳动者和一部分拥护社会主义的爱国者的政治联盟,是接受中国共产党领导的,同中共通力合作、共同致力于社会主义事业的亲密友党,是参政党。我国的多党合作必须坚持中国共产党的领导,必须坚持四项基本原则,这是中国共产党同各民主党派合作的政治基础。中共对各民主党派的领导是政治领导,即政治原则、政治方向和重大方针政策的领导。中共各级党委都要加强和改善对民主党派的领导,进一步加强和发展同民主党派的合作,支持各民主党派为社会主义物质文明和精神文明建设服务,为推进"一国两制",实现祖国统一服务。

"长期共存、互相监督、肝胆相照、荣辱与共",是中国共产党同各民主党派合作的基本方针。中共处于执政党的地位,领导着拥有十一亿人口的国家政权,非常需要听到各种意见和批评,接受广大人民群众的监督。各民主党派是反映人民群众意见、发挥监督作用的一条重要渠道。充分发挥和加强民主党派参政和监督的作用,对于加强和改善共产党的领导,推进社会主义民主政治建设,保持国家长治久安,促进改革开放和现代化建设事业的发展,具有重要的意义。

民主党派参政的基本点是:参加国家政权,参与国家大政方针和国家领导人选的协商,参与国家事务的管理,参与国家方针、政策、法律、法规的制定执行。

发挥民主党派监督作用的总原则是:在四项基本原则的基础上,发扬民主,广开言路,鼓励和支持民主党派与无党派人士对党和国家的方针政策、各项工作提出意见、批评、建议,做到知无不言,言无不尽,并且勇于坚持正确的意见。

中国共产党和各民主党派都必须以宪法为根本活动准则,负有维护宪法尊严、保证宪法实施的职责。民主党派享有宪法规定的权利和义务范围内的政治自由、组织独立和法律地位平等。中共支持民主党派独立自主地处理自己内部事务,帮助他们改善工作条件,支持他们开展各项活动,维护本组织成员及其所联系群众的合法利益和合理要求。

中国共产党和各民主党派共同负有保卫国家安全、维护社会安定团结的责任,决不允许存在反对四项基本原则、危害国家政权的政治组织,一经发现,应依法取缔。

一、加强中国共产党和各民主党派之间的合作与协商

(1)中共同民主党派进行政治协商,是中国共产党领导的多党合作和政治协商制度的一项重要内容。总结建国以来行之有效的经验,主要采取以下几种协商形式:

中共中央主要领导人邀请各民主党派主要领导人和无党派的代表人士举行民主协商会,就中共中央将要提出的大政方针问题进行协商。这种会议一般每年举行一次。

中共中央主要领导人根据形势需要,不定期地邀请民主党派主要领导人和无党派的代表人士举行高层次、小范围的谈心活动,就共同关心的问题自由交谈、沟通思想、征求意见。

由中共召开民主党派、无党派人士座谈会,通报或交流重要情况,传达重要文件,听取民主党派、无党派人士提出的政策性建议或讨论某些专题。这种会议大体每两月举行一次。重大事件随时通报。有的座谈会亦可委托中共全国政协党组举行。

除会议协商以外,各民主党派和无党派人士可就国家大政方针和现代化建设中的重大问题向中共中央提出书面的政策性建议,也可约请中共中央负责人交谈。

上述各种协商形式,原则上也适用于中共地方党委和民主党派地方组织之间的协商活动。

(2)中共各级党委的负责人要同民主党派负责人保持联系,交知心朋友,交诤友,在政治上、思想上互相了解和帮助。中共党委有关部门要加强与民主党派的协作,积极支持他们开展工作。在有民主党派组织的基层单位,中共党组织应经常召开座谈会,认真听取民主党派的意见,发挥他们的作用。中共同民主党派在团结合作中也会出现矛盾,应当在四项基本原则的基础上,进行民主协商,按照"团结——批评——团结"的公式,求得正确解决。

(3)中共各级党委统战部负责协助党委同各民主党派保持密切联系,了解情况,协调关系,贯彻中共中央的方针政策,帮助民主党派解决工作中的实际问题。

二、进一步发挥民主党派成员、无党派人士在人民代表大会中的作用

(4)人民代表大会制度是我国的根本政治制度。人民代表大会是我国人民行使国家权力的机关,也是民主党派成员、无党派人士参政议政和发挥监督作用的重要机构。

民主党派成员、无党派人士中的人大代表在人大中以人民代表的身份,依照《宪法》及《全国人民代表大会组织法》、《全国人民代表大会议事规则》等法律进行活动。

(5)要保证民主党派成员、无党派人士在全国人大代表、人大常委会委员和人大常设专门委员会委员中占有适当比例,并可聘请有相应专长的民主党派成员、无党派人士担任专门委员会顾问。

在省、自治区、直辖市的人大中应保证民主党派成员、无党派人士占适当比例。

在市、州、县人大中应保证无党派人士占适当比例。在有民主党派组织的市、州、县应保证民主党派成员在人大中占适当比例。

(6)中共人大党组成员应与担任人大领导职务的民主党派和无党派人士经常交流情况,沟通思想,交换意见。

(7)人大、人大常委会在组织关于特定问题的调查委员会,人大各专门委员会在组织有关问题的调查研究时,吸收人大代表中的民主党派成员和无党派人士参加,并可聘请民主党派、无党派的专家。

三、举荐民主党派成员、无党派人士担任各级政府及司法机关的领导职务

(8)民主党派成员和无党派人士担任国家和政府的领导职务,是实现共产党领导的多党合作的一项重要内容。应采取切实措施,选配民主党派成员、无党派人士担任国务院及其有关部委和县以上地方政府及其有关部门的领导职务。

(9)选配民主党派成员和无党派人士担任政府领导职务,要坚持德才兼备原则和干部"四化"方针。考虑到目前的实际情况,对民主党派成员、无党派人士的年龄要求和任职资历可适当放宽。中共各级党委统战部门、组织部门和政府人事部门要对民主党派推荐的适合任职条件的人选,做好考察和培养工作。

(10)国务院和各级地方政府召开全体会议和有关会议讨论工作时,可视需要邀请有关民主党派和无党派人士列席。

政府及其有关部门可聘请民主党派成员和无党派人士兼职、任顾问或参加咨询机构,也可就某些专题,请民主党派进行调查研究,提出建议。政府有关部门可就专业性问题同民主党派对口协商,在决定某些重大政策措施前,组织有关民主党派座谈,征求意见。注意在政府参事室中适当安排民主党派成员和无党派人士,发挥他们的咨询作用。

(11)推举符合条件的民主党派成员和无党派人士担任检察、审判机关的领导职务。聘请一批符合条件和有专门知识的民主党派成员、无党派人士担任特约监察员、检察员、审计员和教育督导员等。

政府监察、审计、工商等部门组织的重大案件的调查,以及税收等检查,可吸收民主党派成员、无党派人士参加。

(12)民主党派要按照国家的政策规定,有计划地开展对台湾同胞、港澳同胞、海外侨胞和外籍华人的联谊工作,协助引进资金、技术和人才,发展经济往来,推进大陆与台湾、香港、澳门及海外的科技、文化、学术、体育交流。有关部门要积极给予协助和指导。

(13)民主党派开展经济、科技、教育、法律、医卫、文化等咨询及社会服务工作,要以服务为宗旨,注重社会效益。政府有关部门要创造必要的条件,积极支持民主党派为社会主义现代化建设和统一祖国事业多做贡献。

(14)在政府部门任职的共产党员和非共产党人士都是国家公务人员,必须严格遵守政纪、法纪,全心全意为人民服务。中共组织及中共党员尤其是领导干部,应当尊重非共产党人士的职权,同他们建立起良好的合作共事关系。

四、进一步发挥民主党派在人民政协中的作用

(15)人民政协是我国爱国统一战线组织,也是共产党领导的多党合作和政治协商的一种重要组织形式。人民政协应当成为各党派、各人民团体、各界代表人物团结合作、参政议政的重要场所。

人民政协要对国家大政方针、地方重要事务、政策法令的贯彻、群众生活和统一战线中的重大问题,加强政治协商和民主监督。政协全国委员会制定的《关于政治协商、民主监督的暂行规定》,应当认真贯彻执行。

(16)在政协的各种会议上,要切实保障政协委员提出批评的自由和发表不同意见的自由。

在政协会议上,民主党派可以本党派名义发言、提出提案。

(17)要保证民主党派和无党派人士在政协常委和政协领导成员中占有一定比例。政协各专门委员会要有民主党派和无党派人士参加,政协机关中应有一定数量的民主党派和无党派人士担任专职领导干部,并真正做到有职、有权、有责。政协机关要更好地为民主党派开展活动创造条件。注意安排民主党派和无党派人士参加有关的出国访问和国际活动。

(18)尊重民主党派和无党派政协委员的视察、举报及参与调查和检查活动的权利。对他们的提案和举报,有关部门应认真研究处理,及时答复。

(19)中共和政府有关部门应同政协及其有关专门委员会建立联系,发挥它们在决策咨询中的作用。

(20)政协要根据政协章程的规定,组织和推动政协委员在自愿的基础上学习马克思列宁主义、毛泽东思想,学习中国共产党和国家的方针政策,学习时事政治,以利于统一认识,增进共同政治基础上的团结合作。

五、支持民主党派加强自身建设

(21)为了坚持和不断完善中国共产党领导的多党合作和政治协商制度,民主党派需要加强思想建设和组织建设,首先是民主党派各级领导班子的建设。民主党派中央和省级组织的老一辈领导人,为国家作出了重要贡献,要继续发挥他们的影响和作用。同时,要积极培养一批拥护四项基本原则、拥护改革开放、有一定群众基础和组织领导能力的中青年,逐步充实到领导班子。中共各级党委和有关部门要协助各民主党派做好这项工作。

(22)各民主党派要注意提高成员的素质。吸收新成员要注意政治质量,德才并重。发展组织要坚持已协商确定的范围和对象,坚持以大中城市、有一定代表性的人士为主。各民主党派之间在发展组织上遇有交叉时,应在尊重本人自愿的基础上,由有关党派相互协商解决。

(23)民主党派应发扬自我教育的优良传统,对成员加强思想政治工作,深入进行坚持四项基本原则和反对资产阶级自由化的教育、爱国主义和社会主义的教育、国情教育以及民主党派同中共长期合作的优良传统的教育。

办好中央和省一级的社会主义学院,作为民主党派和无党派人士的联合党校。马克思列宁主义、毛泽东思想应列为社会主义学院的必修课。政府应从师资和经费上给予切实支持。

民主党派报刊要坚持四项基本原则,宣传国家的方针政策,并有自己的特色。

(24)民主党派需要采取有效措施加强机关建设,提高机关干部的政治素质和业务水平,并根据国家的干部政策、人事制度和有关规定,加强对机关干部任免、调动的管理。

关于县以上党和国家机关党员领导干部民主生活会的若干规定

(中共中央1990年5月25日印发)

第一条 为健全党内民主生活,加强党内监督,使县以上党和国家机关党员领导干部民主生活会制度化,依据《中国共产党章程》和《关于党内政治生活的若干准则》,制定本规定。

第二条 本规定所称县以上党和国家机关党员领导干部,是指县以上党的各级委员会、顾问委员会、纪律检查委员会的常务委员会委员,工作委员会、非党组织中的党组成员,以及县以上党和国家机关各部门的党员领导干部。

第三条 党员领导干部都要参加双重组织生活会,既参加所在支部、小组的组织生活会,又参加定期召开的党员领导干部的民主生活会。健全和坚持党员领导干部民主生活会制度,对于实现党的正确领导,保证党的路线、方针、政策和决议的正确贯彻执行,具有重要作用。要通过党员领导干部的民主生活会,加强党内监督和领导班子的思想、作风建设,提高依靠自身力量解决问题和矛盾的能力。

第四条 民主生活会的基本内容,主要是就以下问题进行检查、总结,统一认识,开展批评和自我批评:

(一)贯彻执行党的路线、方针、政策和决议的情况。

(二)加强领导班子自身建设,实行民主集中制的情况。

(三)艰苦奋斗,清正廉洁,遵纪守法的情况。

(四)坚持群众路线,改进领导作风,深入调查研究,密切联系群众的情况。

(五)其它重要问题。

第五条 民主生活会应遵循团结——批评和自我批评——团结的方针,充分发扬民主;开展积极的思想斗争,增强政治性和原则性。应围绕议题交流思想认识,总结经验教训,以与人为善的态度开展批评,达到统一思想、增强团结、互相监督、共同提高的目的。不得把民主生活会开成汇报工作或研究部署工作的会议。

第六条 县以上党和国家机关党员领导干部的民主生活会，每半年召开一次，根据实际需要，也可以随时召开。上半年的民主生活会应在七月底以前召开，下半年的民主生活会应在翌年的一月底以前召开。遇有特殊情况需要延期召开的，必须报经上级党组织同意。

会议日期和议题，须提前通知应到会人员，使其做好准备。

第七条 党员领导干部民主生活会的召开日期和议题，应提前十天报告上级党组织，以便上级党组织派人参加。上级党委负责人、党组成员或党员领导干部可适当参加下级单位的党员领导干部民主生活会，了解情况，进行指导。各级党委的组织部门要协助党委做好具体工作。

第八条 召开民主生活会要做好以下准备工作：

（一）根据本地区、本单位中心工作或领导班子中存在的主要问题，确定重点议题。

（二）领导成员之间互相谈心，沟通情况，交换意见。

（三）党委（党组）或委托纪委（纪检组）、组织部、机关党组织征求党内外群众的意见和建议，并于会前转告出席人员，或在会上通报。

第九条 民主生活会由党组织主要负责人或党和国家机关各部门党员主要负责人召集和主持。召集人或主持人要带头开展批评和自我批评，引导大家畅所欲言。

因故缺席的人员可以提交书面发言。书面发言在会上宣读并列入会议记录。会后，主持人或由主持人委托出席会议的其他同志将会议情况和批评意见转告缺席人。

第十条 党员领导干部民主生活会的列席人员，根据有关规定和会议内容确定。

列席民主生活会的人员可以发言，对领导班子及其成员提出批评或建议。

第十一条 民主生活会检查和反映出来的问题，应由本级党组织解决的，要积极制定改进措施，切实加以解决；需要上级党组织帮助解决的，应及时向上级党组织报告。属于违反党纪、政纪、国法的，应按干部管理权限，分别交党的纪律检查机关、国家监察机关或司法机关查处。

第十二条 在民主生活会上提出的重要问题，党组织没有及时研究解决和向上级党组织报告的，应追究民主生活会主持人或召集人的责任；造成严重后果的，按中央纪律检查委员会《党员领导干部犯严重官僚主义失职错误党纪处分暂行规定》处理。

第十三条 民主生活会后十五日内，要向上级纪委和党委组织部门报送会议情况报告和会议记录。报告的主要内容是开展批评和自我批评的情况、检查出来的主要问题及整改措施。

民主生活会中适于向下一级党组织或本机关通报的情况应予通报。对于群众普遍关心的问题的整改措施,视情况用适当方式公布,以便接受监督。

第十四条 建立上级党组织对下级单位党员领导干部民主生活会情况的通报制度。对于未经上级党组织同意而不按时召开民主生活会的单位的主要负责人,对于无故不参加民主生活会的党员领导干部,应给予批评教育。

第十五条 执行民主生活会制度,实行一级抓一级的责任制。中央主要负责检查督促省、部级党员领导干部民主生活会。县以上党的各级委员会执行本规定的情况,由上级党委和纪委负责检查、监督。县以上各级党和国家机关各部门的党员领导干部执行本规定的情况,由直属机关党组织负责检查、监督。本单位机关党组织负责党员领导干部民主生活会的管理工作。

县以上党和国家机关党员领导干部民主生活会的管理、指导工作,以党委的组织部门为主。各省、自治区、直辖市党委和中央直属机关工委、中央国家机关工委每年三月底以前,要将县以上党和国家机关党员领导干部执行本规定的情况向中央纪律检查委员会和中央组织部作一次综合报告。中央组织部负责综合后向中央报告。

第十六条 基层党组织领导干部的民主生活会制度,由各省、自治区、直辖市党委作出规定。

第十七条 中国人民解放军党组织的民主生活会制度,由中央军委参照本规定作出规定。

第十八条 本规定自发布之日起施行。

中国共产党党校工作暂行条例

（中共中央1995年9月6日印发）

第一章　总　　则

第一条　为逐步建立适应社会主义现代化建设事业发展要求的党校教育体系，根据《中国共产党章程》和党校工作的实际，制定本条例。

第二条　中国共产党的党校是在党委直接领导下培养党员领导干部和理论干部的学校，是党委的一个重要部门。

第三条　各级党委要把党校办成轮训和培训党员领导干部，培养党的理论队伍，学习、研究马克思列宁主义、毛泽东思想、邓小平同志建设有中国特色社会主义理论的重要阵地，成为干部增强党性锻炼的熔炉。

第四条　党校的教育方针是，以建设有中国特色社会主义理论和党的基本路线为指导，以研究社会主义现代化建设的实际问题为中心，坚持理论联系实际，培养忠诚于马克思主义、德才兼备的党员领导干部和理论人才。

第五条　党校的基本任务：

（一）轮训各级党员领导干部；

（二）培训中青年党员领导干部；

（三）培训意识形态部门的领导干部和理论骨干；

（四）协同组织人事部门，对学员在校期间进行考核考察；

（五）围绕国际国内出现的新情况、新问题，开展科学研究；

（六）宣传马克思列宁主义、毛泽东思想，宣传建设有中国特色社会主义理论和党的路线、方针、政策。

第六条　党校通过轮训和培训，提高学员五个方面的素质：

（一）具有履行职责所需要的马克思主义理论水平，牢固树立辩证唯物主义和历史唯物主义的世界观，能够运用马克思主义的立场、观点、方法分析和解决实际问题；

（二）自觉地、坚定地、全面地贯彻执行党的基本理论和基本路线，坚持走有中国特色的社会主义道路；

（三）坚持解放思想、实事求是的思想路线，注重调查研究，善于把党的方

针政策同本地区、本部门的实际相结合,有胜任本职工作所需要的基本知识和领导能力;

(四)坚持全心全意为人民服务的宗旨,密切联系群众,自觉接受党和人民群众的监督,艰苦奋斗,廉洁奉公,坚决同各种腐败现象、不正之风作斗争;

(五)坚持无产阶级党性,模范地执行民主集中制,维护中央权威,维护党的团结和统一,公道正派,善于团结同志,包括团结和自己意见不同的同志一道工作。

第七条 党校教职工必须忠诚于党的干部教育事业,在政治上和党中央保持一致,坚持实事求是,继承和发扬党的理论联系实际、密切联系群众、批评与自我批评的三大作风,用改革精神办好党校。

第二章 党校的设置和领导体制

第八条 中国共产党中央和地方各级委员会分别建立中央党校,省、自治区、直辖市委党校,地(市)委党校,县(市)委党校。

第九条 各级党委对党校的领导主要是:

(一)传达中央和上级党委的重要决定,指导党校坚持正确的办校方向和教育方针,并进行督促检查;

(二)制定各级领导干部进党校轮训、培训的政策;

(三)配备党校领导班子;

(四)协调党委和政府有关部门支持党校工作,为党校提供必备的办学条件,支持党校加强教师队伍建设。

第十条 党校校长由同级党委书记或副书记兼任,主持日常工作的副校长可按同级党委部门正职干部选配。

第十一条 各级党校的办学规模由同级党委根据轮训、培训领导干部和理论干部的实际需要确定。

第十二条 党校实行校务委员会(简称校委会)领导体制。校委会委员由同级党委任命。校委会在校长或主持日常工作的副校长主持下,全面领导党校工作。

第十三条 上级党委党校对下级党委党校进行业务指导:

(一)对下级党校执行中央有关党校工作的方针、政策的情况进行调查了解,提出意见和建议;

(二)与有关部门一起,对下级党校的班次、学制、课程设置、师资培训和科研工作进行研究和协调,帮助下级党校提高教学科研水平;

（三）中央党校和省、自治区、直辖市委党校按照有关规定，对下级党校的教材编写和学员的学历、学位及教研人员的专业技术职务评审工作，进行协调和指导。

第三章　班次、学制和学历

第十四条　党校的主体班次是进修班、培训班和理论班。

第十五条　各级党校根据干部轮训规划举办进修班，按照分工完成各级在职党员领导干部的轮训任务。

中央党校主要轮训省部级党员干部和地厅级正职党员干部。省部级干部进修班学制三个月；地厅级干部进修班学制五个月。

省、自治区、直辖市委党校主要轮训地厅级副职和县处级正职党员干部，地厅级干部进修班学制两个月；县处级干部进修班学制三个月。

地（市）委党校主要轮训县处级副职党员干部和部分乡（镇）科级正职党员干部，进修班学制一至两个月。县（市）委党校主要轮训部分乡（镇）科级党员干部和基层党支部书记，每期时间可根据同级党委干部教育规划要求确定。

第十六条　地（市）委以上党校应有计划地开设中青年党员干部培训班。中央党校和省、自治区、直辖市委党校培训班的学制一般一至二年。地（市）委党校培训班的学制一般三至六个月。

中央党校培训班主要培训地厅级中青年党员干部，同时吸收少量优秀的正县、处级党员干部参加。

省、自治区、直辖市委党校培训班主要培训县处级青年党员干部，同时吸收部分优秀的乡（镇）科级党员干部参加。

地（市）委党校培训班主要培训乡（镇）科级青年党员干部，同时吸收部分优秀的基层干部参加。

各级党校培训班还可从先进工作者、劳动模范中挑选年轻优秀的党员参加学习。

第十七条　中央党校和有条件的省、自治区、直辖市委党校开设理论班，培训意识形态部门的干部，学制一至二年。其中研究生班学制二年。

第十八条　党校学历是干部在党校学绩的一种标志。党校主体班次的学员，按教学计划要求完成学习任务，经考试考核合格者，取得党校学历，并作为担任一定领导职务的任职资格。

中央党校和省、自治区、直辖市委党校举办的学制二年以上的长期班次，学员学完必修课程，经考试考核合格者，授予党校学历，可享受国民教育相应学历的有关待遇。

第十九条 党校主体班次的学历,是任用干部的一个必备条件:

(一)各级党员领导干部必须按干部轮训规划到相应的党校学习,取得党校进修班结业证书;

(二)中青年党员干部在被提升或提名选举到上一级领导岗位前,应具有相应党校的培训班毕业学历。

第二十条 中央党校和具备条件的省、自治区、直辖市委党校,经国务院学位管理部门批准,可按《中华人民共和国学位条例》要求,招收攻读硕士、博士学位的研究生,并纳入国家学位管理体系。

第二十一条 中央党校和少数民族较多地区的省、自治区委党校,可开设相应的民族干部班次。

第二十二条 地(市)委以上党校受党委或政府的委托,可以举办领导干部和党内外专家参加的专题研究班,研讨社会主义现代化建设和党的建设的有关问题。

第二十三条 中央党校和省、自治区、直辖市委党校,可开办分校、分部,轮训和培训党员领导干部。

第二十四条 中央党校和有条件的省、自治区、直辖市委党校,在办好主体班次的前提下,可办以党员干部为主要对象、与党校职能相应的函授教育。党员学完必修课程,经考试考核合格者,授予党校函授教育学历。

第四章 教 学 工 作

第二十五条 教学是党校的中心工作,党校一切工作都要围绕教学工作进行,为提高教学质量服务。

第二十六条 党校教学要以马克思主义基本理论为主课,同时开设与社会主义现代化建设相关的其他课程。

第二十七条 课程设置要贯彻"学马列要精,要管用的"原则,根据教学目标的实际需要和学制的长短,作出不同的安排。学制长的培训班,开设以邓小平同志建设有中国特色社会主义理论为中心内容的马克思主义基本理论课、领导干部必备的业务知识课和现代科学文化知识课;学制短的进修班、研讨班,重点开设建设有中国特色社会主义理论课,同时开设若干专题讲座。

第二十八条 党性教育是党校的必修课。党性教育内容要有针对性,要把学习马克思主义基本理论同增强党性锻炼结合起来,把改造主观世界和改造客观世界结合起来。

第二十九条 党校教学改革的目标是，以建设有中国特色社会主义理论和党的基本路线为指导，建立能够体现党校教育方针的，面向现代化、面向世界、面向未来的党校教学体制，逐步形成以建设有中国特色社会主义理论为中心内容的教学体系。

第三十条 中央党校和省、自治区、直辖市委党校的主体班次，实行以自学为主、阅读马克思主义原著为主、注重研讨的教学方法。

第三十一条 同级党委主要负责人要到党校讲课，并和学员一起参加一些重大理论和实际问题的研讨。

党校教学要充分调动教员和学员两个方面的积极性，发挥教员和学员在理论与实践方面各自的优势，互教互学，教学相长。

第三十二条 党校要积极采取现代化教学手段，增强教学效果。

第五章　科学研究工作

第三十三条 科学研究是教学工作的基础。党校科学研究工作要全面贯彻党的基本路线，运用马克思主义的基本原理，围绕改革开放和现代化建设中的重大理论问题和实际问题，调查研究，总结经验，探求规律，提出对策，为提高教学质量服务，为社会实践服务，为党委和政府的决策服务。

第三十四条 中央党校“建设有中国特色社会主义理论研究中心”，要在党校系统的科研工作中发挥重要作用。要组织党校系统和社会各学科人才对马克思主义理论和重大实际问题进行研究。

第三十五条 党校科学研究工作要面向社会，与社会各学术单位、实际工作部门及国外学术界加强联系与协作，建立全方位开放的科研体制。

第三十六条 地（市）委以上党校要制定科学研究规划，建设一支政治坚定、素质优良、富有开拓精神的理论队伍，建立起党校系统的科研协作网络，并定期对优秀科研成果进行表彰奖励。

第三十七条 党校科学研究工作，要坚持党的基本理论和基本路线，正确贯彻“百花齐放，百家争鸣”的方针，鼓励解放思想，大胆探索，在研究新问题方面不断取得新的进展。

第三十八条 党校应加强科研信息情报工作，改进科研手段，提高科研工作水平。

第三十九条 党校要建立相应规模的图书馆（室）。中央党校和省、自治区、直辖市委党校图书馆要逐步办成多功能现代化的综合性文献资料中心。

第四十条 党校的理论刊物必须坚持正确的政治方向，综合体现党校教学与科学研究的成果,成为学习、研究和宣传马克思列宁主义、毛泽东思想、建设有中国特色社会主义理论的重要论坛。

第六章　党的组织和思想政治工作

第四十一条　党校的各级党组织要组织党员、干部学习马克思列宁主义、毛泽东思想,学习建设有中国特色社会主义理论,学习党的路线、方针、政策,并经常对党员和教职工进行思想政治教育。

第四十二条　党校建立机关党的组织。机关党组织负责党的组织建设、思想建设和作风建设,进行党内监督,充分发挥战斗堡垒作用和党员的先锋模范作用,保证教学、科学研究、行政后勤各项工作任务的完成。

第四十三条　党校各主体班次建立学员党支部,在校委会领导下,负责学员的思想政治工作。

第四十四条　党校主体班次设组织员或班主任,配合党支部负责学员的思想政治工作和考察管理工作。

第七章　队 伍 建 设

第四十五条　党校要建立一支与教学、科研和行政管理工作相适应的教研队伍、思想政治工作队伍和行政后勤队伍。

第四十六条　党校队伍建设的重点是提高教师队伍的素质。党校教师必须做到:

(一)有坚实的马克思主义理论基础、坚定的共产主义信念、坚强的无产阶级党性;

(二)有探索、研究建设有中国特色社会主义新问题的能力;

(三)胜任教学、科研工作,能够深入实际,调查研究,总结实践经验;

(四)虚心向群众学习,向学员学习,学风严谨,言传身教,教书育人,为人师表。

第四十七条　党校教师队伍应形成学科结构合理、老中青相结合的梯队。在发挥有经验的老教师的骨干作用的同时,重点培养中青年教师,同时可根据需要聘请一些党政领导干部和专家学者,担任党校的兼职教师,参加教学和科研活动。

第四十八条　党校教师要根据教学和科研工作需要,经常深入实际,参加实践活动,进行社会调查。省、自治区、直辖市和大城市以上党委和政府要为党校教师出国出境考察、进修和进行学术交流提供条件。

第四十九条 党校教研人员的专业技术职务评定工作，应按照有关规定，切实保证质量。中央党校和有条件的省、自治区、直辖市委党校可单独成立专业技术职务评审委员会，按照国家有关规定，负责党校专业技术职务评定工作。

第五十条 党校的人事和工资实行分类管理的办法。专业教研人员，实行专业技术职务聘任制和相应的工资制度。从事行政管理工作和党务工作部门的干部，参照实行国家公务员制度和公务员工资制度。

第八章　后勤和经费保障

第五十一条 后勤工作是教学与科学研究的重要保障。要逐步改善学员和工作人员的学习条件、工作条件和生活条件。要建立和健全后勤工作的各项规章制度，实行科学管理，提高工作效率和服务质量。

第五十二条 党校经费包括事业费和基本建设经费。党校事业费除一般行政经费外，还包括教学业务、科学研究、图书资料、教员进修调研和业务指导经费，由各级财政部门实行全额拨款；党校基本建设经费由各级计划部门安排。

第五十三条 党校可按照国家的有关法律和规定，分流一部分人员创办校办企业，并加强指导和管理。

第五十四条 学员在党校学习期间，其工资福利和其他待遇（包括工资调级）同在职时一样对待。学员在党校学习期间的生活补助费，按照原工作单位所在地区的有关规定执行。

第九章　附　　则

第五十五条 副省级城市的市委党校，按照有关副省级城市的规定，参照本条例精神执行。

第五十六条 政府行业管理部门、国有大型企业和其他基层单位的党校，结合各自的特点参照本条例的基本精神办理。

第五十七条 本条例自发布之日起施行。

中国共产党党内统计工作规定

(中共中央组织部1996年1月3日印发)

党内统计是党的组织工作中一项经常性的重要工作,也是一种特定形式的党内监督和调查研究工作。为了系统了解和及时掌握全国的党内基本状况、党员队伍和党组织增减变化情况,以及党内组织生活和执行党内法规等情况,为研究制定有关党的建设的方针政策和做好组织工作提供数字依据,更好地为研究和加强党的建设服务,特制定本规定。

第一条 党内统计工作在党委领导下,由组织部门统一部署,实行条块结合、分级负责的管理体制。上级党委组织部门对下级统计填报、汇总单位的党内统计工作负有监督和指导责任。

第二条 党内统计工作要做到:制表简明、适用、科学,统计准确、真实、完整,报送及时、安全、手续规范,分析依据充分、观点鲜明、有意见和建议。

第三条 党内统计报表由中央组织部制定和管理。省、自治区、直辖市党委组织部和其它省级统计汇总单位确因工作需要,可适当增加少量统计指标和专题调查表或另行制定基层用表,但应从严掌握,力求简明、易填,尽量减少基层负担,并报中央组织部备案。

第四条 党内统计根据需要设定年报表、半年报表、季报表、月报表或专题调查表、抽样调查表。

第五条 党内统计以党员的正式组织关系和党组织的隶属关系为依据。发展新党员、预备党员转正、党员和入党积极分子培训、民主评议党员以及党员出党和党员受纪律处分情况等,由负责发展、组织培训、评议或处理的单位统计。

第六条 党内统计报表的基层填报单位为农村乡(镇)和城市街道,以及各级独立的行政和企、事业单位的基层党组织。随着党内统计基层、基础工作的加强和先进技术手段的应用,逐步减少汇总层次,向县级直接统计过渡。

军队、武警部队的基层填报单位由其主管机关确定。

第七条 党员、党组织的现状和增减变化情况,党内组织生活、执行党内法规等情况,必须按有关要求和程序进行日常规范登记。各级填报和汇总单位要从各地实际情况和发展趋向出发,相应地建立和完善统计台帐、统计卡片、簿册或建立电子计算机统计基本信息数据库。及时掌握有关情况的最新状态,保证党内统计数据质量,提高工作实效。

第八条 各级党委组织部门必须保证党内统计报表上报时间的统一性和统计数据的真实性、完整性。党内统计报表的填报原则和统计口径等,以中央组织部编制的《中国共产党党内统计年报表统计指标编制说明》为准。各级填报单位在汇总上报前,必须对统计数据进行认真、细致、全面的技术审核和逻辑审核,防止和减少差错。对统计以及数据分析中的一些重要情况和问题,应附必要说明。

第九条 各级党委组织部门要不断研究改进统计方法和手段,缩短统计周期,防止和消除重、漏统计现象。建立、健全党内统计报表的布置、统计、审核、汇总、整理、分析、上报、立卷、管理等项工作制度。

要逐步采用电子计算机管理党员、党组织和其他与党内统计内容有关的基本信息,建立网络系统,实现党内统计手段现代化。

第十条 要加强对党内统计资料的综合整理和分析研究工作,充分发挥统计资料的作用。各级党内统计填报和汇总单位每年要集中一定时间和力量,研究统计数据,确定调研和分析题目,向党委和上级组织部门报送高质量的综合或专题分析报告。

第十一条 依照中央组织部关于中国共产党党内统计资料的提供、公布和密级管理问题的有关规定,加强对党内统计资料的利用和管理工作。

第十二条 县(市)和县(市)级以上党委组织部门,要明确专门机构并选配专(兼)职党内统计干部负责党内统计工作。选配的统计干部要党性强、严守机密、工作踏实、认真细致、具有中专以上学历,熟悉组织工作业务,有较强计算能力、文字能力和一定组织能力。统计干部要保持相对稳定,必须调动时,要先配后调、以老带新,做好交接工作。

要加强思想政治工作,有计划地培养训练统计干部,全面提高他们的政治和业务素质,支持和鼓励统计干部积极负责地开展工作,深入实际调查研究。切实关心他们的成长,充分发挥他们的作用。

第十三条 开展党内统计质量评优和表彰活动,激励党内统计干部坚持原则、实事求是和树立严谨认真的工作作风。统计工作中,要杜绝虚报、瞒报、随意填报或对数据作不负责任的技术处理的行为。对弄虚作假造成严重后果的,要严肃查处。

第十四条 各级党委组织部门要加强对党内统计工作的领导,及时研究、检查统计工作任务的完成情况和各项工作制度的执行情况,总结推广好的经验,指导解决带有倾向性的问题,不断提高党内统计工作水平。

第十五条 地方和有关部门党委(党组)要保证党内统计工作所必需的经费开支。

第十六条 本规定自颁布之日起实行,由中央组织部组织局负责解释。各地党委组织部门和有关政治机关可结合各自实际情况,研究制定具体的实施办法。

中国共产党机关公文处理条例

（经中共中央批准　中共中央办公厅
1996年5月3日印发）

第一章　总　　则

第一条　为适应中国共产党机关（以下简称党的机关）工作的需要，实现党的机关公文处理工作的科学化、制度化、规范化，制定本条例。

第二条　党的机关的公文，是党的机关实施领导、处理公务的具有特定效力和规范格式的文书，是传达贯彻党的路线、方针、政策，指导、布置和商洽工作，请示和答复问题，报告和交流情况的工具。

第三条　公文处理是包括公文拟制、办理、管理、立卷归档在内的一系列衔接有序的工作。

第四条　公文处理应当坚持实事求是、按照行文机关要求和公文处理规定进行的原则，做到准确、及时、安全、保密。

第五条　党的机关的办公厅（室）主管本机关的公文处理工作，并对下级机关的公文处理工作进行业务指导。

第六条　党的机关的办公厅（室）应当设立秘书部门或者配备秘书人员具体负责公文处理工作，并逐步改善办公手段，努力提高工作效率和质量。秘书人员应当具有较高的政治和业务素质，工作积极，作风严谨，遵守纪律，恪尽职守。

第二章　公 文 种 类

第七条　党的机关公文种类主要有：

（一）决议　用于经会议讨论通过的重要决策事项。

（二）决定　用于对重要事项作出决策和安排。

（三）指示　用于对下级机关布置工作，提出开展工作的原则和要求。

（四）意见　用于对重要问题提出见解和处理办法。

（五）通知　用于发布党内法规、任免干部、传达上级机关的指示、转发上级机关和不相隶属机关的公文、批转下级机关的公文、发布要求下级机关办理和有关单位共同执行或者周知的事项。

(六)通报　用于表彰先进、批评错误、传达重要精神、交流重要情况。

(七)公报　用于公开发布重要决定或者重大事件。

(八)报告　用于向上级机关汇报工作、反映情况、提出建议,答复上级机关的询问。

(九)请示　用于向上级机关请求指示、批准。

(十)批复　用于答复下级机关的请示。

(十一)条例　用于党的中央组织制定规范党组织的工作、活动和党员行为的规章制度。

(十二)规定　用于对特定范围内的工作和事务制定具有约束力的行为规范。

(十三)函　用于机关之间商洽工作、询问和答复问题,向无隶属关系的有关主管部门请求批准等。

(十四)会议纪要　用于记载会议主要精神和议定事项。

第三章　公文格式

第八条　党的机关公文由版头、份号、密级、紧急程度、发文字号、签发人、标题、主送机关、正文、附件、发文机关署名、成文日期、印章、印发传达范围、主题词、抄送机关、印制版记组成。

(一)版头　由发文机关全称或者规范化简称加“文件”二字或者加括号标明文种组成,用套红大字居中印在公文首页上部。联合行文,版头可以用主办机关名称,也可以并用联署机关名称。在民族自治地方,发文机关名称可以并用自治民族的文字和汉字印制。

(二)份号　公文印制份数的顺序号,标注于公文首页左上角。秘密公文应当标明份号。

(三)密级　公文的秘密等级,标注于份号下方。

(四)紧急程度　对公文送达和办理的时间要求。紧急文件应当分别标明“特急”、“加急”,紧急电报应当分别标明“特提”、“特急”、“加急”、“平急”。

(五)发文字号　由发文机关代字、发文年度和发文顺序号组成,标注于版头下方居中或者左下方。联合行文,一般只标明主办机关的发文字号。

(六)签发人　上报公文应当在发文字号右侧标注“签发人”,“签发人”后面标注签发人姓名。

(七)标题　由发文机关名称、公文主题和文种组成,位于发文字号下方。

(八)主送机关　主要受理公文的机关。主送机关名称应当用全称或者规范化简称或者同类型机关的统称,位于正文上方,顶格排印。

(九)正文　公文的主体,用来表达公文的内容,位于标题或者主送机关下方。

(十)附件　公文附件,应当置于主件之后,与主件装订在一起,并在正文之后、发文机关署名之前注明附件的名称。

(十一)发文机关署名　应当用全称或者规范化简称,位于正文的右下方。

(十二)成文日期　一般署会议通过或者领导人签发日期;联合行文,署最后签发机关领导人的签发日期;特殊情况署印发日期。成文日期应当写明年、月、日,位于发文机关署名右下方。决议、决定、条例、规定等不标明主送机关的公文,成文日期加括号标注于标题下方居中位置。

(十三)印章　除会议纪要和印制的有特定版头的普发性公文外,公文应当加盖发文机关印章。

(十四)印发传达范围　加括号标注于成文日期左下方。

(十五)主题词　按上级机关的要求和《公文主题词表》标注,位于抄送机关上方。

(十六)抄送机关　指除主送机关以外的其他需要告知公文内容的上级、下级和不相隶属机关。抄送机关名称标注于印制版记上方。

(十七)印制版记　由公文印发机关名称、印发日期和份数组成,位于公文末页下端。

第九条　公文的汉字从左至右横排;少数民族文字按其书写习惯排印。公文用纸幅面规格可采用16开型(长260毫米,宽184毫米),也可采用国际标准A4型(长297毫米,宽210毫米)。左侧装订。

第十条　党的机关公文版头的主要形式及适用范围:

(一)《中共××文件》　用于各级党委发布、传达贯彻党的方针、政策,作出重要工作部署,转发上级机关的文件,批转下级机关的重要报告、请示。

(二)《中国共产党××委员会(××)》　用于各级党委通知重要事项、任免干部、批复下级机关的请示,向上级机关报告、请示工作。

(三)《中共××办公厅(室)文件》、《中共××办公厅(室)(××)》　用于各级党委办公厅(室)根据授权,传达党委的指示,答复下级党委的请示,转发上级机关的文件,批转下级机关的报告、请示,发布有关事项,向上级机关报告、请示工作。

(四)《中共××部文件》、《中共××部(××)》　用于除办公厅(室)以外的党委各部门发布本部门职权范围内的事项,向上级机关报告、请示工作。

第四章 行文规则

第十一条 行文应当确有需要,注重实效,坚持少而精。可发可不发的公文不发,可长可短的公文要短。

第十二条 党的机关的行文关系,根据各自的隶属关系和职权范围确定。

(一)向上级机关行文,应当主送一个上级机关;如需其他相关的上级机关阅知,可以抄送。不得越级向上级机关行文,尤其不得越级请示问题;因特殊情况必须越级行文时,应当同时抄送被越过的上级机关。

(二)向下级机关的重要行文,应当同时抄送发文机关的直接上级机关。

(三)党委各部门在各自职权范围内可以向下级党委的相关部门行文。党委办公厅(室)根据党委授权,可以向下级党委行文;党委的其他部门,不得对下级党委发布指示性公文。部门之间对有关问题未经协商一致,不得各自向下行文。

(四)同级党的机关、党的机关与其他同级机关之间必要时可以联合行文。

(五)不相隶属机关之间一般用函行文。

第十三条 受双重领导的机关向上级机关行文,应当写明主送机关和抄送机关,由主送机关负责答复其请示事项。上级机关向受双重领导的下级机关行文,应当抄送其另一上级机关。

第十四条 向上级机关请示问题,应当一文一事,不应当在非请示公文中夹带请示事项。

请示事项涉及其他部门业务范围时,应当经过协商并取得一致意见后上报;经过协商未能取得一致意见时,应当在请示中写明。除特殊情况外,请示应当送上级机关的办公厅(室)按规定程序处理,不应直接送领导者个人。

党委各部门应当向本级党委请示问题。未经本级党委同意或授权,不得越过本级党委向上级党委主管部门请示重大问题。

第十五条 对不符合行文规则的上报公文,上级机关的秘书部门可退回下级呈报机关。

第五章 公文起草

第十六条 起草公文应当做到:

(一)符合党的路线、方针、政策和国家的法律、法规及上级机关的指示,完整、准确地体现发文机关的意图,并同现行有关公文相衔接。

（二）全面、准确地反映客观实际情况，提出的政策、措施切实可行。

（三）观点明确，条理清晰，内容充实，结构严谨，表述准确。

（四）开门见山，文字精练，用语准确，篇幅简短，文风端正。

（五）人名、地名、时间、数字、引文准确。公文中汉字和标点符号的用法符合国家发布的标准方案，计量单位和数字用法符合国家主管部门的规定。

（六）文种、格式使用正确。

（七）杜绝形式主义和繁琐哲学。

第十七条 起草重要公文应当由领导人亲自动手或亲自主持、指导，进行调查研究和充分论证，征求有关部门意见。

第六章 公文校核

第十八条 公文文稿送领导人审批之前，应当由办公厅（室）进行校核。公文校核的基本任务是协助机关领导人保证公文的质量。公文校核的内容是：

（一）报批程序是否符合规定；

（二）是否确需行文；

（三）内容是否符合党的路线、方针、政策和国家的法律、法规及上级机关的指示精神，是否完整、准确地体现发文机关的意图，并同现行有关公文相衔接；

（四）涉及有关部门业务的事项是否经过协调并取得一致意见；

（五）所提措施和办法是否切实可行；

（六）人名、地名、时间、数字、引文和文字表述、密级、印发传达范围、主题词是否准确、恰当，汉字、标点符号、计量单位、数字的用法及文种使用、公文格式是否符合本条例的规定。

第十九条 文稿如需作较大修改，应当与原起草部门协商或请其修改。

第二十条 已经领导人审批过的文稿，在印发之前应再作校核。校核的内容同第十八条（六）款。经校核如需作涉及内容的实质性修改，须报原审批领导人复审。

第七章 公文签发

第二十一条 公文须经本机关领导人审批签发。重要公文应当由机关主要领导人签发。联合发文，须经所有联署机关的领导人会签。党委办公厅（室）根据党委授权发布的公文，由被授权者签发或者按照有关规定签发。领导人签发公文，应当明确签署意见，并写上姓名和时间。若圈阅，则视为同意。

第八章　公文办理和传递

第二十二条　公文办理分为收文办理和发文办理。收文办理包括公文的签收、登记、拟办、请办、分发、传阅、承办和催办等程序。公文经起草、校核和领导审批签发后转入发文办理,发文办理包括公文的核发、登记、印制和分发等程序。

(一)签收　收到有关公文并以签字或盖章的方式给发文方以凭据。签收公文应当逐件清点,如发现问题,应当及时向发文机关查询,并采取相应的处理措施。急件应当注明签收的具体时间。

(二)登记　公文办理过程中就公文的特征和办理情况进行记载。登记应当将公文标题、密级、发文字号、发文机关、成文日期、主送机关、份数、收发文日期及办理情况逐项填写清楚。

(三)拟办　秘书部门对需要办理的公文提出办理意见,并提供必要的背景材料,送领导人批示。

(四)请办　办公厅(室)根据授权或有关规定将需要办理的公文注请主管领导人批示或者主管部门研办。对需要两个以上部门办理的,应当指明主办部门。

(五)分发　秘书部门根据有关规定或者领导人批示将公文分送有关领导人和部门。

(六)传阅　秘书部门根据领导人批示或者授权,按照一定的程序将公文送有关领导人阅知或者批示。办理公文传阅应当随时掌握公文去向,避免漏传、误传和延误。

(七)承办　主管部门对需要办理的公文进行办理。凡属承办部门职权范围内可以答复的事项,承办部门应当直接答复呈文机关;凡涉及其他部门业务范围的事项,承办部门应当主动与有关部门协商办理;凡须报请上级机关审批的事项,承办部门应当提出处理意见并代拟文稿,一并送请上级机关审批。

(八)催办　秘书部门对公文的承办情况进行督促检查。催办贯穿于公文处理的各个环节。对紧急或者重要公文应当及时催办,对一般公文应当定期催办,并随时或者定期向领导人反馈办理情况。

(九)核发　秘书部门在公文正式印发前,对公文的审批手续、文种、格式等进行复核,确定发文字号、分送单位和印制份数。

(十)印制　应当做到准确、及时、规范、安全、保密。秘密公文应当由机要印刷厂(或一般印刷厂的保密车间)印制。

第二十三条 公文处理过程中,应当使用符合存档要求的书写材料。需要送请领导人阅批的传真件,应当复制后办理。

第二十四条 秘密公文应当通过机要交通(或机要通信)传递、密电传输或者计算机网络加密传输,不得密电明传、明电密电混用。

第九章 公文管理

第二十五条 党的机关公文应当发给组织,由秘书部门统一管理,一般不发给个人。秘书部门应当切实做好公文的管理工作,既发挥公文效用,又有利于公文保密。

第二十六条 党的机关秘密公文的印发传达范围应当按照发文机关的要求执行,下级机关、不相隶属机关如需变更,须经发文机关批准。

第二十七条 公开发布党的机关公文,须经发文机关批准。经批准公开发布的公文,同发文机关正式印发的公文具有同等效力。

第二十八条 复制上级党的机关的秘密公文,须经发文机关批准或者授权。翻印件应当注明翻印机关名称、翻印日期和份数;复印件应当加盖复印机关戳记。复制的公文应当与正式印发的公文同样管理。

第二十九条 汇编上级党的机关的秘密公文,须经发文机关批准或者授权。公文汇编本的密级按照编入公文的最高密级标注并进行管理。

第三十条 绝密级公文应当由秘书部门指定专人管理,并采取严格的保密措施。

第三十一条 秘书部门应当按照规定对秘密公文进行清理、清退和销毁,并向主管机关报告公文管理情况。

销毁秘密公文,必须严格履行登记手续,经主管领导人批准后,由二人监销,保证不丢失、不漏销。个人不得擅自销毁公文。

第三十二条 机关合并时,全部公文应当随之合并管理。机关撤销时,需要归档的公文立卷后按照有关规定移交档案部门,其他公文按照有关规定登记销毁。工作人员调离工作岗位时,应当将本人保管、借用的公文按照有关规定移交、清退。

第十章 公文立卷归档

第三十三条 公文办理完毕后,秘书部门应当按照有关规定将公文的定稿、正本和有关材料收集齐全,进行立卷归档。个人不得保存应当归档的公文。

第三十四条 两个以上机关联合办理的公文,原件由主办机关立卷归档,相关机关保存复制件。机关领导人兼任其他机关职务的,在履行其所兼职务过程中形成的公文,由其兼职的机关立卷归档。

第十一章　公文保密

第三十五条　公文处理必须严格遵守《中华人民共和国保守国家秘密法》及有关保密法规,遵守党的保密纪律,确保党和国家秘密的安全。

凡泄露或出卖党和国家秘密公文的,依照有关法律、法规的规定进行处理。

第三十六条　党内秘密公文的密级按其内容及如泄露可能对党和国家利益造成危害的程度划分为"绝密、"机密"、"秘密"。不公开发表又未标注密级的公文,按内部公文管理。

第三十七条　发文机关在拟制公文时,应当根据公文的内容和工作需要,严格划分密与非密的界限;对于需要保密的公文,要准确标注其密级。公文密级的变更和解除由发文机关或其上级机关决定。

第十二章　附　则

第三十八条　本条例适用于中国共产党各级机关。

第三十九条　本条例由中共中央办公厅负责解释。

第四十条　本条例自发布之日起施行。

党的中央组织

中共中央办公厅关于中央直属机关领导体制问题的通知

（1979年8月17日）

中共中央办公厅和中共中央组织部关于中央直属机关建立部务会议和部长办公会议制度，实行集体领导，不再成立部党委，另在部内选举产生机关党委，管理本机关党的日常工作的报告，已经中央政治局常委批准，现转发给你们。请党中央各部委和各人民团体党组照此执行。

中共中央办公厅的报告（节选）

关于恢复中央直属机关党委统管中直系统党务工作的问题，中央组织部已提出，中央调查部也有此建议。我们意见，拟分两步进行：第一步，中央直属各部先选举产生机关党委；第二步，大体到今年下半年或明年上半年，在各部组成机关党委以后，再着手选举产生中央直属机关党委。

中共中央组织部的报告

我们研究了中央组织部机关党组织的设置问题，现将初步意见请示报告如下：

在文化大革命前，我部设立部务会议和部长办公会议制度，实行集体领导；在部内建立机关党委，管理本机关党的日常工作。

党的十一大以后，中央先后发了《中共中央关于国家机关、人民团体改设党组的通知》、《中共中央关于建立党组、党委的补充规定》，这两个文件里规定，党中央各部委应成立党委，由机关党代表大会或党员大会选举产生。各部委的党委和它的常委会是各部委实行集体领导的班子；同时负责管理本机关的常务工作。

根据文化大革命前后的实践,我们考虑中央组织部机关党组织的设置,还是恢复文化大革命前的形式为好。因为党中央各部委是中央的办事机构,它在中央直接领导下工作。中央组织部是协助中央管理全党干部工作和党的建设的主要业务部门,部的领导班子是由中央决定任命的,若再由本机关党员选举产生的党委来执行这样的任务是不适宜的。其次,让部党委纠缠于处理机关党的一些日常事务工作,也不利于部的领导集中精力考虑和研究重大问题,抓好大事。因此,我们提议:中央组织部建立部务会议制度,实行集体领导,必要时可召开部务扩大会议;同时建立部长办公会议制度,处理重大的日常工作。不再成立部党委。机关党的工作,拟建立机关党委管理。机关党委由本机关全体党员大会选举产生,设书记一人、副书记若干人,下设机关党委办公室,处理机关日常党务工作。

中共中央批转《中央组织部、中央直属机关党委、中央国家机关党委关于加强和改进中央党政机关党的工作的意见》的通知

（1988年2月13日）

中央同意《中央组织部、中央直属机关党委、中央国家机关党委关于加强和改进中央党政机关党的工作的意见》，现转发给你们。

为了适应改革开放的新形势，中央决定，将中共中央直属机关委员会和中共中央国家机关委员会分别改为中共中央直属机关工作委员会和中共中央国家机关工作委员会，作为中央派出机构，分别领导中央直属机关和中央国家机关党的工作。

我们党是执政的无产阶级政党，党政领导机关党的建设是整个党的建设中的一个重要组成部分。在当前的新形势下，机关党的工作必须加强和改善。各级机关党的组织主要任务是要按照十三大的精神，坚决贯彻执行党在社会主义初级阶段的基本路线和各项方针、政策，集中主要精力，切实搞好自身建设，加强党内监督和思想政治工作，为改革开放服务，保证党和政府各项工作任务的完成，努力开拓一条适应改革需要的机关党的工作的新路子。各级行政领导，要热情关心和支持机关党的工作。

中央党政机关各部门机关党委的机构设置、人员编制和干部配备问题，分别由有关主管部门会同中共中央直属机关工作委员会和中共中央国家机关工作委员会在机构改革中统筹解决。

各省、自治区、直辖市直属机关党组织的体制，各地可从有利于加强机关党的工作出发，根据实际情况来考虑，中央不作统一规定。

中央组织部、中央直属机关党委、中央国家机关党委关于加强和改进中央党政机关党的工作的意见

随着政治体制改革的不断深入,特别是实行党政分开,在政府各部门逐步撤销党组,推行行政首长负责制的情况下,中央直属机关和中央国家机关的党组织必须根据党的十三大精神,进一步明确自身的职能,转变不适应新形势的观念和工作方法,切实加强党的自身建设,认真做好党的工作。

多年来,中央、国家机关党的各级组织在思想、组织、作风建设等方面做了很多工作,发挥了一定的作用。但是,由于机关党组织在一些问题上职责不清,对机关党的建设的重要性认识不够,管了不少行政事务性的工作,因而自身建设比较薄弱,党组织的作用没有得到充分发挥。

本着改革的精神,遵照党政分开、党要管党、从严治党、提高效率、增强活力的原则,中央组织部、中央直属机关党委、中央国家机关党委就加强和改进中央直属机关和中央国家机关党的工作进行了研究,提出如下意见:

一、关于机关党组织的建制问题

在政治体制改革中,根据党政分开的原则,政府部门党组逐步撤销,机关党组织的工作将更为繁重。为了分清职责,理顺关系,减少环节,提高效率,加强机关党的自身建设,建议将中共中央直属机关委员会和中共中央国家机关委员会,分别改为中共中央直属机关工作委员会和中共中央国家机关工作委员会,作为中央派出机构,分别领导中直机关和国家机关党的工作。

两个工作委员会的主要职能是:提出中央、国家机关党的建设的规划,指导基层组织搞好党的思想建设、组织建设和作风建设,做好对党员的管理教育工作;负责审批各部门机关党委和纪委书记、副书记;指导各级党组织实施对党员特别是党员领导干部的监督,及时向中央反映部、委、办、局领导班子、领导干部的情况;执行中央交办的其他任务。今后凡是中央有关部门明文部署的工作,工委不再做重复布置,主要加强督促检查,充分发挥各部门机关党委工作的主动性和积极性。

工委的领导成员由中央任命。工委下设精干的工作机构。经与中央纪律检查委员会商定,中直机关和中央国家机关纪律检查工作,为适应工委的体制,将作相应的调整。中央直属机关纪律检查工作由中央直属机关工作委员会领

导，工委下设纪律检查办公室，承办具体工作；中央国家机关纪律检查委员会改为中央国家机关纪律检查工作委员会，受中央纪律检查委员会和中央国家机关工作委员会双重领导，领导中央国家机关各部门党的纪律检查工作。经与共青团中央商定，中央直属机关和中央国家机关团的工作分别受共青团中央和两个工委的双重领导，以工委领导为主。

中央直属机关和中央国家机关各部门设立机关党的委员会。委员会按照民主集中制的原则由所在机关全体党员或党员代表大会选举产生，分别接受中央直属机关工作委员会和中央国家机关工作委员会的领导，并对本单位全体党员负责。

中央直属机关和中央国家机关各部门所属的单位，应根据工作需要和党员人数多少，经上级党组织批准，分别设立党的委员会或机关党的委员会、总支部委员会、支部委员会。

二、机关党组织的主要任务

中央直属机关和中央国家机关各级党组织的主要任务是：

（一）组织党员认真学习、宣传和坚决执行党和国家的方针、政策，以党在社会主义初级阶段的基本路线统一全体党员特别是领导干部的思想和行动，排除僵化和自由化两种错误思想的干扰和影响，保证党的各项方针、政策的贯彻执行。

（二）从严治党，加强党的自身建设。抓好对党员的马克思主义基本理论教育和理想、纪律教育；有计划地培训专职、兼职党务工作干部和轮训党员；完善党内民主制度，严格组织生活，抓好基层建设；认真做好发展党员的工作；搞好党风，严格纪律，保持党组织的先进性。

（三）充分发挥党员的先锋模范作用，积极支持和协助行政领导保证完成部门的各项工作任务，关心并协助行政领导改善群众的物质文化生活。

（四）按照党章和《关于党内政治生活的若干准则》的规定，对党员特别是党员领导干部实行有效的监督。

（五）紧密结合改革、开放和部门业务工作的实际，配合行政领导做好职工的思想政治工作。

（六）协助行政领导管理机关党群组织的干部；配合人事部门对机关各级行政领导干部进行考核和民主评议；根据掌握的情况，对行政干部的任免提出意见或建议。

（七）结合部门的实际，配合行政领导做好统战工作。

（八）对本机关的群众组织实行领导，讨论研究他们的重大问题，支持他们独立负责地开展工作,鼓励他们围绕党和政府的中心工作积极开展适合各自特点的活动。

(九)承担上级党组织交办的任务。

三、关于党内监督问题

在改革、开放的条件下,特别是实行党政分开以后,机关党组织特别需要大力加强党内监督,并扎扎实实地做好监督的具体组织工作。

党内监督的目的,在于维护党章党规,保证广大党员贯彻执行党在社会主义初级阶段的基本路线。党内监督要严格执行党章、《关于党内政治生活的若干准则》以及中央纪律检查委员会《关于对党员干部加强党内纪律监督的若干规定》。中央直属机关和中央国家机关的党组织,应该对党员特别是党员领导干部在贯彻执行党的路线、方针和政策,遵纪守法,联系群众,反对以权谋私及其思想作风、工作表现和道德品质等方面进行监督,协助行政领导改进工作,提高效率,克服官僚主义,并把了解到的机关工作的缺点、问题通知行政负责人或报告党的上级组织。

机关党组织对党员特别是党员领导干部实施监督的具体做法:

第一,加强对党员领导干部民主生活会的管理。党组织主要做好五件事:(1)督促领导班子定期(半年一次)召开民主生活会;(2)会前收集党员群众对领导干部的意见,如实转告本人或在会上报告;(3)参加民主生活会;(4)督促党员领导干部根据党内外群众提出的主要意见,进行整改;(5)将领导干部执行民主生活会制度、开展批评与自我批评的情况和生活会上反映出的主要问题,如实地报告上级党的组织。政府部门党组撤销以后,党员领导干部民主生活会由担任行政主要领导职务的党员干部召集和主持。

第二,定期召开党员大会或干部会议,听取本部门党员行政负责人通报一个时期的主要工作情况,沟通领导干部与党员的联系。

第三,不担任部、委、办、局领导职务的党委书记或专职副书记列席部(局)的有关会议和其他重要会议,以便了解情况,更好地协助行政领导做好工作。

第四,机关党委对本部门干部的任免、调动和奖惩,有责任提出意见。

第五,纪律检查部门对党员违纪案件,要认真调查核实,耐心教育,严肃处理。对有打击报复行为者要严格执行纪律。

四、机关党的工作机构设置及干部配备

各机关党的委员会的组成,坚持精干、高效的原则。人数较多的委员会可设常委会。

机关党委委员和书记都应通过差额选举产生。机关党委书记应选举党性强、作风正,具备较高的思想、政策水平,较强的组织领导能力,并有一定的党务工作经验的同志担任。

经民主选举产生的各部门机关党委的书记、副书记,分别由中央直属机关工作委员会和中央国家机关工作委员会批准,任期内一般不要调动,因特殊情况必须调动时,应事先取得工委的同意。

各机关党委的组织设置、人员编制和干部配备另行规定。

按照党政分开的原则,目前机关党委承担的一些行政事务性工作,如机关保卫、保密、职工文化教育、精神文明建设协调、地区人大代表选举、植树造林、义务献血、计划生育等,分别交各部门的办公厅(室)、行政管理、人事、教育等职能机构办理,机关党委积极协助和配合,使机关党组织能够集中精力抓好党的工作和自身建设。

(**注**:对设置党组问题,党的十四大修改通过的党章重新作了规定。)

党的地方组织

关于党的地方各级代表大会若干具体问题的暂行规定

(中共中央组织部1985年2月1日印发)

党的代表大会制度是党的根本制度。健全党的地方各级代表大会制度,对加强党的建设,贯彻党的民主集中制,提高党的战斗力,促进四化建设,具有十分重要的意义。为了保证党的地方各级代表大会的工作顺利进行,根据中国共产党章程和中央有关指示,对于党的地方各级代表大会若干具体问题作如下规定。

一、代表名额及比例

省、自治区、直辖市党代表大会代表名额,一般为400至700人,党员和所辖党组织较少的300至400人,党员和所辖党组织较多的700至900人。

省辖市党代表大会代表名额,一般为200至400人,党员和所辖党组织较多的400至600人。

自治州党代表大会代表名额,一般为200至500人。

直辖市的区党代表大会代表名额,一般为200至400人。

县(旗、市)、自治县和省辖市的区党代表大会代表名额,一般为200至400人。党员和所辖党组织较多的500人左右。

代表的人选,应注意先进性和广泛性。要尽量减少与人代会代表的交叉。省、自治区、直辖市和自治州、省辖市、直辖市的区党代表大会的代表中,各级领导干部一般应占70%左右,各类专业技术人员一般应占20%左右,各条战线的先进模范人物一般应占8%左右。解放军、武警部队等代表一般应占2%左右。妇女代表一般不少于20%。少数民族代表所占比例,按照实际情况确定。年龄在50岁以下的代表一般不少于50%。县(旗、市)、自治县和省辖市的区党代表大会的代表中,各级领导干部一般应占60%左右,各类专业技术人员一般应占20%左右,各条战线的先进人物一般应占18%左右。解放军、武警部队等代表一般应占2%左右。妇女代表一般不少于20%。少数民族代表所占比例,按照实际情况确定。年龄在45岁以下的代表一般不少于50%。

党的地方各级代表大会的代表名额和代表分配以及各方面代表的比例，由同级党委参照本规定的限额，按党员人数和工作需要决定，并报上一级党的委员会批准。

二、代表的产生

党的地方各级代表大会的代表，由所辖党组织召开党代表大会或党员大会选举产生。党的县级以上委员会，在必要时也可召开代表会议，选举出席上级党的代表大会的代表。

上级党委派出的代表机关，不能召开党代表大会或代表会议。这些机关出席上级党代表大会的代表，可由所在直属机关党组织召开党代表大会或党员大会选举产生。

党组不能召开党代表大会或代表会议。这些单位及其直属企事业选举出席上级党代表大会的代表，可采取不同办法。有的参加直属机关党委召开的党代表大会；有的参加所在地方党委召开的党代表大会或代表会议；有的可以将代表名额直接分配到直属企事业，由企事业党委召开党代表大会或党员大会选举产生。

代表候选人名单，可由党组织或选举人提出，经过充分酝酿讨论，根据多数人的意见确定。丧失工作能力或生活自理能力的同志不要列入代表候选人名单。

党的地方各级代表大会或代表会议在选举出席上级党的代表大会代表时，代表候选人不限于各级党代表大会或代表会议的代表。

党的地方各级代表大会的代表出缺时，可由原选举单位补选。

三、代表资格的审查

审查代表资格的权力属于党代表大会。

党代表大会成立代表资格审查委员会，负责代表资格的审查工作。代表资格审查委员会的主任、副主任和委员人选，由上届党委提出建议名单，提交大会预备会议举手表决通过。

为了给代表大会审查代表资格作好准备，在代表大会召开以前，各级党委可责成有关部门，对代表进行初步审查，如发现代表的产生不符合规定手续或代表不符合代表资格的，应及时建议原选举单位撤换。原选举单位来不及或不同意撤换时，应提交代表大会代表资格审查委员会审议，并提出意见，交代表大会审查决定。对暂时查不清的，代表大会闭会后仍可责成有关部门继续审查，如确有问题、不够代表资格的，要作出取消代表资格的决定。撤销代表资格，要经原选举单位决定,并报上级党委批准。

代表资格审查委员会在听取有关部门对代表选举和代表资格初步审查情况后,进行正式审查,然后向大会报告,提请大会审查通过。

四、代表大会预备会议的任务

代表大会正式举行前,由上届党委主持召开大会预备会议。预备会议的主要任务:

1. 通过大会主席团和大会秘书长名单。
2. 通过代表资格审查委员会名单。
3. 通过代表大会议程。
4. 通过有关确认事项。

五、代表大会主席团的产生及其任务

代表大会设主席团。大会主席团由上届党委或各代表团提名,经代表酝酿讨论,确定候选人名单,提交大会预备会议举手表决通过。

大会设秘书长1人,大会主席团设常务委员若干人。秘书长、主席团常务委员,由上届党委提名。秘书长的产生,在大会预备会议上举手表决通过。主席团常务委员的产生,在大会秘书长主持的第一次主席团会议上举手表决通过。

大会执行主席分别由大会主席团成员轮流担任。

大会主席团必须贯彻民主集中制的原则。凡是有关会议的重大问题,都要经过主席团全体会议讨论决定。它的主要任务:

1. 按照大会议程主持会议。
2. 组织大会的报告和讨论。
3. 主持大会的选举工作。
4. 组织讨论通过大会的决议。

六、党的委员会委员、候补委员名额

省、自治区、直辖市党委委员和候补委员名额,一般为60人左右,党员和所辖党组织较少的50人左右,党员和所辖党组织较多的80人左右。

自治州党委委员、候补委员名额,一般为20至30人,党员和所辖党组织较多的40人左右。

省辖市党委委员、候补委员名额,一般为40人左右,党员和所辖党组织较少的30人左右,党员和所辖党组织较多的50人左右。

直辖市的区党委委员和候补委员,一般为20至40人。

县(旗、市)、自治县党委委员和候补委员名额,一般为20至30人,党员和所辖党组织较多的40人左右。

省辖市的区党委委员和候补委员，一般为20至30人。

省、自治区、直辖市党委的候补委员一般占委员和候补委员总数的20%左右；州、市、县、省辖市的区党委的候补委员一般占委员和候补委员总数的15%左右。

委员、候补委员的安排，要注意年龄、知识、专业结构。应注意有熟悉经济、文教、科技等各方面的人参加；要有一定数量的女同志。自治区、自治州、自治县党委委员和候补委员中，少数民族要占适当比例。

党的地方各级委员会的委员和候补委员的名额，分别由党的地方各级委员会参照本规定的限额提出意见，报上一级党委决定。

七、顾问委员会委员名额

省、自治区、直辖市顾问委员会委员名额，一般为40人左右，党员和所辖党组织较少的30人左右，党员和所辖党组织较多的50人左右。

中央规定设顾问委员会的省辖市顾问委员会委员名额20至30人。

八、纪律检查委员会委员名额

省、自治区、直辖市纪律检查委员会委员名额，一般为35人左右，党员和所辖党组织较少的20人左右，党员和所辖党组织较多的50人左右。

自治州、省辖市和直辖市的区纪律检查委员会委员名额，一般为15至30人。

县（旗、市）、自治县、省辖市的区纪律检查委员会委员名额，一般为10至15人。

九、党的委员会委员、候补委员、顾问委员会委员、纪律检查委员会委员的产生

党的委员会委员、候补委员、顾问委员会委员、纪律检查委员会委员候选人，由上届党委或由代表团提名，经代表酝酿讨论，大会主席团集中多数代表的意见确定，提交大会选举产生。

候选人不限于本届代表大会的代表。

党的委员会委员出缺时，由候补委员按得票多少依次递补，经同级党委全会讨论通过，并报上级党委备案。

十、党的委员会常委、书记、副书记名额

省、自治区、直辖市党委常委，一般为11人，党员和所辖党组织较少的9人，党员和所辖党组织较多的13人，个别省、市不超过15人。书记1人；副书记一般为4人，党员和所辖党组织较少的3人，党员和所辖党组织较多的5人。

自治州党委常委,一般为7至11人。书记1人,副书记2至3人。

省辖市党委常委,一般为7至11人,党员和所辖党组织较多的13人。书记1人,副书记2至4人。

直辖市的区党委常委,一般为7至11人。书记1人,副书记2至3人。

县(旗、市)、自治县、省辖市的区委常委,一般为7至9人,党员和所辖党组织较多的11人。书记1人,副书记2至3人。

十一、顾问委员会常委、主任、副主任名额

省、自治区、直辖市顾问委员会常委,一般9至15人。主任1人,副主任2至3人。

中央规定设顾问委员会的省辖市顾问委员会常委,一般为7至11人。主任1人,副主任1至2人。

十二、纪律检查委员会常委、书记、副书记名额

省和自治区、直辖市纪律检查委员会常委,一般为7至9人。书记1人,副书记2至3人。

省辖市、自治州、直辖市的区、县(旗、市)、自治县和省辖市的区纪律检查委员会常委,一般为5至7人。书记1人,副书记1至2人。

十三、党的委员会常委、书记、副书记,顾问委员会常委、主任、副主任,纪律检查委员会常委、书记、副书记的产生

党的委员会常委、书记、副书记,顾问委员会常委、主任、副主任,纪律检查委员会常委、书记、副书记,分别由党的委员会全体会议、顾问委员会全体会议、纪律检查委员会全体会议选举产生。

党的委员会、顾问委员会、纪律检查委员会的第一次全体会议,由代表大会主席团各委托一位委员主持。

十四、选举办法

代表、党的委员会委员和候补委员、顾问委员会委员、纪律检查委员会委员,采取无记名投票方式选举产生。选举的具体形式有两种:一是采用预选办法。大会主席团根据上届党委或代表团的意见,提出与应选人数相等的候选人参考名单,提交各代表团酝酿讨论。主席团根据多数人的意见确定预选候选人名单,提交大会进行预选。主席团常委会根据预选结果提出正式候选人名单,经主席团审议提交各代表团讨论通过后,进行大会正式选举。二是采用候选人数多于应选人数的办法进行选举。选举时,提出的候选人数,一般应多于应选人数的20%左右。

选举要充分体现选举人的意志。对候选人的基本情况,要向选举人进行介绍。对选举人提出的各种质询,要作出负责的答复。

候选人名单按姓氏笔划为序排列。

党委的正式委员候选人落选,列入候补委员候选人选举。

党的委员会常委、书记、副书记,顾问委员会常委、主任、副主任,纪律检查委员会常委、书记、副书记的选举,由上届党委提出候选人名单,分别经党的委员会全体会议、顾问委员会全体会议、纪律检查委员会全体会议酝酿讨论后,进行选举。

选举所收回的票数,等于或少于投票人数的选举有效;多于投票人数的选举无效,应重新选举。

每一选票所选的人数,等于或少于规定应选人数的有效;多于规定应选人数的作废。

大会设总监票人、监票人,在大会主席团领导下,对选举全过程进行监督。监票人数由大会主席团确定,监票人由各代表团推选。总监票人由主席团确定,由大会通过。

计票工作人员由大会秘书处指定,在监票人领导下进行工作。

投票结束后,由监票人、计票人将投票人数和票数加以核对,作出记录,并由监票人签字。

选举结果,当选人得票必须超过到会选举人数的半数。如果得票超过半数的候选人多于应选名额时,则以得票多少为序,至取足应选名额人数为止。如遇票数相等不能确定候选人中谁当选时,应当就票数相等的候选人,重新投票。得票超过半数的候选人少于应选名额时,不足的名额可以重新选举产生。得票超过半数的候选人,接近应选名额,经大会主席团酝酿,并征得代表同意,也可不再进行选举。

当选的代表、党的委员会委员、顾问委员会委员、纪律检查委员会委员,分别按姓氏笔划为序排列;党的委员会候补委员按得票多少为序排列,得票相等的按姓氏笔划为序排列;党的委员会常委、书记、副书记,顾问委员会常委、主任、副主任,纪律检查委员会常委、书记、副书记,分别按上级党委批准的排列名次排列。

十五、报批手续

党的地方各级委员会都要按照党章规定按期召开党代表大会。在特殊情况下,需要提前或延期举行的,必须经上一级党委批准。

党的地方各级委员会在召开代表大会以前,应将党代表大会召开时间、代表名额、选举办法,下届党的委员会、顾问委员会、纪律检查委员会和常委会的名额,报上级党委批准;委员、候补委员、常委、书记、副书记、主任、副主任的候选人预备名单,经上级党委原则同意后,方可召开代表大会。候选人预备名单是对选举结果的一种希望,它在最后是否有效,要由选举的结果决定。选举结果,委员、候补委员报上级党委备案。常委、书记、副书记、主任、副主任,报上级党委批准。

十六、对破坏选举者的制裁

为了保证党员或代表的选举权和被选举权,在进行选举过程中,绝不允许搞派别活动和非组织活动,绝不允许虚报选票数、追查选票,绝不允许进行压制、报复等行为。如果发生违反党章的情况,应及时严肃处理。对有破坏选举行为的人,要给予批评教育或党纪处分。

(**注:**党的十四大决定,从十四大起,不再设立中央顾问委员会和各省、自治区、直辖市顾问委员会,并从党章中删去了有关顾问委员会的条文。党的十四大以后,本规定及其他有关规定中涉及顾问委员会的条文自然失效。)

关于党的省、自治区、直辖市代表大会实行差额选举的暂行办法

（中共中央组织部1988年3月26日印发）

一、党的省、自治区、直辖市代表大会的代表，委员会的委员、候补委员和常务委员会委员，纪律检查委员会的委员、常务委员实行差额选举。党的省、自治区、直辖市委员会的书记、副书记，纪律检查委员会的书记、副书记暂不实行差额选举。党的省、自治区、直辖市顾问委员会委员、常务委员、主任、副主任实行等额选举。

二、党的省、自治区、直辖市代表大会代表候选人的差额不少于应选代表名额的20%。

党的省、自治区、直辖市委员会委员、候补委员，纪律检查委员会委员候选人的差额不少于应选名额的10%。

党的省、自治区、直辖市常务委员会委员，纪律检查委员会常务委员会委员候选人的名额要比应选名额多1至2人。

三、党的省、自治区、直辖市代表大会代表的产生程序是：各选举单位按照分配名额经过自下而上、上下结合、反复酝酿，提出初步人选；对初步人选进行考察，征求所在单位党员和有关方面的意见；由选举单位召开党委全会或全委扩大会议，用无记名投票的方式确定代表候选人预备名单；代表候选人预备名单报经省、自治区、直辖市党委原则同意后，由选举单位召开党员大会、党代表大会或代表会议选举。

四、党的省、自治区、直辖市委员会委员、候补委员和纪律检查委员会委员候选人的产生程序是：上届党委常委会提出建议名单，报中央原则同意，大会主席团交各代表团酝酿讨论，并汇总各代表团的意见，最后确定候选人名单，提交大会选举。

委员和候补委员的候选人按照候选人差额不少于应选人10%的比例分别提名，先选出委员，落选者列入候补委员候选人名单，再进行候补委员的选举。

五、党的省、自治区、直辖市常务委员会委员、书记、副书记和纪律检查委员会的常务委员会委员、书记、副书记候选人，由上届党委常委会提出建议名单，报中央原则同意后，分别由党的省、自治区、直辖市委员会全体会议，纪律检查

委员会全体会议选举产生。先差额选出常委,再等额选举书记、副书记。

六、党的省、自治区、直辖市代表大会代表,委员会委员、候补委员、常务委员会委员和纪律检查委员会委员、常务委员会委员的选举方式有两种:一是直接采用候选人数多于应选人数的差额选举办法选举;二是先采用差额选举办法进行预选,产生候选人名单,然后进行正式选举。选举都要采用无记名投票的方式进行。

七、选举结果,候选人得到的赞成票超过应到会选举人数的半数为当选。如果得票超过半数的候选人多于应选名额时,以得票多少为序,至取足应选名额为止;如遇最后几名候选人得票数相等不能确定谁当选时,应当就票数相等的候选人重新投票。如果得票超过半数的候选人少于应选名额时,不足的名额可以重新选举产生;如果接近应选名额,征得选举人同意,也可不再进行选举。

八、对党的省、自治区、直辖市代表大会代表,委员会委员和候补委员,纪律检查委员会委员候选人的基本情况,选举单位的党委或大会主席团要向选举人认真介绍,并对选举人提出的询问作出负责的答复。

九、党的省、自治区、直辖市代表大会选举的细则,由大会主席团提出,代表大会通过。

中国共产党地方组织选举工作条例

（中共中央 1994 年 1 月 26 日印发）

第一章 总 则

第一条 为健全党的民主集中制，完善党内选举制度，加强党的地方组织建设，根据《中国共产党章程》制定本条例。

第二条 本条例适用于党的省、自治区、直辖市，设区的市、自治州，县（旗）、自治县、不设区的市、市辖区的代表大会及其委员会和纪律检查委员会全体会议的选举工作。

第三条 党的地方各级组织任期届满，应按期进行换届选举。如需延期或提前换届选举，应经上级党的委员会批准。延长期限不得超过一年。

第四条 党的地方各级代表大会代表，委员会委员、候补委员、常务委员会委员，纪律检查委员会委员、常务委员会委员实行差额选举。

党的地方各级委员会和纪律检查委员会书记、副书记实行等额选举。

第五条 选举应充分发扬民主，尊重和保障选举人的民主权利，体现选举人的意志。任何组织和个人不得以任何方式强迫选举人选举或不选举某个人。

第六条 选举采用无记名投票方式。

第七条 选举可以直接采用候选人数多于应选人数的差额选举办法进行正式选举；也可以先采用差额选举办法进行预选，产生候选人名单，然后进行正式选举。

第二章 代表的产生

第八条 代表应是共产党员中的优秀分子，能够认真贯彻执行党的基本路线和方针、政策，按党性原则办事，严守党的纪律，有一定的议事能力。

第九条 党的地方各级代表大会的代表名额，由召开代表大会的党的委员会全体会议，按照有利于充分发扬党内民主、有利于讨论决定问题和代表具有广泛性的原则确定。

党的省、自治区、直辖市代表大会代表名额，一般为 400 至 800 名。

设区的市、自治州代表大会代表名额,一般为300至500名。

县(旗)、自治县、不设区的市和市辖区代表大会代表名额,一般为200至400名。

党员和所辖党组织较多或较少的,可以适当增加或减少代表名额。

第十条 代表名额的分配由召开代表大会的党的委员会按照所辖党组织的数量、党员人数和工作需要确定。

第十一条 党的地方各级代表大会代表中应有各级领导干部、各类专业技术人员、各条战线先进模范人物、解放军、武警部队等各方面的代表。代表构成的指导性比例由召开代表大会的党的委员会根据实际情况确定。妇女代表和少数民族代表所占比例一般不少于本地区妇女、少数民族党员占党员总数的比例。党的省、自治区、直辖市代表大会代表中各类专业技术人员和各条战线的先进模范人物占代表总数的比例一般不少于25%。

第十二条 党的地方各级代表大会代表候选人的差额比例,不少于20%。

第十三条 代表产生的程序:

(一)选举单位按照分配的名额,采用自下而上的方式提名,经过充分酝酿协商,根据多数党组织或多数党员的意见提出代表候选人初步人选;

(二)选举单位对候选人初步人选进行考察;

(三)选举单位召开党的委员会全体会议确定代表候选人预备人选,报召开代表大会的党的委员会审查;

(四)选举单位召开党员大会或代表大会或代表会议,对候选人预备人选进行充分酝酿,根据多数选举人的意见确定候选人,进行选举,选出的代表报召开代表大会的党的委员会审批。

第十四条 党的地方各级委员会在代表大会召开前,负责对代表的产生程序和代表资格进行初步审查。代表大会成立的代表资格审查委员会在听取党的委员会的审查情况报告后,提出代表资格审查报告。经大会或大会主席团通过的代表,获得正式资格。

第三章 委员会委员的产生

第十五条 党的地方各级委员会委员、候补委员和纪律检查委员会委员候选人的提名,必须贯彻干部队伍革命化、年轻化、知识化、专业化方针,坚持德才兼备的原则和结构合理的要求。

第十六条 党的地方各级委员会候补委员人数,一般不少于委员、候补委员总数的15%。

第十七条 党的地方各级委员会委员、候补委员和纪律检查委员会委员候选人的差额比例，不少于10%。

第十八条 党的地方各级委员会委员、候补委员和纪律检查委员会委员产生的程序：

（一）党的委员会全体会议确定下届委员会、纪律检查委员会组成的原则；

（二）常务委员会负责组织同级党政机关、群众组织和下一级党政机关中的党员领导干部酝酿推荐，在广泛听取意见的基础上，提出候选人初步人选；

（三）党委组织部对初步人选进行考察；

（四）常务委员会根据考察情况确定候选人预备人选，报上级党的委员会审批；

（五）大会主席团审议候选人预备人选，提请各代表团充分酝酿，根据多数选举人的意见确定候选人，由大会进行选举。

第十九条 党的地方各级委员会委员、候补委员一般应分别选举，先选举委员，再选举候补委员。委员候选人落选后，可以作候补委员候选人。也可以实行委员、候补委员一并选举，在获得赞成票超过半数的候选人中，依得票多少，先取足委员，再取足候补委员。

第四章 常务委员会委员和书记、副书记的产生

第二十条 党的地方各级委员会和纪律检查委员会常务委员会委员候选人数，应分别多于应选人数一至二人。

第二十一条 党的地方各级委员会和纪律检查委员会常务委员会委员和书记、副书记产生的程序：

（一）常务委员会提出候选人预备人选，报上级党的委员会审批；

（二）新选举产生的党的委员会和纪律检查委员会分别召开全体会议，对候选人预备人选进行充分酝酿，根据多数委员的意见确定候选人；

（三）党的委员会和纪律检查委员会全体会议进行选举时，先选举常务委员会委员，再选举书记、副书记。

第二十二条 党的纪律检查委员会选举产生的常务委员会委员和书记、副书记，需经同级党的委员会全体会议通过。

第五章 呈 报 审 批

第二十三条 召开代表大会的请示，党的省、自治区、直辖市委员会一般于召开代表大会四个月前报中央委员会审批；其他党的地方委员会一般于召开代

表大会两个月前报上一级党的委员会审批。请示的内容包括:代表大会召开的时间和大会议程;代表名额、差额比例,代表构成的指导性比例;党的委员会委员、候补委员和常务委员会委员名额、差额比例,书记、副书记名额;纪律检查委员会委员和常务委员会委员名额、差额比例,书记、副书记名额;选举办法。

第二十四条 党的委员会委员、候补委员,常务委员会委员和书记、副书记候选人预备人选;纪律检查委员会委员,常务委员会委员和书记、副书记候选人预备人选,一般于召开代表大会一个月前报上一级党的委员会审批。

第二十五条 当选的党的委员会委员、候补委员,纪律检查委员会委员,报上一级党的委员会备案;

当选的党的委员会常务委员会委员和书记、副书记,纪律检查委员会常务委员会委员和书记、副书记,报上一级党的委员会审批。

第六章 选举的实施

第二十六条 参加选举的人数超过应到会人数的半数,方能进行选举。

第二十七条 代表大会选举工作中的重大问题,由大会主席团集体讨论决定。

代表大会的选举工作由主席团常务委员会主持。

大会主席团成员由党的委员会或各代表团从代表中提名,经大会预备会议表决通过。主席团常务委员会委员由党的委员会提名,经主席团会议表决通过。

第二十八条 党的地方各级委员会、纪律检查委员会第一次全体会议的选举,由大会主席团各委托一名新当选的委员主持。

第二十九条 代表大会主席团或选举单位党组织应实事求是地向选举人介绍候选人的有关情况,并对选举人提出的询问作出负责的答复。

第三十条 代表大会选举设总监票人一名,必要时也可以设副总监票人一名;设监票人若干名。监票人由各代表团从不是候选人的选举人中推荐,总监票人、副总监票人由大会主席团常务委员会从监票人中提名,经主席团或大会表决通过。

党的委员会和纪律检查委员会第一次全体会议的选举设监票人若干名。监票人由会议主持人从不是候选人的委员中提名,经选举人表决通过。

第三十一条 选举设计票人若干名。计票人由大会秘书长或委员会第一次会议的主持人指定,在监票人的监督下工作。

第三十二条 代表、委员、候补委员、常务委员会委员候选人按姓氏笔划排列,书记、副书记候选人按上级党委批准的顺序排列。

第三十三条 选举人不能写选票的,可由本人委托他人按选举人的意志代写。

因故未出席会议的选举人,不能委托他人代为投票。

第三十四条 选举人对候选人可以投赞成票,可以投不赞成票,也可以弃权。投不赞成票者可以另选他人。

第三十五条 选举收回的票数,等于或少于发出的票数,选举有效;多于发出的票数,选举无效,应重新选举。

每张选票所选的人数,等于或少于规定应选人数的为有效票,多于规定应选人数的为无效票。

第三十六条 差额预选时,可以集中投票,也可以分代表团投票,由大会统一计票。

第三十七条 正式选举时,被选举人获得赞成票超过应到会有选举权人数半数的,始得当选。获得赞成票超过半数的被选举人数多于应选名额时,以得票多少为序,至取足应选名额为止;如遇票数相等不能确定当选人时,一般应就票数相等的被选举人重新投票,得票多的当选。获得赞成票超过半数的被选举人数少于应选名额时,不足的名额可以从未当选的得票多的被选举人中重新选举;如果接近应选名额,经半数以上选举人同意,也可以不再选举。

预选时,获得赞成票超过应到会有选举权人数半数的候选人,才能列为正式候选人;确定正式候选人,原则上按得票多少为序。如遇票数相等不能确定当选人或获得赞成票超过半数的被选举人少于、接近应选名额时,按正式选举时的相应办法处理。

第三十八条 被选举人得票情况,预选时,由总监票人向大会主席团报告;正式选举时,由总监票人向选举人报告,当选人名单由会议主持人向选举人宣布。

第三十九条 当选的党代表大会代表,党的委员会委员,纪律检查委员会委员,其名单按姓氏笔划排列;

当选的党的委员会候补委员,其名单按得票多少排列,得票相等的按姓氏笔划排列;

当选的党的委员会和纪律检查委员会常务委员会委员、书记、副书记,其名单按上级党的委员会批准的顺序排列。

第七章 监督和处分

第四十条 本条例由党的中央委员会和地方各级委员会、纪律检查委员会负责监督实施。

第四十一条 党的地方各级代表大会的选举,如果发生违反党章的情况,上一级党的委员会在调查核实后,应作出选举无效和采取相应措施的决定,并报再上一级党的委员会审查批准,正式宣布执行。

第四十二条 凡违反本条例规定,妨害选举人行使民主权利,或对检举选举中违纪行为的人进行压制、打击报复的,应根据问题的性质和情节轻重,对有关党组织或党员进行批评教育或给予党的纪律处分。

第八章　附　则

第四十三条 党的地方各级组织的选举,应根据本条例制定具体选举办法,经半数以上应到会选举人同意后实施。

第四十四条 民族自治地方党组织执行本条例需要采取某些变通办法的,应报上级党组织批准。

第四十五条 本条例由中共中央组织部负责解释。

第四十六条 本条例自发布之日起实施。过去有关党的地方组织选举工作的规定与本条例不一致的,按本条例执行。

中国共产党地方委员会工作条例(试行)

(中共中央1996年4月5日印发)

第一章 总 则

第一条 为坚持和健全党的民主集中制,加强和改进党的地方委员会的领导,根据《中国共产党章程》,制定本条例。

第二条 本条例适用于党的省、自治区、直辖市,设区的市、自治州,县(旗)、自治县、不设区的市、市辖区委员会全体会议(简称全委会)及其常务委员会(简称常委会)。

第三条 党的地方各级委员会是本地区的领导核心。

党的地方各级委员会要贯彻执行党的路线、方针、政策和国家的法律、法规,对本地区的政治、经济、文化和社会发展等各方面工作实行全面领导。

第四条 党的地方各级委员会实行领导应遵循以下原则:

坚持以马克思列宁主义、毛泽东思想和邓小平建设有中国特色社会主义理论为指导,全面贯彻执行党的基本路线和基本方针;

坚持解放思想、实事求是,结合本地区实际贯彻党的路线、方针、政策和上级组织的指示、决定;

坚持全心全意为人民服务,实行一切为了群众,一切依靠群众,从群众中来、到群众中去的群众路线;

坚持民主集中制,实行集体领导与个人分工负责相结合的制度;

坚持在宪法和法律的范围内活动。

第五条 党的地方各级委员会的领导主要是:

对本地区的重大问题作出决策;

通过法定程序使党组织的主张成为本地区的法规或政令;

向地方国家机关推荐重要干部;

在地方国家机关、人民团体、经济组织、文化组织和其他非党组织的领导机关中成立党组;

组织、协调本地区立法、司法、行政机关,经济、文化组织和人民团体积极主

动地、独立负责地工作;

动员、组织所属党组织和广大党员,团结带领群众实现党的任务。

第二章　职　　责

第六条　全委会在党代表大会闭会期间是同级党组织的领导机关,执行上级党组织的指示和同级党代表大会的决议,领导本地区的工作。其职责是:

(一)对本地区经济建设、社会发展、党的自身建设及其他涉及全局性的重大问题作出决策。

(二)制定贯彻执行上级党组织和同级党代表大会决议、决定的措施。

(三)听取和审议常委会的工作报告,对常委会及其成员的工作进行监督和评议。

(四)决定召开党代表大会或党代表会议。

(五)选举常委会和书记、副书记。

通过同级党的纪律检查委员会全体会议选举产生的常委会和书记、副书记。

(六)对常委会提请决定的问题或必须由全委会决定的其他重要问题作出决策。

第七条　常委会在全委会闭会期间,行使委员会职权,执行上级党组织的指示和全委会的决议,主持经常工作。其职责是:

(一)召集全委会,向全委会负责并报告工作;对本条例第六条规定应由全委会决定的事项事先进行审议和提出意见。

(二)组织实施上级党组织的指示和全委会的决议。

(三)对本地区经济建设、社会发展、党的自身建设等方面经常工作中的重要问题作出决定。

(四)对同级地方国家机关、人民团体、经济组织、文化组织和其他非党组织的领导机关中的党组请示的问题作出决定。

(五)按照干部管理权限和规定的程序,负责推荐、提名、任免干部;负责教育和监督干部。

调动或指派下一级党组织的负责人,其数额在下一级党的委员会任期内一般不得超过常委会委员职数的二分之一。

(六)以党的委员会名义向上级党组织请示、报告工作,向所属党组织发布指示、通知、通报,制定以党的委员会名义发出的其他重要文件。

(七)对必须由常委会决定的其他重要问题作出决定。

第三章 组织原则

第八条 党的地方各级委员会及其成员，必须遵守党员个人服从党的组织，少数服从多数，下级组织服从上级组织，全党各个组织和全体党员服从党的全国代表大会和中央委员会的基本原则，维护党的集中统一。

党的地方各级委员会必须贯彻执行中央和上级组织的决定。下级组织如果认为上级组织的决定不符合中央精神或本地区的实际情况，可以请求改变；如果上级组织坚持原决定，下级组织必须执行，并不得公开发表不同意见，同时可向再上一级组织报告。

党的地方各级委员会每年必须向上级组织作一次全面工作情况报告。执行中央和上级组织某项重要决定的情况要进行专题报告。遇有突发性重大问题应及时请示报告。

第九条 党的地方各级委员会要保证下级组织能够正常行使职权，支持下级组织积极主动、创造性地开展工作。凡属应由下级组织处理的问题，如无特殊情况，上级组织不要干预。

党的地方各级委员会在对同下级组织有关的重要问题作出决定时，通常情况下应征求下级组织的意见。需要下级组织了解的重要情况和重大问题，应及时向下级组织通报。

第十条 党的地方各级委员会实行集体领导和个人分工负责相结合的制度。凡属全委会或常委会职责范围内决定的问题，必须由集体讨论决定。任何个人或少数人无权决定重大问题。委员在集体讨论决定问题时，应畅所欲言，充分发表个人的意见。委员个人对集体作出的决定如有不同意见，在坚决执行的前提下，可以保留意见，也可以向上级组织报告。

常委会委员要有明确的分工。每个委员对分管的工作要敢于负责，切实履行职责；对于不属于自己分管的工作也要关心，主动提出意见和建议。

第十一条 党的地方各级委员会决定重要问题，应充分酝酿讨论，然后进行表决。对于少数人的不同意见，应当认真考虑。如对重要问题发生争论，双方人数接近，除在紧急情况下必须按多数意见执行外，应当暂缓作出决定，进一步调查研究，交换意见，下次再表决；在特殊情况下，也可将争论情况向上级组织报告，请求裁决。

第十二条 党的地方各级委员会书记负责组织常委会活动，协调常委会委员的工作。书记应带头执行民主集中制，充分发扬党内民主，善于集中正确意见，自觉接受委员的监督。

常委会委员应支持书记的工作,接受书记对自己工作的检查、督促。

常委会委员应自觉维护常委会内部的团结,互相信任,互相谅解,互相支持,互相帮助,互相监督。

第十三条 党的地方各级委员会委员对应该保密的会议内容和讨论情况,必须严守秘密,不得泄露。

第十四条 常委会委员在本地区调查研究、检查指导工作或参加其他活动时,可以发表指导工作的个人意见。个人意见必须符合党的委员会集体决定的精神。凡代表党的委员会发表的重要讲话和重要文章,应经过常委会讨论。

第四章 议事和决策

第一节 全 委 会

第十五条 全委会每年至少召开两次,遇有重要情况可随时召开。

第十六条 全委会的议题由常委会确定。会议议题确定前,一般应征询委员的意见。

全委会召开的时间、议题,一般应在会议召开5天前通知到各委员,会议有关材料一般应同时送达。

第十七条 全委会必须有三分之二以上委员到会方能举行。

委员因故不能参加会议,应在会前请假,其意见可用书面形式表达。

根据工作需要,常委会可确定有关人员列席全委会。

第十八条 全委会进行表决时,以赞成票超过应到会委员人数的半数为通过。未到会委员的书面意见不能计入票数。

表决可根据讨论事项的不同内容,分别采取举手、无记名投票、记名投票或其他方式。

会议决定多个事项的,应逐项表决。

对党的委员会委员、候补委员作出撤销党内职务、留党察看或开除党籍的处分决定,必须由全委会三分之二以上委员同意,并经上级党的委员会批准。在特殊情况下,可以先由常委会作出处理决定,待召开全委会时予以追认。

第二节 常 委 会

第十九条 常委会会议一般每月召开两次,如遇重要情况可随时召开。

常委会会议由书记召集并主持。书记不能参加会议时,可委托副书记召集并主持。

第二十条 常委会会议的议题由书记确定,或由书记委托副书记确定。

常委会会议的召开时间、议题,一般应在会议召开2天前通知到各委员,会议有关材料一般应同时送达。

第二十一条 常委会会议必须有半数以上委员到会方能举行。讨论干部问题时,应有三分之二以上委员到会方能举行。

委员因故不能参加会议,应在会前请假,其意见可用书面形式表达。

根据工作需要,常委会会议主持人可确定有关人员列席常委会会议。

第二十二条 常委会会议进行表决时,赞成票超过应到会委员人数的半数为通过。未到会委员的书面意见不能计入票数。

表决可根据讨论事项的不同内容,分别采取口头、举手、无记名投票或记名投票方式。

会议决定多个事项的,应逐项表决。

推荐、提名干部和决定干部任免、奖惩事项,应逐个表决。

第二十三条 常委会会议应有专人记录,决定事项应编发会议纪要。

第二十四条 经常委会会议讨论通过的、以党的委员会名义上报或者下发的文件,由书记或书记委托副书记签发。

第二十五条 对重大突发事件和紧急情况,来不及召开常委会的,书记或副书记或常委会委员可临机处置,事后应及时向常委会报告。

第三节　书记办公会

第二十六条 书记办公会可根据工作需要召开。

书记办公会不是一级决策机构,不得决定重大问题。

第二十七条 书记办公会议事范围:

(一)酝酿需要提交常委会议讨论决定的问题。

(二)对常委会决定事项的组织实施进行协调。

(三)交流日常工作情况。

第四节　重大问题决策

第二十八条 全委会和常委会必须实行民主的科学的决策。对重大问题的决策,一般应经过下列程序:

(一)在调查研究的基础上提出方案,有的问题应提出两个以上可供比较的方案。

(二)方案提出后,一般应征求下级党组织的意见,有的应听取本地区人大、政协、人民团体的意见,有的应组织专家、学者进行分析论证,作出评估。

(三)召开全委会或常委会充分讨论,进行表决。

第二十九条 全委会作出的决策,由常委会负责组织实施。常委会作出的决策,由常委会委员分工负责组织实施。

决策实施中,应加强督促检查和信息反馈。对决策进行重大调整或变更,应由作出该决策的全委会或常委会决定。

第五章 思想作风和工作作风

第三十条 党的地方各级委员会委员,必须认真学习马克思列宁主义、毛泽东思想、邓小平建设有中国特色社会主义理论和党的路线、方针、政策及决议,努力用马克思主义的立场、观点、方法分析和解决实际问题。

常委会应坚持和健全学习制度。学习时间、内容、方法根据实际情况确定。

第三十一条 党的地方各级委员会委员,必须坚持解放思想,实事求是,一切从实际出发,讲真话,办实事,求实效。

第三十二条 党的地方各级委员会委员,必须清正廉洁,勤政为民,以身作则,公道正派,艰苦朴素。

第三十三条 党的地方各级委员会委员,必须密切联系群众,经常深入基层调查研究。下基层工作和调查研究的时间,省级和省辖市级常委会委员全年不得少于2个月;县级常委会委员全年不得少于3个月。下基层工作和调查研究要轻车简从。

常委会委员应坚持基层工作联系点制度。

第三十四条 常委会委员必须参加双重组织生活,认真开展批评和自我批评。

第三十五条 党的地方各级委员会应当集中精力议大事、抓大事,精简不必要的会议和文件。常委会委员应减少事务性活动和应酬活动,提高工作效率和质量。

第六章 监督和处分

第三十六条 全委会、常委会及其成员执行本条例的情况,应当受到监督。

(一)党的地方各级委员会应向同级代表大会报告执行本条例的情况,接受审议。

(二)常委会应定期向全委会报告执行本条例的情况,接受审议。审议情况要报告上一级党的委员会。

（三）党的地方各级纪律检查委员会，对同级党的委员会和下级党的委员会及其成员执行本条例的情况，应当进行监督。

（四）常委会应将检查执行本条例的情况列入民主生活会议题，每年至少检查一次。

（五）全委会和常委会及其成员执行本条例的情况，应当接受党员、群众和舆论监督。

第三十七条 对违反本条例的行为，应依照有关规定和程序给予处理：

（一）党的地方各级委员会及其成员不履行职责或不按组织原则办事的，应当批评纠正，造成损失的，必须追究责任。

（二）党的地方各级委员会及其成员违反议事规则和决策程序的，应当批评纠正，造成重大损失的，必须给予党的纪律处分。

（三）党的地方各级委员会委员、候补委员泄露应该保密的会议内容和讨论情况的，应当批评教育，情节严重的，必须给予党的纪律处分。

（四）对执纪和批评、检举、控告人员进行刁难或打击报复的，应当批评教育，情节严重的，必须给予党的纪律处分。

（五）对违反本条例的其他行为，应当批评纠正，情节严重的，必须给予党的纪律处分。

第七章　附　　则

第三十八条 党的地区委员会和相当于地区委员会的组织，可参照执行本条例。

第三十九条 本条例由中央组织部负责解释。

第四十条 本条例自下发之日起实施。过去有关党的地方委员会工作的规定与本条例不一致的，按本条例执行。

党的基层组织

中国共产党全民所有制工业企业基层组织工作条例

(中共中央、国务院1986年9月15日印发)

第一章 总 则

第一条 为了适应全民所有制工业企业领导体制改革的要求,改善和加强企业中党的领导,发挥党组织的保证、监督作用,促进社会主义企业的发展,特制定本条例。

第二条 企业中党的组织必须坚持四项基本原则,为实现党在新时期的总任务、总目标服务,围绕生产经营和经济体制改革的实际开展工作,建设社会主义物质文明和精神文明,保证厂长负责制的实施,推动和促进生产经营和各项任务的完成。

第三条 企业中党的基层委员会(含不设基层委员会的总支部委员会或支部委员会,以下简称党委)对企业实行思想政治领导,即保证、监督党和国家各项方针、政策的贯彻执行,支持群众组织独立负责地开展工作,认真做好思想政治工作,发挥党组织的战斗堡垒作用和党员的先锋模范作用,以保证企业沿着社会主义方向发展。

第四条 企业党委应当积极支持厂长行使经营管理决策和统一指挥生产活动的职权,与企业行政密切配合,发挥工会和共青团的作用,同心协力,共同努力办好社会主义企业。

第二章 企 业 党 委

第五条 企业党委根据党章规定选举产生,按期改选。党委对党员大会或党员代表大会负责并报告工作。党员大会或党员代表大会的决议,党委必须认真贯彻执行。

第六条 党委应由坚持正确的政治方向,认真贯彻执行党的路线、方针、政策,全心全意为人民服务,密切联系群众,党性强,作风正派,熟悉生产经营,年富力强的党员组成。

党委书记应当具备较高的理论、政策水平,较强的组织领导能力,富有改革精神,具有一定的党务工作经验,善于做思想政治工作,能够团结同志。

第七条 企业的党委书记一般不兼任厂长。小型企业可以分设,也可以兼任。

企业党委设置精干的工作机构,建立明确的工作责任制。

第八条 企业党委的主要任务:

一、保证和监督党和国家各项方针、政策的贯彻实施;

二、搞好企业党的思想建设、组织建设,改进工作作风;

三、支持厂长实现任期目标和生产经营的统一指挥;

四、做好职工思想政治工作;

五、加强对群众组织的思想政治领导,做好群众工作。

第九条 企业党委应当按照党的干部路线和干部政策,对企业各级干部进行教育、培养、考察和监督。对厂长提出的副厂长和经济技术负责人以及中层行政干部的人选方案,企业党委应当积极提出意见和建议。

第十条 党委贯彻民主集中制的原则,党内应当充分发扬民主,建立和健全健康的政治生活,加强组织性和纪律性。

第十一条 党委书记主持党委日常工作,组织贯彻党委会决议并检查决议的执行情况,带头执行民主集中制和党的纪律,搞好党委领导班子的建设,深入基层及时发现和解决问题。

第十二条 党委应当着重从以下几个方面改进工作方法和工作作风:

一、坚持改革,转变观念,积极探索如何发挥保证、监督作用;

二、敢讲真话,坚持原则,多做实事,讲求工作实效;

三、深入实际,调查研究,不断了解新情况,解决新问题,总结推广新经验;

四、发扬党的优良传统和作风,艰苦奋斗,联系群众,以身作则,公私分明,自觉抵制各种不正之风。

第十三条 车间的党组织在党委的领导下,认真贯彻党的方针、政策,正确执行党委的决议和厂部的指令,加强对党员的教育和管理,加强对本车间的工会、共青团组织的思想政治领导,做好职工的思想政治工作,同行政负责人密切配合,加强团结,充分发挥保证、监督作用。

科室的党组织对党员、干部进行教育和监督,做好思想政治工作,保证各项任务的完成。

第十四条　企业党委对在工作中做出显著成绩的党员,应当给予表彰和奖励;对工作失职造成损失的,应当给予批评;违反党纪的,应当严肃处理。

第三章　党委的保证和监督

第十五条　保证和监督是企业党委的重要职责。党委应当以积极态度,把保证和监督贯穿于企业经济活动的全过程。党委对厂长在企业生产经营重大问题上的决策,应当积极支持,保证实现。对厂长的决策,党委有不同意见,应当及时提出,必要时应当报告上级主管机关或上级党组织。

第十六条　保证和监督的主要内容:

一、企业生产经营的社会主义方向;

二、企业职工能够充分享有民主权利;

三、企业正确处理好国家、企业和职工三者利益关系;

四、企业遵纪守法,维护国家利益和企业的合法权益;

五、企业和厂长正确执行党的各项方针、政策。

第十七条　保证和监督的主要方法:

一、组织党员、干部认真学习党和国家的方针、政策、法律、法规,发挥党员的先锋模范作用;

二、定期听取厂长的工作报告,提出意见和建议;

三、加强纪律检查工作;

四、健全党的组织生活制度,开展批评与自我批评;

五、通过各种形式监督干部。

第四章　党员的教育和管理

第十八条　企业党组织应当对党员进行马列主义、毛泽东思想的教育,党的路线、方针、政策和形势、任务的教育,党的基本知识和理想、纪律的教育。教育党员发扬为共产主义事业献身的精神,认真履行党员义务,增强党性观念,全心全意为人民服务,个人利益服从党和人民的利益,吃苦在前,享受在后,发挥先锋模范作用。

第十九条　党组织应当经常了解和研究党员的思想情况,帮助党员解决思想问题和实际困难。

党员应当经常向党组织汇报思想和工作情况,做好思想政治工作,努力完成党组织交给的各项任务。

第二十条　做好发展党员的工作。认真培养和考察积极分子,坚持党员条件，按照党章规定履行入党手续，保证新党员的质量。加强对预备党员的教育和考察，按期讨论他们的转正问题。

第二十一条 健全党的组织生活制度。党委成员除参加所在党小组的活动外，每半年开一次民主生活会。党支部每季度至少开一次党员大会，开一次组织生活会，进行一次党课教育。党员领导干部应当以普通党员身份带头参加党的活动。

第二十二条 认真搞好党风。每个党员特别是党员干部都应当自觉地按照党员标准规范自己的言论和行动，同一切违反党纪、国法的现象作坚决的斗争。党委应当加强对纪律检查工作的领导，严格执行党的纪律，维护党的纪律的严肃性，经常对党员进行遵纪守法的教育，选拔能坚持党的原则、敢于同不正之风作斗争的同志做纪律检查工作。对违纪的党员应当及时处理。

第五章 思想政治工作

第二十三条 企业思想政治工作必须为党的总任务、总目标服务，紧密结合经济工作进行，充分发挥广大职工的主动性、积极性和创造性，努力建设一支有理想、有道德、有文化、有纪律的职工队伍。

第二十四条 思想政治工作的基本任务是：宣传四项基本原则，宣传党的方针、政策，对广大职工进行爱国主义、集体主义、社会主义和共产主义的思想教育，进行理想、纪律、民主、法制和工人阶级革命传统的教育，反对和抵制腐朽思想的侵蚀，不断提高职工队伍的思想政治素质，以适应四化建设的需要。

第二十五条 发扬党的思想政治工作的优良传统，不断总结和创造新形势下做好思想政治工作的经验。坚持疏导和说服教育为主的方针；把思想政治工作同关心群众生活、解决实际问题结合起来；注意做好生产经营活动中的思想政治工作；思想政治工作应当以表扬为主，鼓励先进，帮助后进，方法应当生动活泼，寓教育于各种有益的活动之中，努力提高思想政治工作的效果。

第二十六条 党委应当注意加强政工队伍的建设，发挥政工干部的作用；应当重视政工干部的选拔和培养，关心他们的思想、工作、学习和生活。

对政工干部和行政干部在待遇等问题上应当一视同仁。

第六章 党委和职工代表大会、群众组织

第二十七条 党委对职工代表大会实行思想政治领导，保障职工代表大会行使规定的权力；向职工代表大会宣传党的路线、方针、政策，通过党员职工代表的先锋模范作用，把党的方针、政策变成群众的自觉行动；教育职工不断提高

主人翁责任感,支持、引导职工代表正确地行使权利和履行义务。

党委通过职工代表大会,听取群众意见,不断改进党的工作和作风。

第二十八条 党委应当加强对群众组织的思想政治领导,定期讨论研究群众组织工作中的重大问题,支持群众组织独立负责地开展工作,充分发挥各自的作用。

第七章 附 则

第二十九条 本条例原则上适用于全民所有制交通运输、邮电、地质、建筑施工、农林、水利等企业。

第三十条 本条例由中共中央组织部负责解释。

第三十一条 本条例自1986年10月1日起施行。

(**注:**1986年9月15日,中共中央、国务院印发了全民所有制工业企业三个条例,《中国共产党全民所有制工业企业基层组织工作条例》即为其中之一,另外两个条例是《全民所有制工业企业厂长工作条例》、《全民所有制工业企业职工代表大会条例》。)

中共中央、国务院关于认真贯彻执行全民所有制工业企业三个条例的补充通知

（1986 年 11 月 11 日）

为了在全民所有制工业企业中全面推行厂长（经理）负责制的新的企业领导体制，中共中央、国务院决定对贯彻执行全民所有制工业企业三个条例作如下补充通知：

一、为了进一步理顺企业内部的行政、党组织和职代会之间的关系，应当明确：从党委领导下的厂长负责制到厂长负责制的转变，是企业领导体制的重大改革。全民所有制工业企业的厂长（经理）是一厂之长，是企业法人的代表，对企业负有全面责任，处于中心地位，起中心作用。厂长（经理）、党委书记都要按照这一新的要求，认真负责、同心协力地履行自己的职责。对于不适应工作要求的厂长（经理）或党委书记，有关主管部门要积极慎重地从组织上进行调整。

二、企业中党的组织要满腔热情地支持企业的领导体制改革，积极支持厂长（经理）行使职权。要按照《中国共产党全民所有制工业企业基层组织工作条例》的要求，认真探索新时期企业党组织的工作方法，切实发挥党组织的保证、监督作用。

三、为了认真贯彻执行三个条例，全面推行厂长（经理）负责制，各地区、各部门要按照中共中央宣传部、中共中央组织部、国家经委和全国总工会 9 月 20 日联合发出的《关于全民所有制工业企业三个条例的宣传提纲》，针对干部、职工思想认识上的问题，认真搞好宣讲和进行深入细致的思想政治工作。同时，要及时研究和解决贯彻执行三个条例中出现的新问题，不断总结经验和改进工作。

四、此件发至省军级。省、自治区、直辖市何时下发，应根据本地区工作进展的实际情况，按照既要积极又要稳妥的要求，自行掌握。

五、中央、国务院过去有关文件中关于全民所有制工业企业厂长（经理）的地位和作用的提法，与本通知不一致的地方，一律以本通知为准。

中共中央组织部、财政部关于企业党组织活动经费问题的通知

(1989年1月6日)

为适应企业领导体制改革、转变企业党组织职能的新情况,保证企业党组织正常地开展活动,现就企业党组织活动经费问题通知如下:

一、企业党组织活动经费(包括召开党内会议,进行党内宣传教育活动和组织活动,培训党员和申请入党的积极分子,开展表彰优秀党员和先进党支部活动等费用),应按照中央组织部关于党费用途的规定,先由留用的党费中开支,不足部分从企业管理费中解决。

二、党组织活动经费中从企业管理费列支的部分,每年初由企业党委(总支、支部)根据工作需要和节约的原则编制年度预算,列入企业财务计划。在计划范围内,日常开支由党委书记审批,财务部门报销。

三、遇有特殊情况需追加经费时,应经党委会议讨论,向财务部门提出,由厂长决定。

四、企业党委要定期向党员大会或党员代表大会报告党组织活动经费开支情况,接受监督。由企业管理费列支的部分还要接受财务部门的监督。

五、党费的收缴、使用和管理,要严格按有关规定执行,上级党组织要加强检查和监督。

中国共产党基层组织选举工作暂行条例

（中共中央1990年6月27日印发）

第一章　总　　则

第一条　为健全党的民主集中制，完善党内选举制度，根据《中国共产党章程》，制定本条例。

第二条　本条例所称的党的基层组织，是指工厂、商店、学校、机关、街道、合作社、农场、乡、镇、村和其他基层单位党的委员会、总支部委员会、支部委员会，包括基层委员会经批准设立的纪律检查委员会。

第三条　党的基层组织设立的委员会任期届满应按期进行换届选举。如需延期或提前进行换届选举，应报上级党组织批准。延长期限一般不超过一年。

第四条　党的基层组织设立的委员会由党员大会选举产生。党员人数在500名以上或所辖党组织驻地分散的，经上级党组织批准，可以召开党员代表大会进行选举。

第五条　正式党员有表决权、选举权、被选举权。受留党察看处分的党员在留党察看期间没有表决权、选举权和被选举权；预备党员没有表决权、选举权和被选举权。

第六条　选举应尊重和保障党员的民主权利，充分发扬民主，体现选举人的意志。任何组织和个人不得以任何方式强迫选举人选举或不选举某个人。

第二章　代表的选举

第七条　党员代表大会的代表应能反映本选举单位的意见，代表党员的意志。

代表的名额一般为100名至200名，最多不超过300名。其具体名额由召集代表大会的党组织按照有利于党员了解和直接参与党内事务，有利于讨论决定问题的原则确定，报上级党组织批准。

代表名额的分配根据党员人数和代表具有广泛性的原则确定。

第八条 代表候选人数应多于应选人数的20%。

第九条 代表候选人由选举单位组织全体党员酝酿提名,根据多数人的意见确定,提交党员大会或党员代表大会进行选举。

第十条 上届党的委员会成立代表资格审查小组,负责对代表的产生程序和资格进行审查。

代表的产生不符合规定程序的,应责成原选举单位重新进行选举;代表不具备资格的,应责成原选举单位撤换。

代表资格审查小组应向党员代表大会预备会议报告审查情况。经审查通过后的代表,获得正式资格。

第三章 委员会的选举

第十一条 党的基层组织设立的委员会委员候选人,按照德才兼备和班子结构合理的原则提名。

第十二条 委员候选人的差额为应选人数的20%。

第十三条 党的总支部委员会、支部委员会委员候选人,由上届委员会根据多数党员的意见确定,在党员大会上进行选举。

第十四条 党的基层委员会和经批准设立的纪律检查委员会委员的产生:

召开党员大会的,由上届党的委员会根据所辖多数党组织的意见提出候选人,报上级党组织审查同意后,提交党员大会进行选举。

召开党员代表大会的,由上届党的委员会根据所辖多数党组织的意见提出候选人,报上级党组织审查同意后,提请大会主席团讨论通过,由大会主席团提交各代表团(组)酝酿讨论,根据多数代表的意见确定候选人,提交党员代表大会进行选举。

第十五条 委员会委员在任期内出缺,应召开党员大会或党员代表大会补选。

上级党的组织认为有必要时,可以调动或者指派下级党组织的负责人。

第十六条 党的基层组织设立的委员会的书记、副书记的产生,由上届委员会提出候选人,报上级党组织审查同意后,在委员会全体会议上进行选举。

不设委员会的党支部书记、副书记的产生,由全体党员充分酝酿,提出候选人,报上级党组织审查同意后,在党员大会上进行选举。

第十七条 经批准设立常务委员会的党的基层委员会的常委候选人,由上届委员会按照比应选人数多1至2人的差额提出,报上级党组织审查同意后,在委员会全体会议上进行选举。

第十八条 选出的委员,报上级党组织备案;常委、书记、副书记,报上级党组织批准。纪律检查委员会选出的书记、副书记,经同级党的委员会通过后,报上级党组织批准。

第四章 选举的实施

第十九条 进行选举时,有选举权的到会人数超过应到会人数的五分之四,会议有效。

第二十条 召开党员大会进行选举,由上届委员会主持。不设委员会的党支部进行选举,由上届支部书记主持。

召开党员代表大会进行选举,由大会主席团主持。大会主席团成员由上届党的委员会或各代表团(组)从代表中提名,经全体代表酝酿讨论,提交代表大会预备会议表决通过。

委员会第一次全体会议选举常委、书记、副书记,召开党员代表大会的,由大会主席团指定一名新选出的委员主持;召开党员大会的,由上届委员会推荐一名新当选的委员主持。

第二十一条 选举前,选举单位的党组织或大会主席团应将候选人的简历、工作实绩和主要优缺点向选举人作出实事求是的介绍,对选举人提出的询问应作出负责的答复。根据选举人的要求,可以组织候选人与选举人见面,由候选人作自我介绍,回答选举人提出的问题。

第二十二条 选举设监票人,负责对选举全过程进行监督。

党员大会或党员代表大会选举的监票人由全体党员或各代表团(组)从不是候选人的党员或代表中推选,经党员大会或党员代表大会表决通过。

委员会选举的监票人从不是书记、副书记、常委候选人的委员中推选,经全体委员表决通过。

第二十三条 选举设计票人。计票人在监票人监督下进行工作。

第二十四条 选举一律采用无记名投票的方式。选票上的候选人名单以姓氏笔划为序排列。

选举人不能写选票的,可由本人委托非候选人按选举人的意志代写。因故未出席会议的党员或党员代表不能委托他人代为投票。

第二十五条 选举人对候选人可以投赞成票或不赞成票,也可以弃权。投不赞成票者可以另选他人。

第二十六条 投票结束后,监票人、计票人应将投票人数和票数加以核对,作出记录,由监票人签字并公布候选人的得票数字;由会议主持人宣布当选人名单。

第二十七条 选举收回的选票,少于投票人数,选举有效;多于投票人数,选举无效,应重新选举。

每一选票所选人数少于规定应选人数的为有效票,多于规定应选人数的为无效票。

第二十八条 实行差额预选时,赞成票超过实到会有选举权的人数半数的,方可列为候选人。

第二十九条 进行正式选举时,被选举人获得的赞成票超过实到会有选举权的人数的一半,始得当选。

当选人多于应选名额时,以得票多的当选。如遇票数相等不能确定当选人时,应就票数相等的被选举人重新投票,得票多的当选。

当选人少于应选名额时,对不足的名额另行选举。如果接近应选名额,也可以减少名额,不再进行选举。

第五章 监督和处分

第三十条 本条例由上级党的委员会和纪律检查委员会负责监督实施。

第三十一条 在选举中,凡有违反党章和本条例规定行为的,必须认真查处,根据问题的性质和情节轻重,给予有关党组织、党员批评教育,直至给予组织处理。

第六章 附 则

第三十二条 选举单位应根据本条例制定选举工作细则,经党员大会或党员代表大会讨论通过后执行。

第三十三条 中国人民解放军党的基层组织的选举,由中央军委根据本条例的精神制定相应的规定。

第三十四条 本条例由中共中央组织部负责解释。

第三十五条 本条例自发布之日起施行。过去有关党的基层组织选举工作的规定、办法与本条例不一致的,按本条例执行。

中共中央组织部关于党的基层组织任期的意见

（中共中央办公厅1993年7月6日转发）

中国共产党第十四次全国代表大会部分修改并通过的《中国共产党章程》规定："党的基层委员会每届任期三年或四年，总支部委员会、支部委员会每届任期两年或三年。"为便于各级党组织执行这一规定，现对各种不同类型的党的基层组织的任期提出如下意见：

一、大中型企业、大专院校、规模较大的科研院所党的委员会、地（市、州、盟）级和地（市、州、盟）级以上机关党的委员会执行四年任期，其他党的基层委员会执行三年任期。

党的总支部委员会、村党支部委员会执行三年任期，其他党的支部委员会执行两年任期。

二、需作出更具体的规定或需变通执行第一条规定的，分别由各省、自治区、直辖市党委，中央直属机关工委，中央国家机关工委根据实际情况确定。铁路、民航系统由铁道部党组、民航局党委提出意见，报中央组织部审定。

三、党的基层组织的任期确定后，原则上不得随意变动，确需调整的必须报批准任期的党组织审批。

四、党的基层组织必须按期进行换届选举。因特殊情况需提前或延期进行换届选举的，应报上级党组织批准。党的各级组织要加强对换届选举工作的具体指导和检查督促。

五、中国人民解放军党的基层组织的任期，由总政治部提出意见，报中央军事委员会审批。

中共中央组织部关于加强股份制企业中党的工作的几点意见

(1994年4月23日)

在当前加快建立社会主义市场经济体制的进程中,我国部分国有企业正在进行股份制试点工作,这是深化企业内部改革,转换经营机制,建立有中国特色的现代企业制度的一项有益的探索。搞好这项工作,必须坚持党的基本路线,按照党中央、国务院的有关规定和要求进行,既要大胆借鉴世界各国反映现代社会化生产规律的先进经验,又要继承和发扬我们自己的优势。为了加强党对股份制企业的领导和股份制企业中党的工作,充分发挥党组织的战斗堡垒作用和共产党员的先锋模范作用,增强企业活力,促进社会主义市场经济的发展,根据各地的试验情况和初步探索的经验,现就以公有制经济成份为主的股份制企业中党的工作提出以下意见:

一、在组建股份制企业时,党组织的设置与调整工作应同步考虑和安排。要按照《中国共产党章程》的规定,根据企业的规模、党员人数和工作需要,经上级党组织批准,及时改建或组建党的基层委员会、总支部委员会、支部委员会。有的企业党组织初建时,如选举的条件尚不成熟,党组织负责人可以先由上级党组织指派,经过一段时间,再按规定选举产生。

二、股份制企业中党的基层组织,处于政治核心地位,发挥政治核心作用,围绕生产经营开展工作。其主要任务是:(1)贯彻执行党的基本路线,保证监督党和国家的方针政策的贯彻执行;(2)对企业生产经营、技术开发、行政管理、人事管理等方面的重大问题提出意见和建议,参与企业重大问题的决策;(3)加强党组织的思想、组织、作风建设,在企业的改革和发展中充分发挥基层党组织的战斗堡垒作用和共产党员的先锋模范作用;(4)领导企业思想政治工作和精神文明建设,培育适应现代企业制度和企业发展要求的有理想、有道德、有文化、有纪律的职工队伍;(5)支持股东会(股东大会,下同)、董事会、监事会和经理(总经理,下同)依法行使职权,领导职工代表大会和工会、共青团等群众组织,协调企业内部各方面的关系,引导、保护和发挥各方面的积极性,同心同德办好企业。

三、股份制企业党组织领导班子的配备，必须坚持干部队伍“四化”方针和德才兼备的原则。主要成员一般应具备做好党务工作与经济工作的双重素质。党组织负责人可与董事会、监事会负责人或经理、副经理适当交叉任职。条件具备的，党委书记和董事长，或者党委书记和总经理可以由一人担任。规模较大、职工和党员人数较多的企业，应设专职党委副书记。党委书记与董事长、总经理分设的，董事长或总经理具备条件的可以兼任党委副书记。党委成员进入董事会、监事会，董事、监事、经理、副经理进入党委班子，要严格按照《党章》、《公司法》和其他有关规定办理。股份制企业中的共产党员，无论在哪个岗位上工作，都要牢记自己是一名共产党员，要讲党性，顾大局，认真执行党组织的决议，注意按党内生活准则和党员标准规范自己的言行。

四、股份制企业党组织在人事管理方面的主要职责是：从组织上保证监督党的干部路线和有关方针、政策的贯彻执行；会同有关方面，对董事会拟聘任的经理、经理提名的副经理和管理部门负责人的人选进行考察，提出意见和建议；抓好企业领导班子的思想作风建设；会同有关方面，做好企业管理人员的日常培训、教育、考察、监督工作，发现和推荐优秀人才；负责管理党群系统领导班子和工作人员。

目前，有些地方和企业已经对股份制企业的领导班子配备和人事管理工作做出了一些具体规定。这些规定只要符合党的干部工作的方针原则和股份制企业的有关政策法规，为企业各方面所接受，是切实可行的，就可以继续试行并在实践中不断完善。

五、股份制企业中的股东会、董事会、监事会与党委会、职工代表大会、工会等组织，不能互相代替，但有关负责人员可以适当相互兼职。党组织要积极支持其他组织按照各自的章程和有关规定开展活动，主要协调好企业内部各方面的关系，通过强有力的思想政治工作和深入细致的群众工作，凝聚各方面的力量，使之紧密配合，互相补充，共同推动企业的改革与发展。

六、股份制企业中党的工作机构设置和专职党务工作人员的配备，应有利于加强企业党的建设和思想政治工作，有利于促进企业生产经营，符合精干、高效、协调的要求。根据企业规模、党员人数、历史沿革等不同情况，党的工作机构可以分设纪委和组织、宣传、办公室等工作部门，有的也可以设立一个统一的党的工作部门，内部实行党务工作的分工。有的企业将个别党的工作部门与职能相近的行政业务部门合署办公，一个机构，双重职能，也可以继续探索。与开展企业党的工作的要求相适应，要选配一定数量的政治、业务素质较高的专职党务工作人员。这些党务工作人员应纳入企业管理人员编制,其待遇应与企业其他管理人员一视同仁。

七、股份制企业党组织的工作方法和活动方式,要从企业资产结构、领导体制、经营机制、用工与分配制度等方面的特点和各个企业的不同情况出发,把原则性与灵活性结合起来。对企业生产经营方面的重大问题,党组织要认真讨论研究,向董事会、经理提出意见和建议,而不应直接决策和指挥。要善于通过发挥董事会、监事会和企业管理人员中党员领导干部的作用,发挥党的支部、小组和共产党员在企业各自岗位上的作用,通过加强对工会、共青团等组织的领导并通过这些组织对职工群众的组织和动员,来实现党的意图。党内生活,要贯彻党要管党、从严治党的原则,严格遵守党的组织制度和党的纪律。要加强领导班子思想作风建设,坚持民主集中制,不断增强团结,充分发挥集体领导作用。要把加强党的思想政治工作与培育企业精神、建设企业文化、解决职工实际问题结合起来。要在国家有关股份制企业的法律、法规的范围内,紧紧抓住生产经营这个中心,围绕企业的改革和发展,积极主动地开展党的活动。在活动方式上,要灵活、多样,讲求实效,防止形式主义。党组织的活动经费应在企业内部妥善解决。

八、切实加强对股份制企业党的工作的领导。有关地方党委要把抓好股份制企业党的工作列入重要议事日程,通过宣传教育和思想政治工作,把党员、干部、职工的思想认识统一到建设有中国特色社会主义理论、党的十四大精神和十四届三中全会的决定上来。对股份制企业党组织工作中遇到的问题,要高度重视,及时研究解决,为其开展工作创造良好的条件。要经常了解新情况,解决新问题,总结新经验。

在我国建立现代企业制度,需要有一个探索、试验的过程,股份制企业中党的工作也需要在实践中逐步完善。各省、自治区、直辖市党委组织部可按照中央精神,结合各地实际情况,作出一些具体规定。待条件成熟时,再制定规范化工作条例。

中国共产党普通高等学校基层组织工作条例

（中共中央1996年3月18日印发）

第一章 总 则

第一条 为了加强和改善党对普通高等学校（以下简称高等学校）的领导，加强高等学校党的建设，办好有中国特色的社会主义大学，根据《中国共产党章程》和高等学校的实际情况，制定本条例。

第二条 高等学校的党组织必须以马列主义、毛泽东思想和邓小平建设有中国特色社会主义理论为指导，全面贯彻执行党的基本路线和教育方针，坚持教育必须为社会主义现代化建设服务，必须与生产劳动相结合，培养德、智、体等方面全面发展的社会主义事业的建设者和接班人。

第三条 高等学校实行党委领导下的校长负责制。校党委统一领导学校工作，支持校长按照《中华人民共和国教育法》的规定积极主动、独立负责地开展工作，保证教学、科研、行政管理等各项任务的完成。

第二章 党组织的设置

第四条 高等学校设立党的基层委员会（以下简称党的委员会）。党的委员会由党员大会或党员代表大会选举产生，任期四年。党的委员会对党员大会或党员代表大会负责并报告工作。

第五条 规模较大、党员人数较多的学校，根据工作需要，经上级党组织批准，党的委员会可设立常务委员会。常务委员会由党的委员会全体会议选举产生，对党的委员会负责并报告工作。

设常务委员会的党的委员会每学期至少召开一次委员会全体会议，如遇重大问题可随时召开。

第六条 高等学校设立党的基层纪律检查委员会（以下简称党的纪律检查委员会）。党的纪律检查委员会由党员大会或党员代表大会选举产生。

第七条 党的委员会应本着精干、高效和有利于加强党的建设的原则，设立办公室、组织部、宣传部等工作机构，配备必要的工作人员，包括配备一定数量的组织员。

第八条 党员50人以上的系级单位成立党的总支部。党员不足50人的系级单位,根据工作需要,经校党委批准,也可以成立党的总支部。党的总支部委员会由党员大会选举产生,任期三年。党的总支部应配备必要的专职党务工作人员。

党员100人以上的系级单位,根据工作需要,经校党委批准,可以成立党的委员会。系级单位党的委员会由党员大会选举产生,接受校党委的领导,任期四年。

第九条 党员7人以上的党支部设立支部委员会,支部委员会由党员大会选举产生;党员不足7人的党支部,不设支部委员会,由党员大会选举支部书记1人,必要时增选副书记1人。党的支部委员会和不设支部委员会的支部书记、副书记每届任期两年。

第十条 教师党支部一般按教研室或研究室设置;学生党支部按年级或系设置,党员人数较多的可按班设置;机关、后勤等部门的党支部一般按部门设置。正式党员不足3人的,可与业务相近的部门或单位联合成立党支部。

第三章　党组织的职责

第十一条 高等学校党的委员会的主要职责是:

1. 学习、宣传和执行党的路线、方针、政策,坚持社会主义办学方向,依靠全校师生员工推进学校的改革和发展,培养有理想、有道德、有文化、有纪律的社会主义事业的建设者和接班人。

2. 按照从严治党的方针,加强学校党组织的思想、组织、作风建设,发挥党的总支部的政治核心作用、党支部的战斗堡垒作用和党员的先锋模范作用。

3. 讨论决定学校改革和发展以及教学、科研、行政管理等工作中的重大问题。

4. 领导学校的思想政治工作和德育工作。

5. 按照干部管理权限,负责干部的选拔、教育、培养、考核和监督。

6. 领导学校的工会、共青团、学生会等群众组织和教职工代表大会。

7. 做好统一战线工作。对学校内民主党派的基层组织实行政治领导,支持他们按照各自的章程开展活动。

第十二条 高等学校党的纪律检查委员会的主要职责是:

1. 维护党的章程和其他党内法规,对党员进行遵纪守法教育。

2. 检查党组织和党员贯彻执行党的路线、方针、政策和决议的情况。

3. 协助党委加强党风建设。

4. 检查、处理党的组织和党员违反党的章程和其他党内法规的案件，按照有关规定决定或取消对这些案件中党员的处分。

5. 受理党员的控告和申诉，保障党的章程规定的党员权利不受侵犯。

第十三条 系级单位党的总支部(直属党支部)委员会的主要职责是：

1. 保证监督党和国家的方针、政策及学校各项决定在本单位的贯彻执行。

2. 参与讨论和决定本单位教学、科研、行政管理工作中的重要事项。支持本单位行政负责人在其职责范围内独立负责地开展工作。

3. 加强党组织的思想、组织、作风建设，具体指导党支部的工作。

4. 领导本单位的思想政治工作。

5. 做好本单位干部的教育和管理工作。

6. 领导本单位工会、共青团、学生会等群众组织。

第十四条 党的支部委员会的主要职责是：

1. 宣传、执行党的方针、政策和上级党组织的决议，团结师生员工，保证教学、科研等各项任务的完成。

2. 加强对党员的教育、管理和监督，定期召开组织生活会，开展批评与自我批评；向党员布置做群众工作和其他工作任务，并检查执行情况。

3. 培养教育入党积极分子，做好发展党员工作。

4. 经常听取党员和群众的意见和建议，了解、分析师生员工的思想情况，有针对性地做好思想政治工作。

第十五条 教研室党的支部委员会要支持教研室主任的工作，经常与教研室主任沟通情况，对教研室的工作提出意见和建议。教研室党支部书记参与讨论决定本教研室的重要问题。

第四章 党员的教育、管理和发展

第十六条 高等学校党组织应对党员进行马列主义、毛泽东思想教育，特别是邓小平建设有中国特色社会主义理论的教育，党的基本路线和党的基本知识教育，并教育党员努力掌握科学文化知识和专业技能，不断提高政治和业务素质。

第十七条 健全党内生活制度，严格党的组织生活，做好民主评议党员工作，大力表彰先进，妥善处置不合格党员，严格执行党的纪律。

第十八条 按照坚持标准、保证质量、改善结构、慎重发展的方针和有关规定，加强对入党积极分子的教育、培养和考察，有计划、有重点地做好发展党员工作。

第十九条 高等学校党的委员会应建立党校。党校的主要任务是培训党员、干部和入党积极分子。

第五章 干 部 工 作

第二十条 高等学校党的委员会要坚持党管干部的原则,按照干部队伍革命化、年轻化、知识化、专业化的方针和德才兼备的原则选拔任用干部,并对学校党政干部实行统一管理。

中层行政干部的任免,由党委组织部门负责考察,经校党委(常委)集体讨论决定后,按规定程序办理。决定中层行政干部的任免,应听取校行政领导的意见。

第二十一条 系级单位党的总支部(直属党支部)委员会同系级单位行政领导一起,做好本单位干部的选拔、培养、考核、监督工作,以及学生政治辅导员、班主任的配备、管理工作。参与讨论决定本单位师生员工在出国、晋升、毕业等方面的工作,并负责政治审查。

对系级单位行政领导班子的配备和领导干部的选拔,系级单位党的总支部委员会可以向校党委提出建议,并协助校党委组织部门进行考察。

第二十二条 高等学校党的委员会协助上级干部主管部门做好校级后备干部工作。重视妇女干部、非党干部的培养选拔。

第六章 思想政治工作

第二十三条 高等学校党的委员会统一领导思想政治工作。同时,要发挥行政领导和工会、共青团、学生会等群众组织的作用,共同做好思想政治工作。

第二十四条 高等学校党组织要对师生员工进行马列主义、毛泽东思想教育,特别是邓小平建设有中国特色社会主义理论的教育,党的基本路线教育,爱国主义、集体主义和社会主义思想教育,中国近现代史、中共党史和国情教育,社会主义民主和法制教育,形势政策教育和中华民族优秀文化传统教育,加强和改进德育工作,帮助他们坚定走有中国特色社会主义道路的信念,树立正确的世界观和人生观。

第二十五条 思想政治工作要坚持理论联系实际的原则,紧紧围绕学校的改革和发展,密切结合教学、科研、行政管理等各项工作和师生员工的思想实际,分别不同层次,采取多种方式进行。

学校党组织要积极创造条件,组织师生参加社会实践,引导他们自觉走与工农群众相结合的道路。

第二十六条 高等学校应建立一支以专职人员为骨干、专兼职干部相结合的党务工作和思想政治工作队伍。专职党务工作人员和思想政治工作人员的配备一般占全校师生员工总数的1%左右;规模较小的学校,可视情况适当增加比例。

第七章 党组织对群众组织的领导

第二十七条 高等学校党的委员会要研究工会、共青团、学生会等群众组织工作中的重大问题,支持他们依照国家法律和各自的章程独立自主地开展工作。

第二十八条 高等学校党的委员会领导教职工代表大会,支持教职工代表大会正确行使职权,在参与学校的民主管理和民主监督、维护教职工的合法权益等方面发挥作用。

第八章 附 则

第二十九条 省、自治区、直辖市党委可根据本条例精神,结合实际情况制定实施办法。军队系统院校党组织的工作,由中国人民解放军总政治部参照本条例作出规定。

第三十条 本条例由中共中央组织部负责解释。

第三十一条 本条例自下发之日起施行。

中共中央组织部关于在现代企业制度百家试点企业中加强和改进党的工作的意见(试行)

(1996年4月20日)

为了适应建立社会主义市场经济体制的要求,保证现代企业制度试点工作的顺利进行,根据《中国共产党章程》和《中华人民共和国公司法》的规定,现就加强和改进试点企业党的工作,提出以下意见。

一、在试点中要切实加强和改进企业党的工作

党的十四届三中、四中、五中全会反复强调,国有企业建立现代企业制度,要坚持发挥企业党组织的政治核心作用,在实践中积极探索发挥作用的途径和方法,保证监督党和国家方针政策的贯彻执行。

建立现代企业制度,是一项艰巨复杂的任务。充分发挥国有企业党组织的政治核心作用,是建立有中国特色社会主义的现代企业制度的内在要求和重要保证。切实加强和改进企业党的建设,做好党的工作,紧紧依靠党组织和党员的力量,依靠广大职工群众,依靠强有力的思想政治工作,调动各方面的积极性,才能保证建立现代企业制度的改革顺利进行,进一步把企业办好。在建立现代企业制度试点中,必须加强党的领导,企业党的建设工作,只能加强,不能削弱。

各级党政领导和有关部门的负责同志,要从战略和全局的高度充分认识加强企业党的建设和党的工作的重要性。企业党组织要把推进现代企业制度的建立,作为自己的政治责任,发动和组织全体党员、广大职工积极投身到改革中去,支持和保证试点工作的顺利进行。要紧紧围绕深化企业改革、转换经营机制、提高经济效益、保证国有资产的保值增值来开展党的工作。要以改革的精神研究新情况,解决新问题,探索新方法。

二、改进试点企业党组织的设置,理顺领导关系

试点企业进行公司制改组时,应适应公司组织结构的变化和党员分布状况,及时地合理调整党组织的设置。

公司党组织的领导关系,要有利于开展党的工作和促进企业的发展,根据不同情况确定。试点企业改组成公司后,党组织原由地方党委领导的,其领导关系一般保持不变。与公司(集团公司)在同一地区的子公司党组织,一般由公司(集团公司)党组织领导。公司(集团公司)跨地区设立的子公司党组织,原则上由所在地党组织领导;需由公司(集团公司)党组织领导的,由公司(集团公司)党组织与子公司所在地党组织协商解决,意见不一致时,由上级党组织帮助解决。股权比较分散的公司党组织,一般由所在地党组织领导。

三、试点企业党组织的主要职责、任务和党委领导班子的选配

企业党组织是企业的政治核心。党组织必须坚持以马列主义、毛泽东思想和邓小平建设有中国特色社会主义理论为指导,坚持党的基本路线,坚持全心全意依靠工人阶级的方针,坚持党要管党、从严治党,加强党风和廉政建设,紧紧围绕企业生产经营和改革发展开展各项工作,推动和促进企业的社会主义物质文明和精神文明建设。

企业党委(含不设党委的总支部委员会或支部委员会,下同)必须完成党章规定的基本任务,其主要职责是:(1)认真贯彻党的路线、方针、政策,保证监督党和国家的方针政策在本企业的贯彻执行;(2)参与企业重大问题的决策,支持股东会(股东大会,下同)、董事会、监事会和经理(总经理,下同)依法行使职权;(3)领导企业的思想政治工作和精神文明建设,努力建设一支有理想、有道德、有文化、有纪律的职工队伍;(4)领导工会、共青团等群众组织,支持它们依照法律和各自的章程独立自主地开展工作;(5)加强党组织的思想、组织、作风建设,充分发挥党支部的战斗堡垒作用和党员的先锋模范作用。

要按照有利于发挥党组织政治核心作用的要求,选配好企业党委领导班子。选拔党性强、公正廉洁、懂业务和经营管理、有组织领导能力和务实创新精神、善于做思想政治工作的党员担任党委书记。要在坚持任职条件的前提下,注意班子结构的整体优化,适当增加企业党员行政领导的人数。

根据工作需要和领导成员的素质条件,企业党委主要负责人和其他成员可按照法定程序进入董事会、监事会。有的可与公司董事、监事、经理、副经理交叉任职。条件具备的,党委书记、董事长可由一人担任,配备一名党委副书记以主要精力抓党的工作。

四、明确党委参与重大问题决策的范围,积极探索参与决策的有效方法和途径

参与企业重大问题的决策是党组织发挥政治核心作用的重要途径。公司党委参与重大问题决策的范围,一般指公司提交股东会、董事会审议决定的问题,主要是涉及党和国家方针政策和职工切身利益的重大问题。

1. 在董事会对重大问题决策前,党员董事应将有关内容向党委报告。党委讨论研究,提出意见和建议。党委的意见和建议,通过党员董事反映给董事会;必要时,可以党委的名义正式通知董事会。

2. 党委要搞好调查研究,努力提高参与决策的能力和水平,及时、主动地提出意见和建议。

3. 党委要加强对董事会、监事会、经理等领导层中的党员的教育和监督。党员董事、监事、经理要遵守党章,增强党性,廉洁自律,自觉地向党组织报告工作,接受党组织的监督。

4. 党委要领导、支持工会和职工代表大会在民主管理、民主监督方面积极发挥作用。

企业的重要人事工作,属于企业党委参与决策的重大问题。在试点中,要坚持党管干部的原则,根据现代企业制度的特点,改进管理的具体办法。公司党委在人事工作和领导班子建设中的职责是:(1)保证监督党的干部路线、方针、政策和德才兼备、任人唯贤原则的贯彻执行;(2)对董事会拟聘任的公司经理,经理提名的副经理及管理部门负责人的人选进行考察,提出意见和建议,依法聘任或解聘;(3)负责管理党群系统领导班子和工作人员;(4)会同有关方面抓好公司优秀人才的发现、推荐和各类管理人员的培养、教育、考察、监督、管理工作;(5)抓好公司领导班子的思想作风建设。

五、合理设置试点企业党组织的工作机构,不断改进党组织的工作方法和活动方式

企业党组织工作机构的设置和专职党务工作人员的配备,应按照精干、高效、协调和有利于加强党的建设与思想政治工作,有利于促进企业改革和发展的原则确定。党员人数较多的大型企业党委一般应设组织、宣传、办公室等工作部门。中小型企业党组织的工作机构,根据实际情况可以分设,也可以设一个工作部门,内部实行分工。具体设置方案,由企业党委讨论提出,报上级党委审核确定。

企业党的纪律检查机构的设置、人员配备及其职责任务,按党章和有关规定执行。

企业党组织应配备精干的专职党务工作人员。专职党务工作人员的数量,由企业党委根据工作需要提出意见,同董事会协商后确定,并纳入企业管理人员编制。

要重视党务工作者队伍建设,加强对党务工作人员的政治理论和专业技术培训,全面提高他们的素质。提倡公司党务工作人员和行政管理人员换岗交流。专职党务工作人员的待遇应与同级行政管理人员一视同仁，并要有相应的目标责任和激励机制。

企业党委要坚持民主集中制的原则，适应现代企业制度的特点，改进工作方法和活动方式，充分发挥自身的优势。要善于通过发挥董事会、监事会和企业经营管理班子中党员的作用，通过加强对党员的教育、管理、监督和充分发挥党组织的作用，通过加强对工会、共青团等群众组织的领导，加强同群众的联系等多种方式来体现政治核心作用，切实增强党组织在企业改革、发展、稳定中的凝聚力和战斗力。党组织的活动要紧紧围绕企业的改革和生产经营，紧密联系党员和职工群众的实际，把思想教育、加强管理同解决实际问题结合起来，增强思想政治工作的效果。在活动方式上，要根据本企业的具体情况，做到灵活多样，讲求实效。

要妥善解决好企业党组织的活动经费问题。党组织的活动经费从企业管理费中列支部分，年初由企业党委根据工作需要，编制年度预算，同董事会协商后列入企业财务计划。计划范围内的开支，由党组织负责人审批。

六、加强对试点企业党的工作的领导

上级党组织要切实加强对试点企业党的工作的领导。对企业党组织的设置、领导班子的选配、党的工作机构的设置和人员配备等问题，应及时提出指导性意见。要加强企业领导班子建设，帮助理顺企业党委与董事会、监事会、经理的关系，教育董事会、监事会和经营管理班子中的党员，增强党的观念，认真贯彻执行党和国家的方针政策和党组织的决议，自觉接受党组织的监督。要加强调查研究，认真总结经验，及时发现和解决存在的问题。要加强督促检查和具体指导，支持企业党组织在实践中积极探索，创造性地开展工作，保证试点工作的顺利进行。

党的干部

中共中央、国务院关于高级干部生活待遇的若干规定

(1979 年 11 月 13 日)

我们党的干部包括高级干部,一向具有艰苦朴素、与人民同甘共苦的优良传统。这是我党领导中国人民取得革命和建设胜利的一个重要条件。但是,由于封建特权思想和资产阶级思想的侵蚀,特别是林彪、“四人帮”的破坏和毒害,党内有少数领导干部利用职权,谋求私利,生活特殊,影响恶劣,引起人民群众强烈不满,使党的威信受到损害。

目前,我们党正动员和率领全党全军全国人民克服林彪、“四人帮”破坏造成的严重困难,向着祖国四个现代化的伟大目标进军。在这个关键时刻,党的各级干部,特别是高级干部,自觉地以身作则,发扬我党艰苦奋斗的优良传统,起模范带头作用,与人民同甘共苦,这对于团结全国广大干部和群众,同心同德,搞好“四化”建设,有着极为重要的意义。

为此,本着既反对领导干部生活特殊,又反对平均主义的原则,根据国家经济情况并保证工作需要,对中央机关、国家机关和各人民团体的高级干部生活待遇,作如下若干规定:

一、宿舍

(一)一个高级干部的宿舍只能有一处,不得同时占用两处。调到外地工作时,应将原宿舍交回。家属不能随迁的,其宿舍另行安排。

(二)宿舍的面积要有限额,由国务院作出规定。已工作的子女可以同住,如不能同住,其住房原则上由所在单位解决。

(三)严禁利用职权,动用国家物资、人力,为个人建造单户住宅。宿舍的维修,由有关管理部门按制度办理。

(四)已安排宿舍的,不准再占用宾馆、招待所;已经占用的,应限期迁出。凡拖延不迁者,其房费由个人自付。

(五)高级干部逝世后,原配备的宿舍,在一两年内收回,对遗属的住房,另

行妥善安排。

二、房租和水电费

(一)高级干部宿舍,除按规定附设的会客室(或办公室)免收房租外,其他用房按面积收取房租。对个人占而不用,别人也无法使用的房屋,原则上照收房租。

(二)水电费自理,公私混用不能分别装电表、水表的,根据水电的实际消耗,按比例合理分摊。

三、家具和生活用具

(一)家具和生活用具,由个人自理;对确有困难的,由公家适当配备,按照规定收取租金。

(二)凡高级生活用品,如电冰箱、电视机等,今后一律由个人自理。原公家已经配备的,一律按市价合理折价处理给本人。本人不要的,由公家收回,不得以任何理由长期无偿占用,化公为私。

四、交通工具

(一)汽车:部长以上干部,每人配备专车一辆。临时需要增加车辆,由有关单位派车。常务副部长、外事和公安部门副部长及65岁以上的年老体弱的副部长,根据工作需要,每人可配备专车一辆。其他副部长一般不配备专车,由所在单位根据需要,保证用车。家属子女单独外出不供车,因特殊情况必须用车的,按乘坐里程收费。

(二)火车:人大常委副委员长、国务院副总理以及全国政协副主席、最高人民法院院长、最高人民检察院检察长,因公外出,可乘坐火车包车;部长可乘坐火车软卧包房。上列人员除因特殊情况并经中央或国务院批准外,均不得乘坐火车专列。

(三)飞机:人大常委副委员长、国务院副总理以及全国政协副主席、最高人民法院院长、最高人民检察院检察长、部长因公外出,除因特殊情况并经中央或国务院批准外,均不得乘坐专机。

五、服务人员

(一)人大常委副委员长、国务院副总理以及全国政协副主席、最高人民法院院长、最高人民检察院检察长的宿舍,配备服务员、炊事员各一人。如因特殊情况必须适当增加者,应经过批准。

(二)部长的宿舍,配备炊事员或服务员一人。如因特殊情况,经过批准可增加一人。原配备的警卫员取消。

(三)65岁以上的副部长的宿舍,配备炊事员或服务员一人。

(四)在上述规定人数内,本人愿意自雇服务人员的,由公家按规定发给自雇费。

六、出差、出国和外出休养

(一)高级干部外出视察和检查工作,不能携带家属子女和无关人员。凡有家属子女或无关人员同行的,其车、船、食宿费用自理。

(二)高级干部出国访问,除礼节上需要带夫人者外,一律不准带子女亲属。

(三)高级干部外出休养,可携带家属陪同照顾,但一般不得携带已参加工作的子女。

(四)高级干部外出视察和检查工作或外出休养,除有关招待机关负责接待外,不得组织人员迎送;不得举办宴会、专场晚会和其他特殊招待;不得动用公款购送土、特产品。

(五)伙食费和粮票按规定标准收交。

七、文化娱乐

(一)原则上不准为个人组织专场电影、戏剧以及其它文娱活动。如为个人放映电影,要收取影片租金。

(二)除外事活动外不得在公共娱乐场所为高级干部设特座。

(三)为高级干部集体放映电影一律售票,如放映不宜扩大范围的"内部参考影片",子女不得入场。

(四)有关部门组织的集体文娱活动,高级干部及其家属子女参加时,要同群众一样照章购票。

八、不请客送礼

(一)不准用公款请客送礼。

(二)不得以试用、借用等名义,无偿占有或低价购买国家和集体生产的产品。

(三)各部门各地区和生产单位,不得以任何名义向高级干部个人赠送物品。

(四)在外事、外贸活动中,接受对方赠送的礼品,除价格不高的零星纪念品外,一律交公。

九、(略)

十、遗属的生活安排

高级干部逝世后,对遗属的生活安排问题,由民政部制定具体办法,颁发执行。

本规定适用于各省、自治区、直辖市党委书记、副书记，人大常委主任、副主任，政府省长（主席、市长）、副省长（副主席、副市长），政协主席、副主席等高级干部。军队高级干部的生活待遇，由中央军委参照上述精神另行规定。

关于退休的高级干部生活待遇问题，另行规定。

上述规定，各有关部门必须严格执行；高级干部应自觉遵守。今后凡违反规定的，要进行批评教育；对错误严重，情节恶劣的，应给予纪律处分。

中共中央组织部关于实行干部考核制度的意见

(1979 年 11 月 21 日)

建立干部考核制度,对于提高干部素质,促使干部钻研业务技术,提高建设社会主义的本领;对于选贤举能,正确识别和使用干部;对于贯彻各尽所能、按劳分配的社会主义原则,鼓励先进,激励后进,调动干部的积极性;对于改变好坏不分、赏罚不明、能上不能下、能进不能出的“铁饭碗”办法;对于实行群众对干部监督,防止我们的干部搞特殊化、脱离群众、做官当老爷的官僚主义,促使干部更好地为建设四化服务,有着极为深远的意义。

按照目前的需要和可能,对干部考核提出以下意见:

一、干部考核的标准和内容,要坚持德才兼备的原则,按照各类干部胜任现职所应具备的条件,从德、能、勤、绩四个方面进行考核:

考德,是考核干部的政治立场和思想品质,主要看是否坚决拥护党的政治路线和思想路线,贯彻执行党的方针政策,遵守党纪国法和社会主义公共道德,热爱祖国,努力为四个现代化贡献力量。

考能,是考核干部的业务、技术、管理水平,工作效率和文化程度,是否具备胜任现职的能力。

考勤,是考核干部的工作态度和事业心,是否肯学肯钻,对业务精益求精,任劳任怨,勇于创新,充分发挥工作积极性。

考绩,是考核干部的工作成绩,主要看对现代化建设直接或间接所作的贡献。

对各类干部的考核,要各有侧重。技术干部、专业干部,侧重技术、业务水平和成果;党政干部,侧重政治思想水平、政策水平和工作能力;对领导干部应更严些、更高些,要着重考核政策思想水平、组织领导能力、熟悉业务的程度,执行民主集中制的状况和工作的实际成效。

二、考核干部要实行领导和群众相结合的方法,把平时考察和定期考核结合起来。

要恢复和健全考察了解干部的制度,如民主生活会、年终鉴定、功过记实等。党组织通过和干部谈话、听取思想、工作汇报和群众反映等方法了解干部情况，并注意搜集本人写的有价值的工作总结、报告、文章，作为定期考核的基础。

定期考核，一般一年考核一次，也可二年考核一次。要根据各类干部的特点和考核内容的要求，采取不同的方法。科学技术干部、经营管理干部和各类业务干部，可由本人提出技术、业务报告，经同行评议，由考核组织评定。专业知识和基础理论可进行考试，学术论文可进行答辩。党政干部，可结合年终鉴定，由本人提出工作思想总结，群众评议，考核组织评定。对领导干部，还可结合本部门的工作总结，组织群众评议或实行民意投票，进行考核。

考核组织要把考核结果同干部本人见面，指出主要优缺点和努力方向，鼓励干部发扬成绩，克服缺点，不断前进。本人有不同意见可以保留，也可以向上级组织申诉。

三、干部考核要做到赏罚分明，有升有降。

对达到考核标准、工作成绩显著的干部，要给予精神鼓励或物质鼓励。对大公无私、精通业务、有组织才能和办事效率高的优秀分子，要选拔到领导岗位上来。

对未能达到考核标准的干部，要给他们创造学习的条件，或在实践中加强锻炼，鼓励他们上进，限期达到考核标准。经过两次考核达不到标准的，要调离现职，分配其他工作，有的要降职使用。

四、干部的考核工作，应按照干部管理权限，在党委领导下，由各级组织、人事部门负责。进行定期考核时，可成立临时考核组织，吸收正派公道、原则性强、在群众中有威信的领导干部、专业技术干部和组织、人事部门的干部参加，在党委领导下，进行考核评定工作。

五、今冬明春，国家机关各部委和省、市、自治区要选择一些领导班子较强、消除了派性、建立和健全了干部的岗位责任制和工作秩序较好的企事业单位，进行试点。各省、市、自治区还要选择一些县、社和党政机关进行试点。在总结试点经验的基础上，制订各级各类干部考核的试行条例，逐步推广。到 1981 年把干部考核制度普遍建立起来。

六、实行干部考核是一项新的工作，全党都缺乏经验，它涉及到每一个单位和每一个干部，情况复杂，工作量很大。各级党委必须加强领导，即要大胆试点，勇于改革，又要慎重从事，有计划有步骤地进行。

考核干部，要在培养、教育干部的基础上进行。通过考核，促进干部的学习和提高。

干部考核，一定要坚持党性原则，坚持考核标准，做到客观、公正，杜绝派性干扰,反对有亲有疏。涉及到干部的升降时,既要看干部的考核结果,也要考虑干部的全部历史和全部工作。对降职使用的干部,一定要做好思想工作,不要简单从事。要深入、广泛地宣传干部考核的重大意义,做到全党重视,领导动手,把干部考核工作切实做好。

(**注:**本件略有删节。)

中共中央关于
建立老干部退休制度的决定

（1982年2月20日）

（一）我们党是一个具有悠久斗争历史的大党。经过长达六十多年的光荣的战斗历程，党在自己的队伍中聚集了大量的一代又一代的久经锻炼的老干部。建国以前，在新民主主义革命的四个时期中，即在大革命时期、土地革命战争时期、抗日战争时期和解放战争时期中参加革命的老干部，至今健在的还有250万人。其中已经离休退休的只是少部分人，大部分人还留在工作岗位上。现在的问题是，这些老干部，不少同志现在年事已高，不少同志即将进入老年，他们仍然担负着各种领导岗位上的繁重工作，这就使各级领导班子老化的状况，达到相当严重的地步。妥善地安排新老干部有秩序有步骤地实行适当的交替，已经成为当前摆在我们全党面前的一个重大课题，成为新的历史时期中，党和国家干部制度根本改革的重要组成部分。

还在五十年代后期和六十年代前期，党中央和毛泽东同志就曾经提出过新老干部的适当交替的问题。但是由于指导思想的偏差和实际工作的失误，没有能够解决。历时十年的“文化大革命”，把党和国家各级组织中的领导骨干作为“走资派”打倒，同时提拔了一大批投机分子和野心分子，更使党的马克思列宁主义、毛泽东思想的组织路线和组织工作遭到极大的破坏，使干部制度和干部队伍陷于空前严重的混乱状态，大大延误了这个问题的正确解决。现在，在新的历史时期中，经过从十一届三中全会到六中全会的卓有成效的工作，党在指导思想上拨乱反正的历史任务已经胜利完成，党的思想、政治和组织状况已经大为改善，安定团结的政治局面已经大为巩固。在这样的情况下，中央认为，把新老干部适当交替的问题提到全党的重要议事日程上来，有秩序有步骤地加以妥善解决的时机和条件，已经成熟了。

（二）我们党的老干部是党的宝贵财富。在长期和残酷的革命战争中，在战火纷飞和白色恐怖的年代里，我们党的老干部出生入死，不怕牺牲，英勇奋斗，为推翻反动统治，为民族和人民的解放，为建立新中国，作出了巨大贡献。建国以后，他们又同全国各族人民一道，把长期贫穷落后的中国，建设成为一个具有独立的比较完整的社会主义工业体系和国民经济体系，经济、文化和科学技术都有了相当可观的基础的、发展中的伟大的社会主义国家。十年内乱时期,他们中的绝大多数同志坚持了马克思列宁主义、毛泽东思想的原则立场,同林彪、江青反革命集团进行了各种形式的坚韧斗争。近几年,他们在党的十一届三中全会路线指引下,为拨乱反正,推进社会主义现代化建设事业,作了大量的工作。中国革命和建设的历史反复证明,我们党的老干部,不愧为中国人民伟大事业的中坚力量。没有这样大量的老干部,没有中国革命各个时期中牺牲的先烈和今天仍然健在的老同志,没有他们的艰苦卓绝、可歌可泣的长期斗争,中国人民革命和建设事业的胜利和发展,是不可想象的。对于党的老干部的不可磨灭的历史功勋,我们全党全军和全国各族人民,我们的子孙后代,都是决不会忘记,也决不应当忘记的。

但是,今天仍然健在的老干部的相当一部分,毕竟年老体弱,精力差了,越来越难以承受领导工作的沉重负担。这是不可抗拒的自然规律。有鉴于此,为了使我们的事业后继有人,保持我们党的路线、方针和政策的连续性,保持党的领导的稳定性,必须用极大的努力,选拔和培养成千上万的德才兼备、年富力强的中青年干部,使他们参与各级的各种领导工作,得到更多的实际有效的锻炼,逐步地从老干部手里接好班。我们的老同志,要为党的事业着想,为人民的长远利益着想,以天下为己任,高高兴兴、满腔热情地欢迎和支持资历较浅、年纪较轻的优秀干部担负主要领导职务,同时使自己退出主要领导岗位,转到比较超脱的地位。这是老干部在新的历史时期的一项重大和光荣的历史责任。为了保证新老干部适当交替的顺利进行,并使一切将要退下来的老干部都能得到妥善的安排,中央认为,建立老干部离休退休和退居二线的制度,是必要的。

(三)老干部离休退休和退居二线的制度,是保障党和国家政治生活正常进行和健全发展的一项极其重要的制度,必须立即着手有系统地建立和健全起来,使之经常化,并且严格地加以实行。

不同国家和社会各有自己的退休制度,这些制度不可避免地各有自己的特殊性。我们的老干部离休退休和退居二线的制度,当然也必须从我党我国的实际情况出发,从广大老干部的实际情况出发。只有这样,才能真正做到合情合理,使退下来的老同志各得其所,才能有利于新老合作,巩固和发展安定团结的政治局面,才能强有力地促进我们的社会主义现代化建设事业。

老干部离休退休年龄的界限,考虑到当前干部的实际状况和接替条件,应当规定:担任中央、国家机关部长、副部长,省、市、自治区党委第一书记、书记、省政府省长、副省长,以及省、市、自治区纪律检查委员会和法院、检察院主要负责干部的,正职一般不超过65岁,副职一般不超过60岁。担任司局长一级的干部，一般不超过60岁。当然，个别未到离休退休年龄，但因身体不好，难以坚持正常工作的，经过组织批准，可以提前离休退休。另一方面，个别虽已达到离休退休年龄，但因工作确实需要，身体又可坚持正常工作的，经过组织批准，也可以在一定时间内暂不离休退休，继续担任领导职务。

退居二线，包括当顾问和荣誉职务，不属于离休退休。那些身体还好、又有比较丰富的领导经验和专业知识、但因年龄或名额限制不宜进入领导班子的老干部，可以安排担任负有一定职责的顾问，或从事某一方面的调查研究、参谋咨询的工作。那些为党的事业作出重大贡献、威望比较高、但是坚持正常领导工作（包括当顾问）有困难的老干部，可以安排适当的荣誉职务。担任顾问和荣誉职务不宜重叠，原则上一人一职。

至于原来担任领导职务的著名专家、学者和文艺家，如果年事已高，则应当大力支持他们把宝贵的时间和精力集中用于研究和著述，为他们配备必要的助手和提供较好的工作条件，也可以让他们担任某些荣誉职务，除有特殊情况者外，一般不必再从事行政领导工作。

除了上述原则规定之外，中央认为，还应当强调指出，在党和国家领导人中，需要保留少量超过离休退休年龄界限的老革命家。特别是在当前和今后一个时期的历史条件下，我们这样一个大国，更需要有若干位经验丰富、德高望重，能够深谋远虑、统筹全局，而且精力尚能工作的老同志，留在党和国家的中枢领导岗位上。这是全局的需要，是保持国内安定团结和正确处理国际关系的需要，是完全符合党和人民根本利益的。

（四）老干部离休退休以后，一定要很好地安排照顾，基本政治待遇不变，生活待遇还要略为从优，并注意很好地发挥他们的作用。这应当成为我们党和国家的坚定不移的政策原则之一。

我们党是无产阶级政党，我们国家是社会主义国家，我们的老干部毕生以革命为业，而并不经营什么私人产业。同时，老干部离休退休，虽然离开了原来的工作岗位，不担任行政领导职务了，但在思想上、政治上和组织上并不因此而同样退休，任何一个共产党员的革命意志和组织纪律是绝对不能“退休”“离休”的，他们仍然应当是共产主义革命者，仍然肩负着为人民服务、对人民负责的政治责任。因此，对于一切离休退休的老干部，他们的政治待遇，包括阅读文件、听重要报告、参加某些重要会议和重要政治活动等等，应当一律不变。生活待遇，包括医疗和交通工具等等，也应当一律不变。

建国以前参加革命的不少老干部，老骥伏枥，壮心不已，决心在离休退休之后，无条件地终身坚持艰苦奋斗，这种高尚的革命精神是值得作为楷模在全党大力提倡和学习的。但是,考虑到许多老干部在长期的革命岁月中作出了重大贡献,又积劳成疾,体质越来越弱,在生活和治疗中都不同程度地会遇到一些困难,中央决定分别给以适当的补助。具体标准和实施办法,由中央组织部负责拟订。这样做,表达了党和人民对于老同志保持身体健康和较好地安排生活的应有关怀。中央相信,这个规定,必将得到全党同志和全国各族人民的衷心赞同。

对离休退休的老干部的服务工作,应由他们离休退休时所在的工作单位负责。原则上,在哪个地方离休退休,就居住在哪个地方。如果本人希望回乡或到某些适宜的地区定居,也应当积极地为他们安排,提供方便。

为了统筹解决老干部离休退休方面的问题,各级党委的组织部门应当建立健全老干部工作机构,专司其事。各级党政军的主要负责同志也应当经常督促检查,并且定期地把这一方面的工作提到党委的议事日程上来。

(五)对于一切已经和即将离休退休的老干部,中央寄予殷切的期望。这些老同志,在他们工作的几十年时间里,用巨大的精力和热情为中国人民的革命事业作出自己的贡献,并以此写成了他们自己的光荣历史。离休退休以后,党交给他们的主要任务,是健康长寿,继续写完他们的光荣历史。中央希望他们,继续关心党的事业,关心国家和人民的命运,并在力所能及的范围内,为党为人民作出新的贡献。

我们已有不少老同志,离休退休之后,仍然热心于社会主义祖国的物质文明和精神文明的建设事业,并且利用一切适合于自己情况的方式,参加各种社会活动,保持同群众的联系,进行社会调查,或者认真写作有益于人民和青年的著作,或者积极参加有益社会的轻微体力劳动,切切实实、点点滴滴地为人民做好事。他们不但严以律己,而且抱着高度的政治责任感,严格地教育和要求自己的子女和其他亲属。必须充分认识,老同志的这一件一件事情本身似乎并不轰轰烈烈,但是整个说来,它对我们社会的改造,特别是对青少年的教育,具有不可估量的巨大而又深远的意义。党的报刊要经常地如实地宣传报导这些老同志的事迹。

中央还希望一切离休退休和退居二线的老干部,向现在中央工作的老一辈无产阶级革命家学习。这几位老革命家,虽然由于党和人民的需要,服从党中央的决定,还要留在党和国家的领导岗位上,但他们是那样大公无私地、诚心实意地扶持在资望上、能力上、经验上不如自己的同志出来主持工作,而把自己的位置摆在后面,并且把这当作对党和人民的光荣责任和愉快的事。他们对大量日常性质的问题,放手地让处在第一线的同志去处理,而对重大问题,则又是那样认真地运用自己的丰富经验和政治智慧,竭心尽智地帮助处在第一线的同志出主意,并同集体的政治经验和集体的智慧相结合,尊重党中央的集体领导。这种马克思主义的革命精神和科学方法,正是在新的历史时期中,老同志应当如何发挥作用的极好榜样。

一切离休退休老干部的子女和其他亲属,都应当热情地赞助和支持老同志愉快地离休退休,同时应当更好地继承和发扬革命前辈艰苦奋斗的革命精神,沿着革命前辈的光荣的战斗道路前进。

(六)在老干部离休退休的同时,大胆提拔中青年干部到各级主要领导岗位上来,这是一个问题的两个方面。应当充分地估计到,经过建国三十几年的工作和斗争,我们党确实已经培养和造就了一大批德才兼备、年富力强的优秀中青年干部。他们政治上坚强,有比较丰富的专业知识,有领导能力,经过锻炼和考验,而又精力充沛,完全有条件担任各种领导工作。这是我们党的希望所在,也是我们党具有伟大生命力的表现。如果看不到这一点,或者对这一点估计不足,而在选拔省、市、自治区和中央、国家机关领导干部时总是在60岁以上的同志当中打圈子,拿不出魄力,打不开局面,就会贻误我们的事业,就会犯不可原谅的历史性错误。

选拔中青年干部,必须坚持德才兼备、年富力强这个正确标准。首先要看政治表现,要考察他们在"文化大革命"中的表现,特别是十一届三中全会以来的表现。德不好的,虽有某一方面的才能,但不能忠诚地为人民服务,在他们用实际行动切实改正并取得群众谅解信赖以前,一个也不能选拔到领导岗位上。那些跟随林彪、江青一伙"造反"起家的人、帮派思想严重的人和打砸抢分子,以及近几年来在政治上严重破坏党的生活准则和在经济上严重违法乱纪的人,现在还占居领导岗位的,要坚决撤下来。至于对比较年轻干部的领导经验,则不能要求过高。只有把他们放到领导工作的实践中去,才能够使他们由经验不多变为经验很多,愈益成熟起来。在这个问题上,一定要防止和克服任何论资排辈和求全责备的思想。对于德才兼备、年富力强的中青年女干部,尤应重视,不可歧视。中央相信,在十一届三中全会以来正确政治路线、思想路线和组织路线的指引下,只要我们真正依靠党的各级组织,依靠党内外广大群众,同时依靠广大富有经验、知人善任的老干部,善于集中群众的智慧,靠群众的眼力来识别和选拔干部,而不是少数几个人说了算,就一定能够把接班的同志选准,把这件大事办好。即使有个别人没有选准,或者后来经不起考验,变得不好,那也不难及时调整,无碍大局。

中央认为有必要唤起全党同志深刻地注意我们党的历史经验。我们党在走上历史舞台并且开始领导千百万人民群众进行伟大斗争的时候,甚至直到建国的时候,党的各级领导者,包括今天仍然健在的老同志,几乎都是很年轻或者比较年轻的。在新的历史时期中,更应当充分地相信,只要继承和发扬党的优良传统,贯彻执行民主集中制,加强集体领导,发挥集体智慧,依靠老同志的帮助和支持,广大年轻和比较年轻的接班的新干部就一定能够领导人民,开辟更加光辉灿烂的远大前途。

(七)建立老干部离休退休和退居二线的制度,妥善解决新老干部适当交替的问题,这是一场干部制度方面的深刻改革,是关系我们党兴旺发达,国家长治久安,社会主义现代化建设宏伟事业能够顺利实现的具有战略意义的重大决策。能否正确地对待这件大事,对于我们各级党委和每一个共产党员,都是一次严峻的党性考验。

我们的同志应当理解,在职时努力工作是对党和人民负责的表现,由于年事已高、力不从心,不适应工作要求而退居二线或离休退休,也是对党和人民负责的表现。

我们的同志应当具有无产阶级的面向未来的宽广胸怀,敢于打破一切轻视优秀中青年干部的习惯势力,欢迎新生力量的成长。看不起新生力量,不是唯物主义者应有的态度。

所有在职干部,都要尊重离休退休老干部,虚心向他们请教,热忱地体贴他们,做到对自己严格要求,对离休退休的老同志好好照顾,并且努力在全社会范围内造成敬老尊贤的优良风尚。那种对干部在职时照顾备至,离休退休后就冷眼相待的恶劣做法,一定要批评制止。

中央相信,只要全党同心协力,坚定不移,不论遇到什么干扰和阻力都决不半途而废,就一定能成功地解决新老干部适当交替的问题,逐步建立起一整套适应社会主义现代化建设需要的领导体制和干部制度,并且用党章和国家法律的形式固定下来,造成一个我们的革命事业后继有人、兴旺发达的全新的局面,为胜利完成我们在新时期的宏伟历史任务奠定坚实的基础。

关于确定建国前干部参加革命工作时间的规定

（中共中央组织部、劳动人事部 1982 年 9 月 27 日印发）

建国前干部的“参加革命工作时间”，是指在中国共产党的领导下，脱离生产以革命工作为职业，或经我党组织决定，接受党的任务，以公开社会身份为掩护，实际从事地下革命工作的时间。对于以务农、做工、上学和从事其他职业为主，兼做些革命工作或参加过某些革命活动的，应肯定他们为革命做的贡献，但不应计算为参加革命工作时间。

根据上述原则，现对确定建国前干部参加革命工作时间问题，作如下规定：

一、在根据地、解放区我党政机关、群众团体机关以及公营企业、事业单位的干部，其参加革命工作时间，除本文件另有规定者外，从脱离生产以革命工作为职业的时间算起。

机关的工勤人员和公营企业、事业单位的工人，凡享受供给制待遇提为干部的，其参加革命工作时间，从当工勤人员或当工人之日算起。

二、1937 年 7 月 6 日以前加入中国共产党和中国共产主义青年团的，其参加革命工作时间，从入党入团之日算起。

抗日战争时期和解放战争时期，在国民党、日伪统治区加入中国共产党的，其参加革命工作时间，从入党之日算起。

抗日战争时期和解放战争时期在根据地、解放区加入中国共产党，建国以前脱产，一直坚持革命工作，入党时间早于脱产时间的，其参加革命工作时间，也从入党之日算起。

上述人员脱党（团）或被开除党（团）籍后又重新入党（团）的，除组织上对其参加革命工作时间问题已有结论者外，从其重新入党（团）或重新参加革命工作之日算起。

三、经我党组织决定，接受党的任务，在国民党、日伪统治区以公开社会身份为掩护，主要从事地下革命工作，并一直坚持革命工作的，其参加革命工作时间，从接受党的任务，主要从事地下革命工作之日算起。

仅有某些革命活动，如为我地下党传递过信件、张贴过标语、参加过反帝反蒋游行示威等，而主要从事社会职业的，不应计算为参加革命工作时间。

四、根据地、解放区的乡或相当乡一级的行政村中,实际上半脱产的乡(村)长、文书、治安委员、财粮委员、武委会主任(民兵队长),建国以前直接提拔为脱产干部的,其参加革命工作时间,从担任这些半脱产职务之日算起。

五、根据地、解放区公立学校的正式教员,凡一贯服从人民政府调动的,其参加革命工作时间,从其在公立学校任教之日算起。

六、原非我在职工作人员,在我党开办的军事学校、干部学校、干部训练班和我党为吸收干部而创办的,以学习政治理论政策为主、短期训练班性质的大学、公学学习后即分配工作的,其参加革命工作时间,从入校之日算起。

原非我在职工作人员,在当地解放后开办的革命大学和被我接收、恢复开学的高等学校,以及抗日中学、联合中学、师范、职业学校等各类中等学校和干部学校附设的中学部、预备班学习后分配工作的,从分配工作之日算起。

在职工作人员,由组织选送到各类学校学习,毕业后即重新工作的,其原参加革命工作时间不变。

七、起义人员的参加革命工作时间,起义后即参加革命工作的,从起义之日算起;曾资遣回家的,从以后参加革命工作之日算起。

八、留用人员的参加革命工作时间,从其在人民政权下当干部之日算起。

九、转业军人的参加革命工作时间,从参军之日算起。复员、退伍军人和精简人员又参加革命工作,凡间断年限不超过三年的,如果原工作年限长于间断年限,可从第一次参加革命工作之日算起,否则从第二次算起;间断年限超过三年的,一般从第二次参加革命工作之日算起。

十、因负伤、患病或队伍转移、组织被破坏等原因脱离革命队伍,离队期间积极寻找组织,主动为党工作,当地解放就重新参加革命工作的,其参加革命工作时间,从第一次参加革命工作之日算起;离队期间未积极寻找组织,也未有损害革命的言行,三年内又重新参加革命工作的,也可从第一次参加革命工作之日算起;否则,从第二次参加革命工作之日算起。

自动离职,或因思想落后脱离革命队伍,以后重新参加革命工作的,其参加革命工作时间,一般从重新参加革命工作之日算起。

情节严重的逃亡者,如携械、携款、畏罪潜逃,后又重新参加革命工作的,其参加革命工作时间,一律从重新参加革命工作之日算起。

十一、被捕、被俘人员,在被捕、被俘期间没有错误,或虽有错误,但情节较轻,获释后,即积极寻找组织,自觉进行革命工作的,原参加革命工作时间不变。自首情节严重,或有叛变行为,后重新参加革命工作的,其参加革命工作时间,从重新参加革命工作之日算起;但过去组织上对其参加革命工作时间已有结论者，一般可不再变动。

十二、被开除公职或判刑，以后又参加革命工作的，其参加革命工作时间，从重新参加革命工作之日算起。因过失犯罪被判刑，情节较轻的，或缓刑、监外执行未离开工作岗位的，也可以从第一次参加革命工作之日算起。

十三、对于某些地区性的问题和其他特殊问题，有关省、市、自治区党委组织部和中央有关部委，可根据本规定精神，提出处理意见，报中央组织部批准执行。

十四、干部的"参加革命工作时间"，应根据本规定确定。凡不符合本规定的，应按组织手续更改过来。

更改干部的"参加革命工作时间"，必须由县和县以上单位的组织、人事部门审议，报党委审批。凡省、市、自治区党委管理的干部和更改到1937年7月6日以前的，应由省、市、自治区党委审批；凡地（市）委管理的干部和更改到1945年9月2日以前的，应由地（市）委审批。省、市、自治区党委常委、副省长和中央、国家机关各部、委的司局正职以上干部，报中央组织部审批；中央管理的其他干部，委托省、市、自治区党委和中央各部委，国家机关各部委党组审批，报中央组织部备案。

干部要求更改"参加革命工作时间"，应如实地向组织提出理由和证明人，听从组织审定，本人不得自行变更，也不得擅自索要证明材料。个人出具证明材料，必须实事求是，并有组织、人事部门签署的意见，方为有效。

确定和更改干部的"参加革命工作时间"，是一项严肃的政治工作。对于干部提出的要求，既要防止不认真负责研究，敷衍应付，轻率否定的态度，也要防止不按规定办事，无原则地迎合个人意愿的作法。

十五、本规定自下发之月起实行。以前有关规定，凡与本规定不一致的，以本规定为准。

中共中央、国务院关于中央党政机关干部教育工作的决定

(1982年10月3日)

(一)

在全党工作的着重点转移到社会主义现代化建设以后,中央一再指出,为了适应新形势的需要,必须有步骤地改革领导机构和干部制度,加强干部的教育和训练,实现干部队伍的革命化、年轻化、知识化、专业化。中央党政机关的机构改革,包括裁并重迭的机构,组建领导班子,紧缩人员编制,特别是实行老干部离休退休制度,废除实际存在的领导职务终身制,一大批超过规定年龄界限的老同志退出第一线,许多德才兼备、年富力强的优秀干部走上了各级领导岗位,使领导班子的面貌开始发生变化。这是一个良好开端。当前,要不失时机地抓紧培训干部,把干部教育工作经常化、正规化、制度化,力争在三、五年内使中央党政机关干部队伍的政治、业务水平得到明显的提高。

政治路线确定之后,干部就是决定的因素。我们党在新的历史时期的总任务是:团结全国各族人民,自力更生,艰苦奋斗,逐步实现工业、农业、国防和科学技术现代化,把我国建设成为高度文明、高度民主的社会主义国家。干部队伍的素质如何,能否适应总任务的要求,关系到社会主义事业的成败,关系到党和国家的盛衰兴亡。因此,有计划地、大规模地培训干部,提高干部队伍的素质,造就社会主义现代化建设的大批专门人才,是现代化建设的需要,是继往开来、保证党的路线连续性的紧迫要求,具有重大战略意义。

我们党是有重视培养、训练干部的历史传统的。早在革命战争年代,党一方面组织广大干部在革命实践中学习提高,一方面又在极端艰苦的条件下兴办各类干部学校,组织在职学习,为夺取革命胜利准备了大批治党、治军、治国的干部。建国以后,我们党由战争环境转入大规模的社会主义建设,为了使广大干部掌握原来所不熟悉的建设本领和知识,在大力倡导和组织干部在职学习的同时,举办党校、干部学校、工农速成中学,抽调年轻干部上大学,并大力发展国民教育事业,培养、造就了大批人才。许多干部响应党的号召,长期不懈地勤奋学习,使自己从外行变为内行,有些同志已经是精通业务的专门家。现在活跃

在各条战线的领导骨干和业务骨干，绝大多数就是在革命战争时期和建国初期培养出来的。但是，从五十年代后期以来，由于党在指导思想上的失误，培训干部的工作逐渐削弱，刻苦学习专业知识的干部受到压抑，特别是十年内乱期间，干部教育和国民教育都受到严重摧残、破坏，贻误了老、中、青几代人的学习与提高，致使目前整个干部队伍的理论水平、知识和专业水平很不适应工作的需要。这是一个极其深刻的历史教训。现在这件大事再也不能耽误了。

中央党政机关经过这次机构改革，开始消除机构臃肿、人浮于事的现象，对干部的工作效率和工作质量提出了更高的要求，同时通过紧缩编制也为大规模地培训干部提供了条件和可能。机构改革，提高干部队伍素质，是克服官僚主义、提高工作效率和经济效益的两个重要环节。中央党政机关各级领导，要下大决心，花大气力，克服各种困难，立即着手把干部教育工作规划好、组织好，使中央党政机关成为高效能的决策和管理机关，成为培养、造就优秀建设人才的大学校。

（二）

干部教育工作的基本任务，是使全体干部在马克思主义理论、专业知识、科学文化水平和领导管理能力等方面都得到提高，成为坚持社会主义道路的、具有必备的专业知识的党和国家的合格工作人员。

中央党政机关的每一个干部，都要学习马列主义、毛泽东思想的基本理论，学习党的路线、方针、政策。担任处、科以上职务和在意识形态部门做业务工作的干部，要比较系统地学习马克思主义的哲学、政治经济学、科学社会主义、中国近代史和中国革命史几门课程。在学习中要强调贯彻理论联系实际的原则，克服教条主义和实用主义，使干部掌握马克思主义的立场、观点、方法，提高执行党的路线、方针、政策的自觉性。

从干部队伍的现状来看，需要特别重视业务学习，提高业务水平。中央党政机关的干部，职务高低不同，业务种类繁多，他们的共同特点是在领导机关工作，因此要具有带共同性的业务基础知识，如经济、管理、法律、科学的领导方法和工作方法等等。对于这种共同性的业务基础知识的学习，过去我们相当忽视，现在开展这种学习的困难也最大。但是，这是做好中央党政机关工作必备的基本功，必须认真学好。除了这种共同性的业务基础知识以外，不同层次，不同行业的干部，还应该根据各自的需要学习和掌握各种专业知识和技能。

在中央党政机关里，现有文化程度不到初中毕业的干部，年龄在 40 岁以下的，必须在两三年内经过文化补课达到初中毕业文化程度；现有干部中已具有初中以上文化程度但缺少专业知识的,要在三、五年内提高到中专、大专程度。今后调入中央党政机关的干部,最低限度必须具备高中或中专毕业的文化、业务水平,否则不得调入。军队转业干部不具备这个条件的,也要经过培训,考核合格,方能调入。

中央设想,经过5年左右的努力,中央党政机关的干部,都具有高中或中专毕业以上的文化、业务水平;大专以上程度的干部比例逐年有相当的增长;部委、司局两级领导班子中,大专以上程度的干部占有较大的比重。这样,整个干部队伍在革命化、年轻化、知识化、专业化方面就将有个明显的变化,机关工作就会出现新的面貌。

(三)

为着使干部教育工作经常化、制度化、正规化,中央认为,应当明确规定以下各项政策和制度:

一、干部教育应纳入国民教育计划。培训干部要有长远规划和年度计划。教育行政部门和各业务部门要把干部教育工作列入自己的事业计划和管理系统。

二、今后,中央党政机关的所有干部,都要分批分期参加轮训,一般要做到第3年离职学习半年,成为一种制度。按期离职学习,既是每个干部的义务,也是应有的权利。对一部分需要较长时间培训的干部,也可以把两、三次离职学习半年的时间集中一次安排。

三、把干部培训和干部任用结合起来。今后使用和提拔干部必须把学历、学习成绩同工作经历、工作成绩一样作为重要依据。为此,要建立干部学习的考核、考试制度,学习成绩记入档案。凡学完规定的必修课程并考试及格的,可获得相应的学历。学习成绩优秀并能在实际工作中应用的干部,在其他条件同别人相似的情况下,应当优先晋职。

四、干部离职学习期间,工资福利和其他待遇,包括工资调级,同在工作岗位上的干部一样对待,由原工作单位负责解决。

五、对具有大专以上程度,但缺乏基层工作经验的年轻干部,要有计划地安排他们到第一线去取得实际工作的经验。

(四)

鉴于培训干部的任务重、规模大、课目多,而现有的干部教育机构、师资、设备又很有限,因此,在具体措施上,要采取多样化的形式,充分利用一切可以利用的力量,实行分散和集中相结合的社会化方法。

一、中央党政机关各部委要对干部现有文化程度、业务和理论水平,进行调查摸底,按照干部的实际情况和不同的业务需要分别组织培训。

二、由中央党政机关各部委,开办干部走读培训班,从机关内部挤出房子作教室,作为对具有初中以上文化程度的干部进行业务和理论培训的主要形式。这种培训班分为中专班和大专班两种;中专班学制一到二年,大专班学制二到三年,可以一次学完,也可以分几期学完。两种培训班,都要有正规的教学计划。课程设置大体可分为共同业务基础、专业、政治理论3类。共同业务基础课,统一制订相当中专和大专的两种教学大纲,委托大专院校、研究单位或组织有教学能力的干部编写教材;专业课,由各部委根据工作需要,拟定教学大纲和教材;政治理论课,由中宣部编写教学大纲和教材。师资问题,采取聘请教员上大课、播放录像录音等办法解决。

三、发挥现有党校、干校的作用,开办学制一、二年的干部培训班和学制半年的干部进修班。

中央党校的干部培训班招收具有大专以上文化程度、五年以上工作经验的优秀青年干部,进行比较全面的政治、业务培训。干部进修班招收具有高中以上文化程度的司局以上领导干部及其后备干部,或某一类型的专业领导干部。课程内容,要有一、二门较系统的马克思主义理论课,并需适当增加领导科学、部门经济、管理、法学基础等业务基础课和科学文化知识讲座。

各部委干校的干部培训班和干部进修班,主要是对本系统的干部进行专业培训,除设置马列主义基础课程外,业务课程要占总学时的百分之七八十。有条件的干校也可开办领导干部进修班,培养本系统司局级和相当司局级以上干部,根据干部的实际需要,开设业务、管理课程和马克思主义理论课程。

中央党校和各部委干校都可以举办分部,或者同部委的干部走读培训班挂钩,增加培训人数。

四、发挥教育部和各部委所属高等院校和中等专业学校的作用,开办二、三年制的干部专修科或学制较短的干部培训班,招收比较年轻的干部入校学习。有的高等院校还可招收少数青年干部为本科学生。

五、对初中以下文化程度的干部的文化补课,主要是由各部委单独或联合举办脱产或业余的文化补习学校进行,中直和国家机关党委协助组织和进行检查。

六、已有大专以上学历的干部,主要是根据本职业务工作的需要,在工作中提高,并利用离职半年的时间自修或到高等院校、研究单位短期进修,进行知识补缺和更新。“文化大革命”期间毕业和入学的大专毕业生,如果专业水平现在还没有达到应有的程度,应补修所缺课程。

七、实行干部每3年离职学习半年的制度后,仍要加强对干部在职学习的领导。提倡和鼓励干部自学或参加社会上的业余、函授、广播、电视等各种类型学校的学习。各机关要帮助他们解决学习中遇到的困难,给以坚持学习的必要条件。现行每周两个半天政治学习的办法,一般不继续采用。今后在工作岗位上的干部学习政治(如学习重要文件、报告等)的时间,由各机关自行安排。

八、做好培训干部的教材编写的工作。中央宣传部、教育部和工业、农业、财贸、政法、文教、外事等各业务部门,应组织力量,尽快编写出适合干部教育特点的各种教材和自学书籍,并由各主管业务部门审定出版。出版部门要及时做好教材的出版、发行工作。

九、请财政部对行政、事业单位干部培训经常费用的开支范围、标准、渠道等问题,请计委、经委、财政部对干部培训所需基本建设投资和施工安排等问题,分别提出切实可行的办法,报国务院批准后实行。

十、为适应社会主义事业的长远发展,需要建立一所到几所正规化的中央行政管理学院、经济管理学院,培养具有较高的政治、业务、文化水平的国家管理人才。请教育部对以中国人民大学为基础开办中央行政管理学院的设想,进行研究,提出方案,报告中央。

(五)

加强党对干部教育工作的领导,是提高干部队伍素质的关键。

中央党政机关的干部培训工作,主要应由各部委负责做好。各部委要加强领导,采取切实措施,打开本部门干部教育工作的新局面。党组(党委)要定期讨论,并确定一名成员抓这件大事。在精简机构中,要保持一个专管干部教育的精干的工作机构,抓紧把规划、师资、课程、教材、经费、房子等问题一一落实下来。

为了统筹和协调中央党政机关的干部教育工作,研究和拟订干部教育的方针、政策,决定由中央组织部、中央宣传部、劳动人事部、教育部组成中央党政机关干部教育工作小组,由中央组织部牵头并办理日常工作,这个小组也负责检查和指导全国干部教育工作。

本决定在中央党政机关试行,同时发给各省、市、自治区党委和人民政府参考。

中共中央办公厅、国务院办公厅关于新任副部长、副省长以上干部生活待遇的几项暂行规定

（1983 年 5 月 21 日）

随着中央、国家机关以及省、市、自治区一级机构改革工作的开展，一大批优秀干部陆续被提拔到中央和省级以上的党政机关领导岗位，其中大多数是年轻干部。今后还将有更多的年轻干部进入省级以上领导班子。这不仅加快了新老干部合作和交替的进程，而且使高级干部的结构逐步发生变化。在这个新老交替过程中，一些地方和部门提出，对新任命的副部长、副省长以上干部的生活待遇应该如何处理，要求作出相应规定，以便掌握。

中共中央书记处、国务院认为，为了有利于年轻干部的健康成长，有利于促进干部制度的改革，同时，为了贯彻中央提出的对在职干部既严格要求、又保证工作需要的原则，对新提拔的副部长、副省长以上干部的生活待遇，不宜完全按照 1979 年 11 月《中共中央、国务院关于高级干部生活待遇的若干规定》办理，需要作一些新的规定。本着上述精神，现对 1982 年机构改革以来新提拔的担任中央、国家机关副部长和副省长及其以上职务干部的生活待遇作如下几项暂行规定：

一、工资待遇

1. 中共中央、国务院、全国人大常委会、全国政协的领导人，按国务院 1982 年 12 月《关于调整国家机关、科学文教卫生等部门部分工作人员工资的决定》（以下简称《决定》）调整工资后，其月标准工资不到 200 元的，在任职期间，每月补助 50 元，但补助费加上月标准工资的总数不得超过 200 元。

2. 中央、国家机关的部长、主任，省、市、自治区党委一把手，省长、市长、自治区主席，人大常委会主任，政协主席（以下简称部长级干部），按《决定》调整工资后，其月标准工资不到 150 元的，在任职期间，每月补助 40 元，但补助费加上月标准工资的总数不得超过 150 元。

3. 中央、国家机关的副部长、副主任，省、市、自治区党委书记、副书记，副省长、副市长、自治区副主席，人大常委会副主任，政协副主席（以下简称副部长

级干部),按《决定》调整工资后,其月标准工资不到120元的,在任职期间,每月补助30元,但补助费加上月标准工资的总数不得超过120元。

二、汽车配备

部长级以上干部,可以配一辆专用汽车。副部长级干部保证工作用车,不配专车。

三、秘书配备

部长级以上干部,可以配一名专职秘书。副部长级干部,不配专职秘书,由办公厅(室)指定人员办理有关秘书事宜。

四、宿舍

副部长级以上干部的宿舍,原则上不作调整,不予扩建。对个别住房确实拥挤的,可根据家庭人口和工作需要,按略高于本机关中层领导干部一般住房标准作适当调整。

部长级以上干部,可以在宿舍设一间会客室,房租由所在单位报销。

五、医疗

副部长级以上干部的医疗关系,原则上不转,由卫生部门发给"门诊医疗证",在原合同医院优先就诊。需要住院、转院治疗的,可根据情况给以必要的照顾。

六、在中央、国家机关机构改革以前提拔,现仍担任上述领导职务,尚未享受《中共中央、国务院关于高级干部生活待遇的若干规定》规定的待遇的干部,其生活待遇可参照本规定执行。

中共中央办公厅、中共中央组织部关于省级以下负责干部退出领导岗位时不要发致敬信的通知

（1983 年 6 月 4 日）

党的十一届七中全会和五届人大常委会第二十六次会议，分别向不再担任党和国家领导职务的老一辈无产阶级革命家发出致敬信，对他们光辉的革命功绩和崇高的革命品德表示敬意，是完全应当的。

1982 年 2 月 20 日中央发出《关于建立老干部退休制度的决定》以来，特别是在这次机构改革中，许多老干部出于公心，愉快地响应党的号召，主动退居二、三线，充分体现了他们的高度共产主义觉悟和政治责任感。但是，近来有的省仿效中央的做法，对退出省级领导职务的老干部也印发了致敬信，有的发信范围过宽，有的信在评价和措词上也有不够恰当之处，引起一些不好的反映。

执行老干部离休退休的规定，将逐步制度化。各级党组织对陆续离开领导岗位的老干部，要按照有关规定认真细致地做好工作。今后对担任省级和省级以下领导职务的同志退居三线时，不要再发致敬信，如对个别老干部确有必要发给致敬信的，应事先报告中央批准。

中共中央组织部关于建立省部级后备干部制度的意见

(1983年10月5日)

培养选拔大批优秀中青年干部,进一步实现领导班子的革命化、年轻化、知识化和专业化,仍然是我们面临的一项紧迫任务。中央最近提出,为了使国家能够长治久安,使党和国家的方针、政策有连续性和继承性,必须从现在开始抓紧第三梯队的建设。因此,一定要建立和健全后备干部制度,使新老干部的交替有雄厚的后备力量,并且保证这种交替经常化、制度化。

(一)后备干部的人数

省部级后备干部,是指省市区党委正副书记和常委,省市区人民政府的正副省长、正副市长、正副主席和中央国家机关正副部长的后备对象。于1984年7月以前,共选定1000名。其中省委书记、省长和中央国家机关部长后备干部200名,省委副书记、常委和副省长以及中央国家机关副部长的后备干部800名。每个省、市、自治区200名左右,共600名;每个部委5名左右,共400名。

后备干部的人数要保持常数,因提拔和调整而出现的缺额,应及时补充。

(二)后备干部的条件

选拔后备干部,应包括党政、经济、文教、科研等各方面具有不同专长的优秀人才。妇女干部和多民族地区的少数民族干部要占有一定比例。

后备干部必须是符合党章规定的干部条件而又有培养前途的优秀干部。挑选时要注意掌握:①有坚定的共产主义信念,掌握马列主义、毛泽东思想的基本理论,坚决拥护党中央的路线、方针、政策,并能身体力行,有强烈的事业心和高度的责任感,有开创新局面的胆识和才干。②"文化大革命"中表现好,政治上坚定可靠,思想意识健康,作风正派,能够联系群众。③眼界宽阔,思想解放,有综合分析能力,勤奋好学,知识面较广,有创见,有干劲,并有较强的组织领导能力,工作成绩突出。④具有大专文化程度(包括经过自学达到大专水平的);不仅要注意学历,还要看是否有真才实学。⑤后备干部的年龄,要形成梯形结构,一般为45岁左右和40岁左右。⑥身体健康。

列为省部级正职的后备干部,必须有更高的要求,主要是政治上坚定、敏锐,在复杂的情况下,能坚持正确方向,有比较系统的马克思主义理论知识,有胜任工作的科学技术或社会、历史知识，有战略眼光和决策能力，作风民主，善于团结不同意见的同志一道工作，政绩比较突出。

（三）后备干部的选定

各省、市、自治区党委，中央国家机关各部委党组，应根据中央组织部的计划，分工负责，精心挑选。后备干部的挑选，不受地区或部门的限制。挑选后备干部，必须充分走群众路线，广泛听取各方面的意见；必须由组织部门考察，党委、党组集体讨论，报中央管理干部的有关部门批准后，列入后备名单。

（四）后备干部的培养

对选定的后备干部，要大胆使用，加强培养。省、市、自治区党委和中央国家机关各部委党组，要根据他们的具体情况，制定具体的培养锻炼计划，进行定向培养。要采取切实有效的措施，使他们在提拔之前获得学习和锻炼的机会，在实际工作中做出成绩，增长才干，便于组织上对他们作进一步的考察，也便于群众对他们有更多的了解，为他们取得一定的群众基础和威望创造条件。

长期在基层单位工作的，可以到省、部的厅、局或地、市担任主要领导工作，使他们开阔视野，取得机关工作的领导经验。

长期在领导机关工作的，可以放到下面去担任主要领导工作，使他们通过实际锻炼，取得领导经验。

长期从事某项专业性工作的，可以调到党政机关作领导工作，取得较全面的领导经验。

没有进过中央党校而又符合入学条件的后备干部，都必须在中央党校学习一期。

交给他们一些重要课题，下去调查研究，并写出报告；或者指派他们负责处理一些重大问题。每个后备干部在提拔之前，至少要完成几件这样的任务。

根据每个同志的不同情况，给他们规定必读的书目，并写出心得、体会或论文。

（五）后备干部的考核和管理

为了使新老干部的交替经常化、制度化，使老干部按规定退下后能随时有合格的人选补上，以保证领导班子“四化”的需要，各级党组织必须把管理后备干部摆在同管理现职干部同等重要的位置上。主要负责干部必须亲自抓，由干部管理部门办理具体工作。

省、市、自治区党委和中央国家机关各部委党组，每年应对每个后备干部全面考核一次，考核材料要报中央管理干部的有关部门；中央管理干部的各部，亦应进行重点考核。考核的内容，主要是工作实绩以及思想、作风、学习等各方面的表现。考核时,省、市、自治区和中央国家机关各部委的主要领导同志要亲自参加,亲自领导,并根据考核的结果同后备干部谈话,充分肯定他们的成绩,同时指出其缺点和不足,帮助他们明确进一步努力的方向。

中央管理干部的各部和省、市、自治区党委,要逐步建立起后备干部考核档案。主要内容有:后备干部登记表、每年的考核材料、政治审查和在"文化大革命"中表现的有关材料、学习成绩、科研成果记载、个人著作目录等。

后备干部名单不是固定不变的。发现优秀人才,应随时补充;经过考核,不适宜继续做后备干部的,应及时调整出去,并报中央管理干部的有关部门批准。确实优秀的,根据工作需要,应适时提拔到领导岗位上来。

今后提拔领导干部,除特殊情况外,都应从后备名单中挑选。

后备干部名单由组织掌握,培养意图和使用方向都要注意保密。

各级党委,各部门党组,也应参照上述精神,建立和健全各自管理的后备干部名单制度。

中共中央关于任免国家机关领导人员必须严格依照法律程序办理的通知

（1984 年 4 月 26 日）

各级国家机关的领导人员由本级人民代表大会选举产生或由它的常务委员会决定任免，是宪法和法律赋予各级人民代表大会和它的常务委员会的职权。我们党领导人民制定了宪法和法律，也要领导人民执行宪法和法律。十二大党章规定："党必须在宪法和法律的范围内活动。"党组织的一切活动都不能违背宪法和法律的规定，这是党和国家政治生活中必须遵守的一个基本原则，必须引起各级党委高度重视。1983 年 9 月，经中共中央批准，中央组织部发出《关于任免国家机关和其他行政领导职务必须按照法律程序和有关规定办理的通知》以后，已经引起各地党委的重视，不依法办事的现象有了较大好转。但是，仍然有一些同志对干部任免的法律程序和有关规定不熟悉、不习惯，甚至怕麻烦，因而，违背宪法和法律的做法时有发生。例如有的地方人大常委会对经党委审查同意任命的地方国家机关领导人员名单有不同意见，党委仍坚持要保证通过，甚至批评人大常委会提出不同意见是"同党委唱对台戏"。特别是在市、县机构改革中，调整国家机关领导人员，甚至人大常委会主任、副主任、委员名单，有的地方未经人大选举或人大常委会决定就公布任命。这些都是很不应该的，也是很错误的。这些违背宪法或法律的做法，既损害了宪法和法律的尊严，也损害了党的威信，造成工作被动，影响很不好。

为此，中央重申：任免国家机关领导人员必须严格按照宪法和法律规定的程序办理。所有宣传单位，对国家机关领导人员的任免，都要在组织手续、法律程序完备后，才能公布。

中央认为有必要指出：按照干部管理权限，经各级党委审查同意、须由各级人大选举产生或由人大常委会决定任免的人选，人大代表和人大常委会组成人员有权提出不同意见。对这些意见，有关的党委应该认真加以考虑。如果意见有道理，应该重新考虑人选；如果认为人选不宜改变，或者认为提的意见不全面或与事实有出入，应该耐心说明、解释；如果多数代表或委员不同意，不要勉强要求保证通过。

现将中央组织部的通知作为附件下发，望各地、各部门认真贯彻执行。

附：

中共中央组织部关于任免国家机关和其他行政领导职务必须按照法律程序和有关规定办理的通知

(1983年9月8日)

新宪法公布以后,各级组织、干部部门的同志经过学习,提高了对加强社会主义民主和法制建设重要性的认识。在办理任免国家机关和其他行政领导职务工作中不按法律程序和有关规定办事的情况有了很大改变。但是,由于长期形成的某些老观念、老习惯影响较深,目前仍有一些同志在这方面注意不够,甚至把依照法律和有关规定办事视为一种麻烦。应当指出,任何不尊重宪法和法律的做法,对于发展社会主义民主,健全社会主义法制,实现社会主义民主的制度化、法律化都是不利的,而且有损于党的威信,给工作造成被动。

党章规定:"党必须在宪法和法律的范围内活动。"胡耀邦同志在党的十二大报告中也着重指出:"从中央到基层,一切党组织和党员的活动都不能同国家的宪法和法律相抵触。"为了在党的干部工作中严格遵守宪法和法律规定,现对任免、调动国家机关领导干部和其他行政领导干部应注意的几个问题作如下通知:

一、凡依法应由各级人民代表大会选举产生或由人大常委会决定任命以及由国务院和地方各级人民政府任命的领导职务,必须遵照《中华人民共和国全国人民代表大会组织法》、《中华人民共和国国务院组织法》、《中华人民共和国地方各级人民代表大会和地方各级人民政府组织法》、《中华人民共和国人民法院组织法》、《中华人民共和国人民检察院组织法》的有关规定,严格按照程序办理。拟任职的人选报请党委审查决定后,下达通知时应用"同意提名某同志担任某项职务"的提法,然后由有关国家机关按法定程序提请人民代表大会选举,或报请人大常委会、人民政府审查决定。在此以前,不要以党委名义任命,不要对外宣布,不要登报、广播。在个别情况下,因工作急需,可由上级党委提议、人大常委会或政府决定,临时参与某项领导工作或代理某项领导职务。免除职务也应依照上述法定程序办理。

法律规定有任期的职务,在任期未满前,非有特殊情况,不要轻易调动;必须调整时,应按规定程序履行调动、任免手续。

二、党委审批结果的通知,只应发到与选举或任命有直接关系的那一级人大常委会党组和国家机关党组,不要按一般党内文件层层下发,逐级传达。

三、推荐、选举、任命或免去党外人士担任的国家机关领导职务时,应事先征求本人意见,并在有关的党外人士中进行民主协商,听取意见,然后再按法定程序办理任免手续。

四、对各级政治协商会议的领导人选,由党委集体讨论提名后,必须经过民主协商,按照政协章程规定的程序选举产生,不要由党委作出任命决定。

五、对企业、事业单位行政领导干部的任免,要事先征求主管行政领导的意见,经由党委(党组)集体讨论决定,并以行政领导名义任免,不要用党委名义下达通知。

六、在落实干部政策、平反冤假错案工作中,凡涉及改变过去由行政单位决定的行政处分和由司法机关处理的刑事案件,应按规定程序或法律手续分别办理,不要以党委名义改变和宣布。

我们党领导人民制定了宪法和法律,更要领导人民贯彻执行好宪法和法律。各级党委要认真学习和带头遵守宪法和有关法律的规定,养成依法办事的习惯。对下级党委和组织、干部部门在任免、调动干部工作中是否有违反宪法和法律的问题,要经常检查监督,发现有不依法办事的情况,应进行教育,及时加以纠正。

中共中央办公厅、国务院办公厅关于贯彻执行离休干部生活待遇规定的通知

(1984年6月3日)

机构改革以来,有大批老干部陆续退出领导岗位离职休养。中央、国务院先后颁发了有关离休干部政治、生活待遇的规定。各地区、各部门在贯彻执行这些规定时,做了大量工作,取得了显著成绩。但工作进展尚不平衡,有些规定在一些单位还没有落实,离休干部在住房、就医、用车等方面的困难还未完全得到解决。各级党委和有关部门,应按照“基本政治待遇不变,生活待遇略为从优”的原则,认真解决离休干部的待遇问题。

各级党组织在落实离休干部政治、生活待遇的同时,要设法开辟一些新路子,发挥离休干部在社会主义物质文明和精神文明建设中的作用。例如,可以提倡老同志参加各种咨询服务组织,从事社会调查和教育青少年等社会工作。要勉励离休干部发扬艰苦奋斗、全心全意为人民服务的优良传统,在端正党风和改变社会风气的工作中,起模范带头作用。离休干部在生活待遇方面的要求,也要体谅国家的困难。

为了正确贯彻执行中央、国务院关于离休干部生活待遇的规定,遵照中央书记处和国务院的指示,现就有关问题作如下通知:

一、住房。离休干部的住房标准享受同级在职干部的待遇,在分配住房时,应当给予优先照顾。跨省安置的离休干部的建房问题,接受安置地区应积极予以落实。建房费用应按规定的建筑面积和接受安置地区制定的每平方米造价标准合理计价,不得超过当地规定多要建房费。

二、参观。离休干部参观工农业建设的活动,应就地、就近安排,注意勤俭节约。跨省参观应适当控制,一律经所在省、自治区、直辖市或中央、国家机关部委批准,由省级老干部工作部门统一组织,并事先征得所去地方的省级老干部工作部门同意,否则不要前往。跨省参观,每年一般只限于组织一批,人数不宜过多,参观时间不宜过长。地、县级单位一律不得组织跨省参观。

参观活动的经费开支一律按规定报销。凡个人自行外出的,费用自理。

三、医疗。在离休干部看病难、住院难的地方和部门,要认真采取措施加以解决。各省、自治区、直辖市的离休干部应在当地就医;当地医治不了而必须转外地诊治的,要按照卫生部门的规定办理医疗手续。不能违反规定多带陪护人员。病愈后应及时出院,不能以治病为名进行旅游或长期在大中城市宾馆、招待所留住。

四、用车。离休干部的配车、用车,要按现行的有关规定执行。原配有专车的干部,离休后待遇不变,如本人自愿,可将专车组成为老干部服务的车队,统一调度。高级干部原未配专车的,离休后不再固定专车,但要保证用车。

五、办公室、秘书、电话。已经离休或退下来在原单位未任职的干部,其原来的办公室不再保留,但要保证他们有学习、看文件的场所;高级干部离休后,一般不配秘书,工作确实需要的,经所在省、自治区、直辖市或中央、国家机关部委领导批准,可临时抽调助手;原宿舍配备的普通电话应予保留,保密电话不再保留。

各级党组织和老干部工作部门,应按本通知和有关规定,对离休干部政治、生活待遇的落实情况,经常进行检查。不落实的抓紧落实,违反规定的,要按规定妥善解决。

中共中央办公厅、国务院办公厅关于简化各级领导干部外出活动接待工作的若干规定

(1986年1月23日)

近年来,各级领导干部外出活动时,有些地方在接待工作中没有认真执行有关规定,迎送和陪同人员过多,招待标准过高,警卫工作有时影响群众的正常活动。这些做法,助长了铺张浪费和形式主义,有损党群关系。为了改变这种状况,经中央书记处、国务院批准,对于不是陪同外宾活动的内部接待工作,特作如下规定:

一、废除礼仪性的迎来送往

各级领导干部外出活动,各地除负责接待的少数同志以外,地区、部门负责同志不要到机场、车站、码头迎送,更不要到本地区边境迎送。上级领导干部途经各地时,地区、部门负责同志"不迎不送,不请不到"。

领导干部到基层检查工作,包括参加各种检查团、组,严禁动员或组织群众迎送,不要贴标语,挂横幅。

二、减少陪同人员,轻车简从

领导干部外出活动,各地必须减少陪同人员和工作人员,除约定者以外,其他负责同志不要出面陪同。各级领导干部,包括退下来的老同志,外出休息、疗养时,所到地区和部门的负责同志不要陪同进行参观。

领导干部在各地乘汽车参加活动时,尽量安排集体乘坐大、中型汽车,以减少车辆,避免影响交通。

三、从俭安排食宿

领导干部外出活动,不得安排住接待外宾、侨胞的豪华宾馆,禁止举行迎送宴会,进餐时不要备酒。就餐人员要按标准交伙食费,服务人员的工作餐和误餐费也要严格按规定办。会议室、会客室和卧室,一律不备香烟、水果或其他食品。

不为各级领导干部组织专场文娱活动。

四、禁止馈赠礼品

严禁动用公款向上级领导干部和随行人员馈赠礼品,包括试用品、土特产。

各级领导干部及其随行人员不得向所到地区、部门索取和接受礼品，不得请求代购紧俏商品和优惠价格商品。

五、如实汇报工作情况

向上级领导同志汇报工作要实事求是。成绩、缺点和问题都要如实讲，既不夸大，也不缩小；不得提供假情况，假数据。安排参观访问的路线、地点和单位，应尊重上级领导同志的意见，不要搞仅供参观的固定典型，严禁弄虚作假，布置现场。

六、改进警卫形式和新闻采访

重申1982年11月经中央书记处批准的《关于进一步做好中央领导同志外出时警卫接待工作的几点意见》的有关规定。要进一步改进警卫形式，坚持内紧外松的原则，切实做到既保证中央领导同志的安全，又方便中央领导同志联系群众。除特殊需要作专门布置以外，中央领导同志外出时，不用警车开道，不用警笛。现场警卫，要严格限制执勤人数。要经常教育全体警卫、接待人员加强群众观点，做到文明礼貌。

除党和国家主要领导人以外，其他中央领导同志到各地视察工作，非经中共中央办公厅或国务院办公厅同意，中央各新闻单位一律不派人随行。中央领导同志在各地的活动，需要在当地报道的，经省级党委批准；需要在全国范围内报道的，由新华社发通稿；重大活动，须由有关方面提出报道计划，经主管部门批准后执行。现场采访人员，包括文字、摄影和电视录像，限3至5人。各新闻单位采访的新闻、影像等资料，由新闻单位共同使用。

以上各项规定，请各级党委、政府坚决贯彻执行，由秘书长或办公厅（室）主任统一组织有关单位认真落实，检查监督。各级领导干部要严格要求自己，模范地遵守各项规定，随时批评制止违反规定的做法。担负接待任务的全体工作人员要敢于坚持原则，严格按规定办事，努力做好工作，共同为实现党风和社会风气的根本好转做出贡献。

中共中央关于严格按照党的原则选拔任用干部的通知

(1986年1月28日)

党的十一届三中全会以来,各级党组织认真执行干部革命化、年轻化、知识化、专业化的方针,积极进行干部制度的改革,选拔了一大批德才兼备的中青年干部,推进了干部新老交替与合作,加强了干部队伍和领导班子建设,从组织上保证了社会主义现代化建设和各项改革的顺利进行。但是,当前在干部选拔任用工作中,也存在一些问题,突出的表现是:有些领导干部,不遵守党的原则,违反组织人事纪律。他们有的凭个人好恶、恩怨取人,或以对自己有利无利为尺度用人,或从封建的宗族观念和宗派观念出发选人;有的通过各种手段,为提拔任用子女、亲友"走后门";有的拿职位送人情,搞交易;有的不顾政策规定,为本系统、本单位干部争级别待遇,给所属单位升格;有的做组织人事工作的同志放弃职守,不讲原则,甚至以权谋私。这些现象,虽然发生在少数人身上,但影响很坏,危害干部队伍建设,腐蚀党的肌体,损害党的威望,必须坚决纠正和防止。为此,中央特作如下通知:

一、领导干部必须在用人方面模范地遵守党的原则,维护组织人事工作纪律

领导干部用人,必须坚持德才兼备、任人唯贤的原则,做到公道正派,光明正大。各级领导干部都有按正常程序向党推荐人才的义务和责任,绝没有违反政策和制度安插亲朋好友的权力。无视党的原则和组织人事工作纪律的人,不能做领导工作。

领导干部的子女、配偶和其他亲属,确属德才兼备,符合选拔标准的,应同选拔任用其他干部一样,由群众或组织推荐,按规定的程序办理。领导干部本人不得指使或暗示组织人事部门对他们提拔任用,也不能通过身边工作人员、老同事、家庭其他成员为他们的提拔任用拉关系、"走后门",更不允许纵容、支持他们利用自己的地位和影响去伸手要"官"。党委讨论干部提拔任用,涉及领导成员的亲属、子女时,本人应当回避。

已经退出领导班子的老同志,在人事安排上如有建议,可按正常渠道提出,但不要干预新班子的正常工作。已调离的领导干部,不准再插手原地区、原单位的人事问题。

领导干部工作调动,不应从原地区、原单位带干部,或者指名调干部到自己身边工作。如确有必要调动个别干部,应事先提出申请,报上级党委审批。擅自调人的,组织人事部门有权拒绝办理。

二、选拔任用领导干部必须严格按照规定的程序办事

选拔党政机关领导干部的程序是:民主推荐,广泛听取意见,提出选拔对象;组织人事部门考察,党委集体讨论决定后按干部管理权限上报;上级组织部门进一步考察,然后提请党委讨论审批。不符合上述程序的,不予审批。如遇特殊情况急需起用干部,应向上级陈明理由,经过批准,可以先行代职或者任命,然后按规定程序办理。

正在进行领导体制改革试点的企业、事业单位选拔任用领导干部,参照上述精神和改革的要求,由省(部)级主管部门拟定必要的工作程序,经党委(党组)批准后实行。

三、选拔任用领导干部必须充分走群众路线

选拔任用各级领导干部,都应先在本人所在单位干部和群众中进行民意测验或民主推荐,或者由上级派人下去广泛听取群众意见。推荐人选,应在充分酝酿的基础上,放手让群众提名;群众推荐,一般宜采取无记名投票方式。上级党组织应着重从政策上、方法上给予指导。在正常情况下,要充分尊重多数群众的意见,得不到所在单位或地区多数人拥护的,一般不宜列为提拔对象。实行群众推荐,也要防止简单地以票取人。严禁利用民主推荐、民意测验拉选票,搞非组织活动。

四、决定提拔干部前,必须按拟任职务所要求的德才条件进行严格考察

考察干部要历史地全面地了解德、能、勤、绩。要了解干部在"文化大革命"中以及党的十一届三中全会以来的表现,着重考察近几年的工作实绩。考察工作实绩,要从干部的不同岗位、不同工作的实际出发,不能简单地用一个尺度去衡量。注意发现和起用能够创造性地执行党的方针、政策,有效地开创工作局面,扎扎实实为人民办事的干部,不能任用好说空话、不干实事、爱做表面文章和弄虚作假的人。考察干部要实行责任制。负责考察的工作人员要坚持原则,不带框框,不受干扰。考察结束,要写出符合实际的考察材料,署名上报。

五、选拔干部必须由党委集体讨论决定,不准个人说了算

各级党委书记、副书记、常委的任职,应按党章规定由同级党委全体委员会民主选举,报上级党委审批。特殊情况,可以按照考察、审批程序,报上级党委任命或代职。国家机关领导干部的任免,还要严格履行有关的法律程序。

党委讨论干部任用问题,组织人事部门应事先准备好材料,发给党委成员。材料包括:任职呈报表,考察材料,民意材料和呈报单位党委讨论时持赞成、反对或保留意见的情况材料。党委讨论时,应有三分之二以上成员到会,决议才能有效。主持会议的同志必须充分发扬民主,每个成员都要认真负责地发表意见,最后按少数服从多数的原则形成决议。在干部问题上,不准个人说了算。党委成员个人对集体决议有不同意见,可以保留,或向上级反映,但无权修改或否决。在讨论中,如果原拟人选被否定,应按照规定的程序重新提出人选,不能由个别成员临时动议,仓促作出任命决定。

党委和组织人事部门讨论人事任免的情况,任何个人不得擅自外传。违反这一纪律,必须严肃处理。

六、提拔干部应从经过实践锻炼的同志中择优任用

凡提任上一级领导职务的干部,都应在下一级领导岗位上经过一段实践锻炼,取得领导经验,并有显著成绩。干部一般要逐级提拔。越级提拔的,必须是特别优秀、工作又特别需要的。大学毕业生,应让他们先在基层锻炼,确实优秀的再提拔任用。

对伸手要"官"的,坚决不给,还要批评。对替他们说情的人和无原则迁就的领导者,也要批评。

对已经提拔但实践证明确不胜任的干部,应及时调整。

要把干部交流作为选拔、培养干部的重要途径。在交流中需要提拔的干部,组织人事部门应先派人到其所在单位或地区进行考察,然后按规定程序,报党委集体讨论决定。原单位不同意提拔的,必须在新单位经过一段实践考验,证明本人确属优秀,再予提拔。

为了更严格地要求领导干部,加强组织监督,在党中央、全国人大、国务院、中央军委、中央顾委、中央纪委和全国政协担任主要领导职务的干部的子女,凡需越级提拔到县级以上(含县级)领导岗位(包括从下级副职直接提任上一级副职,从下级正职,直接提任上一级正职)的,一律报中央组织部考察,中央书记处审核同意后,按干部管理权限任命。省(部)级正职领导干部的子女,如需越级提拔,一律报中央组织部审核,副职领导干部的子女越级提拔,一律报其子女所在地区或部门的省(部)级党委(党组)审核同意后,按干部管理权限任命。

七、严格禁止擅自增设机构、提高机构规格和增加领导干部职数

各地、各部门要根据党中央和国务院关于禁止擅自增加机构、扩大编制的通知精神,进行一次检查、清理。该撤销的机构坚决撤销。不该升格的恢复原级别。未按规定审批手续批准,自行增加的领导干部职数,一律无效。今后凡要求增设机构，提高机构规格，都必须按照业务归口，由主管部门写出专题报告，报经编制部门审核并提出意见，由上级党委或政府审批。任何领导干部个人都无权批准增设机构，提高机构级别，增加领导干部职数。

八、各级组织人事部门必须认真履行职责，当好党委的参谋和助手

各级党委讨论选拔任用干部，要充分听取组织人事部门的意见。组织人事部门的干部必须模范地遵守党的原则和纪律，敢于如实反映情况，敢于坚持原则，敢于抵制一切违反党的原则、破坏组织人事纪律的行为。对在提拔任用干部时放弃原则，讨好领导，滥用职权，营私舞弊的人，该批评的批评，该调离的调离，该撤换的撤换。为便于组织人事部门做好工作，加强指导、监督，各省、自治区、直辖市党委组织部正副部长，中央、国家机关各部委的干部、人事司（局）正副司（局）长的任免，要征得中央组织部的同意。

各级党委接到本通知后，要认真组织讨论，在各级领导干部中，经常进行坚持任人唯贤、反对任人唯亲的教育。要结合本地区、本部门的实际情况，提出贯彻落实措施。同时，要对干部选拔任用工作进行一次检查，对检查中发现的问题，要及时果断地处理。

人民解放军领导干部的选拔任用，由中央军委参照本通知精神作出规定。

中共中央办公厅、国务院办公厅关于加强县以上领导机关秘书工作人员管理的规定

(1986年7月24日)

秘书工作人员是领导同志的工作助手,秘书工作是党政机关工作的重要组成部分。在当前改革和建设的关键时期,各级党政机关面临着繁重的工作任务,从而对各级秘书工作人员也提出了新的更高的要求。针对目前秘书工作人员的实际情况,为了加强秘书队伍建设并有效地加强管理,参照1980年5月《中共中央办公厅关于中央领导同志机要秘书工作的暂行规定》的精神,经中央书记处、国务院领导同志批准,特作如下规定:

(一)坚持正确的政治方向,在思想上政治上同党中央保持高度一致。秘书工作直接关系到领导机关工作质量的优劣和工作效率的高低,关系到党的路线、方针和政策的贯彻执行。因此,秘书工作人员必须努力学习马克思主义的基本原理,学习党的路线、方针、政策,学习文化科学和业务知识,不断提高自己的思想政治水平和业务能力,学会用正确的立场、观点、方法,研究在对外开放、对内搞活,实行全面改革过程中出现的新情况、新问题,努力当好领导机关和领导同志的参谋和助手。秘书工作人员在任何情况下都不允许有同中央相悖的言行。

(二)遵守工作纪律,全心全意为人民服务。秘书工作人员必须具有强烈的革命事业心和政治责任感,努力完成党交给的各项任务。要做到行为端正、廉洁奉公,绝不能以自己的特殊工作条件或借领导机关、领导同志的名义,乱拉关系,徇私舞弊,谋取私利。秘书工作人员应当在自己的职责范围内,及时地、实事求是地向领导同志提供情况和建议。传达领导同志的意见,必须准确、及时,不要使用模糊语言,不得夹杂个人意见,使承办部门无所适从,造成工作失误。经领导授意起草的文稿和对信函、文件的批示,必须经领导同志本人审阅并按照规定的程序签署以后,才能发出。任何情况下都不允许仿照领导笔迹书写批示。秘书工作人员协助领导同志处理问题,必须实事求是,公道正派。秘书工作人员不得违背组织原则插手人事问题。要维护领导机关之间和领导同

志之间的团结，不得传播、泄露领导同志讨论工作过程中的各种意见和尚未正式作出决定的问题。

（三）树立谦虚谨慎的优良作风。秘书工作承上启下，沟通左右，是联系群众的桥梁之一。秘书工作部门，是领导机关的门面和窗口。群众看领导机关和领导同志的作风，往往首先或直接接触的是秘书。因此，秘书的作风直接影响到党的威信。秘书工作人员必须严格要求自己，待人接物，一定要和蔼谦虚，态度诚恳。处理问题，既要出以公心，敢于坚持原则，又要耐心细致，讲究礼貌，尊重对方。绝不可口大气粗，盛气凌人，更不允许要态度，逞威风。对待工作，要勇于负责，勤奋努力，虚心好学，讲究效率，多办实事，以优良的思想作风和工作作风，保证各项任务的完成。

（四）严守党和国家的机密。秘书工作人员接触党和国家的大量机密，保密责任特别重大。在对外开放、对内搞活经济的新形势下，保密工作面临着错综复杂的局面。现在，一些不法分子和外国情报人员活动的一个重要方面，就是企图通过腐蚀拉拢机关工作人员窃取情报。对此，必须保持高度警惕。秘书工作人员对机要文件必须认真登记，严格保管，不得私自带出办公室或擅自复印、摘抄。不允许将机密文件和内部机密情况向家属、亲友以及其他无关人员泄露。

（五）严格秘书工作人员的调配制度。县以上党政领导机关的秘书工作，都是机要性质的工作。调配秘书工作人员必须严格按照规定的条件，经组织部门审查后任用。领导同志的秘书，应由组织部门会同领导同志所在部门的办公厅（室）审查调配。领导同志也可推荐，但要经过上述部门审查同意，个人不得指定自己的亲属和不适合做秘书工作的人员担任秘书。秘书工作人员必须具备应有的政治条件和文化水平，必须懂得秘书工作的基本知识并经过严格的保密训练。

（六）加强对秘书工作人员的领导和管理。各级秘书工作都应逐步建立、健全岗位责任制和实行科学管理，严格按照规章制度办事。各级领导机关要对秘书工作人员实行定期考核，根据实际情况制订秘书工作人员奖惩制度。对表现好的要予以表扬、奖励直至晋级；对表现不好的要给予批评、教育，不适合做秘书工作的，要及时调离；犯有严重错误以至违纪犯法的，应按党纪、政纪、国法严肃处理。领导同志的秘书，行政上受各自领导同志和领导同志所在部门的办公厅（室）领导。秘书工作人员的考核和奖惩由领导同志所在部门的办公厅（室）和同级组织部门负责。领导同志的秘书，凡是中共党员，都应参加到一个党支部或党小组过组织生活，自觉接受党组织和群众的帮助和监督。秘书工作人员的工作很辛苦,责任也很重大,各级领导机关和领导同志要经常关心他们,在工作上给以帮助、指导和检查,在生活上要按照有关规定,切实解决他们的实际困难。

上述规定的基本精神,原则上适用于在领导同志处工作的警卫、司机以及其他服务人员。

各地、各部门接到本通知后,要认真组织所属有关工作人员学习、对照检查,并根据本地区、本部门和本单位的实际情况,制订具体措施,加强对秘书和有关工作人员的管理教育,努力提高秘书工作队伍的素质,促使他们进一步增强党性,改进作风,搞好工作,更好地为领导机关、领导同志和人民群众服务。

军队系统领导机关和领导同志的秘书工作人员的管理办法,请军委总政治部作出决定。

中共中央关于建立健全省部级在职领导干部学习制度的通知

（1989 年 12 月 27 日）

自 1982 年机构改革以来，省、自治区、直辖市党委、政府和中央、国家机关各部委的领导班子经过几次调整，年龄和文化结构有了很大改善，一大批年富力强、朝气蓬勃的中青年干部走上省部级党政领导岗位。他们积极进取，开拓创新，工作热情高，发展潜力大。同时也应该看到，这些同志多数是近几年从较低层次党政工作岗位或专业技术岗位提到较高层次任职的，工作地位和责任都有很大变化。我国正处在社会主义现代化建设和改革开放的重要历史时期，新情况、新问题层出不穷。对高级领导干部来说，要坚定不移而又卓有成效地执行党在新时期的基本路线，做到既坚持四项基本原则，又坚持改革开放，领导好社会主义建设事业，不仅需要坚持正确的政治方向，而且需要有驾驭全局、处理复杂矛盾的能力。为此，中央决定，进一步建立和健全省部级在职领导干部的学习制度，通过有领导、有计划地学习培训，帮助这些同志提高马克思主义的理论素养，增长领导才干。现将有关事项通知如下：

一、省、自治区、直辖市党委、政府和中央、国家机关各部委的领导干部，每届任期内，须到中央党校进修一次。主要学习马克思主义基本理论、党的基本路线和党内政治生活的基本准则，运用马克思主义的世界观和方法论，联系实际，研究弄清一些重大问题，充实理论基础，提高理论水平。

二、省、自治区、直辖市党委、政府和中央、国家机关各部委的领导干部，每年至少拿出半个月时间，选读一些马克思主义理论著作和其它有关书籍，结合实际，集中精力思考一些问题，总结经验。基本的学习内容和学习篇目，由中央宣传部研究拟定。学习结束，应写出理论与实际相结合的学习心得，向所在党组织汇报。

三、根据需要委托中央有关部门举办有省部级领导干部参加的专题研究班，采取理论联系实际的方法，研究讨论一个或几个重大问题。每期时间不超过一个月。

四、选拔进省、自治区、直辖市党委、政府和中央、国家机关各部委领导班子的干部，应考虑其马克思主义基础理论的水平。拟推荐的人选应先选送中央党校进行为期一年的马克思主义基本理论和党内政治生活基本准则的培训。要注意选拔非党干部、妇女干部和少数民族干部参加培训。

五、不担任省部领导职务的中央委员、候补中央委员,可根据他们的具体情况,分别采取上述办法,作出学习培训安排。

六、省部领导干部及后备人选的培训规划由中央组织部负责制订,中央党校组织实施。各省、自治区、直辖市党委要严格执行培训制度,中央组织部要加强督促检查。

七、中央党校要根据省部领导干部和后备干部的需要及培训规划的要求,合理确定学习内容,编好学习教材,改进教学方法,引导学员运用马克思主义的基本观点,来分析研究建设与改革中的实际问题,使学习理论、总结经验同提高分析和解决问题的能力很好地结合起来,保证学习收到实效。

加强领导干部的学习和培训工作,是做好新形势下领导工作的一项重要保证。领导干部要养成学习习惯,处理好工作和学习的关系,既要工作好,又要学习好。主要负责同志更要积极主动地参加培训,刻苦学习,并提倡他们到党校讲课,以自己的模范行动,带动广大干部形成一个重视学习的良好风气。

地、县党委和行政领导干部的学习培训,由省、自治区、直辖市党委根据本通知的精神结合本地区情况作出安排。

军队领导干部的学习由军委总政治部安排。

中共中央关于地方党委向地方国家机关推荐领导干部的若干规定

（1990 年 1 月 12 日）

第一条 地方党委向地方国家机关推荐领导干部是它应当履行的一项重要职责。推荐范围包括：地方人大常委会组成人员、人民政府组成人员、人民法院院长、人民检察院检察长，以及属于党委管理的由地方国家机关任命的其他领导干部。

第二条 地方党委向地方国家机关推荐领导干部，必须贯彻革命化、年轻化、知识化、专业化的方针，坚持德才兼备的标准，体现民主、择优的原则。被推荐的人选应是坚持四项基本原则，坚持改革开放，作风正派，廉洁奉公，能胜任所推荐职务并为群众所信赖的干部。

第三条 在地方人民代表大会换届时，地方党委提出需由上级党委审批的换届人事安排方案，应经下列程序：

1. 通过民主推荐或民主评议，广泛听取各方面意见，包括听取民主党派、群众团体、无党派人士的意见。

2. 确定被考察人选，组织考察。

3. 党委常委会或全委会讨论确定推荐人选，报上级党委审批。

4. 上级党委组织部门考察后提请党委审批。

5. 向人大常委会党组、人大常委会组成人员中的党员介绍上级党委批准的人事安排方案，进一步听取意见；向民主党派负责人、无党派人士中的代表人物通报有关情况，进行民主协商。

6. 向人民代表大会主席团提交推荐书，说明推荐理由，介绍所推荐人选的基本情况，回答有关问题。

第四条 在地方人民代表大会换届时，地方党委推荐由人大常委会决定的政府部门正职，应经下列程序：

1. 通过民主推荐或民主评议，广泛听取各方面意见。

2. 确定被考察人选，组织考察。

3. 听取政府首长和分管副职的意见;属地方党委和上级业务部门双重管理的干部,还应听取上级业务部门的意见。

4. 党委常委会或全委会讨论确定推荐人选。

5. 向人大常委会党组或主任会议成员、政府党组或政府常务会议成员通报党委关于人事安排的意见和所推荐人选的基本情况。

6. 根据党委的推荐意见,政府首长向人大常委会提名,由政府首长或他委托的有关部门介绍所提名人选的基本情况,回答有关问题。

第五条 在地方人民代表大会本届任期内,地方党委向地方国家机关推荐个别人选,应听取群众和有关方面意见,由组织部门考察,党委集体讨论决定,按干部管理权限报上级党委审批,依照法律规定任免。

第六条 地方人民代表大会开会期间,大会主席团和各代表团应成立临时党组织,在同级党委领导下进行工作。临时党组织在选举工作中的主要任务是:宣传贯彻党的干部路线、方针、政策;向人大代表中的党员介绍党委的人事安排方案,贯彻党委的意图;向党委反映人大代表提出的意见和建议。

人大代表和人大常委会组成人员中的党员,要积极贯彻党委意图,带头依法办事,正确履行职责。对党委推荐的人选有不同意见,应向党组织反映。不得利用散发传单、传播不实传闻等方式,影响他人依法表达选举意志。

第七条 人大常委会党组成员或正副主任中的多数人,对党委推荐人选如有不同意见,党委可以重新推荐人选;如果认为人选不宜改变,应作出说明,并在人大常委会党组或正副主任中进一步酝酿,待意见比较一致后,再行推荐。

属于双重管理的干部,双方对推荐人选如有不同意见,协商不一致时,以主管方提出的干部作为推荐人选。在向上级党委报告时,应反映协管方的意见。

第八条 由地方党委推荐的干部,在人民代表大会选举或人大常委会决定过程中如发现有一定根据、足以影响任命的问题,确实来不及查清,地方党委可建议人民代表大会或人大常委会暂缓选举或决定,待问题查清后,再决定是否继续推荐。

第九条 由地方党委推荐、人民代表大会选举的干部落选后,根据工作需要和本人条件,可推荐为其他职务人选。如果再次推荐为同一职务人选,应在一年以后。

由地方党委推荐、人大常委会决定的干部未获通过,可根据工作需要和本人条件,经进一步协商后,在下一次人大常委会例会时继续推荐。连续两次未获通过的,不得再推荐为同一职务人选。

第十条 由人民代表大会选举和人大常委会决定的干部请求辞职,应按干部管理权限上报，经批准后，再依法向国家机关提出辞职报告。由人民代表大会选举和人大常委会决定的干部调动工作或退（离）休，应依法向人民代表大会或人大常委会提出辞职报告。

第十一条 人民代表大会和人大常委会收到罢免案或撤职议案时，人民代表大会主席团临时党组织和人大常委会党组应及时向党委报告。属于上级党委管理的干部还应向上级党委报告。人民代表大会主席团临时党组织和人大常委会党组应按党委意见开展工作，并依照法定程序办理。

中共中央关于实行党和国家机关领导干部交流制度的决定

(1990 年 7 月 7 日)

有计划地对领导干部进行交流,是我们党的优良传统,是培养锻炼干部、提高干部素质的一个重要措施。多年的实践证明,实行这项制度,有利于领导干部在更广阔的范围内经受锻炼,开阔眼界,丰富经验,增长才干,提高领导水平;有利于领导干部在新的环境中大胆放手地工作,振奋精神,转变作风,深入调查研究,密切联系群众。同时,也便于对领导班子的结构进行合理调整,增强领导班子的整体功能。为了使领导干部交流制度化、经常化,中央决定,从中央党和国家机关各部委,各省、自治区、直辖市做起,实行各级党和国家机关领导干部的交流制度。

一、中央党和国家机关各部委,各省、自治区、直辖市党委、政府和法院、检察院的领导干部,在一个地区或部门工作时间较长的,应当进行交流;在同一岗位工作时间较长的,可在本地区的同级岗位之间进行交流。

二、中央党和国家机关各部委,各省、自治区、直辖市的省(部)级领导干部,可以在中央与地方之间进行交流,也可以在不同地区之间进行交流,有的还可以在中央各部门之间进行交流。特别要注意从经济比较发达的地区交流一部分领导干部到经济相对落后的地区任职。

三、干部交流要有领导、有计划、有步骤地进行,并尽可能地同换届选举、调整领导班子结合起来。如换届选举时需要交流的干部过于集中,可分期分批地进行。一个地区的党政主要领导干部,一般不要同时交流,以保持领导班子的相对稳定。

四、中央党和国家机关各部委,各省、自治区、直辖市中,属中央管理的干部,由中央组织部负责拟定交流方案,经中央批准后实施。

全国总工会、共青团中央、全国妇联等人民团体,以及中央党和国家机关所属事业单位的主要领导干部的交流,由中央组织部参照本决定精神办理。

中央党和国家机关各部委,各省、自治区、直辖市党委和政府下属领导干部的交流,由中央党和国家机关各部委,各省、自治区、直辖市党委,参照本决定精神作出具体规定,报中央组织部备案。

五、为了加强中青年干部的培养锻炼，中央组织部应会同中央党和国家机关各部委，各省、自治区、直辖市党委，有计划地抽调部分司（局）、厅（部）、地（市）级干部，在中央与地方之间及中央各部门之间进行交流。

六、领导干部交流是一项重要而又细致的工作，各级党委（党组）要统筹规划，周密安排，认真做好思想政治工作。安排干部交流要出以公心，坚持“五湖四海”，改变某些地方和部门存在的干部调不出、派不进的状况，克服地域观念和排斥外来干部的不良倾向。各级党和国家机关都要为干部交流工作的顺利进行，创造良好的环境和条件。

七、各级领导干部要充分认识进行干部交流的重要意义，正确对待这种正常的工作变动，自觉珍惜这一锻炼成长的好机会。在组织上未决定交流前，应安心工作，恪尽职守；一旦决定进行交流时，要坚决服从组织调动，并在指定的期限内报到就职。

实行党和国家机关领导干部交流制度，是我国干部制度的一项重要改革，需要在实践中不断地加以完善。各级党委及其组织部门，要注意调查研究，总结经验，把领导干部交流制度逐步地健全完善起来，并坚持下去。

中共中央关于党和国家高级干部逝世后丧事改革的通知

(1991年6月26日)

建国以来,我们党所倡导并要求共产党员带头实行的以破除迷信、丧事简办、遗体火葬为主要内容的殡葬改革,对于移风易俗、推动社会风气的进步,产生了积极作用和深远影响,得到了人民群众的支持和响应。近几年来,党内许多老同志和人民群众就进一步实行丧事改革提出了许多很好的建议。去年,中央向党内转发的中央顾问委员会27位老同志《关于取消向遗体告别仪式的建议》,得到了全党同志的拥护。徐向前、蔡畅、李一氓等不少老同志生前都留下后事从简、不搞遗体告别、不开追悼会的遗嘱,为全党作出了榜样。中央高度评价这些老一辈革命家的高风亮节和博大胸怀,并号召全党同志向他们学习。中央认为,坚持丧事简办,其意义不仅在于节约人力物力,而且在于体现了共产党人为人民的利益奋斗终身的根本宗旨。它对于密切党同人民群众的联系,移风易俗,树立良好的社会风气,推进社会主义精神文明建设,都将产生积极的作用。对逝世同志最好的纪念,就是发扬他们的革命精神,继续他们未竟的事业。中央要求党和国家高级干部在坚持丧事改革上作全党和全社会的表率。为此,对党和国家高级干部逝世后丧事改革通知如下:

一、党和国家高级干部逝世后,丧事应本着从简的原则,由组织办理,家属、亲友要积极配合。对逝世者生前关于丧事简办的愿望,组织和家属、亲友应予以充分尊重和支持。

二、党和国家高级干部逝世后,不举行遗体告别仪式,不开追悼会。

三、逝世者的生平由组织负责撰写。家属、亲友可以向组织提供有关情况,但不应干预。

四、党和国家高级干部逝世后,除个别经中央批准按有关民族、宗教礼仪办理丧事外,均实行火葬,骨灰安放在当地公墓,不另建骨灰存放点,不修墓建碑。对提出不保留骨灰的,提倡骨灰就地就近处理,不组织到外地撒散。

五、党和国家高级干部逝世后,只公布逝世者的简要生平。要特殊报道的,须经中央批准,并着重报道对逝世者生前业绩、品德的缅怀。

中共中央组织部关于干部双重管理工作若干问题的通知

（1991 年 11 月 15 日）

为了健全和完善干部双重管理制度，理顺工作关系，提高工作效率，根据我部 1983 年 10 月发布的《关于改革干部管理体制若干问题的规定》的精神和干部管理工作的实际需要，现将干部双重管理工作中主管与协管双方职责权限和任免程序等有关事项通知如下：

一、中央各有关部门党组（党委）和地方党委，都应按照有关规定和干部管理权限，将双重管理单位的领导干部职务区别主管、协管，列入管理干部职务名称表。

二、在干部管理上实行双重管理，以中央各有关部门为主的，中央各有关部门党组（党委）的职责是：

1. 党政领导班子的配备、调整，党委换届时，审批党委会候选人及党的关系不在地方和跨省区的单位党委会选举结果；

2. 领导班子思想作风建设；

3. 干部考察、考核、任免、调动、交流、出国审批、工资待遇、行政奖惩、干部档案管理；

4. 政治审查；

5. 干部政治理论学习、培训，干部岗位职务培训和各类业务培训；

6. 退（离）休工作和老干部管理；

7. 后备干部选拔培养；

8. 干部队伍的管理。

地方党委协助中央各有关部门党组（党委）管理干部的职责是：

1. 对党政领导班子的配备、调整提出建议，审批党的关系在地方的党委会换届选举结果；

2. 协助做好党政领导班子思想作风建设工作；

3. 协助做好干部考察、考核和政治审查工作；

4. 协助做好干部的政治理论学习、培训和业务培训；

5. 推荐优秀干部，协助做好干部交流工作；

6. 协助做好老干部管理工作;

7. 协助做好后备干部的选拔培养工作。

三、在干部管理上实行双重管理,以地方党委为主的,地方党委的职责是:

1. 党政领导班子的配备、调整,党委换届时,审批党委会候选人及选举结果;

2. 领导班子思想作风建设;

3. 干部的考察、考核、任免、调动、交流、出国审批、工资待遇、奖惩、干部档案管理;

4. 干部政治理论学习、培训;

5. 政治审查;

6. 退(离)休工作和老干部管理;

7. 后备干部选拔培养;

8. 干部队伍的管理。

中央各有关部门党组(党委)协助地方党委管理干部的职责是:

1. 对党政领导班子的配备、调整提出建议;

2. 协助做好党政领导班子思想作风建设工作;

3. 协助做好干部考察、考核和政治审查工作;

4. 指导和规划本系统干部岗位职务培训和各类业务培训,并会同地方党委安排落实;

5. 推荐优秀干部,协助做好干部交流工作;

6. 协助做好后备干部选拔培养工作。

四、主管协管双方可从实际情况出发,经协商后,将某些干部管理工作委托对方办理。

五、主管协管双方要做好干部考察、考核工作。调整配备领导班子考察干部时,主管方要事先邀请协管方参加,协管方要积极配合,一般不要重复考察。考察干部协管方没有参加的,主管方在考察后应向协管方通报情况。

六、凡任免调动干部,主管方须事先征求协管方意见。征求意见要正式行文,并附干部任免呈报表,属于提拔任用的应附考察材料。一般情况下,协管方应在接到征求意见函后一个月内作出书面答复,逾期不复的,可视为没有意见。

换届时,主管方应提前两个月发函征求协管方意见。

为了减少工作环节,征求和答复意见时,中央各有关部门党组(党委)只对省(区、市)党委或省(区)辖市党委,省(区、市)党委和省(区)辖市党委只对中央有关部门党组(党委)。具体工作分别由中央有关部委干部、人事司(局)和地方党委组织部(或由地方党委授权的部门)负责。

干部任免后,主管方要将任免通知及时抄送协管方。

七、主管协管双方意见不一致时,不要仓促作出决定,要认真协商,充分听取和考虑对方意见,在此基础上由主管方作出决定。向中央备案的,要将协管方的不同意见在备案报告中注明。

八、主管和协管双方要切实履行职责,加强工作联系,互相尊重,互相支持,密切配合,及时沟通情况,共同做好干部管理工作。

干部统计工作暂行规定

(中共中央组织部、人事部1992年5月11日印发)

为了科学地组织和开展干部统计工作,保证统计资料的准确性、及时性,充分发挥干部统计在干部管理工作中的作用,更好地为党的中心任务服务,依据《中华人民共和国统计法》规定的原则,结合干部统计工作的特点,特作如下规定:

一、干部统计工作的任务和管理体制

第一条 干部统计是干部工作的重要组成部分。干部统计工作要紧密围绕党的中心任务,坚持为党的干部工作服务,对干部队伍和干部工作状况进行多种形式的统计调查、分析;为制定干部路线、方针、政策,检查、监督干部计划、政策执行情况,研究和预测干部队伍发展趋势提供依据。

第二条 认真做好干部统计分析工作,提高统计分析质量,为各级党委、政府实施决策和指导工作当好参谋,提供有关情况。

第三条 根据党管干部的原则和干部管理体制的有关规定,干部统计工作实行由各级党委组织部统一领导,各级组织、人事部门分工负责的管理体制。

二、干部统计报表制度与管理

第四条 干部统计报表制度是向各级党委和政府定期或不定期报告干部队伍和干部工作情况的工作制度。中央组织部和国家人事部为干部统计报表的制表机关。

第五条 干部统计报表制度由以下两个部分组成:

干部统计定期报表制度。它是反映干部队伍基本状况的定期报告制度。

干部统计专题报表制度。它是适应不同时期干部中心工作需要的专题报告制度,是对定期报告制度的补充。

报表制度的解释权,属制表机关。

第六条 填报单位必须严格执行统计报表制度中有关统计范围、对象、指标涵义、计算方法、标准时间、报送期限、审核办法的规定。

第七条 各级政府人事部门负责同级国家机关各部门和下级政府人事部

门干部统计报表的布置、审核、汇总、上报任务，国家机关系统的干部统计报表在报送上级政府人事部门的同时，报送同级党委组织部。

第八条 各级党委组织部负责同级党委各工作部门及工会、共青团、妇联、党校、报社等单位和下级党委组织部统计报表的布置、审核、汇总任务，负责审核、汇总全地区的综合表，报送上级党委组织部。

第九条 县（市、区）一级为干部统计基层填报单位，由县（市、区）一级党委组织部、政府人事部门和有关部门直接进行干部统计。

第十条 各级组织、人事部门对同级和下级各部门的干部统计工作在业务上负有检查、指导的责任。

第十一条 中央、国家机关各部门、各省（区、市）因工作需要，在干部统计报表上增加指标，应从严掌握，并按照统计分工将表式分别报送中央组织部和国家人事部备案。

中央、国家机关各部委设在地方的直属单位和中央部委与地方双重领导以部委为主的单位，在向主管机关报送统计表的同时，应抄送当地党委组织部。

三、干部统计资料的管理

第十二条 要加强干部统计工作的基础建设，健全和完善各项干部原始材料登记制度和日常管理制度，不断提高统计数据的质量和统计工作的效率。

第十三条 各级党委组织部负责本地区全面干部统计资料的集中统一管理，各级政府人事部门负责干部统计分工范围内的资料管理。

第十四条 各级组织、人事部门和其他部门，内部使用或对外公开发表干部统计数字，应依据《干部统计资料密级划分和管理的暂行规定》，严格履行审批手续。

第十五条 各级组织、人事部门应指定专人负责干部统计资料的整理、建档、归档、提供、保管等日常管理工作，建立健全管理和提供干部统计资料的各项制度。

四、干部统计机构、人员和职责

第十六条 各级组织、人事部门和各填报单位，要加强对干部统计工作的领导，应有承担此项工作的机构和人员。

第十七条 地（市）以上各级党委组织部和政府人事部门主管干部统计工作的处、科（室），负责制定干部统计调查计划，部署、组织、协调调查任务的贯彻落实；对本部门制发的各种干部统计报表负有审核、指导的职责。

第十八条 省一级应配专职人员,地(市)一级应配专职或兼职人员,县(市)一级要有固定人员负责干部统计工作。主管领导对兼职统计人员要安排足够的时间从事统计工作。

第十九条 各级组织、人事部门应选配政治上表现好、责任心强、具有统计专业知识和中专以上学历的干部担任统计工作。

第二十条 干部统计人员的职责

(一)坚持四项基本原则,努力学习马克思主义基本理论、干部工作的方针、政策和干部统计工作的专业知识,积极参加各种政治、业务培训。

(二)坚持实事求是,认真执行干部统计报表制度,维护干部统计工作的严肃性,确保统计数据的完整、准确。

(三)收集、整理、调研、分析、提供统计资料,做好各项服务工作。

(四)保守国家秘密,严格遵守统计法规,坚决同一切违纪行为作斗争。

五、干部统计队伍、统计手段现代化建设

第二十一条 各级组织、人事部门要有计划地开展对统计人员的培训,为他们创造更多的学习机会,不断提高他们的政治理论水平和业务工作能力。

第二十二条 保持干部统计人员的相对稳定。统计人员工作变动时,应做到"先配后调","以老带新"。

第二十三条 统计工作实行评比制度。根据统计报表质量、统计分析质量、统计工作效率和为干部、人事工作服务的效果等内容,开展评比。对工作成绩突出的人员,予以表彰和奖励;对泄密、任意涂改数字或工作失职人员视情节轻重,给予批评教育或纪律处分,直至追究其刑事责任。

第二十四条 干部统计要适应干部、人事工作的需要,不断改进统计方法和手段,有计划、有步骤地普及、扩大计算机的使用范围,加强计算机在干部统计工作中的开发应用,提高计算机在统计工作中的使用率。

第二十五条 逐步实现干部统计指标和代码系统化、标准化、规范化,为建立干部统计、管理数据库奠定基础。

六、其　　他

第二十六条 各省(区、市)组织、人事部门参照本《暂行规定》精神,结合本地区实际情况制定具体实施办法。

第二十七条 本《暂行规定》自颁布之日起实施。

中共中央组织部
关于积极大胆地做好
选拔年轻干部工作的通知

（1992年11月3日）

一、为贯彻落实党的十四大精神，把各级领导班子建设成为忠诚于马克思主义、坚持走有中国特色社会主义道路的坚强领导集体，必须按照干部队伍革命化、年轻化、知识化、专业化的方针和德才兼备的原则，选拔大批优秀年轻干部进入各级领导班子。这是保证党的路线的连续性和国家长治久安的根本大计，也是当前加强各级领导班子建设，适应加快改革开放和现代化建设步伐的迫切需要。目前，在各级领导班子中，年轻干部数量偏少，不少班子尚未形成梯次年龄结构；今明两年换届时，将有不少干部因达到退（离）休年龄而退出领导岗位；到本世纪末，现班子成员也将有大部分退下来。在这种情况下，各级党组织和领导干部，应当充分认识选拔年轻干部的重要性，增强责任感和紧迫感，不失时机地积极做好选拔年轻干部的工作。

二、选拔年轻干部，要按照党的基本路线的要求，全面执行干部队伍“四化”方针和德才兼备的原则。衡量干部的德和才，主要看他在执行党的基本路线中的表现。在选拔领导干部时，一要看他听不听党的话，是不是真正的共产党人，能不能坚持党的基本路线，有没有坚定的社会主义、共产主义信念；二要看他有没有必需的知识和才能。对于那些在执行党的基本路线的实践中勇于改革、开拓创新、政绩突出、廉洁务实、群众信任的优秀年轻干部，要委以重任，大胆地选拔进各级领导班子；对于那些不胜任现职或不负责任甚至以权谋私的干部，要果断地调整下来。对个人主义严重、伸手要官的人，绝不能提拔重用。在选拔任用干部时，要严格按规定的程序办事，坚决防止和纠正用人上的不正之风。

三、选拔优秀年轻干部，要同改善领导班子结构紧密结合起来。目前，要结合换届和领导班子调整，使各级党政领导班子形成合理的梯次年龄结构。50岁以下的干部，在省区市党委领导班子中，一般要有3名，政府领导班子中，要有2名，其中，至少各有1名45岁左右的干部；中央国家机关部委领导班子中，要有1—2名50岁以下的干部。在地市州党委、政府领导班子中，要各有2—3

名45岁以下的干部,其中至少各有1名40岁以下的干部。在县市区党委、政府领导班子中,都要有2—3名40岁以下的干部。

各级党政领导班子主要负责人中,要有一批德才兼备的年轻干部,其中地市级党政领导班子主要负责人中,要有一批45岁左右的年轻干部;县级党政领导班子主要负责人中,要有一批40岁左右的年轻干部。

要通过换届和调整,不断完善领导班子的知识和专业结构,使领导班子逐步实现专业配套、知识互补。为适应领导班子领导经济工作的需要,要注意选拔懂经济、会管理的优秀年轻干部。

四、进一步解放思想,转变观念,坚决破除论资排辈、求全责备、迁就照顾等思想观念的束缚,不拘一格选人才。对于那些资历虽浅,但政治素质好,有潜力,政绩突出,能开创新局面的优秀人才,要大胆使用,个别特别优秀的,可以破格提拔;对于那些在改革和建设的实践中,由于缺乏经验而有某些失误的人,只要主流和本质好,就要热情帮助,敢于使用;对于那些工作中犯过错误,但本质好,确有才干和工作成绩的干部,只要认识和改正了错误,就要敢于量材使用,用其所长。

要放开视野,拓宽知人渠道。选拔年轻干部,不要仅限于党政机关,要从厂矿企业、高等院校、科研院所等方方面面,挑选那些政治上好、熟悉经营管理、实践经验丰富、有真才实学的干部,尤其要注意从大型企业、经济科技战线发现优秀人才。选拔年轻干部,要搞"五湖四海",根据工作需要,可跨地区、跨部门交流使用。选拔领导干部,不仅要以担任下一级主要领导职务的后备干部为主要来源,还要注意把那些没有列入后备干部名单,但在经济建设和改革开放实践中政绩突出,群众拥护的干部纳入视野。

选拔年轻干部,一定要发扬民主,坚持走群众路线,实行主管部门和群众相结合,采取民主评议和民主推荐等办法,广泛发现和掌握优秀人才。各地各部门要大胆探索,积极改革干部选拔任用制度,努力为优秀人才脱颖而出创造良好的环境和条件。

五、切实加强对年轻干部的培养教育。要充分发挥各级党校、管理干部学校、培训中心等干部教育重要阵地的作用,按干部培训计划,有针对性地对年轻干部分期分批地进行培训。培训中,要密切联系建设和改革的实际,贯彻少而精的原则,抓好马克思主义基本理论的培训,中心内容是学习邓小平同志关于建设有中国特色社会主义的理论;同时要采取多种形式,结合各类干部的工作需要,增加有关发展经济和改革开放的政策、法规以及工业、农业、金融、国内外经济形势分析等教学内容,加强现代科学文化知识和商品、市场、先进经营管理知识的培训,使他们更好地适应领导经济建设和改革开放的需要。要鼓励年轻干部坚持在职自学,结合工作实际,学习理论和科技知识,不断提高理论和领导水平。

要有计划地组织年轻干部到建设和改革的第一线经受锻炼,增长才干。今后五年内,中央组织部拟分期分批地从中央国家机关和省区市挑选一批优秀年轻干部,放到沿海开放地区或条件比较艰苦的地区锻炼;各部门各地区应把中央国家机关和省区市党政机关中缺少三年以上基层工作经历的有培养前途的年轻干部,分期分批地选派到县、乡镇和企业事业单位工作,使他们接触群众,熟悉基层,积累实践经验,提高组织领导能力。要有计划地从基层单位和县、市选拔实践经验丰富的优秀年轻干部,到上级党政机关工作,增强全局观念,提高宏观管理水平。

要创造条件加强对各级领导班子党政主要负责人后备人选的培养。对那些有潜力担任党政主要领导职务的后备人选,可放到常务副职等重要岗位上压担子,有的可放到下一层次担任党政正职,让他们熟悉统管和驾驭全局的领导工作,积累经验,获得胜任全面领导工作的实际能力,基本成熟的,要及时提拔到党政主要领导岗位上来。

各地要充分利用开放地区和经济特区的优势,培训现代化建设的优秀人才。采取派出任职、定期交流、参观考察等多种形式,选派年轻干部到这些发达地区学习先进经验,使其开阔眼界,增强商品经济意识,提高搞好经济建设和改革开放的本领。采取这种形式,主要应派到本省区的经济发达地区去;到外省市学习的,要注意那些地区的承受能力和学习的实际效果,不要都集中到少数地方。

六、要继续做好后备干部工作。要在保证质量的前提下,扩大各级后备干部队伍的数量。各地各部门的后备干部,不应低于规定职数的2倍;数量不足的,要抓紧选拔培养。要改善后备干部队伍结构,大量充实德才素质好,具有专门知识和实践经验的年轻干部。要特别重视选拔党政主要负责人的后备人选。

要不断完善后备干部工作制度。考察后备干部,要做为一项经常性的工作,结合换届、调整班子所组织的考察和定期的民主评议、年度考核进行。实行下管一级、考察两级的制度。要坚持备用结合,实行动态管理,不断充实调整后备干部名单,及时把在改革开放、经济建设中涌现出的优秀分子吸收进后备干部队伍;对相形见绌的要及时调整。要建立后备干部工作责任制。今后,要把选拔培养年轻干部工作切实列入党政领导班子的议事日程,每年至少专门研究两次,还要把这项工作纳入领导班子特别是党政主要领导干部的岗位职责和任期目标,作为考核领导班子和领导干部的一项重要内容。

中共中央组织部
关于中国共产党机关参照试行
《国家公务员暂行条例》
的实施意见

(中共中央1993年9月13日转发)

一、试行范围

党的机关参照试行《国家公务员暂行条例》的范围是:

(1)中央和地方各级党委工作部门、办事机构和派出机构;

(2)街道、乡、镇党委机关。

上述党的机关中除工勤人员之外的工作人员(简称“党的机关工作者”),参照试行《国家公务员暂行条例》。

各级纪委派驻的纪检机构的工作人员,实行所在部门的人事管理制度。

二、职务设置与人员分级

党的机关设置领导职务序列和非领导职务序列。

各级党的机关选任的领导职务的设置、任免,按照党章和有关规定办理。非选任的领导职务序列为:副科长、科长、副处长、处长、副局长、局长、副部长、部长。设置其他名称的领导职务,与上列职务层次相对应。

省(自治区、直辖市)党委常委,地(盟)委委员、省辖市(州、直辖市的区)党委常委,县(市、旗、省辖市的区)党委常委,分别为副省级、副地级、副县级职务。

非领导职务序列为:办事员、科员、副主任科员、主任科员、助理调研员、调研员、助理巡视员、巡视员。设置其他名称的非领导职务(如纪律检查员等),与上列职务层次相对应。

党的机关工作者的级别划分,参照《国家公务员暂行条例》执行。职务与级别的对应关系是:

(1)中央总书记,中央政治局常委:一级;

(2)中央政治局委员、候补委员,中央书记处书记,中纪委书记:二至三级;

(3)中央各部部长,省(自治区、直辖市)委书记,中纪委副书记:三至四级;

(4)中央各部副部长,省(自治区、直辖市)委副书记、常委,中纪委常委,省(自治区、直辖市)纪委书记:四至五级;

(5)中央各部局长,省(自治区、直辖市)委各部部长,地(市、州、盟、直辖市的区)委书记,省(自治区、直辖市)纪委副书记,巡视员:五至七级;

(6)中央各部副局长,省(自治区、直辖市)委各部副部长,地(市、州、盟、直辖市的区)委副书记,地、盟(市、州、直辖市的区)委委员(常委),省(自治区、直辖市)纪委常委,地(市、州、盟、直辖市的区)纪委书记,助理巡视员:六至八级;

(7)处长,地(市、州、盟、直辖市的区)委各部部长,县(市、旗、省辖市的区)委书记,地(市、州、盟、直辖市的区)纪委副书记,调研员:七至十级;

(8)副处长,地(市、州、盟、直辖市的区)委各部副部长,县(市、旗、省辖市的区)委副书记、常委,地、盟(市、州、直辖市的区)纪委委员(常委),县(市、旗、省辖市的区)纪委书记,助理调研员:八至十一级;

(9)科长,县(市、旗、省辖市的区)委各部部长,乡(镇)党委书记,县(市、旗、省辖市的区)纪委副书记,主任科员:九至十二级;

(10)副科长,县(市、旗、省辖市的区)委各部副部长,乡(镇)党委副书记,县(市、旗、省辖市的区)纪委常委,副主任科员:九至十三级;

(11)科员:九至十四级;

(12)办事员:十至十五级。

各级党的机关中与上述职务相对应的其他职务,适用上述规定。

党的机关工作者的级别,按照管理权限由主管部门参照国家公务员的定级办法确定。

党的机关各部门,根据其机构层次、工作性质和人员构成的不同情况,设置不同比例的非领导职务。

党的机关的领导职务和非领导职务,要在规定的职数限额内设置,并与机构规格相一致。任命领导职务和非领导职务,要严格任职条件,并按照管理权限和审批程序办理。各部门原任命的非领导职务,要在新确定的非领导职务职数限额内重新认定。

三、招考与选调

党的机关录用工作人员,采用招考与选调两种方式。

中央和省级党的机关录用科级以下(含科级)工作人员和地级以下(含地级)党的机关录用一般工作人员,实行公开招考,或实行有限竞争性考试,按照德才兼备的原则择优录用。党的机关工作者的录用考试,参照国家公务员考试录用的有关规定办理。

中央和省级党的机关副处级以上(含副处级)领导职务和非领导职务出现空缺时,地级以下(含地级)党的机关副科级以上(含副科级)领导职务和非领导职务出现空缺时,可从本机关内部晋升,也可从党的机关其他单位或国家机关、人民团体、企事业单位中择优选调符合任职条件者担任。必要时,经主管部门批准,也可采用公开招考的办法择优任用。

招考和选调党的机关工作者,须经严格考核,在编制限额内进行,并按照管理权限办理。

四、纪律处分

对党的机关工作者中党员的违纪行为的惩处,按照党章规定执行。必要时可给予降级、开除公职等行政处分。

对党的机关工作者中非党员的违纪行为的惩处,参照《国家公务员暂行条例》的有关规定执行。

五、管理与监督

党的机关工作者的义务与权利、职位分类、考核、奖励、纪律、职务升降、职务任免、培训、交流、回避、工资保险福利、辞职辞退、退休和申诉控告等,从党的机关的实际情况出发,参照《国家公务员暂行条例》的有关规定执行。

中央组织部负责全国党的机关参照试行《国家公务员暂行条例》工作的综合指导、监督和管理。

县以上地方党委组织部负责本地区党的机关参照试行《国家公务员暂行条例》工作的综合指导、监督和管理。

中国共产党机关参照试行《国家公务员暂行条例》实施方案

（中共中央组织部1993年12月8日印发）

根据中共中央转发《中共中央组织部关于中国共产党机关参照试行〈国家公务员暂行条例〉的实施意见》的通知（以下简称《实施意见》）精神，制定本方案。

一、试行范围

（一）中央纪委机关，参照试行《国家公务员暂行条例》。中央纪委派驻纪检机构的工作人员，实行所在部门的人事管理制度。

（二）中央直属工作部门、派出机构——中央办公厅、中央组织部、中央宣传部、中央统战部、中央对外联络部、中央政法委员会机关、中央政策研究室、中央直属机关工作委员会机关、中央国家机关工作委员会机关，参照试行《国家公务员暂行条例》。

（三）中央议事性的委员会、领导小组下设的编制单列的办公室——中央财经领导小组办公室等，参照试行《国家公务员暂行条例》。

（四）中央直属事业单位中，担负党的领导机关工作职能的，如拟参照试行《国家公务员暂行条例》，需本单位提出意见，由中央委托中央组织部审定。

人民日报社、求是杂志社、光明日报社、中国日报社，不参照试行《国家公务员暂行条例》。

（五）中央直属工作部门、派出机构所属事业单位中，凡担负党的领导机关工作职能，拟列入参照试行《国家公务员暂行条例》范围的，由所在部门提出意见，报中央组织部审定。

（六）一个机构同时挂中央办事机构和国务院办事机构两块牌子的中央台湾工作办公室和中央对外宣传办公室，经中央同意列入实行国家公务员制度的范围。中央机构编制委员会办公室，经中央同意也列入实行国家公务员制度的范围。

地方各级党的机关参照试行《国家公务员暂行条例》的范围，由各省、自治区、直辖市党委组织部参照上述规定的原则精神提出意见，在征得中央组织部同意后，由省、自治区、直辖市党委审定。

二、试行步骤

党的机关参照试行《国家公务员暂行条例》的工作,结合机构改革和工资制度改革,与国家行政机关推行国家公务员制度同步进行。争取用三年或更多一点时间,从中央到地方,有计划、分步骤地实施。

地方各级党的机关参照试行《国家公务员暂行条例》的工作,由各省、自治区、直辖市党委按照《实施意见》和本方案,结合实际情况,制定具体实施办法并组织实施。实施办法报中央组织部备案。

已进行机构改革的单位,参照试行《国家公务员暂行条例》的工作分以下三个阶段进行:

(一)准备阶段。组织工作班子,制定工作计划;进行党的机关参照试行《国家公务员暂行条例》重要意义和基本内容的宣传教育;搞好本单位工作人员基本情况的调查摸底;培训工作骨干。

(二)实施阶段。具体实施工作按以下步骤进行:

第一,在机构改革的基础上,合理设置职位(包括领导职位和非领导职位),明确各职位的职责任务和任职条件。

第二,在严格考核的基础上,根据职位的任职条件,调整配备人员,按照规定确定级别,实施职级工资制,做好人员过渡工作;同时对分流出机关的人员作出妥善安排。

第三,按照《实施意见》确定的原则和有关规定,结合机关人事管理工作实际,参照试行《国家公务员暂行条例》各项管理制度及其细则。

(三)总结检查阶段。主要总结检查职位设置、领导职务和非领导职务的设置、级别确定、职级工资制的实施情况。

尚未进行机构改革的单位,要结合机关人事管理工作实际,参照试行《国家公务员暂行条例》中不以机构改革为前提条件的各项管理制度;职位设置、确定非领导职务等工作,待机构改革开始后进行。

三、试行办法

(一)关于党的机关工作者的级别确定

党的机关工作者的级别,根据《实施意见》规定的职务与级别的对应关系,按照《国家公务员制度实施方案》、《机关工作人员工资制度改革方案》和《机关工作人员工资制度改革实施办法》规定的定级办法确定。

(二)关于党的机关工作者职级工资的套改

党的机关工作者职级工资套改的具体办法,按照《机关工作人员工资制度改革方案》和《机关工作人员工资制度改革实施办法》执行。

党的机关中退(离)休人员增加退(离)休费的具体办法,机关工人工资制度改革的具体办法,分别按照上述工资制度改革文件的有关规定执行。

(三)关于非领导职务的设置

党的机关非领导职务设置的原则、层次、职数比例限额和任职条件以及实施工作的具体要求,参照《国家公务员制度实施方案》的有关规定办理。根据工作需要,区别工作性质和任务,有些部门、单位设置非领导职务的职数比例限额,经审批同意可适当高一些。

中央各直属机构的非领导职务设置工作,由各部门、单位提出具体意见,经中央组织部商中编办审定后组织实施。担任非领导职务的具体人员,按管理权限报批。

地方各级党委工作机构的非领导职务设置工作,由各省、自治区、直辖市党委组织部提出意见,经省、自治区、直辖市党委审定并报中央组织部审批后组织实施。担任非领导职务的具体人员,按管理权限报批。

(四)对于在参照试行工作中遇到的一些特殊性问题,由各省、自治区、直辖市党委组织部或中直各部门、单位提出具体意见,报中央组织部审定。

四、试行工作的组织领导

党的机关参照试行《国家公务员暂行条例》的工作,要在各级党委的统一领导下进行。县以上地方各级党委和中直各部门、单位,要组成由领导同志负责的工作班子,负责本地区、本部门、本单位参照试行工作的统筹规划和组织协调。具体实施工作,由党委组织(干部、人事)部门负责组织。

在参照试行工作中,要深入调查研究,严格按规定办事。要注意总结经验,及时研究解决工作中出现的问题,切实加强思想政治工作,保证党的机关参照试行《国家公务员暂行条例》工作的顺利进行。

本方案由中央组织部负责解释。

中共中央组织部、中共中央统战部、国家民族事务委员会关于进一步做好培养选拔少数民族干部工作的意见

(1993 年 12 月 30 日)

建国后,特别是党的十一届三中全会以来,各级党委和政府认真贯彻中央关于大量培养和放手使用少数民族干部的方针,取得了可喜的成绩。大批少数民族干部已经成长起来,为维护祖国统一和各民族的大团结,推进民族地区的经济和社会发展,发挥了极为重要的作用。随着社会主义现代化建设事业的日益发展,少数民族干部队伍建设还存在一些不相适应的问题。为了贯彻落实党的十四大和中央民族工作会议精神,努力培养造就一支适应新形势新任务需要的少数民族干部队伍,现就进一步做好培养选拔少数民族干部工作提出如下意见:

一、进一步提高认识,明确做好培养选拔少数民族干部工作的指导思想和主要任务。我国是一个统一的多民族的社会主义国家。民族问题始终是革命和建设中的一个重要问题。九十年代是我国社会主义现代化建设的关键时期。当前和今后一个时期,深入贯彻党的十四大和十四届三中全会精神,实现在本世纪末初步建立起社会主义市场经济新体制的目标,民族地区面临着更加艰巨而繁重的任务。因此,进一步做好培养选拔少数民族干部工作,是一件事关全局的大事,对于正确贯彻民族政策,发展民族团结进步事业,维护国家的统一和社会稳定,加快民族地区改革开放和经济发展,促进各民族共同繁荣,具有重要的战略意义。各地各部门务必从这一战略高度,充分认识培养选拔少数民族干部工作的重要性和长期性,统一思想,增强自觉性和责任感,进一步做好这项工作。

做好培养选拔少数民族干部工作,要以邓小平同志建设有中国特色社会主义的理论和党的基本路线为指导,贯彻执行党的民族政策和民族区域自治法,紧密围绕经济建设这个中心,按照干部"四化"方针,加强领导班子建设,培养造就一支德才兼备,廉洁勤政,密切联系各民族群众,门类齐全、专业配套、结构

合理,能够适应改革开放和发展社会主义市场经济需要的少数民族干部队伍。为此,要从民族地区的实际出发,采取切实措施,加强培养教育,进一步提高少数民族干部的政治、业务素质;有计划地扩大数量,拓宽来源,重点培养和充实各类科技管理人才队伍,努力改善少数民族干部队伍结构;大胆选拔使用少数民族优秀中青年干部,着力提高民族地区各级领导班子驾驭社会主义市场经济的能力,把领导班子建设成为坚持党的基本路线,坚持两手抓,能够领导建设有中国特色社会主义事业的坚强集体,为少数民族和民族地区进一步深化改革和经济、社会的发展提供组织保证。

二、加强培养教育,全面提高少数民族干部队伍的素质。要加强政治理论教育。对少数民族干部,普遍进行马克思主义特别是邓小平同志建设有中国特色社会主义理论的教育,进行党的民族、宗教政策的教育,使他们进一步提高理论水平和政治素养,树立马克思主义的民族观、宗教观,自觉维护祖国统一和民族团结,坚决抵制和反对国内外敌对势力的分裂、渗透活动。当前,要贯彻好中央关于学习《邓小平文选》第三卷的决定,有计划、有步骤地组织广大少数民族干部,尤其是中、高级干部认真学习邓小平同志的著作,在研读原著上下功夫,深入领会、掌握建设有中国特色社会主义的战略思想和理论观点,增强贯彻执行党的基本路线的自觉性、坚定性和创造性。

大力开展文化、业务培训。要组织初中(含初中)文化程度以下的少数民族干部补习文化,鼓励和支持具有高中文化程度的少数民族干部,通过多种途径学习大专文化。采取不同形式,通过多种渠道,对少数民族干部进行岗位业务培训,帮助他们提高现代科学文化水平,学习掌握履行岗位职责所必需的专业知识与技能。重视组织少数民族干部学习社会主义市场经济知识,学习科学技术知识、管理知识,掌握科学的工作方法,不断提高领导经济工作的能力,以适应改革开放和经济建设的需要。

加强实践培养锻炼。中央有关部门和有关省区市,尤其是少数民族自治地方,要有领导、有计划地组织少数民族干部到基层或上级领导机关、综合部门挂职锻炼,或到经济较发达地区考察学习、挂职锻炼,开阔视野,增长才干,增强改革开放意识和全局观念,提高宏观决策水平和解决实际问题的能力。

各级党校要切实承担起培训少数民族干部的任务。中央党校将继续办好西藏班、新疆班,其他班次适当增加少数民族干部学员的数量。省级和民族地区州(地)级党校,要根据需要开设少数民族干部培训班或进修班。中央有关部门要继续办好州、县级少数民族领导干部培训班。中央国家机关和各人民团体的管理干部学院,要注意培养本系统的少数民族干部。对边远贫困地区的少数民族干部学员,可视情况减、免培训费用。

三、加强民族地区基层干部队伍建设。乡镇和乡镇企业的干部,是发展民族地区农牧业经济的骨干力量。建设好这支队伍,是加强民族地区党的基层组织建设和基层政权建设的需要,也是选拔较高层次干部的基础。为此,要根据民族地区经济、社会发展的需要,有计划地扩大基层少数民族干部的数量,拓宽少数民族干部的来源。少数民族人口较多的省和有条件的自治州,可建立民族干部学校,学制二至三年,在计划内面向农村、牧区招生,毕业后分配到原地区担任乡镇基层干部。要进一步做好在编制定员和增干计划内,从少数民族优秀农、牧民中聘用乡镇干部的工作。对少数民族聚居的贫困县和边远地区,可根据实际情况,适当放宽少数民族干部录用条件。要重视培养和选拔一批政治、业务素质好,有一定基层党的工作经验的乡镇党务干部,以加强和改进农、牧区基层和乡镇企业的党建工作。有计划地在少数民族优秀工人中选聘企业管理人员。要积极发展民族教育事业,抓好基础教育,重视成人教育,开展多种形式的职业教育,提高广大基层干部的政治素质、政策水平和业务能力。

四、加强少数民族专业技术干部队伍建设。为了改变少数民族干部队伍缺乏经济、科技、管理人才的状况,各地各部门要结合机构改革,有计划地挑选一批有能力、适合于从事经济工作的少数民族干部,进行必要的培训后输送到经济部门或企业工作。适应转换企业经营机制、建立现代企业制度的要求,广泛发现和积极培养各类企业的少数民族管理人才,提高他们的经营管理水平。各普通高等院校和中等专业技术学校的农林、工程技术、财贸、金融、企业管理、医疗、卫生、政法等专业,要有计划地增加少数民族学生的名额,实行定向招生和培养。继续在有关院校开设少数民族师资和经济管理干部培训班。做好在西北少数民族师资培训中心招收少数民族优秀青年进高校培养的试点工作,逐步扩大试点高校,增加招生名额。民族学院和民族干部学校要在统筹规划的基础上,继续办好具有民族特色的学科,有计划地调整、增设民族地区急需的专业,培养更多的人才。要重视少数民族专业技术人员的继续教育,尽量为他们多提供学习、进修的机会,帮助他们不断更新知识。

中央有关部门和内地省、市要继续为少数民族和民族地区培养各种专业人才作出贡献。每年安排一部分少数民族经济管理和专业技术干部,到相关专业的院校、科研部门和企业进修学习。

五、做好少数民族领导干部的选配工作。民族自治地方各级领导班子,要按照民族区域自治法和有关文件的规定,选配好少数民族干部。少数民族人口较多的省、地、县的领导班子,民族乡镇和少数民族人口较多的乡镇的领导班子，与少数民族生产、生活密切相关的部门和少数民族职工较多的企事业单位的领导班子，均应配备少数民族干部。中央国家机关各部门也要注意选配少数民族领导干部。

要贯彻执行干部“四化”方针和德才兼备的原则，按照完善和优化民族地区领导班子整体结构的需要，大胆地把那些在改革开放和经济建设中政绩突出、群众拥护的优秀少数民族干部选拔到各级领导岗位，尤其要注意挑选政治素质好、熟悉经济工作、勇于开拓的少数民族干部进党政领导班子；特别优秀的可以破格提拔。要重视培养选拔少数民族中、高级干部。对已进领导班子的少数民族干部，要放手使用，严格要求，继续培养。要切实加强民族地区领导班子思想作风建设，全面提高素质，以适应民族地区改革开放和现代化建设的需要。民族地区的干部人事制度改革，应从实际出发，要有利于贯彻党的民族政策，有利于优秀的少数民族干部脱颖而出，有利于促进各民族干部间的团结。要有计划地推行公务员制度，做好党的机关参照试行《国家公务员暂行条例》的工作。要按照分类管理的原则，逐步建立符合民族地区特点、适应社会主义市场经济新体制的各项干部人事管理制度。

要切实加强和改进培养选拔少数民族后备干部工作。培养造就一大批德才兼备的少数民族青年干部，是关系到民族地区建设和发展的战略性任务。各地要在做好对少数民族青年干部普遍进行培养的基础上，把少数民族后备干部的培养选拔，纳入后备干部队伍建设的总体规划，有针对性地采取具体措施。各自治区、自治州、自治县要建立少数民族后备干部队伍，其数量要能基本满足各级领导班子调整的需要，近期能进班子的应保持一定数量。少数民族人口较多的省和少数民族散、杂居地区，也要建立少数民族后备干部名单。后备干部中，要有少数民族妇女干部和非中共党员干部。后备干部队伍的知识、专业结构，要适应领导班子建设的需要，年龄结构形成梯次。要在认真总结经验的基础上，进一步完善少数民族后备干部的选拔、考核、管理等制度。

少数民族后备干部工作的重点，要放在培养上。要根据班子建设和干部本人的实际情况，按照缺什么补什么的原则，制定培养措施，有计划有步骤地实施。对经过锻炼和考验，比较成熟的后备人选，要大胆提拔到领导岗位上来。

六、加强领导，抓好落实。各地各部门要把培养选拔少数民族干部工作列入议事日程，经常研究。党委要有专人负责。要把这项工作列入干部队伍和领导班子建设的总体规划。各省、自治区、直辖市要根据本《意见》的精神，从实际出发，制定出培养选拔少数民族干部工作规划或意见，并于1994年6月底前报中央组织部备案。

各级党委组织部、统战部和政府人事、民委、教委、财政等部门要分工负责,当好党委、政府的参谋和助手。各级党委组织部门,要负起牵头、抓总的职责,做好综合、协调工作。统战和民委部门,要发挥密切联系党内外少数民族干部的优势,积极主动地反映情况,提出建议,推荐人选。人事部门要密切协同组织部门制定和完善有关政策,建立健全少数民族干部队伍的管理机制。教育部门要有针对性地制定出少数民族干部教育规划。财政部门在经费安排上,要尽可能给少数民族地区教育事业以适当照顾。在工作中,各部门要加强联系,密切配合,搞好调查研究,认真解决工作中存在的问题,并加强指导与监督,把培养选拔少数民族干部工作真正落到实处。

党政领导干部选拔任用工作暂行条例

（中共中央1995年2月9日印发）

第一章　总　　则

第一条　为认真贯彻执行党的干部路线、方针、政策，建立科学规范的党政领导干部选拔任用制度，形成富有生机与活力的用人机制，推进干部队伍的革命化、年轻化、知识化、专业化，保证党的基本路线的全面贯彻执行和建设有中国特色社会主义事业的顺利发展，根据《中国共产党章程》和国家有关法律、法规，制定本条例。

第二条　选拔任用党政领导干部，必须坚持以下原则：

（一）党管干部的原则；

（二）德才兼备、任人唯贤的原则；

（三）群众公认、注重实绩的原则；

（四）公开、平等、竞争、择优的原则；

（五）民主集中制的原则；

（六）依法办事的原则。

第三条　选拔任用党政领导干部，必须符合把领导班子建设成为坚决贯彻党的基本路线、全心全意为人民服务、具有领导现代化建设能力的坚强领导集体的要求。

第四条　本条例适用于选拔任用中共中央、全国人大常委会、国务院、全国政协、中央纪律检查委员会、最高人民法院、最高人民检察院的工作部门的领导成员，地方县级以上（含县级）党委、人大常委会、政府、政协、纪委、法院、检察院及其工作部门的领导成员。

上列工作部门的内设机构、县级以上党委、政府的直属事业单位和工会、共青团、妇联等人民团体的领导干部的选拔任用，参照本条例的有关规定执行。

第五条　党委（党组）及组织（人事）部门，按照干部管理权限履行选拔任用党政领导干部的职责。

第二章　选拔任用条件

第六条　党政领导干部应当具备以下基本条件：

(一)具有履行职责所需要的马克思列宁主义、毛泽东思想的理论政策水平，掌握建设有中国特色社会主义的理论，努力用马克思主义的立场、观点、方法分析和解决实际问题；

(二)坚决执行党的基本路线和各项方针、政策，立志改革开放，献身现代化事业，在社会主义建设中艰苦创业，开拓创新，做出实绩；

(三)坚持实事求是，认真调查研究，能够把党的方针、政策同本地区、本部门的实际相结合，讲实话，办实事，求实效，反对形式主义；

(四)有强烈的革命事业心和政治责任感，有实践经验，有胜任领导工作的组织能力、文化水平和专业知识；

(五)正确行使人民赋予的权力，清正廉洁，勤政为民，以身作则，艰苦朴素，密切联系群众，坚持党的群众路线，自觉地接受党和群众的批评和监督，反对官僚主义，反对任何滥用职权、谋求私利的不正之风；

(六)坚持和维护党的民主集中制，有民主作风，有全局观念，善于团结同志，包括团结同自己有不同意见的同志一道工作。

省部级党政领导干部，还应当努力达到《中共中央关于加强党的建设几个重大问题的决定》对高级干部提出的五项要求。

第七条　提拔担任党政领导职务的，应当具备以下资格：

(一)提任县(处)级领导职务的，应当具有五年以上工龄和两年以上基层工作经历；

(二)提任县(处)级以上领导职务的，一般应当具有在下一级两个以上职位任职的经历；

(三)提任副县(处)级以上领导职务的，由副职提任正职，一般要在副职岗位上工作两年以上，由下级正职提任上级副职，一般要在下级正职岗位上工作三年以上；

(四)一般应当具有大学专科以上文化程度，其中，省部级领导干部一般应当具有大学本科以上文化程度；

(五)必须经过党校、行政院校或者其他培训机构三个月以上的培训；

(六)身体健康；

(七)提任党的领导职务的，除具备上列规定资格外，还应当符合《中国共产党章程》规定的党龄要求。

第八条 党政领导干部应当逐级提拔,特别优秀的中青年干部或工作特殊需要的可以破格提拔。破格提拔的,应当按照有关程序办理。

第三章 民主推荐

第九条 选拔任用党政领导干部,应当经过民主推荐提出考察对象。民主推荐由同级党委(党组)或上级组织(人事)部门主持。

换届时,民主推荐按照领导班子职位的设置全额推荐;个别提拔任职时,按照拟任的职位推荐。

党委(党组)或者组织(人事)部门在民主推荐的基础上,集体研究确定考察对象。确定考察对象时,要把民主推荐的结果作为重要依据之一,同时要防止简单地以票取人。

第十条 换届时,民主推荐由下列人员参加:

(一)党委成员;

(二)人大常委会、政府、政协的党组成员或者全体领导成员;

(三)纪委领导成员;

(四)人民法院、人民检察院、党委工作部门、政府工作部门、人民团体的主要领导成员;

(五)下一级党委和政府的主要领导成员;

(六)其他需要参加的人员。

推荐人大常委会、政府、政协领导成员人选,应有民主党派主要领导成员和无党派人士中的代表人物参加。

第十一条 换届时,民主推荐应当经下列程序:

(一)制定推荐工作方案,公布推荐职务、任职条件、推荐范围和有关要求;

(二)采取召开推荐会、个别谈话、填写推荐表等方式进行推荐;

(三)由同级党委或者上级党委组织部门汇总推荐情况;

(四)向上级党委汇报推荐情况。

第十二条 个别提拔任职时,参加民主推荐的人员和民主推荐的程序,参照本条例第十条和第十一条的规定执行。

第十三条 推荐工作部门的领导成员人选,由本部门领导成员、内设机构领导成员和其他需要参加的人员参加。

第十四条 领导干部个人向党组织推荐领导干部人选,必须负责地写出署名的推荐材料。若所推荐人选是所在单位群众拥护的,可以列为考察对象。

第十五条 推荐党委、政府及其工作部门某些领导成员人选,还可以采取组织推荐、群众推荐、个人自荐和考试、考核相结合的方法。

第四章 考　　察

第十六条 对已确定的考察对象,由组织(人事)部门按照干部管理权限,进行严格考察。考察对象人选数一般应当多于拟任职务人数。

部门与地方双重管理干部的考察,由主管方会同协管方进行。

第十七条 考察党政领导干部人选,必须依据干部选拔任用条件和不同领导职务的要求,全面考察其德、能、勤、绩,注重考察工作实绩。

第十八条 考察党政领导干部人选,应当坚持群众路线,充分发扬民主,实行领导和群众相结合,准确地了解考察对象的表现。

第十九条 考察党政领导干部人选,应当经过下列程序:

(一)组织考察组,拟订考察方案;

(二)同考察对象呈报单位的党委(党组)主要领导成员就考察方案沟通情况,征求意见;

(三)采取个别谈话、民主评议或者民意测验、实地考察、专项调查、同考察对象面谈等方法,广泛了解情况;

(四)综合分析考察情况,同考察对象呈报单位的党委(党组)主要领导成员交换意见;

(五)派出考察组的组织(人事)部门的领导成员集体听取考察组汇报,研究提出意见,向党委(党组)报告。

第二十条 考察拟任党政领导职务人选,个别谈话的范围和对象为:

(一)党委、政府领导成员,人大常委会、政协、纪委的主要领导成员;

(二)考察对象所在单位的领导成员;

(三)考察对象所在单位有关工作部门或者内设机构的主要领导成员;

(四)其他有关人员。

考察拟任工作部门领导职务的人选,个别谈话的范围和对象为:

(一)党委、人大常委会、政府、政协、纪委的主要领导成员或者分管领导;

(二)考察对象所在部门的领导成员;

(三)本部门内设机构的主要领导成员和机关工作人员;

(四)其他有关人员。

进行上列考察时,须听取考察对象所在单位组织(人事)部门、纪检机关(监察部门)和机关党组织的意见。

第二十一条 换届前和任届中期,应当对党委、政府及其工作部门的领导

成员,各进行一次民主评议。民主评议的结果作为选拔任用领导干部的依据之一。民主评议依照下列规定进行:

(一)民主评议由本级党委(党组)主持,必要时,上级组织(人事)部门可以派人指导;

(二)民主评议的主要内容为领导成员的德才表现、工作实绩;

(三)参加评议的人员,可以根据被评议对象的层次和职务确定,一般应当由被评议对象的同级、下一级以及其他有关人员参加;

(四)民主评议应当在个人总结的基础上,采取召开座谈会、填写书面意见、个别征求意见等方法进行;

(五)民主评议结束后,应当向被评议对象反馈评议情况,召开民主生活会,制定改进措施,向上级党委组织部门报告民主评议情况。

第二十二条 考察党政领导干部人选必须形成书面考察材料,并归入本人档案。考察材料必须全面、准确、清楚地反映考察对象的情况。内容包括:

(一)德才表现、工作实绩和主要特长;

(二)主要缺点和不足;

(三)民主推荐或者民意测验情况。

第二十三条 实行干部考察责任制。进行干部考察,党委(党组)或者组织(人事)部门应当派出考察组。考察组由二名以上成员组成。考察组成员必须坚持原则,公道正派,实事求是地反映考察情况和意见,并对考察材料负责。

第五章 酝 酿

第二十四条 党政领导干部人选,在上级党委考察之前或者本级党委决定呈报之前,应当在下列范围内进行酝酿:

(一)在本级党委领导成员中酝酿;

(二)在本级人大常委会、政府、政协主要领导成员中酝酿;

(三)党外领导成员的人选,还应当在民主党派主要领导成员、无党派人士中的代表人物中酝酿;

酝酿的情况应当向上级党委汇报。

第二十五条 工作部门的领导成员人选,在党委讨论决定前,须征求分管领导的意见。地方政府组成人员人选、人民法院主要领导成员人选、人民检察院主要领导成员人选,须征求人大常委会主要领导成员的意见。

第二十六条 部门与地方双重管理干部的任免,主管方须事先征求协管方的意见,进行酝酿。协管方在收到主管方意见一个月内未予答复的,视为同意。

双方意见不一致时,正职的任免报上级党委组织部门协调,上级党委组织部门应当在一个月内提出意见;副职的任免由主管方决定。

第六章 讨论决定

第二十七条 党政领导干部的选拔任用,须按照干部管理权限由党委(党组)集体讨论作出任免决定,或者决定提出推荐、提名的意见。属于上级党委(党组)管理的干部,本级党委(党组)可以提出任免建议。

第二十八条 党委(党组)讨论决定干部任免事项,必须有三分之二以上的成员到会。到会成员对任免事项,应当发表同意、不同意或缓议等明确意见。意见分歧较大或者有重大问题不清楚时,应当暂缓作出决定。对影响作出决定的问题要及时查清,避免久拖不决。

第二十九条 党委(党组)讨论决定干部任免事项,必须按照下列程序进行:

(一)党委(党组)分管干部工作的领导成员或者组织(人事)部门负责人,介绍对领导干部人选的考察情况;

(二)参加会议人员进行讨论;

(三)以党委(党组)应到会领导成员过半数同意形成决定;

(四)对作出任免决定的干部,由党委(党组)指定专人同本人谈话。

第三十条 须报上级党委(党组)审批的拟提拔任职的干部,必须呈报党委(党组)的请示并附干部任免呈报表、干部考察材料、本人的人事档案和党委(党组)会议纪要、讨论记录、民主推荐材料。上级组织(人事)部门,对呈报的材料,要严格审查。

第三十一条 须报上级备案的干部,应当按照规定及时向上级组织(人事)部门备案。

第七章 依法推荐、提名与民主协商

第三十二条 党委向人民代表大会或者人大常委会推荐人大常委会或者政府组成人员人选,应当先向人民代表大会临时党组织或者人大常委会党组和人大常委会组成人员中的党员介绍党委的推荐意见。人民代表大会的临时党组织、人大常委会党组和人大常委会组成人员及人大代表中的党员,应当积极贯彻党委意图,带头依法办事,正确履行职责。

第三十三条 党委向人民代表大会推荐的由人民代表大会选举产生的领导干部人选,应当以本级党委名义向人民代表大会主席团提交推荐书,介绍被推荐人选的有关情况，说明推荐理由。

党委向人大常委会推荐由人大常委会决定任命的领导干部人选，应当在人大常委会审议前，按法律规定的程序提出，并介绍所提人选的有关情况。

第三十四条 党委向政府提名由政府任命的政府工作部门和机构的领导成员人选，在党委讨论决定后，由政府任命。

第三十五条 换届时，党委推荐人大常委会、政府、政协、法院、检察院领导成员人选，应当事先向民主党派负责人、无党派人士中的代表人物通报有关情况，进行民主协商。

第三十六条 由党委推荐的领导干部人选，在人民代表大会选举或者人大常委会决定前，如果人大代表或人大常委会组成人员对所推荐人选提出不同意见，党委应认真加以分析。如果发现有事实依据、足以影响选举或者任命的问题，党委可建议人民代表大会或者人大常委会按照有关程序暂缓选举、决定，也可重新推荐人选。如果党委认为人选不宜改变，或者认为所提意见不全面或与事实不符，应当作出解释或者说明。

第三十七条 由党委推荐、人民代表大会选举的领导干部人选落选后，根据工作需要和本人条件，可以推荐为其他职务人选，也可以在适当时候再次推荐为同一职务人选。

由党委推荐、人大常委会决定任免的领导干部人选在人大常委会未获通过，党委可根据工作需要和本人条件，在进一步酝酿后继续推荐。连续两次未获通过的，不得再推荐为本地同一职务人选。

政协领导成员候选人的推荐和协商提名，应当按照政协章程和有关规定办理。

第八章 交流 回避

第三十八条 实行党政领导干部交流制度。

交流的对象主要是：因工作需要交流的；需要通过交流丰富领导经验、提高领导水平的；在一个地方或者部门工作时间长，按照规定需要回避的；因其他原因需要交流的。交流的重点是党委和政府的领导成员。

地方党委和政府领导成员在同一职位上任职满十年的，必须交流（实行民族区域自治地方的少数民族党政领导干部参照执行）。

同一地方（部门）的党政正职一般不同时易地交流。

交流可以在地区之间、部门之间、地方与部门之间、上下之间、党政机关与企事业单位及其他社会组织之间进行。

第三十九条 实行党政领导干部任职回避制度。

党政领导干部任职回避的亲属关系为:夫妻关系、直系血亲关系、三代以内旁系血亲以及近姻亲关系。有上列亲属关系的,不得在同一机关担任双方直接隶属于同一领导人员的职务或者有直接上下级领导关系的职务,也不得在其中一方担任领导职务的机关从事组织、人事、纪检、监察、审计、财务工作。

担任县(市)委书记、县(市)长职务的,一般不得在原籍任职。经选举产生的县(市)委书记、县(市)长,在原籍任职满一届后,应当实行地域回避(民族自治县参照执行)。

党委(党组)及组织(人事)部门,在讨论干部任免时,凡涉及与会人员本人及其亲属的,本人必须回避。

第九章 辞职 降职

第四十条 建立党政领导干部辞职制度。

辞职包括因公辞职、个人申请辞职和责令辞职。

第四十一条 因公辞职,是指党政领导干部因职务变动,依照法律或者政协章程的规定,向本级人民代表大会、人大常委会或者政协提出辞去领导职务。

第四十二条 个人申请辞职,是指党政领导干部因个人或者其他原因,自动提出辞去现任领导职务。

个人申请辞职,必须写出书面申请,按照干部管理权限报任免机关审批。任免机关应当在收到申请书的三个月以内予以答复。未经批准,不得擅离职守。擅自离职的,应当给予纪律处分。在涉及国家安全、重要机密等特殊职位任职的领导干部,个人不得提出辞职。

第四十三条 责令辞职,是指党委(党组)及组织(人事)部门,根据党政领导干部在任职期间的表现,认定其已不再适合担任现职的,通过一定程序责令其辞去现任领导职务。拒不辞职的,应免去现职。

对被责令辞职的干部,可以分配适当工作。

第四十四条 辞职应当依照法律或者有关规定办理。

第四十五条 建立党政领导干部降职制度。

因工作能力较弱或者其他原因,不适宜担任现职的,可降职使用。降职使用的干部,其待遇按照新任职务的标准执行。

第四十六条 被责令辞职、降职的党政领导干部,在新的岗位上工作实绩突出,符合提拔任用条件的,可以按照有关规定,重新担任或者提拔担任适合的领导职务。

第十章　纪律与监督

第四十七条　选拔任用党政领导干部,必须严格执行本条例的各项规定,并遵守以下纪律:

(一)不准以书记办公会、领导圈阅等形式,代替党委(党组)会集体讨论决定干部任免;

(二)不准临时动议决定干部任免;

(三)不准个人决定干部任免,个人不能改变党委(党组)会集体作出的干部任免决定,有关干部任免的决定,在通知下发之前需复议的,必须经党委(党组)二分之一以上领导成员同意方可进行;

(四)不准拒不执行上级派进、调出或者调动、交流领导干部的决定;

(五)不准要求提拔本人的配偶、子女及其他亲属,或者指令提拔秘书等身边工作人员;

(六)不准泄露酝酿讨论干部任免的情况;

(七)不准在工作调动、机构变动时,突击提拔干部,或者在调离后,干预原地区、原单位的干部选拔任用;

(八)不准在选举中进行违反党的纪律、法律规定和政协章程的活动;

(九)不准在干部考察工作中隐瞒或歪曲事实真相;

(十)不准在干部选拔任用工作中封官许愿,打击报复,营私舞弊。

第四十八条　对党政领导干部选拔任用工作,应当按照下列规定实行有效监督:

(一)党委(党组)及组织(人事)部门受理有关党政领导干部选拔任用工作的检举、申诉,制止、纠正违反本条例的行为,对有关责任者提出处理意见或者处理建议,按照干部管理权限报批执行,党委组织部门的干部调查审理机构,承担有关检查监督的职能;

(二)纪检机关(监察部门)在自己的职权范围内,对选拔任用党政领导干部工作实行检查监督;

(三)组织(人事)部门、纪检机关(监察部门)建立联席会议制度,由组织(人事)部门召集,检查分析本条例的执行情况,发现问题,及时报告党委(党组);

(四)下级机关和党员、干部、群众,对选拔任用党政领导干部工作中的违纪行为,可向上级党委(党组)及组织(人事)部门、纪检机关(监察部门)检举、申诉,受理部门和机关应当按照有关规定核实处理;

(五)党委(党组)及组织(人事)部门,在党政领导干部选拔任用工作中,应当认真执行本条例,坚持党的原则,公道正派,任人唯贤,搞"五湖四海",严格遵守组织人事纪律和办事制度,抵制各种违反本条例的行为,自觉接受组织监督和群众监督。

第四十九条 对违反本条例第四十七条规定的,必须给主要责任者以批评教育或者纪律处分。其中,对拒不服从组织调动和交流决定的,依照法律及有关规定就地免职或者降职使用。

第五十条 各级党委(党组)及组织(人事)部门,对未按照本条例规定办理的干部任免请示,不予审批;对未按照本条例规定作出的干部任免决定,必须予以纠正。

第十一章 附 则

第五十一条 选拔任用乡(镇、街道)的党政领导干部,由省、自治区、直辖市党委根据本条例制定相应的实施办法。

第五十二条 人民解放军领导干部的选拔任用工作,由中央军委参照本条例精神作出规定。

第五十三条 本条例由中共中央组织部负责解释。

第五十四条 本条例自发布之日起施行。

党的纪律

中共中央关于禁止在对外活动中送礼、受礼的决定

（1980年8月16日）

随着我国四化建设的进展，许多党政军机关和事业单位、企业单位、人民团体，同外国人、华侨、港澳各界的各种工作交往日益增多。在这些交往中，有一个互相赠送礼品的问题。这是一个关系到国家尊严、民族道德风尚的重要问题。据各方面反映，在这一授受礼品的问题上，不断地发生了许多影响很坏、败坏国家声誉的现象，发生了许多违法乱纪事件。而且这种现象与事件有继续发展的趋势。有的单位和个人，不惜慷国家之慨，多向对方送礼，套取对方也多赠送礼品；收了对方礼品之后，压低标价在内部处理，名曰作价，实则私分；有时还因为“分配”不匀而闹不团结；还有一些品质不好的人，竟至提出或暗示要对方赠送彩色电视机、录音机、电子计算机、电子手表等等礼品。或者只拿出少量钱款，却要对方代为购买贵重物品。有的人接受所谓“礼品”之后，在对外经济谈判中，迁就外商，严重损害国家利益，等等。这股歪风，不仅引起了广大群众的不满，而且已经招致国际友人的批评，也引起一些资本主义国家商人、记者的讥讽；另一方面，有的外商则乐于借此歪风施行贿赂。

中央认为，这是一个严重问题，必须采取果断措施，从根本制度上彻底解决；否则，不仅会使某些干部蜕化变质，而且势将损害社会道德风尚，有辱国家、民族尊严。为此，特作决定如下：

一、今后，除党和国家领导同志（党中央主席、副主席、总书记，人大委员长，国务院总理，全国政协主席）在与外国领导人（国宾）的交往中，按照国际通例，代表党和国家互相赠送礼品外，其他任何单位和个人，都不得在对外活动中，以任何借口向外国人、华侨或港澳商人赠送礼品和接受对方赠送的礼品。只有外事单位和外贸机构的工作人员，可以按照工作需要，同对方互赠对等的礼品。

二、像我国的服务行业对内对外都不收“小费”一样，所有党政军民机关、团体和各行各业、各种出国代表团参观团等等，在对外活动中，除上一条规定者

外,一概不接受礼品也不赠送礼品应当定为国家的正式制度。这样做,既体现我们国家、民族的良好风尚,又可防止各种行贿受贿事件。同时亦可有效地杜绝少数人在对外活动中,牟取私利,假公济私。因此这一制度只有利而无损。

三、在外国人、华侨或港澳商人主动赠送礼品时,应向其说明党和国家的制度规定,婉言谢绝。确实难以谢绝的,则所收礼品不论大小、多少,一律交公(包括外事单位和外贸机构按国外通例接受的礼品);取消过去零星物品归个人,高级消费品按百分之几作价内部处理的规定。

过去已经分配处理了的礼品,一般不再重新处理。目前尚未处理的,不论是存放在各单位的还是由个人保管的,则应一律上交,不得再自行处理。如在此决定发出之后,仍不上交,私自处理者,应受处分。

四、绝对禁止在对外交往中,公开示意或暗示要对方赠予任何礼品,和以托对方代购物品为名,进行敲诈勒索、变相受贿。如有违犯,一律按党纪国法从严处分。

五、凡属于无法谢绝而收受的礼品,中央一级各单位,按系统分别上交中央办公厅、国务院办公厅和中央军委办公厅;各省、市、自治区的,分别上交省一级党政军机关办公厅,并报告中央和国务院办公厅请示如何处理。任何其他单位或个人,都不得自行处理。

六、国际上交换科研、书籍、技术资料,互相提供贸易样品;在特定的国际友好活动(体育比赛、艺术演出、举办展览、人民团体友好往来、友好城市交往等)中,交换纪念品(不包括消费品);驻外人员和出国人员,按照国外习俗,给对方服务人员"小费"、小纪念品等,不在此列。

以上决定事项,除在党内传达贯彻外,另由国务院制订相应的决定,通告全国执行,并在报纸上公布。

中共中央、国务院
关于严禁进口、复制、销售、播放
反动黄色下流录音录像制品的规定

（1982年2月27日）

近年来，海外各种录音录像制品（包括唱片、盒式有声录音带和录像带），通过多种渠道流入国内，其中有许多内容是黄色下流甚至反动的。这些录音录像制品的流传，严重地腐蚀着干部、群众特别是青年的思想，对我们社会主义精神文明的建设十分有害。尤其严重的是，在这类录音录像制品中，除从海外流入的以外，还有国内一些单位和个人擅自复制、转录的，或一些单位同外商合作在内地复制生产和销售的。

为了坚决制止这种有害的录音录像制品的流传，特作如下规定：

一、严格加强录音录像制品的进口管理。香港、澳门、台湾和外国的文艺唱片、盒式有声录音带和录像带，一律不得作为商品进口并在市场上出售。

科研、文教、军事等单位专业特殊需要的海外录音录像制品，分别由中央各主管部委进口或经中国图书进出口公司办理，内部订购。但必须严禁假借名义进口黄色下流制品，如有违犯，必须由其主管部门承担政治、组织和法律责任，从严处罚。一般广播电视播出用的海外录音录像制品，一律由中央广播事业局进口，如进口把关不严，私自夹带黄色下流制品，同样从严处罚。

二、凡属内容反动和黄色下流的录音录像制品，任何单位和个人不得公开或私下出售、复制、出租、代客转录和播放，也不得从海外电视、广播中收录或转播这类节目，招揽观众。

三、各地海关切实加强检扣工作。凡私人携带入境和由其他途径输入的唱片、有声录音带、录像带，发现内容反动、黄色下流的，一律按海关规定没收，情节严重者应课以罚款，并通知进口此类制品单位的上级机关纪委和党委查处。

四、进口海外录音录像资料的单位，应指定专人对进口的录音录像制品进行审查。凡发现上述有害的录音录像制品，应一律封存或销毁。

五、任何单位和个人不得向外国驻华使馆和其他驻华机构或人员借放内容反动、黄色下流的录音录像制品和影片。此事中央早经明令禁止，在出现这类情况时(包括过去出现过的情况),任何知情的党组织和党员都必须立即向上级党的纪委揭发,以便从严查处。

六、外国录音录像制品并非都是黄色下流的,其中健康的、正当的或虽只有娱乐性但尚非低级趣味的部分必须区别对待,不能一律查禁。为满足广大文艺工作者和人民群众欣赏、借鉴外国文艺节目的需要,促进各国人民间的文化交流,对海外文艺录音录像制品,由国家指定的音像出版单位有选择地出版,或有计划地选录某些唱片、有声录音带、录像带,作为参考资料,内部发行。非国家指定的音像出版单位,一律不得经营上述业务,现仍在经营的一律禁止继续经营,以便堵塞黄色下流制品继续流传的漏洞。

七、生产唱片、有声录音带和录像带的工厂,利用剩余生产能力为外商进行唱片、有声录音带、录像带来料加工业务,须经省级以上主管部门严格审查批准。凡内容反动、黄色下流或者没有版权证明的录音录像制品,一律不得加工。来料加工产品只许外销,一律不准在国内销售或作任何其他非法处理(包括放映、转录、赠送等),凡须留样存档者必须严格封存并报告上级纪委和党委备案。

八、录音录像制品的出版与发行工作,国家委托中央广播事业局归口管理。中央广播事业局有关人员如有违背本规定行为,加重处罚。

九、自本规定发布之日起,凡不符合本规定从事上述录音录像制品进口、复制生产、销售等业务者,应一律取缔,并应对过去错误逐一查明责任,报请上级纪委和党委分别情况议处,不得隐瞒宽纵,以昭鉴戒。尚未售出的内容有害的录音录像制品,一律在上级监督下消磁、销毁或封存。流散在社会上的上述有害制品,应发动群众,通过教育,动员持有者自动交出或销毁。各地广播事业局、工商行政管理部门、公安、文教部门和海关,应认真进行检查,凡违反本规定者,一律依法从严惩处。

十、本规定应在群众中宣布。国家干部、共产党员、共青团员要带头遵守并互相监督,并动员社会上各方面的力量来监督、检查本规定的执行。违反本规定的党员干部,除依法惩处外,并需按党纪政纪从严处分。知情不报的党员干部亦应受到纪律处分。

中共中央纪律检查委员会、公安部为查禁反动黄色下流录音录像制品联合向在京有关单位宣布五条规定（节选）

（1982年4月10日）

中央纪委、公安部于4月10日在北京联合召集会议，为坚决贯彻执行《中共中央、国务院关于严禁进口、复制、销售、播放反动黄色下流录音录像制品的规定》，严禁进口、复制、销售、播放反动黄色下流录音录像制品，宣布了五条具体规定，要求在京各部门、单位切实遵照执行。

一、所有党员、干部，包括国家机关非党工作人员，一律不允许放映和观看淫秽黄色的电影、录像、图片和书刊，也不允许复制、出租、借用、传播和保存这些东西。

二、所有这类东西，包括反动黄色淫秽的录音、录像、影片、图画、书刊、扑克牌等，要在10天内全部上交公安部门。各电视台在报道镜头中，也不要出现这类东西。

三、如果10天以内不交，事后查出来，该单位的党委书记、行政领导人和有关干部，都要受到党纪、军纪、政纪处分，直至开除党籍。对触犯刑律的，要由司法机关依法判处。

四、所有饭店、宾馆、招待所和电视台，不能以"外宾需要"为借口而隐藏这类东西不交。要明确告诉外国旅客：在中国境内一概不准放映这些东西。

五、凡党员知道有这类东西藏匿不交，或放映传播这类东西的，要向公安机关或纪检部门揭发报告，知情不报者，也要受纪律处分。

中共中央纪律检查委员会关于彻底查禁传播淫秽录像图书制造淫乱活动的通知(节选)

(1983年12月6日)

为了实现社会风气的根本好转,建设社会主义的精神文明,保护青少年的身心健康,要求各地区、各部门、军队各总部必须采取坚决、果断、有力的措施,在所属单位中彻底清查、收缴淫秽的录像、录音、影片、书刊、图片等物品,坚决打击和禁止一切淫乱活动。为此,特作如下规定:

一、各级党委和纪委要充分认识传播淫秽录像、录音、影片、书刊、图片的严重性、危害性,彻底查禁上述淫秽物品和淫乱活动,教育全体共产党员和国家工作人员提高认识,绝不能掉以轻心,不闻不问,养痈遗患。

二、中央各部委,各省、市、自治区党委,军委各总部要对其所属单位进行认真清查,发现有制造、复制、销售、传播淫秽物品和利用其腐蚀青少年,进行流氓犯罪活动的,要及时向公安部门报告,由公安司法部门依法查处。对知情不举者要进行严肃的批评教育。对阻挠查禁或有意隐瞒、包庇的单位和干部要追究责任,并根据情节轻重,分别给予党纪、政纪、军纪处分,直至开除党籍。

三、国家机关工作人员、企事业单位职工和青年学生中,凡持有淫秽录像、录音、影片、书刊、图片和手抄本等制品,但未利用其进行流氓犯罪活动的,应通过清除精神污染的学习和宣传教育,限期交出。如隐瞒不交,一经查实,应给予党纪、团纪、政纪处分。对传看淫书、淫画的,要由机关、企事业单位和学校负责人进行批评教育。

四、要教育出国人员和涉外单位(包括大饭店)的工作人员,严禁他们从国外和外国人那里搞来淫秽物品传播放毒,违犯者要给予党纪、政纪处分。海关要有不准入境的淫秽物品申报登记和严格检查制度(当然不要把所有带有裸体像的书刊、画报、图片都认为是淫秽的,海关应与文教部门共同订出区别的界限),凡是我出国人员回国时携带的淫秽物品,应依法没收,所属单位党政领导要视其具体情况进行严肃处理。

五、凡已查获逮捕的从事传播、制造、复制、贩卖、出售淫秽录像、录音、影片、书刊、图片，制造淫乱的犯罪分子和团伙，除依法严惩外，是党员、团员的，要开除党籍、团籍；凡是参与犯罪活动的人员，要根据其情节严肃处理，分别给予党纪、团纪、政纪处分，直至开除党籍、团籍。对那些教唆犯，则应由政法部门依法判以重刑，严厉打击。对于偶尔参加的一般观众、听众，可不予追究。

六、凡有录像设备和房屋为犯罪分子利用进行犯罪活动的单位负责人或其家长，应进行检查。如有支持、纵容、包庇的，要视其情节，分别给予党纪、政纪处分。

七、对查获的淫秽录像、录音制品和诲淫性物品，要建立严格的监销制度，任何人不得借机传看、复制、转移、扩散。要有专人负责，认真清点，开列清单，报送公安机关，由公安机关定期销毁。海关没收的淫秽物品，定期自行销毁。如发现偷藏、偷看、转移、扩散者，要追究责任，严肃处理。

八、一些文化宣传部门、涉外单位进口的具有故事情节或有一定政治、艺术参考价值，但其中含有淫秽、下流的影像的录像带、影片，要严加控制，服从影片、音像管理部门的管理，不得以“内部参考”的名义随意放映。因工作的特殊需要，必须放映时，也要严格控制观看范围，并必须事先经省市以上党政主要领导批准。违反者要追究责任。

九、查禁传播淫秽物品，是一项政策性很强的工作，各级党委和纪委必须切实加强领导，严格掌握政策界限。对于单位或个人持有的港、台和国外出版、制造的格调低下的歌曲音乐录音，武侠小说，打斗片等，不是反动、黄色的，不属于淫秽物品，不列入查禁、收缴范围。但对持有上述物品者，应通过正面教育，使之提高鉴别、“防疫”能力。同时，要加强管理，不准其在公共场所播放，不准公开发行或出租、复制、翻版。各级党、团组织和文化部门，应以健康的、激励人们上进的、丰富多彩的文艺作品，吸引青少年，占领阵地。对于中央和省级文化部门审定的艺术作品，要注意保护，不得当作淫秽物品收缴、销毁，但必须加强管理，控制在文艺部门和有关院校。

当前，在严厉打击刑事犯罪活动、扫除流氓团伙的斗争中，彻底查禁传播淫秽录像、录音等物品是广大人民群众关心的一个大问题。各级党委和纪委，一定要采取果断措施。

中共中央、国务院关于严禁党政机关和党政干部经商、办企业的决定

(1984 年 12 月 3 日)

中共中央办公厅、国务院办公厅《关于党政机关在职干部不要与群众合办企业的通知》下达以后,各级党委和政府认真贯彻执行,已经取得一定效果。但是,党政机关和党政机关干部经商、办企业的现象还没有从根本上得到纠正,有些地方仍在继续发展。对这种现象,必须进一步引起重视,采取果断措施,坚决加以制止。

我们的政权机关和党的机关,以及在这些机关任职的干部,在改革经济体制和加快经济建设中,都应该严格遵照《中共中央关于经济体制改革的决定》中的有关规定,认真履行党和国家赋予的职责,使自己的业务工作真正服从和服务于十二大提出的党的总任务和总目标。各级党政领导机关特别是经济部门及其领导干部更要正确发挥领导和组织经济建设的职能,坚持政企职责分开、官商分离的原则,发扬清正廉明、公道正派的作风,切实做到一心一意为发展生产服务,为企业和基层服务,为国家的繁荣强盛和人民的富裕幸福服务。决不允许运用手中的权力,违反党和国家的规定去经营商业,兴办企业,谋取私利,与民相争。特别应当指出的是,在当前以城市为重点的整个经济体制改革正在逐步展开的情况下,有些党政机关和党政机关在职干部利用社会上存在多种价格和多种调节手段的客观条件,以牟利为目的而经商或办企业,并用所得利润变相增加工资,这不仅不利于经济体制的改革,不利于党政机关和党政机关在职干部发挥自己应有的作用,而且危害党风党纪和干部队伍的建设。任其发展下去,不仅败坏改革的声誉,妨碍改革的顺利进行,而且必将严重破坏党群关系,腐蚀党的肌体,毁掉一批干部。对此,各级党政领导机关和领导同志务必保持清醒头脑,采取鲜明态度,坚决予以杜绝。

为此,特作如下规定:

一

党政机关不得使用公款(包括行政经费、党团费、老干部特需经费等)、贷

款以及在职干部自筹资金，自办企业或与群众合办企业，不得在经济利益上与群众兴办的企业挂在一起。

党政机关为改善后勤服务工作，方便职工生活，可以开办主要为机关本身服务的不以牟利为目的的设施，如小卖部、洗衣房、理发室、招待所、印刷厂等。所得收入，机关可以按规定留一部分，用来兴办和补助机关内部的职工集体福利事业，但不得进行自费工资改革，不允许以各种形式直接分配给职工。

已经向社会开放的机关礼堂、食堂、托儿所、幼儿园等，以及为解决机关职工子女就业而兴办的劳动服务公司，仍按原有规定办理。

二

乡（含乡）以上党政机关在职干部（包括退居二线的干部），一律不得以独资或合股、兼职取酬、搭干股分红等方式经商、办企业；也不允许利用职权为其家属、亲友所办的企业谋取利益。

党政机关的在职干部，如本人要求保留公职去经商、办企业，可予批准，但不能保留原来的职务，其工资及生活福利待遇应即停发。如果本人要求辞去公职经营个体或集体经济，应予同意。

党政机关干部可以采取向投资公司投资的方式，为国家和地方的经济发展作贡献，投入的资金可按照银行的规定获得利息，但不能参与有关企业的经营活动，更不得从中分红。

选聘的乡镇干部，除了其中担任乡镇党委正副书记、正副乡镇长、正副乡经管会主任的以外，在做好本职工作的前提下，可以利用业余时间兴办企业和参与有关企业的经营活动，但不得经营与本人分管工作业务有直接联系的工商企业。他们所经营的个体或集体企业，应按照国家工商行政管理部门的规定，申报批准，依法经营。

精简机构后，允许机关编余人员个人或集体兴办企业，但要同机关脱钩，实行自主经营，独立核算，自负盈亏。编余人员办企业后，随之不再把有关人员列入行政编制，并应进行工商企业登记。这部分人员经营企业所得的利润，不得用于增加机关干部的工资、奖金或其他福利开支。

三

党政机关干部是国家工作人员，他们的工资标准只能由国家统一规定，他们的工资改革只能按国家的统一部署进行，任何单位和个人不得自行其是。关于党政机关干部工资偏低、劳酬不符的问题，党中央和国务院正在制定解决办法,即将改革旧的工资制度。有些党政机关通过兴办企业取得收入,自定工资标准,搞自费工资改革是错误的,是不能允许的。

四

党政机关离休、退休的干部,应该发扬党的全心全意为人民服务、密切联系群众的优良传统,在为社会公益事业服务等方面多作贡献。

具有一定科技知识和专业特长的离休、退休干部,经有关部门批准,可以从事技术性、知识性咨询活动,可以举办培训班、补习学校、医疗所等,并取得合理的经济收入;也可以应聘于本地或外地企事业单位从事咨询或讲学活动,依照合同领取应得的劳动报酬。应聘迁居外地的,可以保持原地户籍,允许随时迁回。

离休、退休干部可以从事家庭养殖业、种植业,出售自己的劳动产品。

从事上述活动的离休、退休干部,按照有关规定继续领取应领的工资和享受应享受的生活待遇。

离休、退休干部经商或办企业,其经营收入如不低于自己应领取或享受的工资、生活待遇,应停发其应领的工资和酌情改变其他生活待遇;如收入低于自己应领取的工资和享受的生活待遇,可酌量发给一部分,保证不低于原待遇。他们经营的企业必须严格按照国家工商行政管理部门的规定,申报批准,并依法经营,照章纳税。

决不允许离休、退休干部利用老战友、老部下的关系和曾经担负过领导职务的影响,套购或倒卖国家的紧缺物资,严禁走私贩私、偷税漏税和买空卖空、牟取高利,以及从事"皮包公司"性质的经营体,也不得为自己的亲友提供从事这类活动的条件。

五

各级党政机关和党政干部在本决定下达以前已办的企业,应按照上述精神妥善处理。对有发展前途,能促进商品生产,于国于民有利的企业,可以转交给符合办企业规定的单位或个人去办,并应积极扶持其继续办好。但要在经济上与有关机关和干部脱钩,企业实行独立经营,自负盈亏。企业资金遇有困难的可采取银行贷款的办法,将有关党政机关和在职干部投入的资金替换出来,也可以在自愿原则下,将这些资金转给银行,由银行分别对有关机关、干部和企业办理储蓄和贷款手续。机关干部在企业中任职的,或辞去企业职务,或辞去行政职务,二者不得兼任。辞去行政职务的,应转为企业编制。

本决定同样适用于工会、青年团和妇联等人民团体及其所属的干部。鉴于这方面的情况比较复杂，各地方、各部门和各单位在贯彻执行本决定中，如遇有疑难问题，望将其情况和意见及时向上级报告请示，而不要简单草率地加以处理。至于新闻、出版、科技、教育、卫生、文化艺术等事业单位和这些单位的干部办企业的问题，以及军队机关、单位和军队干部办企业的问题，将分别由中央和中央军委研究解决办法，另作适当规定。

各级党委、政府和党的纪律检查部门接此决定以后，应立即传达贯彻，组织检查，对违背本决定规定和中共中央办公厅、国务院办公厅《关于党政机关在职干部不要与群众合办企业的通知》精神的要坚决纠正，妥善处理，并将检查处理的情况和问题及时向上级报告。

中共中央、国务院关于禁止领导干部的子女、配偶经商的决定

(1985年5月23日)

最近,各地在贯彻执行《中共中央、国务院关于严禁党政机关和党政干部经商、办企业的决定》中,发现有不少党政机关领导干部的子女、配偶从事商业活动。他们利用自己的特殊身份和社会关系,参与套购国家紧缺物资,进行非法倒买倒卖活动,已经引起群众的不满,严重地损害了党的威信,损害了党政机关领导干部在群众中的形象。这对于从事商业活动的领导干部的子女、配偶也是严重的腐蚀。

为了促进党风和社会风气的根本好转,保证改革和开放工作的健康发展,中共中央、国务院决定:

凡县、团级以上领导干部的子女、配偶,除在国营、集体、中外合资企业,以及在为解决职工子女就业而兴办的劳动服务性行业工作者外,一律不准经商。所有干部子女特别是在经济部门工作的干部子女,都不得凭借家庭关系和影响,参与或受人指派,利用牌价议价差别,拉扯关系,非法倒买倒卖,牟取暴利。各级领导干部要以身作则,模范地执行本决定,教育自己的子女及配偶遵纪守法,严格按照党的政策办事,绝对不得利用关系进行违法活动。

本决定由各级纪检部门和工商行政管理部门监督执行。

中共中央办公厅、国务院办公厅关于党政机关干部不兼任经济实体职务的补充通知

（1985年7月9日）

遵照中共中央、国务院的指示，现对党政机关干部不兼任各类公司、企业等经济实体的职务问题，作如下补充通知：

一、根据政企职责分开的原则，所有在职和退居二线的党政机关干部，一律不兼任全民所有制各类公司、企业等经济实体（包括以民间面目出现的全民所有制企业）的职务（包括名誉职务）。已经兼任的，应辞去兼任的职务，或辞去党政机关的职务。

二、不论在职、退居二线或离休、退休的党政机关干部，一律不准受聘担任集体或个体所有制各类公司、企业等经济实体的职务。已受聘担任的，应辞去。

三、党政机关干部不兼任各类公司、企业等经济实体的职务的原则，同样适用于中外合资、合作企业。凡已兼任合资、合作企业职务的，应辞去合资、合作企业的职务，或辞去党政机关的职务。在辞去合资、合作企业职务时，要和外商讲清楚，以取得对方的谅解，并另选派能与之合作的人员去任职。

四、在上述各类公司、企业中，如有特殊情况需要党政机关干部兼任职务者，必须报经中共中央、国务院批准。

五、本通知中各项规定凡与中共中央、国务院现有规定不一致的，以本通知为准。

国家经济体制改革委员会关于成立全国性组织的若干规定

(中共中央办公厅、国务院办公厅
1985年9月25日转发)

为了贯彻落实《中共中央、国务院关于严格控制成立全国性组织的通知》,对有关问题作如下规定:

一、全国性组织的范围

《中共中央、国务院关于严格控制成立全国性组织的通知》所称的全国性组织,是指全国性的"学会"、"协会"、"联合会"、"研究会"、"基金会"、"中心"等社会团体,不包括列入党政军编制序列的行政、事业单位和参加中国人民政治协商会议的各种组织,也不包括宗教团体。

不属于全国性的组织,其名称不得冠有"中国"、"全国"、"中华"等字样。

二、全国性组织必须具备的条件

(1)全国性组织的成员,要有足够的广泛性和代表性。它的学术、业务活动范围比较广,在国内的影响和作用比较大,并在对外活动中有能力和权威代表我国某一方面进行活动。

(2)全国性组织要有业务主管部门或归口部门负责进行业务指导。

(3)要有固定的办公地点和正当的经费来源。

(4)申请成立全国性组织要有一个得到多数发起者拥护的筹备机构及其负责人。成立全国性组织,要坚持自愿原则,不得用行政办法强行组合。

(5)申请成立全国性组织,要有业务主管部门或归口部门确认的章程草案,它的宗旨必须符合我国宪法和法律的规定,反映成员的共同目的和要求。禁止从事以盈利为目的的生产、经营活动。

三、全国性组织的申报和审批

凡申请成立全国性组织,都要由业务主管部门或归口部门申报,经批准后才能成立。

一般的全国性组织,按照不同类型,由国务院有关部门分工负责审核批准。

(1)社会学术组织:属于自然科学方面的,由国家科委审核批准;属于哲学、社会科学方面的,暂由国家体改委审核批准。

(2)社会经济组织:经济组织,包括各种行业协会、专业协会、经济技术咨询和信息服务组织等,由国家经委审核批准。集资性组织(如各种基金会),由中国人民银行审核批准。

以盈利为目的的经济组织,按《国务院关于全国性专业公司管理体制的暂行规定》的精神办理。

(3)社会福利组织,由民政部审核批准。

(4)以上三类以外的其他社会组织,由业务主管部门审核批准。例如:对外民间交流组织,由外交部审核批准;侨务组织,由国务院侨务办公室审核批准;新闻组织,分别由新华通讯社、广播电视部审核批准;文化组织,由文化部审核批准;教育组织,由国家教育委员会审核批准;卫生组织,由卫生部审核批准;体育组织,由国家体委审核批准;政法组织,分别由司法部、公安部、国家安全部审核批准。

审批机关要按照《中共中央、国务院关于严格控制成立全国性组织的通知》的精神和本通知的规定,制定具体的审批规定和办法,严格把关。

审批成立全国性组织必须掌握以下原则:

第一,凡新成立的全国性组织,不列入国家的行政或事业单位,不定级别,人员不列入行政或事业编制,经费不纳入国家财政预决算。领导成员应经过民主选举产生,不由行政部门任命。

第二,全国性组织应按门类或大的行业组建,不要划分过细。一个门类或大行业,只能成立一个全国性组织。全国性组织需要成立分支组织时,应征得业务主管部门或归口部门同意。

第三,属于重大的特殊性的全国性组织,由各有关审批机关提出意见,报中央或国务院审核批准。

第四,批准成立全国性组织时,一律要正式行文,不能以领导同志的口头指示或批示代替正式批复文件。各审批机关的批文都要抄送国家体改委。

军队系统的全国性组织的审核批准办法,由中央军委另行制定。

四、全国性组织的复查

从1982年1月1日至本通知下达之日已成立的全国性组织,都必须进行复查。

凡有中共中央(含中共中央办公厅)、国务院(含国务院办公厅)关于同意成立该组织的批文,中央、国务院领导同志关于同意成立该组织的亲笔批件,中共中央、国务院授权部门的正式批文的,均可向审批机关申报说明情况,不再重新办理审批手续。

上述情况以外的全国性组织都要重新进行审查。审查的主要内容:(一)有无继续存在的必要;(二)是否符合全国性组织的条件;(三)实际活动内容是否与宗旨一致。所有需要审查的全国性组织,由其业务主管部门,在 1985 年 12 月底以前向审批机关申报,并对上述审查内容作出说明。经过审查,对确有必要继续存在又符合全国性组织条件而未经批准的组织,要补办批准手续;对不予保留的组织,应予以撤销。

在 1985 年 12 月底以前未向审批机关申报复查的全国性组织,以自动解散论。

经过复查同意继续存在的全国性组织,在 1986 年 3 月底以前按附表格式填写登记表报国家体改委(一式二份)。

五、全国性组织的汇总备案

凡 1981 年 12 月 31 日以前成立,目前仍在开展活动的全国性组织,要在 1985 年 12 月底以前按附表格式填写登记表向审批机关和国家体改委(一式二份)备案。

各审批机关于 1986 年 3 月底以前将所有新成立的和经过复查登记的全国性组织名单一览表报国家体改委,由国家体改委汇总后报国务院。

六、全国性组织的新闻报道

报纸、刊物、广播、电视等新闻单位,对新成立的全国性组织进行宣传报道时(包括登广告),要向有关审批机关核实,未经批准的不得报道。

七、成立地区性的社会团体也要从严控制。审批和复查的具体办法,由各省、自治区、直辖市根据《中共中央、国务院关于严格控制成立全国性组织的通知》精神,参照本规定制定。

附:全国性组织登记表

附：

全国性组织登记表

组 织 名 称			
业务主管部门 或归口单位		批准文号	
成 立 日 期		审批机关	
主要负责人		经费来源	
办 公 地 点 及 电 话			
本组织的宗旨			
备 注			

19 年 月 日 联系人

中共中央办公厅关于严格控制为个人举办工作周年纪念活动的通知

(1985年11月7日)

最近以来,有些地方和部门为在世的党内老同志举办从事某项工作周年纪念活动的逐渐增多。这不符合中央关于“少宣传个人”的指示精神。遵照中央领导同志的指示,特此通知如下:

今后,各地、各部门原则上不要为在世的党内老同志举办从事某项工作周年纪念活动。个别在国内外有重大影响的党内专家学者,如确需举办纪念活动的,应报请中央和省、自治区、直辖市党委宣传部审批后方能进行。举办纪念活动时,一律坚持清茶一杯。望严格执行。本通知精神亦可供党外朋友举办此类活动时参考。

中共中央办公厅、国务院办公厅关于坚决制止干部用公款旅游的通知

（1986年2月1日）

近年来，一些干部，包括有的高级干部，不顾中央、国务院三令五申，继续用公款旅游或变相旅游。有的以出差、参观学习为名游山玩水；有的退出或即将退出领导岗位的同志，用公款外出旅游；有些部门和单位，尤其是一些学会、协会，不从工作需要出发，到旅游区、风景区召开会议。这样做，助长党内和社会上的不正之风，浪费了人力、物力和财力，在群众中造成很坏的影响。为了坚决制止干部用公款旅游，根据中央书记处、国务院的指示，现通知如下：

一、各级领导干部，首先是高级干部，必须做到不用公款旅游。如果违反规定，领导机关和纪检部门要责令他们认真检查，严肃处理。对查处不力的部门和单位，上级要追究其领导责任。

二、严禁借出差、开会等名义用公款旅游。干部出差应根据工作需要，经主管领导批准后按计划执行。出差期间，要严格遵守工作纪律和财经纪律，不允许离开工作地区，用公款到旅游区、名胜区游览。对违反纪律的要提出批评，情节严重的要给予纪律处分，超支费用不予报销。

党政机关、企事业单位以及人民团体、学术组织，原则上不得到旅游城市和风景名胜区召开会议。如确需到这些地方召开会议，应报上级主管机关审查批准，并征得当地人民政府的同意，在时间安排上要避开旅游旺季。

所有会议都不得用公款组织游览。

三、坚决制止以参观学习为名用公款旅游。各地各部门要严格控制外出参观学习。如确有必要组织外出参观，跨县的，要报地（市）主管部门批准；跨地（市）的，要报省级主管部门批准；跨省的，须经省、自治区、直辖市人民政府批准，并事先征得参观地区省人民政府和接待单位的同意。否则，一律不予接待。所有的外出参观学习，都应明确目的，控制人数，严格规定时间、往返路线和经费数额。不按规定办事，绕道或中途滞留用公款旅游的，按违纪处理，费用不予报销。

省、自治区、直辖市党委书记、省长、主席、市长跨省活动，应分别报中央或国务院领导同志批准。中央、国家机关部长离京外出，应事先向中央办公厅或

国务院办公厅报告。

四、各级干部疗养、休养和探亲,必须严格执行国家有关规定。正副省(部)长级干部外出疗养、休养时,因病或年老体弱确需家属陪同的,经批准,只报销一名家属的同席车船机票费和住宿费。

各地区、各部门、各单位不得用公款组织离退休干部旅游或以其他名义变相旅游,不得把离休干部的公用经费发给个人。离休干部参观工农业建设项目活动,应按有关规定严格管理。

五、财务部门和财会人员要严格按规章制度办事,堵塞用公款旅游的漏洞。对违反规定的费用,无论是谁花的、谁批的,都不予报销。各级领导干部要支持财务部门和财会人员履行职责。如果领导干部强令报销用公款旅游或变相旅游的费用,财会人员有权拒绝办理,并向上级主管部门、纪检部门如实反映。上级主管部门和纪检部门应查明情况,严肃处理。财会人员应模范遵守财经纪律,违章徇私、放弃职责的,要严肃批评,责令改正。

各级党委和政府接此通知后,应立即向所属单位和全体干部进行传达,认真贯彻执行。过去的有关规定与本通知不一致的,以本通知为准。

中共中央、国务院关于进一步制止党政机关和党政干部经商、办企业的规定

（1986 年 2 月 4 日）

1984 年 12 月中共中央、国务院《关于严禁党政机关和党政干部经商、办企业的决定》下达以后，党政机关办的企业大部分已经停办或者同党政机关脱钩；参与经商、办企业的党政干部，大多数已经回到机关工作或辞去党政职务。但是，这股不正之风还没有完全刹住。有的党政机关和党政干部仍采取各种手法继续经商、办企业；有的党政领导干部还继续兼任企业职务；有的家属利用领导干部的关系及影响经商、办企业；经商、办企业中的一些严重违法行为，特别是牵涉到某些领导干部的问题，至今得不到应有的处理。党政机关和党政干部经商、办企业，以权谋私，损公肥私，危害很大。为了坚决刹住这股不正之风，现对几个有关问题进一步规定如下：

一、党政机关，包括各级党委机关和国家权力机关、行政机关、审判机关、检察机关以及隶属这些机关编制序列的事业单位，一律不准经商、办企业。凡违反规定仍在开办的企业包括应同机关脱钩而未脱钩，或者明脱钩暗不脱钩的，不管原来经过哪一级批准，都必须立即停办，或者同机关彻底脱钩。

二、凡上述机关的干部、职工，包括退居二线的干部，除中央书记处、国务院特殊批准的以外，一律不准在各类企业中担任职务。已经担任企业职务的，必须立即辞职；否则，必须辞去党政机关职务。

在职干部、职工一律不许停薪留职去经商、办企业。已停薪留职的，或者辞去企业职务回原单位复职，或者辞去机关公职。

三、上述机关的离休、退休干部，除中央书记处、国务院批准者外，不得到国营企业任职。如果到非国营企业任职，必须在离休、退休满两年以后，并且不能到原任职机关管辖行业的企业中任职。离休、退休干部到企业任职以后，即不再享受国家规定的离休、退休待遇。

四、凡参与违法经营活动或为其提供方便的干部、职工，要给予党纪政纪处分，其中的领导干部要从重处理。触犯刑律的，要依法惩处。

五、领导干部的子女、配偶,在党政机关及所属编制序列的事业单位工作的,一律不得离职经商、办企业;不在党政机关及所属编制序列的事业单位工作的,不准利用领导干部的影响和关系经商、办企业,非法牟利。对违反规定的,要严肃处理。非法所得,一律没收。

六、党政机关及所属编制序列的事业单位及其干部开办的企业停办以后,应由直接批准的业务主管部门负责清理。由于违法经营导致亏损倒闭、资不抵债,或者造成其他严重后果的,要由直接批准的业务主管部门和企业共同承担经济责任和法律责任,同时还应追究有关人员的责任。

七、工商行政管理机关对申请开办的企业,必须严格按国家有关规定审批,坚持原则,依法办事,失职者要追究责任。各级领导干部对工商行政管理机关依法行使职权不得干预。

八、本规定适用于工会、共青团、妇联、文联、科协和各种协会、学会等群众组织,以及这些组织的干部和职工。这些组织如有特殊情况,需要办非商业性企业的,必须报经国务院或省、自治区、直辖市人民政府批准。

九、为安排青年就业开办的劳动服务公司和乡镇、街道开办的企业存在的问题,由有关部门组织力量调查研究,另作规定。

十、军队机关和军队干部办企业问题,按照1985年5月国务院、中央军委批转《关于军队从事生产经营和对外贸易的暂行规定》的通知办理。有关具体问题,由国务院、中央军委另行规定。

各级党委和政府要坚决贯彻落实上述规定,做到令行禁止。对拒不执行的,要严肃处理,并追究领导责任。各级纪委、工商行政管理机关要与组织、人事、审计、税务、银行、司法等部门密切配合,监督执行。

以前有关各项规定,凡与本规定不一致的,以本规定为准。

附:

中共中央办公厅、国务院办公厅关于贯彻执行《中共中央、国务院关于进一步制止党政机关和党政干部经商、办企业的规定》几个问题的说明

(1986年3月29日)

《中共中央、国务院关于进一步制止党政机关和党政干部经商、办企业的规定》(以下简称《规定》)下达以后,在执行中有些单位和地区提出了一些问题。为了正确贯彻落实中共中央、国务院这一规定,经党中央、国务院同意,现将几个有关问题说明如下:

一、《规定》中所说的党政机关和党政干部一律不准经商、办企业,是指各级党政机关和党政干部,不准用公款(行政经费、事业经费、特需经费等)、贷款以及各种形式的集资经商、办企业,为本单位和个人谋取私利。

二、根据《中共中央关于科学技术体制改革的决定》、《中共中央关于教育体制改革的决定》和国家有关规定,科研、教育等事业单位,可以从事与本单位业务、技术有关的技术转让、技术咨询、技术服务、技术承包等经营活动;不得从事与本单位业务、技术无关的经营活动。

三、党政机关为改善后勤服务工作,方便职工生活,可以开办为本机关服务的小卖部、洗衣房、理发室、浴室、招待所、礼堂、印刷厂等,有条件的也可以向社会开放,但应按国家有关规定,向工商行政管理机关申请办理登记,照章纳税。

四、党政机关为解决职工子女就业而兴办的劳动服务公司和其他经营网点,应当继续兴办。但必须以安排待业青年为主,着重发展服务业和加工业,严格遵守国家有关规定,从事合法经营。主办机关应加强领导。

五、《规定》中所说的"彻底脱钩",是指企业在人、财、物方面与党政机关分开管理,即:企业人员不得列入行政编制;企业实行自主经营、独立核算、照章纳税、承担经济责任,其经济收益党政机关不得占用;企业占用机关的房屋、设备、运输工具等,必须有偿使用,合理收费。

六、《规定》中所说的领导干部子女、配偶,是指在职和退居二线的县、团级(含县团级)以上干部的子女、配偶。

中共中央办公厅、国务院办公厅关于中央机关团体购买自用农副土特产品的规定

(1986年5月18日)

近几年来,中央机关有些单位,通过非正常购销渠道或以不适当的名义,到各地购买农副土特产品,给中央机关造成了不良影响。为了纠正这种现象,特作如下规定:

一、中央机关团体为了改善职工生活,到各地购买农副土特产品,必须遵守国家和地方的有关政策规定,通过正当的购销渠道,不得违反政策,以权谋私。

二、各单位不得把自己掌管的紧俏物资以低价出售给地方,再以低价换取地方的农副土特产品,更不得利用职权向地方索要或无偿接受地方赠送的农副土特产品。

三、各单位在购买农副土特产品时,要严格遵守国家和当地的物价政策,价格要公平合理,不得损害地方和群众的利益。

四、各单位购买的农副土特产品,应只限于改善机关食堂的伙食或按成本价格售给机关工作人员,不准加价转卖,严禁用公款补贴。

五、机关团体为职工购买其他商品,也必须遵守上述规定。

中共中央纪律检查委员会、国家教育委员会关于进一步纠正各类高等学校招生工作中不正之风的通知

(1986年5月30日)

近几年来,由于各级党委和政府的重视,以及广大招生人员认真贯彻执行党和国家的各项政策,遵纪守法,高等学校招生考试工作的风气基本上是好的,在人民群众中有一定的信誉。但是,也必须看到,在各类高等学校招生考试工作中,在某些地方和单位,还存在着一些不正之风,主要表现在:

一、有的地方对统一考试疏于职守,考生舞弊现象屡有发生;在成人高等学校招生考试中,有的党员、干部考生,明目张胆作弊,影响极坏;此外,个别地方也曾发生有计划、有组织的集体舞弊事件。

二、在对考生的政治思想品德考核和体检工作中,一些中学的干部、教师和医院体检人员弄虚作假,致使一些不符合国家规定的考生进入高等学校。

三、在录取工作中,有的考生家长以及成人高考的考生请客送礼、托人情;有的招生人员吃请受礼、带条子;有的院校录取人员为了录取分数较低的亲友或有关系的人的子女,要求大幅度降低录取分数。

四、有的地方和单位,存在着自由主义,"对党的方针政策不学习,不执行,对组织上的批评劝告置若罔闻";"对党的方针政策和指示采取实用主义的态度,合自己口味的就执行,否则就不执行"。他们中,有的擅自决定扩大招收保送生的范围和比例;有的不择手段地挖兄弟院校的墙脚,以出国、旅游、发奖学金等不正当的手段,拉拢学生;有的为抢"尖子"学生,把重点中学的校长请到学校,包吃、包住、包旅费,违反财经纪律;有的大幅度降低分数,录取不符合条件、甚至没有参加高考的运动员,其中一些人根本不具备接受高等教育的条件;有的以为职工谋福利为由,巧立名目,或降分录取委托培养的学生,或办"子弟班",冲击国家招生计划,等等。

招生工作中的不正之风,虽然是个别现象,但是它妨碍招生工作的正常进行,干扰招生制度的改革,腐蚀干部和青年,损害党在人民群众中的形象,败坏

党风和社会风气。如果任其发展,高等教育的质量就难以保证,一些富有成效和生命力的改革措施就可能半途而废。

为了纠正各类高等学校招生工作中的不正之风,巩固改革招生制度的成果,更好地选拔优秀新生,特作如下规定:

一、报考国家承认学历的各类高等学校的考生,都必须参加国家组织的统一考试。考试组织工作要严密细致。考试期间,上级招生委员会应组织巡视组,检查考场纪律。对泄漏试题和考场舞弊案件要认真查处,并追究有关人员的责任,视情节轻重给予党纪政纪处分,直至依法惩办。

二、考生报考资格审查、政治思想品德考核以及体检工作,都要严肃认真地进行。有关单位要如实地反映考生的实际情况,对隐瞒不报或弄虚作假者,要追究责任,并分别情况予以严肃处理。

三、录取工作要严格按照国家教育委员会有关规定执行。录取期间,各省、自治区、直辖市招生委员会要设立纪律检查组,由主要负责同志任组长,负责监督检查本委员会工作人员及各校录取人员执行招生政策和纪律的情况。对徇私舞弊、"走后门"等不正之风,都要追查,并取消有关人员参加录取工作的资格。情节严重的,由纪检组提出处理意见,通告该工作人员所在单位,所在单位要严肃处理。

四、各地和各高等学校,要认真遵守国家教育委员会关于招生工作的规定,凡属较大的改革措施,要报经国家教育委员会批准后执行。各类高等学校招生计划一经国家教育委员会审定后,原则上不准再作变动。未列入计划的,一律不得擅自招生。各地各高等学校不得用任何名义为本地、本校、本单位教师、干部、职工谋取私利,不得举办"子弟班"等。各高等学校一律不准向中学负责人、教师和中学生发放奖学金或实物,不得用任何不正当的手段拉拢学生。

五、要立足于教育。要对广大考生和干部群众、特别是党员干部和招生工作人员进行政策、党纪、政纪和法制教育,提高他们遵纪守法的自觉性。对模范遵守和维护党纪国法的干部,要予以表彰,并选择一些好的典型予以宣传;对违法乱纪、徇私舞弊事件,除严肃处理外,要选择一些典型案例在报纸等宣传阵地予以披露,以教育干部和群众。

对揭发不正之风的干部群众,要给予支持和保护,任何人不得对揭发者进行打击报复;对捏造罪名,诬陷好人的事件也要认真查处。

六、要加强领导。制止和纠正招生工作中的不正之风涉及面广,是端正党风的内容之一。各级党的纪律检查部门对招生工作的重大违法乱纪案件,要直接派人参加查处。

中共中央纪律检查委员会关于共产党员必须严格遵守党章的通知

（1987年1月13日）

共产党员是否真诚拥护党的纲领，遵守党的章程，充分履行党员的义务，言论行动是否符合党章的规定，这是衡量一个共产党员是否合格的根本标准。

党的十二大通过的党章，在思想上、政治上和组织上对党员提出了严格的要求。必须清醒地看到，有少数党员，包括一些党员领导干部，无视党的政治纪律，借改革、开放之机，公开发表违背党的十一届三中全会以来的路线、方针、政策的言论。他们捕风捉影，歪曲事实，蛊惑人心，甚至公然否定四项基本原则，丑化和否定党的领导，攻击社会主义制度，使资产阶级自由化思潮在一些地方和部门泛滥开来。党的十二届六中全会决议明确指出："搞资产阶级自由化，即否定社会主义制度，主张资本主义制度，是根本违背人民利益和历史潮流，为广大人民所坚决反对的。"尽管鼓吹资产阶级自由化的人只是极少数，但这种资产阶级自由化思潮煽动性、危害性、破坏性甚大，干扰了社会主义两个文明建设和各项改革的顺利进行，损害了安定团结的政治局面。因此，各级党组织必须坚决执行《中共中央关于向全体党员和干部、群众传达〈邓小平同志关于当前学生闹事问题的讲话要点〉的通知》，把反对资产阶级自由化作为一个重要问题列入党委的议事日程，切实抓好。

一、共产党员必须自觉地遵守党章，严格执行党的纪律。遵守党章，特别是遵守党的政治纪律，是对每个共产党员的起码要求。党如果没有严格的纪律，每个党员都按照自己的意愿和主张行事，而不受党的纪律的约束，党就不可能有统一意志和统一行动，那还有什么希望？所以，维护党规党法，维护党的团结统一，珍惜和发展安定团结的政治局面，是每个共产党员的神圣责任。党的各级组织和每个党员必须在思想上政治上同中央保持高度的一致，坚定不移地贯彻执行党中央制定的路线、方针、政策和决议。如果对于中央已经作出决定的重大方针和政策问题，党员有不同意见，在坚决执行的前提下，可以经过一定的党的组织程序提出，但绝不允许各行其是，公开发表与党的路线、方针、政策相反的言论，更不允许采取同中央的决定、决议相违背的行动。这是党的政治纪律，是党的纪律中最重要的方面。

二、党的各级组织包括各级纪检部门要切实维护四项基本原则,旗帜鲜明地反对资产阶级自由化,担负起维护党章的神圣职责。四项基本原则已庄严载入我国宪法和我们党的章程,是我们立国立党之本,是全党团结统一的政治基础,是我们事业胜利的根本保证。它关系到我们党的命运,关系到社会主义的前途,关系到全面改革和对外开放的成败。因此,坚持四项基本原则,在任何情况下都不能动摇。当前,一些地方和部门的党组织确实存在对资产阶级自由化思潮认识不足,旗帜不鲜明,态度不坚决,表现软弱涣散的现象,缺乏应有的战斗力。这种状况再也不能继续下去了。坚决同一切违背党章的错误言行进行斗争,是各级党的组织和每个党员义不容辞的职责。不管是谁,其地位有多高,名声有多大,如果违犯党的政治纪律,违背四项基本原则,宣扬资产阶级自由化,就要受到党的纪律的处分。对于极少数不顾党组织的一再警告,恣意妄为,严重危害党的人,要坚决清除出党,以保持党的纯洁性。一些党组织和领导干部,对宣扬资产阶级自由化的人,采取宽容的态度是完全错误的。

三、要在全党进行党章的再学习、再教育,以增强党性,提高遵守党的纪律的自觉性。各级党的组织要认真组织全体党员学习党章,严格执行党章的各项规定,并向党员重申党的政治纪律。要通过党的组织生活会的方式,运用批评和自我批评,对遵守党的政治纪律的情况进行一次检查,发现问题,及时解决。在改革、开放的新时期,务必教育全体党员一定要严格维护党的纪律,以党章作为自己的言论和行动的准绳,坚持四项基本原则,旗帜鲜明、立场坚定地站在反对资产阶级自由化斗争的前列,自觉做维护安定团结、勇于同违背四项基本原则的言行作斗争的模范。

中共中央、国务院
关于严格控制党政机关干部
出国问题的若干规定

（1987年7月4日）

实行对外开放是我国的一项基本国策。近几年来，随着对外交往的开展，出国团组和人员日益增多。当前，在派遣党政机关干部（包括挂靠在党政机关的各种学会、协会、基金会、中心等单位干部）出国工作中存在的突出问题是：出国团组仍然过多过滥；一些本应由专业干部完成的出国任务，不恰当地派遣了党政机关干部；重复考察、轮流出访等现象依然存在；借我驻外机构邀请的名义出国，对国外的邀请擅自应允、有请必去、甚至降格以求等现象时有发生。这种种情况不仅增加了国家不必要的外汇支出，造成浪费，更严重的是助长了不正之风的蔓延，有损于我们社会主义国家的形象，有损于党和政府在人民群众中的威望，对内对外都造成了不良影响。因此，严格控制党政机关干部出国，是当前对外交往中必须解决的一个重要问题。

中央、国务院一再指出，同国外的人员交往要讲求实效，派遣临时出国团组必须贯彻“少、小、精”的原则，并为此作出过明确规定。中央、国务院现重申：各级党政机关干部，特别是各级领导干部，必须把主要精力放在做好本地区、本部门的工作上，以实际行动带头端正党风，按照“双增双节”运动的有关要求，迅速纠正出国工作中存在的问题。党政机关干部确有必要出国的，必须坚决按照有关规定办理。为了严格控制党政机关干部出国，特作如下规定：

一、严格掌握审批条件

1. 凡与出国任务无直接关系、不主管有关业务的党政机关干部，一律不得借故出访；凡专业人员可以完成的出国任务，党政机关干部不得参加。

2. 党政机关和其他业务主管部门的干部，不得以上下级关系或某种工作关系为由，公开或暗示要求参加企、事业单位的出国团组。企、事业单位组派出国团组，也不应为“照顾关系”或达到某种目的而邀请与出国任务无直接关系的党政机关和其他业务主管部门的干部参加。

3. 凡外国或港澳地区机构、人员邀请我党政干部出访，不论是否对方提供

经费,均应根据我方实际需要决定,不能一概应邀,更不能降低身份前往。党政领导干部不得接受港澳商人资助到国外考察、旅行。不得暗示或授意外国或港澳机构、人员发出邀请,也不得为达到出国回访的目的而有意邀请对方先行来访。严禁党政机关干部利用我驻外机构邀请的名义出访。未经批准,任何人均不得擅自对外确认应邀出访。

4. 凡通过函电或我驻外机构能够处理的具体事务,均不得再专门派人出国。需驻外使、领馆代为处理的具体事务,主管部门应与外交部联署通知。

5. 凡在境外举办的一般性展览会、洽谈会,均应由派出单位组织精干的业务团组负责工作,党政机关干部不应另行组团参加。设在境外的企业开业或周年纪念等礼仪活动,除特殊批准外,省、部级以上党政干部不应专程前往。

6. 凡需派党政干部专程出国慰问留学生、驻外人员、劳务人员或检查工作,均应报中央归口部门审查批准,地方和主管部门不得自行派出。

7. 同一地区、同一部门的主要领导干部不得同团出访,也不得同时或短期内分别率团出访同一国家或邻近国家。

8. 为保证出访后续工作的连续性,凡即将脱离现职的各级党政干部,除确因工作需要者外,一般不再安排出国执行任务。已离休、退休的党政干部,不再派遣出国执行公务。

9. 不论哪一级党政机关干部率团出国,均应根据出国任务的实际需要,严格限制随行人数和出访时间。

二、加强审批、管理工作

1. 有出国审批权的地方人民政府和中央、国家机关各部门,在审批党政干部出国事项时,要根据中央、国务院有关规定,对出国团组进行严格认真的审查。对不符合规定的,要坚持原则,一律不予批准。对已经批准出国的,如在出发前发现不合规定的问题,上级审批机关应及时责成原审批机关予以纠正,必要时可以调案重批。

2. 负责审查出国团组、人员具体事项的组织、人事和外事部门,应认真执行有关规定,除对出国人员进行政治审查外,还应根据出国任务和专业要求,对团组的人员构成进行审查。对不符合出国任务要求的党政机关干部,对不合理的团组人员结构和不该派出的团组、人员,应提出具体意见,供审批机关研究调整。审批机关应认真听取和研究他们的意见。

3. 严格请示报告制度,认真履行报批手续。组团单位要按照中央、国务院外事部门的具体要求,详细报告出访任务、人员情况、出访计划和经费来源。报告经批准后,不得随意追加顺访国家和地区,不得无故改变往返路线,延长出访时间。如有特殊情况,必须事先请示原审批机关批准。如因突发的特殊原因来不及事先请示国内的,应尽可能征得我有关驻外使、领馆同意,并在回国后如实报告情况,提供有效证明。

4.(略)

5. 接受备案的部门和有关驻外使领馆,要认真负责地协助有关部门做好出国团组的审批工作。对出国任务不明确,考察内容重复,同一时期往访某一国家(地区)的团组过于集中,人员构成不合理,党政机关干部特别是省、部级以上干部往访身份不当等方面的问题,各接受备案的部门和有关使领馆均应及时提出明确的调整意见。

6. 严格出国用汇的宏观控制。各级党政机关干部的出国用汇,均由非贸易外汇开支(以下简称"党政干部出国用汇"),不得使用贸易外汇、留成外汇及其他现汇。中央和国家机关各部门干部出国用汇,由中央和国家机关各部门编制年度计划送财政部审核汇总;地方各级党政机关干部出国用汇,由地方有关部门编制年度计划报省、自治区、直辖市财政厅(局),财政厅(局)汇总后报送财政部审核汇总。经国务院批准的年度党政干部出国用汇计划,由财政部直接下达中央、国家机关各部门和省、自治区、直辖市财政厅(局)。任何地区和部门不得突破国家批准的全年党政干部出国用汇计划。如党政机关干部确需随同企业组派的团组出国活动,其出国费用在该干部所在单位的党政干部出国用汇中列支,企业不得为其承担费用(包括外汇和人民币)。本款的具体执行办法由财政部会同有关部门制订下达。

三、加强监督,严肃纪律

1. 各级党政机关要把出国的管理工作作为一项重要任务切实搞好,对有关人员经常进行思想政治工作和外事纪律、财政纪律教育;安排党政干部出国执行公务要通盘考虑,重大问题要列入党委(党组)的议事日程,集体讨论决定。

各级党政机关领导干部,必须以身作则,遵守纪律,注意节约,严格执行有关规定。领导干部违反规定出国,或利用职权干扰正常的出国审批、管理工作,或对坚持原则、揭发其错误的单位和个人进行打击报复的,都要从严查处。

2. 各级出国审批机关要严格履行职责,切实负起责任。因把关不严而造成严重问题的,要追究审批机关和审批人员的责任。审批人员滥用职权,徇私舞弊,收受贿赂的,要根据情节轻重分别按党纪、政纪或法律处理。

3. 审查出国团组、人员的组织、人事和外事部门,出国请示报告的会签部门、接受备案部门,有关驻外使领馆,要加强对出国工作的监督。上述部门可根据规定对各级党政干部出国事项提出异议,供原审批机关考虑,必要时可报请上级领导机关审定。在上级领导机关没有重新作出决定之前,不予办理出国手续。

4. 各级财政部门要有专人负责党政干部出国用汇及各项开支标准的管理和监督,及时了解、掌握执行情况和存在的问题,并向党政领导机关报告。国家外汇管理局及其分局、中国银行及其分行要发挥外汇管理部门(专业银行)的职能,严格按照财政部门下达的用汇计划监督供汇。

5. 各级纪律检查、监察、审计部门,对党政机关干部的出国工作要加强监督检查。如发现重大问题,要及时查明情况,严肃处理。对通过不正当手段和不合规定的途径已经出国的党政机关干部,一经查明,应根据情节给予适当处分,并可提请有关审批部门在一定时期内不准其出国执行任务。对坚持原则、敢于反映情况的单位和个人,应通过适当方式给予支持、鼓励和表彰。

各地区、各部门接到本规定后,应即结合实际情况制订具体执行办法,并对所属各级党政机关干部的出国工作作出明确规定。

本规定发至县级机关,传达到全体干部,以利贯彻执行和加强监督。

军队系统的干部出国问题也按本规定精神执行,具体办法由总参谋部提出,报中央军委审定。

中共中央纪律检查委员会关于对党员干部加强党内纪律监督的若干规定（试行）

（1987 年 7 月 29 日）

《中共中央关于社会主义精神文明建设指导方针的决议》明确提出“严格执行党的纪律，建立和健全党内监督制度和人民监督制度，使各级领导干部得到有效的监督”。中发〔1987〕3 号文件进一步提出建立“一套制度制约和监督党和国家的高级领导人、特别是职权最高的领导人都能严格遵守宪法、遵守党纪，不至于不受任何限制自由行动，……。”

党内纪律监督在党的建设中，具有十分重要的地位和作用。我们党的党内纪律监督工作历来是有的，但是由于缺乏健全的监督制度，使这一工作没有真正做到经常和有效。党的十二大报告中指出“党的各级纪律检查委员会，……对中央以下的同级党委及其成员实行党章规定范围内的监督”，说明纪检机关在党内纪律检查监督方面是责无旁贷的。但是党章对纪检机关在党内监督中的职责和监督工作的主管机关没有明文规定。

在这种情况下，为了充分发挥纪检机关的纪律监督作用，暂作如下规定：

一、党内纪律监督的任务，是保证党的组织、党员，尤其是党员领导干部按照党章和《准则》规定的原则办事，防止党内各种不良倾向的发生，揭露和纠正一切损害党的利益、违犯党纪国法的行为。保持、发扬党的优良传统和好的作风。

党内纪律监督的重点，是各级党员领导干部，特别是主要领导干部。

二、党依靠党章规范和制约全党的活动。这种活动又必须在宪法和法律规定的范围内进行。一切党规、党法和国家的法律、法令，都是党内纪律监督的依据。

对各级党员领导干部实行监督的主要内容，是党章第三条党员必须履行的义务、第三十五条党的各级领导干部必须具备的基本条件，以及党章总纲提出的对党员的基本要求和《准则》规定的各项原则。

当前党内纪律监督，着重以下几个方面：

(1)监督、检查贯彻执行党的十一届三中全会以来的路线、方针、政策和决议的情况。监督、检查三中全会提出的建设具有中国特色的社会主义的路线,这条路线的两个基本点——坚持四项基本原则和坚持改革、开放、搞活的方针,是否得到了贯彻执行。党员、党组织,在政治上必须和中央保持一致。

(2)监督、检查各级领导班子贯彻党的民主集中制原则,实行集体领导的情况,严肃党的组织纪律。

(3)思想作风方面,主要是克服、纠正"以权谋私"和严重的官僚主义,努力克服自由主义。必须树立全心全意为人民服务的思想和理论联系实际,密切联系群众和批评、自我批评的作风。

(4)监督各级党委、党组织重视党的建设工作,重视党的思想政治工作。

(5)监督、检查是否全面贯彻按干部"四化"标准和德才兼备原则任用干部。

三、对党员干部的党内纪律监督,包括党组织(包括党员所在支部)的监督、党员群众的监督、党员干部相互之间的监督和专职机关的监督。长期以来,党内形成了许多监督党员干部的好方法。例如,党的组织生活会制度,党员领导干部民主生活会制度,干部民主评议制度,干部鉴定制度,请示报告制度,群众来信来访制度,这些都是行之有效的监督方法。

为了贯彻十二大提出的"党的各级纪委对中央以下的同级党委及其成员实行党章规定范围内的监督",当前,还要着重抓好三件事:

(1)地方(部门)纪委(纪检组)书记或主持日常工作的副书记,参加(或列席)同级党委常委(党组)会议,全面了解本地区、本部门工作情况,并积极参与讨论。

(2)地方(部门)纪委(纪检组)书记或主持日常工作的副书记,参加同级和下级党委(党组)领导班子成员民主生活会议,并将情况报告上级纪委。

对于同级党委(党组)领导班子成员参加党的支部(小组)生活会议的情况,以及对他们进行民主评议的情况,同级纪委常委必须了解,并协助同级党委(党组)组织部门把这项工作做好。开好民主生活会和支部生活会,一是领导干部一定要出席;二是正确开展批评与自我批评;三是这两个会按规定定期召开,形成制度。

(3)做好来信来访工作,是发挥党内外群众监督的重要渠道。对群众所反映的问题,要认真负责、实事求是地进行处理,决不允许采取推诿拖延、敷衍塞责的官僚主义的态度。各级纪委要逐步实行领导干部定期接待群众来访日,直接倾听群众意见,并将党内外群众的意见定期反馈给党委,逐步做到事事有回声，件件有着落。

四、党的纪律监督工作，实行分级负责的办法：

党的中央委员会成员的违犯党纪行为，由中纪委向中央检举，并向中央报告核查、处理情况。

地方(部门)各级党的委员会领导成员及同级担负行政领导职务的党员干部的纪律监督工作，由同级纪委(纪检组)负责进行；对其他党员领导干部和党员的纪律监督工作，由所在机关纪委负责进行。

地方(部门)各级纪委(纪检组)，对于发现本地区、本部门在贯彻执行党的路线、方针、政策中发生的严重问题，以及党员领导干部包括同级党的委员会成员违法乱纪问题，有权进行调查核实，并及时向同级党的委员会和上级纪委作报告。不报告就是失职，严重的要受到追究。

地方(部门)党的纪委(纪检组)可以不经过同级党委同意，直接向上级纪委反映情况，任何组织或个人都不准干预、压制。

五、保护监督者与被监督者的正当权利。

(1)党内外群众对党员干部进行监督，反映情况，提出批评，进行检举、控告，都是他们的民主权利，必须受到保护。

严禁对批评者、检举者、控告者打击报复。对打击报复的行为，必须追究责任。对于不愿暴露姓名的检举、控告人要注意保护。

(2)为便于对事实核对清楚，可以适当方式告知被监督者并听取其意见；被监督者对涉及自己的问题提出申诉或说明情况，也是党员的民主权利，必须受到保护。

(3)党的组织和各级党员领导干部，要支持和保证纪检工作人员和其他执纪专业人员正当行使职权。袒护被监督、被检查者，干扰、阻碍执纪部门工作以及打击报复执纪人员的，必须查明情况，严肃处理。

(4)实行党内监督，必须采取负责的态度，实事求是地反映情况。任何以监督名义，在党内搞派别活动或有意捏造事实诬陷、诽谤他人的，必须受到追究和处分。

(5)对党内外群众在监督党员干部时所反映的问题，凡是需要答复或反映人要求答复的，有关党组织应责成主管单位在核实或处理后给反映人以负责的答复。

六、加强党对党内纪律监督的领导。各级、各部门纪委(纪检组)要定期向同级党委(党组)作关于纪律监督工作的汇报；每年至少向同级党委和上级纪委作一次全面报告。以取得同级党委(党组)和上级纪委的领导。

各级、各部门纪委(纪检组)领导班子要按规定召开民主生活会;领导班子成员,都要出席党的支部(小组)生活会。纪委(纪检组)领导班子的民主生活会,应请同级党委(或组织部门)和机关党委派人参加。

七、本规定中提出的各级纪律检查委员会有关党内纪律监督的职责、权限及各项原则,适用于各级政府机关、群众团体的纪律检查组。

各地区、各部门纪委(纪检组),可根据此规定,制定对本地区、本部门对党员干部实施纪律监督的补充办法。

军队的党内纪律监督,由军委纪委参照本规定,具体制定。

党员领导干部犯严重官僚主义失职错误党纪处分的暂行规定

（中共中央纪律检查委员会1988年5月23日印发）

第一章 总 则

第一条 为了贯彻党的基本路线，保证社会主义现代化建设和改革、开放的顺利进行，反对官僚主义，根据党的章程和国家的有关法律法规，制定本规定。

第二条 严重官僚主义失职错误，是指由于工作不负责任而不履行或不正确履行职责，致使党、国家和人民的利益遭受重大损失的行为。党员领导干部犯严重官僚主义失职错误，是违犯党的纪律的，应当受到党的纪律处分。

第三条 各级党政军机关、人民团体、企业、事业单位的党员领导干部，由于犯严重官僚主义失职错误应受党纪处分的，都适用本规定。

第四条 在处理严重官僚主义失职案件时，要区分直接责任者和负领导责任的人员。对于负领导责任的人员，要区分直接领导责任者、重要领导责任者和一般领导责任者。

第五条 对严重官僚主义失职案件，要在查清事实的基础上，分清责任，按照下列原则处理：

已触犯刑律被判刑的党员领导干部，一般要开除党籍。

对造成巨大损失负有各种领导责任的人员，要加重处分，即按照对造成重大损失负各种领导责任者应受的党纪处分，加一档处分。

对于造成重大损失负领导责任的党员领导干部，要按照分则条文的规定给予党纪处分。

对于那些构不成重大损失，但给本地区、本单位造成重大不良影响的案件，对负有领导责任者，也应酌情给予党纪处分。

由于不可抗拒或不可预见的因素而造成损失的，不作为官僚主义问题处理。

第六条 对于犯有严重官僚主义失职错误的党员领导干部，应给予撤销党内职务以上处分的，一般应同时建议撤销党外职务；对于按分则规定应受撤销党内职务处分而没有党内职务的，可给予党内严重警告处分或留党察看处分，同时建议撤销党外职务。

第二章 分 则

第七条 党员领导干部在政治、思想工作方面,有下列行为之一,造成重大损失或恶劣影响的,对负有直接领导责任者,给予撤销党内职务或党内严重警告处分;负有重要领导责任者,给予党内严重警告或警告处分。造成巨大损失或特别恶劣影响的,加重处分。

(一)对党和国家的方针、政策,不传达贯彻,不检查督促落实,或作出错误决策,致使某一方面的工作在政治上遭受重大损失或造成恶劣影响的;

(二)对本部门、本单位发生的公开反对四项基本原则、反对改革开放总政策的行为,不报告、不批评、不制止,以致造成恶劣影响或严重后果的;

(三)对本单位人员中的思想问题和实际问题,该管的不管,能解决的不解决,致使矛盾激化,造成闹事、罢工、罢课或其他恶性事件,严重影响了生产、工作、教学、科研和社会正常秩序的;

(四)对本部门、本单位发生的严重违法乱纪案件,不查处或拖延,以致造成恶劣影响或严重后果的。

第八条 党员领导干部在经济建设工作中,违反科学决策程序,盲目决定施工、投产,或盲目批准签订合同,购进不合格及不适用的设备、技术,给国家造成重大损失的,对负有直接领导责任者,给予党内严重警告或撤销党内职务处分,负有重要领导责任者,给予党内严重警告或警告处分。造成巨大损失的,加重处分。

第九条 党员领导干部在生产经营管理工作中,有下列行为之一,给国家、集体和人民利益造成重大损失的,对负有直接领导责任者给予撤销党内职务或留党察看处分;负有重要领导责任者,给予党内严重警告或撤销党内职务处分;负有一般领导责任者,给予党内警告处分或批评教育。造成巨大损失的,加重处分。

(一)由于管理混乱,致使生产和基本建设方面发生重大质量、技术事故,造成重大经济损失或造成人身伤亡事故的;

(二)对下属企业产销假冒产品,长期失察,或发现后不采取措施处理,或措施不力,造成重大损失的;

(三)对下属企业产销伪劣药品、有害食品、或其他危害人民健康的商品,长期失察、或发现后不采取措施处理,或措施不力,以至给人民健康造成严重损害或伤亡事故的;

(四)由于管理混乱、纪律松弛,致使国家或集体财物被贪污、盗窃、诈骗、浪费，造成重大损失的；

（五）对本单位或直属单位违反财务制度和财经纪律的行为长期失察，或发现后不纠正，致使国家利益遭受重大损失的。

第十条 党员领导干部在对内、对外的经济贸易活动中，有下列行为之一，造成重大经济损失的，对负有直接领导责任者，给予撤销党内职务或留党察看处分；负有重要领导责任者，给予党内严重警告或警告处分；负有一般领导责任者，给予党内警告处分或批评教育。造成巨大损失的，加重处分。

（一）盲目进货，或不执行商品验收、检验制度，购进不合格商品，致使商品积压、变质、损坏，造成重大损失的；

（二）不了解对方资信情况，盲目与之签订合同，或擅自改变合同，或未签订合同即预付货款，以及为对方担保贷款而被骗，造成重大损失的；

（三）发现购进商品质量不合格或不符合合同规定的标准，不采取措施，以致延误索赔期，造成重大损失的；

（四）对购进的设备，长期积压，保管不善，造成重大损失的；

（五）工作不负责任，不按合同规定提供商品，以致被对方索赔或退货，造成重大损失的。

第十一条 党员领导干部在物资储藏、运输过程中，由于严重官僚主义失职行为，致使物资丢失、损坏、霉烂、变质，造成重大损失的，对负有直接领导责任者，给予撤销党内职务或留党察看处分；负有重要领导责任者，给予党内严重警告或警告处分；负有一般领导责任者，给予党内警告处分或批评教育。造成巨大损失的，加重处分。

第十二条 党员领导干部在安全工作方面，有下列行为之一，造成重大损失的，对负有直接领导责任者，给予撤销党内职务或留党察看处分；负有重要领导责任者，给予党内严重警告或撤销党内职务处分；负有一般领导责任者，给予党内警告处分或批评教育。造成巨大损失的，加重处分。

（一）不认真执行劳动保护和安全生产方面的法规，不采取措施排除事故隐患，或者批准不具备安全生产条件的企业开工生产，致使发生爆炸、火灾、翻车、翻船、飞机失事、工程倒塌以及其他恶性事故，造成重大损失的；

（二）在灾害面前，未采取必要和可能的措施，贻误时机，使本来可以避免的损失未能避免，造成重大损失的；

（三）在组织群众性活动时，缺乏周密布置，对可能发生的问题未采取有效的防范措施，发生恶性事故，造成重大损失的。

第十三条 党员领导干部，由于严重官僚主义失职行为，致使文教卫生、环境保护、社会福利、社会服务等某一方面发生严重事故或遭受重大损失的,对负有直接领导责任者,给予撤销党内职务或留党察看处分;负有重要领导责任者,给予党内严重警告或撤销党内职务处分;负有一般领导责任者,给予党内警告处分或批评教育。造成巨大损失的,加重处分。

第三章　附　　则

第十四条　有关领导责任人员的区分。

(一)直接领导责任者,是指在法定职责范围内,对其直接主管的工作不负责任,不履行或不正确履行自己的职责,对造成的损失负主要领导责任的党员领导干部。

(二)重要领导责任者,是指在法定职责范围内,对自己应管的工作或应由其参与决定的工作,不履行或不正确履行自己的职责,对造成的损失负次要领导责任的党员领导干部。

(三)一般领导责任者,是指对下属单位存在的重大问题失察或发现后纠正不力,以致发生重大事故,对造成的损失负一定领导责任的党员领导干部。

第十五条　本规定所指重大损失和巨大损失的标准。

(一)造成下列结果之一的是重大损失:

直接经济损失 10 万元至 50 万元;

死亡 1 人至 5 人,或重伤 5 人至 30 人;

造成严重政治影响的。

(二)造成下列结果之一的,是巨大损失(本款所列数额不含本数):

直接经济损失 50 万元以上;

死亡 5 人以上,或重伤 30 人以上;

造成特别严重政治影响的。

第十六条　直接经济损失,是指与直接责任者的行为有直接关系而造成财产毁损的实际价值。由直接经济损失引起和牵连的其他损失是间接经济损失。计算经济损失主要计算直接经济损失。

直接经济损失数额是指到立案时为止的实际损失数额。通过办案挽回的经济损失部分仍计算为直接经济损失,在量纪时可作为情节考虑。

第十七条　对于犯有本规定中没有列举的其他严重官僚主义失职错误,可根据其错误事实、情节和造成的后果,比照有关条款处理。但须按批准权限报上一级纪委备案。

第十八条　本规定自 1988 年 7 月 1 日起生效。

共产党员在涉外活动中违犯纪律党纪处分的暂行规定

（中共中央纪律检查委员会1988年5月23日印发）

第一条 为了维护党和国家的利益，同涉外活动中的一切违犯纪律的行为和腐败现象作斗争，根据党章和国家有关的法律法规，制定本规定。

第二条 在涉外活动中，共产党员必须模范地遵守纪律。一切严重违犯纪律的行为，必须受到党的纪律处分。

第三条 在涉外活动中，触犯我国刑律被依法判刑的，一般给予开除党籍处分。属于过失犯罪，判处较轻刑罚，平时表现较好的，可以给予留党察看处分。

第四条 为外国情报机关或敌特机关服务的；出卖党和国家秘密的；叛逃的；参加敌视我国的反动组织的；对外发表反对四项基本原则的言论的，给予开除党籍处分。

第五条 在涉外活动中，其行为在政治上造成恶劣影响，损害党和国家尊严和利益的，给予撤销党内职务或留党察看处分。情节严重的，给予开除党籍处分。

第六条 在国外、境外期间，触犯驻在国家、地区法律、法令，或不尊重驻在国家、地区宗教习俗，造成不良影响，损害我国利益的，给予党内警告或严重警告处分。情节严重的，给予撤销党内职务处分。

第七条 在涉外活动或国际间通讯中，泄露党和国家秘密的；丢失秘密、机密级文件，造成或可能造成严重后果的，给予党内警告、严重警告或撤销党内职务处分。泄露绝密级党和国家秘密的；丢失绝密级文件，造成或可能造成特别严重后果的，给予撤销党内职务直至开除党籍处分。

第八条 以不正当的方式和手段，谋求个人或亲友出国、出境的，给予党内警告或严重警告处分。为了谋求个人或亲友出国、出境，弄虚作假，伪造证件，或利用工作、职务之便，在经济或其它方面损害国家利益的，给予留党察看或开除党籍处分。

拒不服从组织决定，擅自临时或短期出国、出境的，给予党内严重警告或撤销党内职务处分。

第九条 在出国、出境审批工作中,由于失职造成严重后果的,对主要责任者,给予党内警告或严重警告处分。情节严重的,给予撤销党内职务处分。

第十条 临时出国、出境团(组)或人员擅自提前出国、出境,延长在国外、境外期限或变更路线,造成不良影响或经济损失的,给予主要责任者党内警告或严重警告处分。情节严重的,给予撤销党内职务处分。

第十一条 驻外机构或临时出国、出境团(组)中的共产党员,擅自脱离组织,行动失控的;从事外事、机要、军事等工作的党员,违犯规定,擅自同外国机构、外国人联系和交往的,给予党内警告或严重警告处分。在国外、境外失控期间以及在国内与外国人、外国机构交往中,犯有其它错误的,按照有关条款,给予党纪处分。

第十二条 在涉外活动中,参与嫖娼卖淫、吸毒贩毒的,给予开除党籍处分。

在国外、境外淫秽下流场所寻欢作乐的;与外国人搞不正当两性关系的,给予撤销党内职务或留党察看处分。情节严重的,给予开除党籍处分。

参与赌博活动的,给予撤销党内职务或留党察看处分。情节严重的,给予开除党籍处分。

第十三条 在国外、境外期间,多次观看淫秽影视书画的,给予党内警告或严重警告处分。对批准或组织观看者,从重处理。

携带(包括托他人携带)淫秽影视书画及其它淫秽物品入境,以及进行复制、传播的,给予撤销党内职务以上的处分。

第十四条 在涉外活动中,有索贿受贿、贪污、盗窃、投机倒把、走私贩私、逃汇套汇、挪用外汇等行为的;为了谋取个人私利行贿的;在对外经济活动中,损害国家利益的,按《关于共产党员在经济领域中违法犯罪的党纪处理暂行办法》的有关条款从重处理。

依照国家规定应交公的礼品不交公的,以贪污论处。

第十五条 犯有本规定所列两种以上错误的,合并处理。即在应受最高处分基础上加重处理,或按应受最高处分处理。

犯有本规定未列举的其它违犯纪律行为的,按其所犯错误的性质、情节及造成的后果,比照本规定有关条款处理。但须按批准权限报上一级纪委备案。

第十六条 本规定自1988年7月1日起生效。

对参与嫖娼、卖淫活动的共产党员及有关责任者党纪处分的暂行规定

（中共中央纪律检查委员会1988年5月23日印发）

嫖娼、卖淫活动，是一种严重的腐败现象。共产党员中极少数腐败分子参与嫖娼、卖淫活动，严重地腐蚀党的肌体，败坏党的声誉。为了纯洁党的组织，对参与嫖娼、卖淫活动的共产党员及有关责任者，必须严肃处理。现作如下规定。

第一条 有下列行为之一的，给予开除党籍的处分：

（一）嫖娼或卖淫的；

（二）强迫、介绍、教唆、引诱他人嫖娼或卖淫的；

（三）有意容留他人嫖娼、卖淫的；

（四）有意为嫖娼、卖淫提供方便条件的；

（五）向嫖娼、卖淫人员敲诈勒索钱物而放纵其嫖娼、卖淫活动的。

第二条 对参与嫖娼、卖淫活动的人进行包庇的；或阻挠查处嫖娼、卖淫活动，情节严重的，给予撤销党内职务以上的处分。

第三条 宾馆、旅店、饭店、招待所等单位，由于管理混乱，多次发生嫖娼、卖淫活动的，对负有直接领导责任者，给予党内严重警告或撤销党内职务的处分。

第四条 对本单位职工参与嫖娼、卖淫活动，发现后不查处，不采取措施防止再次发生，给予直接领导责任者党内警告或严重警告的处分。

第五条 在处理工作中，要严格区分嫖娼、卖淫与搞不正当两性关系的界限。

第六条 本规定自1988年7月1日起生效。

中共中央办公厅、国务院办公厅关于县以上党和国家机关退(离)休干部经商办企业问题的若干规定

(1988年10月3日)

严禁党和国家机关及机关干部经商办企业,是党中央、国务院的一贯方针。机关退休(含离休,下同)干部从事经商活动,容易助长官商不分,使有的人利用原来的工作关系和影响参与倒卖活动,损害国家和群众利益,滋生腐败现象,必须坚决制止。为了保持党政机关的清正廉洁,保证治理经济环境、整顿经济秩序和全面深化改革的顺利进行,更好地发挥老干部的表率作用,遵照党中央和国务院的指示,在严禁党和国家机关及机关在职干部经商办企业的同时,对县以上机关的退休干部经商办企业问题作如下规定:

一、党和国家机关的退休干部,不得兴办商业性企业,不得到这类企业任职,不得在商品买卖中居间取酬,不得以任何形式参与倒卖生产资料和紧俏商品,不得向有关单位索要国家的物资,不得进行金融活动。

二、党和国家机关的退休干部,不得到全民所有制企业和外商投资企业(公司)担任任何领导职务(含名誉职务)和其他管理职务,企业也不得聘请他们任职。已经任职的,必须辞去职务。

三、党和国家机关的退休干部,可以应聘到非全民所有制的非商业性企业任职,但到本人原所在机关主管的行业和企业任职,必须在办理退休手续满两年以后。到这些企业任职的,要经所在机关退休干部管理部门批准,并与聘用单位签订合同。

退休干部应聘到这些企业任职期间,原所在机关应即中止其享受的各项生活待遇,改由企业负责。本人在企业所得报酬数额,最高不得超过其原工资与原机关干部平均奖金之和。退休干部到企业任职,应向原机关如实呈报自己的收入。按此规定执行的,在退出企业后由原机关恢复其原生活待遇;不按此规定执行的,应取消其退休待遇,并不再恢复。

四、党和国家机关的退休干部从事养殖业、种植业生产,进行技术开发、咨

询、服务，讲学、写作、翻译，以及从事为改善机关后勤服务而开办小卖部、洗衣房、理发室等经营服务活动，继续按《中共中央、国务院关于严禁党政机关和党政干部经商、办企业的决定》的有关规定执行，取得合理报酬，严格照章纳税，其原享受的退休待遇不变。

五、党和国家机关要加强退休干部的管理工作。对违反本规定的退休干部，其原所在机关应及时纠正；不按规定纠正的，要追究该机关主要负责人的责任。退休干部管理部门和工商行政管理、税务、监察、纪检等部门，要经常检查执行本规定的情况。机关党组织和企业党组织，要切实负起监督的责任。

六、本规定同时适用于县以上工会、妇联、共青团、文联以及各种协会、学会等群众组织的退休干部。

军队机关的退休干部经商办企业问题，由中央军委参照本规定制定具体办法。

中共中央办公厅、国务院办公厅关于清理党和国家机关干部在公司(企业)兼职有关问题的通知

(1989年2月5日)

中共中央、国务院《关于清理整顿公司的决定》发出后,各地区、各部门对党和国家机关干部在公司(企业)的兼职进行了清理,已有一批党和国家机关干部辞去了公司(企业)职务,或者辞去了机关职务。但是,还有相当数量的党和国家机关干部仍在公司(企业)兼职。为了认真贯彻落实《关于清理整顿公司的决定》,保证清理整顿公司工作的顺利进行,现对清理党和国家机关干部在公司(企业)兼职的有关问题补充通知如下:

一、已到公司(企业)兼职的党和国家机关干部,必须在1989年3月底以前辞去公司(企业)职务,或辞去机关职务。如本人坚持在公司(企业)任职,干部主管部门应免去其机关职务,并将人事、工资等各项关系转到所在公司(企业)。这里所指的党和国家机关干部,包括已退出机关工作岗位,但未办理退(离)休手续的干部(下同)。

二、党和国家机关中具有生产管理经验、专业技术特长的干部,到生产、技术开发、咨询、服务性公司兼职的,也必须辞去机关职务,或辞去公司(企业)职务。

三、在本机关为改善后勤服务工作、方便职工生活而开办的非经营性劳动服务公司兼职的党和国家机关干部,可以继续留任;在党和国家机关开办的、经清查允许保留的经营性劳动服务公司兼职的党和国家机关干部,必须辞去公司职务,或辞去机关职务。

四、党和国家机关干部不得到中外合资企业兼职。少数如因履行职务聘任合同,现在辞去企业职务会影响履行对外合同的,可写出专题报告,按干部管理权限审查批准后,暂时留任。一俟聘任合同到期,应即辞去企业兼职。兼职期间不得领取兼职企业的报酬。

五、党和国家机关干部,凡已到退(离)休年龄的,都应按中央、国务院有关规定办理退(离)休手续。身体健康、具有经营管理经验和专业技术特长的干

部，如需到公司（企业）任职，按中共中央办公厅、国务院办公厅《关于县以上党和国家机关退（离）休干部经商办企业问题的若干规定》执行。

六、在兼有政府行政管理职能的公司、事业单位及铁路、邮电、专业银行、保险公司等单位工作的干部，也应按照上述规定执行。

七、各地区、各部门要按照干部管理权限，对在公司（企业）兼职的党和国家机关干部，逐个进行清理，按期办完其辞去公司（企业）职务手续或与机关脱钩的手续，并将清理情况逐级上报干部主管部门。

八、今后，各级党委、政府不再审批党和国家机关干部到公司（企业）兼职。新成立的公司（企业），凡有党和国家机关干部兼职的，工商行政管理部门不予办理审批注册手续。

中共中央办公厅、国务院办公厅关于严格控制领导干部出国访问的规定

(1989 年 8 月 17 日)

根据《中共中央、国务院关于近期做几件群众关心的事的决定》精神,经党中央、国务院批准,现就严格控制党和国家机关省、部级(含副省、部级)以上领导干部出国和赴港澳地区访问问题,作如下具体规定:

一、领导干部出访,必须是为执行自己主管公务的国事或工作访问,不得以任何理由进行非其主管公务所必须的、与职级身份不相称的出访,不得接受外商资助或境外中资企业邀请出访,也不得授意外方邀请出访。

已离休、退休的干部,不再派遣出国执行公务。

二、领导干部出访,必须按规定的组织手续报批,审核机关要严格把关。凡不按规定报批的,有关部门不予办理出国手续。任何人不得以个人名义向党和国家领导人提出出访要求,党和国家领导人也不受理任何个人提出的出访要求。

三、党和国家领导人出访,由主管的职能部门根据工作需要提出建议和报告,由党中央政治局常委会审定。

四、领导干部出访,除工作上特殊需要外,一年不得超过一次。出访时间应尽可能缩短,访问一个国家(地区)一般限于 3 至 5 天,不得以任何理由绕道旅行或任意延长在境外停留时间。

五、严格控制出访团组人数。党和国家领导人出访,陪同和随行人员总数原则上不超过 20 人,随行记者人数也应压缩。中央其他领导同志出访,陪同和随行人员总数不超过 10 人。省、部级干部出访,团组人员总数不超过 5 人。个别团组如因特殊情况需超过规定人数,应专门报批。出席多边、双边国际会议或其他专业会议的团组人数,根据实际需要报批。

六、领导干部出访,如确因工作需要偕夫人同行,须在上呈报告中写明,一并报批。不得以任何名义携带子女出访。

七、领导干部对外赠送礼品,必须严格按有关规定执行;所受外方礼品,要

按有关规定登记上交主管部门，不得自行处理。

八、领导干部率团出访，我驻外使、领馆及其他驻外机构、公司，一律不宴请或变相宴请，不赠送礼品或纪念品。

以上规定，必须严格执行，如有违反，要严加追究，情节严重的要给予党纪、政纪处分。纪检、监察、财政部门要加强检查和监督。

本规定适用于全国性各群众团体和事业单位相当职级的干部。

军队领导干部出访，由中央军委据此精神作出规定。

中共中央办公厅、国务院办公厅关于中央党政机关汽车配备和使用管理的规定

(1989年9月6日)

根据《中共中央、国务院关于近期做几件群众关心的事的决定》,经党中央、国务院领导同志同意,对中央党政机关汽车配备和使用管理问题作如下规定:

一、正部长级以上(含正部长级)干部,按一人一辆配备专车。

二、副部长级干部一律不配备专车,其工作用车予以保证。已离休的副部长级干部、退出现职尚未办离休手续的副部长级干部和副部长级干部离休后享受正部长级待遇的干部,也不配备专车。《中共中央办公厅、国务院办公厅关于新任副部长、副省长以上干部生活待遇的几项暂行规定》下发执行以前,已按《中共中央、国务院关于高级干部生活待遇的若干规定》配备专车的副部长,其专车可继续保留,但本人不用车时,由机关调度使用。

三、党中央和国务院领导同志的专车,由负责其生活服务工作的部门配备和管理。各部门正部长级干部专车的配备,需经中共中央直属机关事务管理局或国务院机关事务管理局审批。各部门不得擅自为领导干部配备或调换专车。

四、今后各部门均不准再购买进口小轿车(执行政府间已签定的长期贸易协定和国家批准的技术贸易合同进口的小轿车除外)。中央政治局、书记处成员和国务院常务会议组成人员一律使用国产车。正部长级干部,要根据实际情况,逐步使用国产车。现在使用的进口车,尽可能继续使用,达到报废更新条件时再换配国产车,避免造成新的浪费。

五、驻境外机构要加强汽车的使用管理。应配备一部分中、低档车作为一般公务用。必须退役的车辆应尽量在当地处理。严禁以处理退役车为名变相进口汽车。

六、坚持因私用车收费制度。所有机关干部和职工均不得用公车办私事,遇有特殊情况必须用车的,一律按规定收费。各部门都要严格执行统一规定的专车使用登记和因私用车收费制度。

七、加强汽车配备和使用的监督检查。负责车辆配备管理的部门要严格按规定配车;负责车辆使用管理的部门要定期进行检查,发现问题要及时解决和纠正。本规定要向机关职工传达,欢迎群众对领导干部配车和用车情况进行监督。纪检机关和监察部门要履行职责,认真查处违反车辆配备和使用规定的问题。

八、各部门所属企业、事业单位车辆的配备和使用也按本规定办理。

九、过去有关汽车配备和使用的规定,凡与本规定不一致的,一律按本规定执行。凡不符合配备专车规定而配备了专车的,必须按规定收回。各部门要在10月底以前将落实本规定的情况报中共中央直属机关事务管理局或国务院机关事务管理局,由中共中央直属机关事务管理局和国务院机关事务管理局分别汇总后报党中央、国务院。

中共中央办公厅、国务院办公厅关于在国内公务活动中严禁用公款宴请和有关工作餐的规定

(1989年9月18日)

根据《中共中央、国务院关于近期做几件群众关心的事的决定》的精神,经党中央、国务院批准,现就在国内公务活动中严禁用公款宴请和有关工作餐问题,作如下规定:

一、各级党和国家机关工作人员(含离休、退休人员,下同)在国内进行各种公务活动,包括上级到下级(含到企业、事业单位)检查指导工作、调查研究,同级之间、地区之间公务往来、参观学习以及干部工作调动等,严禁用公款搞任何形式的宴请。

二、党和国家机关工作人员到外地进行上述公务活动,在住所需要就餐时,应由就餐个人自购餐券就餐,自行交纳伙食费,回单位后按规定报销出差伙食补助费。

三、党和国家机关工作人员进行公务活动,在本埠不能回家或回单位,在外埠不能回住所吃饭的,可在职工食堂就餐或由接待单位供应工作餐。工作餐采用分餐制,一般不得陪餐。

工作餐不准上价格昂贵的菜肴,不准用公款购买烟、酒。工作餐的金额标准由各省、自治区、直辖市根据本地实际情况确定,并报财政部备案。

用工作餐的人员需按当地规定标准交纳伙食费。

四、凡违反上述规定的,均属违纪行为。所动用的公款,必须由违纪单位负责向就餐者如数追还。对违反规定的单位和批准动用公款的责任人员,要按《国务院关于违反财政法规处罚的暂行规定》处理。是党员的,同时要按党的纪律进行处理。各省、自治区、直辖市党委、人民政府可根据本地情况制定具体办法,并报财政部、监察部和中纪委备案。

五、各地区、各部门、各单位和各级党的纪律检查机关、行政监察部门负责本规定的监督实施。如有违纪人或所在单位拒不执行党的纪检机关和行政监

察部门处理决定，财务人员对用公款吃喝不抵制，对坚持原则抵制违纪行为的人员和举报人员进行打击报复，要给予单位负责人和直接责任人员以党纪、政纪处分。触犯刑律的，要依法处理。

对违反本规定人员需要给予党纪、政纪处分的，按照干部管理权限和处分程序进行处理。党的纪检机关和行政监察部门也可以直接处理。

六、各级党和国家机关召开的各种会议，按上述精神办理。

七、本规定适用于各级党的机关、国家机关和各人民团体、事业单位及兼有行政管理职能的公司。全民所有制和集体所有制企业也应参照本规定的精神办理。有关外事活动的宴请和用餐，仍按现行规定执行。

八、本规定自发布之日起施行。各省、自治区、直辖市党委和人民政府可根据本规定制定实施细则。过去有关规定凡与本规定不一致的，一律以本规定为准。

中共中央纪律检查委员会
关于共产党员违反社会主义道德
党纪处分的若干规定(试行)

(1989 年 12 月 28 日)

第一条 为严肃党纪,同败坏社会主义道德的行为作斗争,保持共产党员先锋模范作用,密切党群关系,促进社会主义精神文明建设,保证改革开放的顺利进行,根据《中国共产党章程》和国家有关的法律、法规,制定本规定。

第二条 共产党员必须全心全意为人民服务,坚持党和人民的利益高于一切,为了共产主义理想和人民的利益,吃苦在前,享受在后,克己奉公,艰苦奋斗,忠于职守,勇于献身,发扬社会主义新风尚,模范地遵守社会主义道德。

共产党员违反社会主义道德依据本规定应予党纪处分的,必须按照本规定处理。

第三条 共产党员因严重违反社会主义道德,触犯刑律被依法判刑或按《劳动教养条例》被劳动教养的,给予开除党籍处分。

第四条 弄虚作假,骗取荣誉、职务、职称、待遇或其他利益的,给予警告或严重警告处分;情节较重的,给予撤销党内职务或留党察看处分;情节严重的,给予开除党籍处分。

所骗取的荣誉、职务、职称、待遇等由原批准单位予以取消。

第五条 利用职权,大办婚丧喜庆事宜的,给予警告或严重警告处分;情节严重的,给予撤销党内职务处分。

在大办婚丧喜庆事宜中,侵犯国家、集体、群众的经济利益或其他利益的,从重或加重处分,直至开除党籍。

第六条 不承担抚养教育未成年子女或不承担赡养父母义务,情节较重的,给予警告或严重警告处分;情节严重的,给予撤销党内职务处分。

虐待家庭成员情节较重或遗弃家庭成员的,给予撤销党内职务或留党察看处分;情节严重的,给予开除党籍处分。

第七条 侮辱、诽谤他人,破坏他人名誉,情节较重的,给予警告或严重警告处分;情节严重的,给予撤销党内职务、留党察看或开除党籍处分。

第八条 诬告陷害他人的，根据所诬陷的事实参照被诬陷者受到或可能受到的处分，给予相应的党纪处分；造成其他严重后果的，从重或加重处分。

错告或检举失实的，不适用前款规定。

第九条 遇到国家和人民生命财产受到严重威胁时，临危退缩，能救而不救，情节较重的，给予严重警告或撤销党内职务处分；情节严重的，给予留党察看或开除党籍处分。

第十条 猥亵、侮辱妇女或进行其他流氓活动的，给予严重警告或撤销党内职务处分；情节较重的，给予留党察看或开除党籍处分。

第十一条 犯通奸错误的，一般给予警告或严重警告处分；造成严重后果的，给予撤销党内职务、留党察看或开除党籍处分。

与现役军人配偶通奸的，从重或加重处分。

第十二条 利用职权、教养关系或诱骗等其他手段与他人发生性关系的，给予撤销党内职务处分；情节严重的，给予留党察看或开除党籍处分。

第十三条 与直系血亲发生性关系的，给予开除党籍处分。

第十四条 本规定由中央纪律检查委员会负责解释。

第十五条 本规定自下发之日起施行。

附:

关于《中共中央纪律检查委员会关于共产党员违反社会主义道德党纪处分的若干规定(试行)》的说明

一、本规定的基本内容

本规定共十五条。第一、二、三、十四、十五条内容是:(1)制定本规定的目的和依据;(2)对共产党员的道德要求和本规定的适用范围;(3)共产党员因严重违反社会主义道德被依法判刑的党纪处分问题;(4)本规定的解释权;(5)规定的生效日期。其余十条是本规定的实体部分,按照错误性质分类,大体上是:弄虚作假,骗取名利的一条;侮辱、诽谤、诬陷他人的二条;大办婚丧喜庆事宜的一条;不承担赡养义务,虐待家庭成员的一条;临危退缩、能救而不救的一条;不正当两性关系的四条。

道德这一概念,通常解释为在一定的社会阶段,制约、调整人们相互关系的行为原则和规范的总和。这些原则和规范,有的列文成律典,有的则是依靠传统的习惯来维系。一般地说,凡是需要人们承担义务和责任,涉及人与人之间关系的一言一行,一举一动,都可以归属于道德范畴。道德这一概念的外延相当宽广,但是,众多的道德问题,有许多要依靠社会舆论和社会教育来调整,只有一部分列入党纪、政纪或法纪的范围来调整。本规定所列各条,是在纪检工作实践中常常遇到并且应当加以处理的属于道德方面的问题。还有一些虽然具有道德属性,但同时又具有其它性质的行为,我们已把它们划入其它类别中。

二、关于标题用违反社会主义道德,而不用违反共产主义道德或者违反社会公德的提法问题

我们认为,社会主义道德与共产主义道德是同一个道德体系,他们在本质上没有什么区别。但共产主义道德,就人类社会的道德类型来说,它是最理想和最美好的道德。共产党员以共产主义道德品质来修养个人的道德情操是完全应该的,必要的。但作为党的纪律来提出要求,还是用社会主义道德的提法更符合实际。这是因为,在社会主义初级阶段,由于还存在着多种经济形式,对于人们的行为,客观上还存在着与共产主义阶段不同的要求和规范。

社会公德,是指全社会所有公民,在一些重大的社会关系、社会活动和社会

交往中所应当遵循并由国家提倡或认可的道德原则和道德规范。在学术界，对于社会公德概念，存在着不同的解释。上面说的是一种解释，另外还有的认为，社会公德是指社会公共生活中的道德；有的认为公德是与私德相对而言，或者说是公共场所的道德，等等。鉴于“社会公德”这一概念的内涵和外延不那么明确，以及对于共产党员的道德要求应当高于对一般群众的要求，我们没有采用社会公德的提法。

三、关于职业道德为什么没有单列问题

共产党员必须模范地遵守职业道德。职业道德的含意，是指人们在他所从事的一定职业中的行为规范的总和。其核心是“忠于职守”。由此引出的违反职业道德的问题，主要是对工作不负责任、失职，利用工作之便谋取经济、人事等方面的私利，违法乱纪侵犯别人的权益等。对于各行各业的职业道德，如果一一综合列述，不仅不易表达清楚，而且很容易交叉重叠造成逻辑混乱。而各种违反职业道德的行为按其所侵犯的对象又可分别归到其他类中去。因此，对于与职业道德有联系的错误行为，我们将在《中国共产党纪律处分条例》中，分别归到组织、人事类，经济类，失职类，侵权类，等等。在单行条例中，对于职业道德问题，就不再作出规定。

四、关于与现役军人的配偶通奸问题

人民军队担负着保卫国家领土主权不受侵犯，巩固国防，保卫人民和平劳动和参加建设社会主义祖国的任务。现役军人及其家属的合法权益，依照法律，一贯受到党和各级人民政府的保护。据此，为了保护军婚，本条例规定，对于与现役军人配偶通奸的，视为犯通奸错误中的严重情节，要从重或加重处分。

五、关于第十一条未用“奸污”妇女的提法问题

第十一条规定：“利用部属关系、教养关系或诱骗等其他手段与他人发生性关系的，给予撤销党内职务处分；情节严重的，给予留党察看或开除党籍处分。”这一条规定中的行为，是通奸错误中情节比较恶劣的一种。生活中常见的这种错误行为，有的一方并不是完全出于自愿，但又定不上强奸，实质上属于通奸的性质。起草中觉得用“通奸”这一概念不大合适，它似乎减轻了起主导作用的行为人的责任；因为不是强奸，显然不能用“强奸”的概念；“奸污”，法学界认为是个不确定的概念，既可以包含强奸，又可以包含通奸，因此本条采用了“发生性关系”的提法。

六、本规定有关条款中的“情节较重的”、“情节严重的”具体含意，拟在今后作出具体解释，有的将选择一些案例进行具体指导。

中共中央纪律检查委员会
关于共产党员在经济方面违法违纪
党纪处分的若干规定(试行)

(1990年7月1日)

第一条 为了同经济方面的违法违纪行为作斗争,惩治腐败,严肃党的纪律,纯洁党的组织,保障经济建设和改革、开放的顺利进行,根据党章、党的政策和国家有关法律法规,制定本规定。

第二条 共产党员在经济方面违法违纪,依据本规定应予党纪处分的,必须按照本规定处理。

第三条 共产党员因在经济方面违法犯罪,被依法判刑的,一律开除党籍。

第四条 党和国家工作人员、集体经济组织工作人员或者其他经手、管理公共财物的人员中的共产党员,贪污公共财物,数额不满500元的,给予警告或严重警告处分,其中情节轻微的,可免予处分;数额在500元以上不满1000元的,给予严重警告或撤销党内职务处分;数额在1000元以上不满2000元的,给予留党察看或开除党籍处分;数额在2000元以上的,给予开除党籍处分。

贪污党费、救灾、抢险、防汛、优抚、救济、扶贫、防疫、支前款物的,从重或者加重处分,直至开除党籍。

两人以上共同贪污的,根据个人所得数额及所起作用,分别处分。对贪污集团的首要分子,按照集团贪污的总数额处分;对其他共同贪污中的为首者,情节严重的,按照共同贪污的总数额处分。

第五条 利用职务上的便利,以无偿占有或购买物品时象征性的只付少量现金等方式侵占国家、集体、个人财物,折款价额不满1000元的,给予警告处分,其中情节轻微的,可免予处分;折款价额在1000元以上不满5000元的,给予严重警告或撤销党内职务处分;折款价额在5000元以上的,给予留党察看处分,情节严重的,给予开除党籍处分。

第六条 在对外交往中接受礼物,按照国家规定应交公而不交公的,根据其数额和情节,依照本规定第四条处理。

第七条 党和国家工作人员、集体经济组织工作人员或者其他从事公务的人员中的共产党员，利用职务上的便利，以借用、试用等名义占用公物，时间超过6个月，价额不满2000元的，给予警告处分，其中情节轻微的，可免予处分；价额在2000元以上不满5000元的，给予严重警告或撤销党内职务处分；价额在5000元以上不满1万元的，给予撤销党内职务或留党察看处分；价额在1万元以上的，给予留党察看处分，情节严重的，给予开除党籍处分。

占用公物不退还的，以侵占论，根据数额和情节，依照本规定第五条处理。

第八条 党和国家工作人员、集体经济组织工作人员或者其他从事公务的人员中的共产党员，收受贿赂，数额不满500元的，给予警告或严重警告处分，其中情节轻微的，可免予处分；数额在500元以上不满1000元的，给予严重警告或撤销党内职务处分；数额在1000元以上不满2000元的，给予留党察看或开除党籍处分；数额在2000元以上的，给予开除党籍处分。

退（离）休人员，利用原职务的影响，为他人谋取利益，收受他人财物的，以受贿论，依照前款处理。

索贿的，从重或加重处分。

因索取钱物未遂而刁难报复对方，给对方造成损失，情节较重的，给予撤销党内职务或留党察看处分；情节严重的，给予开除党籍处分。

第九条 党和国家工作人员、集体经济组织工作人员或者其他从事公务的人员中的共产党员，在经济往来中，违反国家规定，收受各种名义的回扣、手续费，归个人所有的，以受贿论，根据其数额和情节依照本规定第八条处理。

退（离）休人员违反国家规定，收受各种名义的回扣、手续费，归个人所有的，依照前款处理。

第十条 机关、团体、企业事业单位，索取、收受下属单位、用户、客户或者其他办事人员钱物，为他人谋取利益的，追究负直接责任的主管人员和其他直接责任人员中的共产党员的责任，价额不满2000元的，给予警告处分，其中情节轻微的，可免予处分；价额在2000元以上不满1万元的，给予警告或严重警告处分；价额在1万元以上的，给予撤销党内职务或留党察看处分，情节严重的，给予开除党籍处分。

因索取钱物未遂而对下属单位、用户、客户刁难报复，给对方造成损失，情节较重的，给予撤销党内职务或留党察看处分；情节严重的，给予开除党籍处分。

索取、收受的钱物合伙私分的，以受贿论，根据个人所得数额和所起作用，依照本规定第八条处理。

第十一条 党和国家工作人员、集体经济组织工作人员或者其他从事公务的人员中的共产党员,接受有关单位或者个人以各种名义送的礼品,根据国家规定应交公而不交公,价额不满 1000 元的,给予警告或严重警告处分,其中情节轻微的,可免予处分;价额在 1000 元以上不满 5000 元的,给予严重警告或撤销党内职务处分;价额在 5000 元以上的,给予撤销党内职务或留党察看处分,情节严重的,给予开除党籍处分。

第十二条 机关、团体、企业事业单位,接受有关单位或者个人礼品,按照国家规定应交公而不交公的,追究负直接责任的主管人员和其他直接责任人员中的共产党员的责任,价额不满 1 万元的,给予警告或严重警告处分,其中情节轻微的,可免予处分;价额在 1 万元以上,或者单位人均计算超过 500 元的,给予撤销党内职务处分。

少数人将接受的礼品隐瞒私分的,以贪污论,根据个人所得数额和所起作用,依照本规定第四条处理。

第十三条 党和国家工作人员、集体经济组织工作人员或者其他从事公务的人员中的共产党员,利用职务上的便利,为他人谋取利益,其父母、配偶、子女及其配偶接受对方钱物,虽未能证实本人知道的,也要追究该党员的责任,数额不满 5000 元的,给予警告、严重警告或撤销党内职务处分;数额在 5000 元以上的,给予撤销党内职务或留党察看处分,情节严重的,给予开除党籍处分。

第十四条 向党和国家工作人员、集体经济组织工作人员或者其他从事公务的人员行贿的,根据数额和情节依照本规定第八条处理。

在经济往来中,违反国家规定,给予党和国家工作人员、集体经济组织工作人员或者其他从事公务的人员钱物或者回扣、手续费的,以行贿论,依照前款处理。

因行贿给国家、集体或者人民利益造成重大损失的,加重处分,直至开除党籍。

第十五条 机关、团体、企业事业单位,为谋取不正当利益行贿,或者违反国家规定给予党和国家工作人员、集体经济组织工作人员或者其他从事公务的人员回扣、手续费的,追究负直接责任的主管人员和其他直接责任人员中的共产党员的责任,情节较重的,给予警告、严重警告或撤销党内职务处分;情节严重的,给予留党察看或开除党籍处分。

第十六条 盗窃公私财物,数额不满 100 元的,给予警告处分,其中情节轻微的,可免予处分;数额在 100 元以上不满 200 元的,给予严重警告或撤销党内职务处分;数额在 200 元以上不满 300 元的,给予留党察看或开除党籍处分;数额在 300 元以上的,给予开除党籍处分。

第十七条 诈骗公私财物,数额不满 100 元的,给予警告处分,其中情节轻微的,可免予处分;数额在 100 元以上不满 300 元的,给予严重警告或撤销党内职务处分；数额在300元以上不满500元的，给予留党察看或开除党籍处分；数额在500元以上的，给予开除党籍处分。

第十八条 机关、团体、企业事业单位，诈骗财物的，追究负直接责任的主管人员和其他直接责任人员中的共产党员的责任，情节较轻的，给予警告或严重警告处分；情节较重的，给予撤销党内职务或留党察看处分；情节严重的，给予开除党籍处分。

第十九条 用威胁或者要挟的手段敲诈勒索公私财物的，给予开除党籍处分；情节较轻的，给予留党察看处分。

第二十条 违反海关法规走私，走私物品价额不满3000元的，给予警告处分，其中情节轻微的，可免予处分；价额在3000元以上不满1万元的，给予严重警告或撤销党内职务处分；价额在1万元以上不满2万元的，给予留党察看或开除党籍处分；价额在2万元以上的，给予开除党籍处分。

走私淫秽物品，情节较轻的，给予警告或严重警告处分；情节较重的，给予撤销党内职务或留党察看处分；以牟利或者传播为目的的，给予开除党籍处分。

走私毒品、武器、弹药、伪造的货币、国家禁止出口的珍贵文物、珍贵动物及其制品、黄金、白银或者其他贵重金属的，给予开除党籍处分。

利用职务之便进行走私的，从重处分。

第二十一条 机关、团体、企业事业单位走私，追究负直接责任的主管人员和其他直接责任人员中的共产党员的责任，走私物品价额不满3万元的，给予警告处分，其中情节轻微的，可免予处分；价额在3万元以上不满10万元的，给予警告或严重警告处分；价额在10万元以上不满30万元的，给予撤销党内职务或留党察看处分；价额在30万元以上的，给予开除党籍处分。

机关、团体、企业事业单位走私毒品、武器、弹药、伪造的货币、国家禁止出口的珍贵文物、珍贵动物及其制品、黄金、白银或者其他贵重金属，或者以牟利、传播为目的走私淫秽物品的，给予负直接责任的主管人员和其他直接责任人员中的共产党员开除党籍处分。

第二十二条 从事投机倒把活动，非法经营数额不满3000元，或者个人非法所得不满1000元的，给予警告处分，其中情节轻微的，可免予处分；非法经营数额3000元以上不满5000元，或者个人非法所得1000元以上不满2000元的，给予严重警告或撤销党内职务处分；非法经营数额5000元以上不满1万元，或者个人非法所得2000元以上不满3000元的，给予留党察看或开除党籍处分；非法经营数额1万元以上，或者个人非法所得3000元以上的，给予开除党籍处分。

倒卖毒品、武器、弹药、黄金、伪造的货币、珍贵文物、珍贵动物及其制品的，给予开除党籍处分。

利用职务之便进行投机倒把的,从重处分。

生产、销售、倒卖假农药、假种子、假化肥以及假药、假酒等伪劣商品,或者以救灾抢险等有特殊重要用途的款物进行投机倒把的,加重处分,造成严重后果的,给予开除党籍处分。

第二十三条 机关、团体、企业事业单位投机倒把,追究负直接责任的主管人员和其他直接责任人员中的共产党员的责任,非法经营数额不满10万元,或者非法获利不满5万元的,给予警告或严重警告处分,其中情节轻微的,可免予处分;非法经营数额在10万元以上不满30万元,或者非法获利5万元以上不满10万元的,给予撤销党内职务或留党察看处分;非法经营数额在30万元以上,或者非法获利在10万元以上的,给予开除党籍处分。

机关、团体、企业事业单位倒卖毒品、武器、弹药、黄金、伪造的货币、珍贵文物、珍贵动物及其制品的,给予负直接责任的主管人员和其他直接责任人员开除党籍处分。

生产、销售、倒卖假农药、假种子、假化肥以及假药、假酒等伪劣商品,或者以救灾抢险等有特殊重要用途的款物进行投机倒把的,加重处分;造成严重后果的,给予开除党籍处分。

第二十四条 机关、团体、企业事业单位,违反国家财政法规,隐瞒、截留应上交国家财政收入的,追究负直接责任的主管人员和其他直接责任人员中的共产党员的责任,情节较重的,给予警告或严重警告处分;情节严重的,给予撤销党内职务或留党察看处分。

将隐瞒、截留款合伙私分的,以贪污论,根据个人所得数额和所起作用,依照本规定第四条处理。

第二十五条 机关、团体、企业事业单位,虚报冒领、骗取国家财政拨款或者补贴的,追究负直接责任的主管人员和其他直接责任人员中的共产党员的责任,情节较重的,给予警告或严重警告处分;情节严重的,给予撤销党内职务或留党察看处分。

将虚报冒领的钱款合伙私分的,以贪污论,根据个人所得数额和所起作用,依照本规定第四条处理。

第二十六条 党和国家工作人员、集体经济组织工作人员或者其他经手、管理公共财物的人员中的共产党员,利用职务上的便利,挪用公款归个人使用,时间超过3个月,或者挪用公款进行营利活动,挪用数额不满1000元的,给予警告或严重警告处分,其中情节轻微的,可免予处分;数额在1000元以上不满

3000元的,给予撤销党内职务或留党察看处分;数额在3000元以上不满5000元的,给予留党察看或开除党籍处分;数额在5000元以上的,给予开除党籍处分。

挪用公款进行非法活动,挪用数额不满500元的,给予警告或严重警告处分,其中情节轻微的,可免予处分;数额在500元以上不满1000元的,给予严重警告或撤销党内职务处分;数额在1000元以上不满2000元的,给予留党察看或开除党籍处分;数额在2000元以上的,给予开除党籍处分。

挪用公款进行非法活动,构成其他违法违纪行为的,合并处理。

挪用公款不退还的,以贪污论,根据其数额和情节,依照本规定第四条处理。

挪用救灾、抢险、防汛、优抚、救济、扶贫、防疫、支前款物的,或者由于挪用公款给国家、集体或人民利益造成重大损失的,从重或加重处分。

第二十七条 借用公款进行营利活动,借款数额不满5000元的,给予警告或严重警告处分,其中情节轻微的,可免予处分;数额在5000元以上的,给予撤销党内职务或留党察看处分。

借用公款进行非法活动,借款数额不满1000元的,给予警告或严重警告处分,其中情节轻微的,可免予处分;数额在1000元以上不满3000元的,给予严重警告或撤销党内职务处分;数额在3000元以上不满5000元的,给予留党察看或开除党籍处分;数额在5000元以上的,给予开除党籍处分。

借用公款进行非法活动,构成其他违法违纪行为的,合并处理。

第二十八条 党和国家工作人员、集体经济组织工作人员或者其他从事公务的人员中的共产党员,违反国家规定,用公款旅游、吃喝,情节较重的,给予警告或严重警告处分;情节严重的,给予撤销党内职务处分。

第二十九条 机关、团体、企业事业单位,违反财务开支规定,挥霍浪费国家资财,用公款旅游、送礼、请客的,追究负直接责任的主管人员和其他直接责任人员中的共产党员的责任,情节较重的,给予警告或严重警告处分;情节严重的,给予撤销党内职务处分。

第三十条 党和国家机关、群众团体中的党员干部,违反党中央、国务院有关规定,经商办企业,或者利用职权,为亲属经商办企业谋取利益的,给予严重警告或撤销党内职务处分。

在经商办企业中有其他违法违纪行为的,合并处理。

第三十一条 党和国家机关、群众团体,违反规定经商办企业的,给予负直接责任的主管人员和其他直接责任人员中的共产党员警告或严重警告处分;情节严重的,给予撤销党内职务处分。

在经商办企业中有其他违法违纪行为的,合并处理。

第三十二条 党和国家工作人员、集体经济组织工作人员或者其他从事公务的人员中的共产党员,其财产或者支出明显超过合法收入,差额较大的,可以责令其说明来源,本人不能说明其来源是合法的,差额部分以非法所得论,数额不满5000元的,给予警告或严重警告处分,其中情节轻微的,可免予处分;数额在5000元以上的,给予撤销党内职务或留党察看处分,情节严重的,给予开除党籍处分。

第三十三条 有下列情节之一的,可以从重或者加重处分:

1. 伪造、藏匿、销毁证据的;
2. 对揭发、检举人打击报复的;
3. 强迫、唆使下属工作人员违法违纪的;
4. 屡犯不改的。

第三十四条 有下列情节之一的,可以从轻或者减轻处分:

1. 立案前或者组织未发现前主动交代,积极退还赃款赃物的;
2. 检举、揭发他人的违法违纪行为,情况属实的;
3. 主动自查并及时纠正,积极挽回损失的。

第三十五条 共产党员在经济方面违法违纪,除按照上述规定给予党纪处分外,对其非法所得,由有关部门依法处理。

第三十六条 党的纪律检查机关在检查经济案件时,有权搜集、查阅、复制与案件有关的合同、发票、帐册、单据、记录、业务函件和其他资料,有关人员和单位应予提供。需要查阅银行存款的,请有关部门按法律程序予以协助。

第三十七条 本规定中的"以上"均包括本数。

第三十八条 共产党员在经济方面多次违法违纪未经处理的,按其违法违纪金额累计计算给予党纪处分。

多次挪用公款归个人使用,用后次挪用的公款偿还前次挪用的公款,每次挪用均不超过3个月的,其挪用时间应从第一次算起,连续累计至挪用行为终止,计算挪用的数额应按最后未还的实际金额认定。

第三十九条 本规定由中共中央纪律检查委员会负责解释。

第四十条 本规定自下发之日起施行。

本规定施行前处理的案件,复查复议时不适用本规定,尚未处理的案件按照本规定处理。

中共中央纪律检查委员会以前制定的有关规定与本规定不一致的,以本规定为准。

附：

《中共中央纪律检查委员会关于共产党员在经济方面违法违纪党纪处分的若干规定(试行)》的几点说明

一、《中共中央纪律检查委员会关于共产党员在经济方面违法违纪党纪处分的若干规定(试行)》(以下简称《规定》)是对共产党员在经济方面违法违纪行为党纪处分的具体标准,属于处分违纪党员方面的实体规定,共有四十条。第一、二、三条是关于制订本《规定》的目的、依据和适用对象,以及共产党员因经济犯罪被依法判刑的党纪处理。第三十三条至四十条是关于从重或加重处分,从轻或减轻处分的具体条件,有关问题的解释,本《规定》的解释权限和施行日期等。实体部分共二十九条,包括:贪污公共财物;利用职务上的便利侵占国家、集体、个人财物;在对外交往中接受礼物应交公而不交公;利用职务上的便利占用公物;收受贿赂;收受各种名义的回扣、手续费;机关、团体、企业事业单位索取收受钱物;接受礼品;机关、团体、企业事业单位接受礼品;党员利用职务上的便利为他人谋取利益,其父母、配偶、子女及其配偶接受对方钱物;行贿;机关、团体、企业事业单位行贿或违反规定给人回扣、手续费;盗窃财物;诈骗财物;机关、团体、企业事业单位诈骗财物;用威胁或要挟的手段敲诈勒索财物;走私;机关、团体、企业事业单位走私;投机倒把;机关、团体、企业事业单位投机倒把;隐瞒、截留国家财政收入;虚报冒领、骗取国家财政拨款或补贴;挪用公款;借用公款进行营利活动或非法活动;个人用公款旅游、吃喝;违反财务开支规定,挥霍浪费;党政机关干部经商办企业;党政机关经商办企业;党和国家工作人员的财产或支出明显超过合法收入,差额较大,本人不能说明其合法来源等二十九种违纪行为。

二、关于本《规定》中的处分金额标准问题。共产党员任何贪污、受贿、投机倒把等违纪行为都是不能容许的。但是,在给予犯这类经济问题错误的共产党员党纪处分时,需要一个具体的尺度,有一个数额标准。考虑到目前各地执行追究刑事责任起点数额的实际情况以及党纪处分标准的可行性,一律开除党籍的数额标准应与追究刑事责任的起点数额相衔接。因此,在这个《规定》中,最高人民检察院关于经济犯罪案件的立案标准数额、最高人民法院判案追究刑事责任的起点数额,有的我们就作为一律开除党籍的起点数额,未达到这个数额,情节严重的,也要开除党籍。关于处分档次,我们也参考了行政处分档次。例如行政给予撤职处分的,党内一般也是撤职。司法机关和行政上没有规定处罚数额标准的经济违法违纪行为,我们就依据目前党内的实际处理情况确定数额标准。但是,本《规定》中党纪处分的数额标准并不是处理案件的唯一标准,在给予违纪党员处分时,还要考虑其他情节,有的还要在数额标准的基础上从轻、减轻或从重、加重。

三、本《规定》第五条,对"利用职务上的便利,以无偿占有或购买物品时象征性的只付少量现金等方式侵占国家、集体、个人财物"的违纪行为,根据不同的折款价额,规定了处分档次标准。制定这条规定的考虑是,当前,利用职务上的便利,以无偿占有或购买物品时象征性的只付少量现金等方式侵占国家、集体和群众利益的行为,是以权谋私的一个重要表现形式,严重地影响着党风状况和社会风气,群众意见很大。但这种行为又与贪污和受贿不同。由于认识问题和没有处理标准可依,一些党组织对这种行为不予追究或处理甚轻。因此,有必要以党的纪律规范形式作出明确规定。本条规定对这种行为的处分标准,比对贪污、受贿行为的处分轻一些。

四、本《规定》第十三条规定:"党和国家工作人员、集体经济组织工作人员或者其他从事公务的人员中的共产党员,利用职务上的便利,为他人谋取利益,其父母、配偶、子女及其配偶接受对方钱物,虽未能证实本人知道的,也要追究该党员的责任"。对这条规定,征求意见中绝大多数单位赞成。但也有的同志认为,这条规定实际上是一种株连,因此不应作这样的规定。

我们认为,从事公务的共产党员利用职务上的便利为他人谋取利益,其父母、配偶、子女及其配偶接受对方钱物的,实际上是以权谋私、接受贿赂的一种表现形式。《规定》中所说的"其父母、配偶、子女及其配偶接受对方钱物",其中有相当一部分本人是知道的,但为逃避党纪国法的制裁,本人否认知道,办案中又难以查到证据,无法认定。如果不作出这样的规定,党的组织和纪检机关则无法对其惩处。正由于目前我国法律和党的纪律中没有这样的规定,所以一些党员本人利用职务上的便利为他人谋取利益,其父母、配偶、子女及其配偶接受对方钱物的案件已发生多起,至今无法处理。在国际上,有些国家的法律规定,国家公务人员利用职务上的便利为他人谋取利益,其家属收受贿赂的,公务员本人也要受到惩处。我们认为,家庭成员之所以能够收到他人送来的钱物,其前提条件就是工作人员本人利用职务上的便利为他人谋取利益,工作人员本人也是他人送来的钱物的直接受益者。因此,这个规定有利于使从事国家公务的共产党员保持清正廉洁,使国家公务人员的家庭成员意识到自己收受他人贿赂的行为也会妨害自己亲属从事国家公务。在处分的档次上本条规定比本人直接受贿的条款规定的处分轻一些。

五、本《规定》第二十七条,对借用公款进行营利活动或非法活动的违纪行为规定了处分标准。制订这一规定的考虑是,借用公款进行非法活动,既是违犯财经纪律又是违犯其他有关法律的行为;借用公款进行营利活动,也是违犯财经纪律,变相侵占国家或集体利益的违纪行为,应给予严肃处理。关于因其他原因借用公款,长期拖欠不还的问题,情况比较复杂,难以用党纪的形式加以约束,而应以行政措施来解决,因此,本《规定》中没有列入。

六、本《规定》第三十二条:"党和国家工作人员、集体经济组织工作人员或者其他从事公务的人员中的共产党员,其财产或者支出明显超过合法收入,差额较大的,可以责令其说明来源,本人不能说明其来源是合法的,差额部分以非法所得论,数额不满5000元的,给予警告或严重警告处分,其中情节轻微的,可免予处分;数额在5000元以上的,给予撤销党内职务或留党察看处分;情节严重的,给予开除党籍处分。"这条规定的根据是1988年1月21日《全国人民代表大会常务委员会关于惩治贪污罪贿赂罪的补充规定》第十一条规定:"国家工作人员的财产或者支出明显超过合法收入,差额巨大的,可以责令说明来源。本人不能说明其来源是合法的,差额部分以非法所得论,处五年以下有期徒刑或者拘役,并处或者单处没收其财产的差额部分。"我们认为,国家已经在法律上作出这种规定,党内也应作出相应的规定。从证据理论上说,这样规定并不是不要证据,而是一种典型的利用间接证据判定案件的形式。本人的财产或者支出明显超过合法收入,差额较大,是一种现象,其差额部分的来源既可能是合法的,也可能是非法的,在没有查到其财产或支出属于非法来源的证据的情况下,只能是一种嫌疑。办案中又难以采用其他方法收集其非法行为的证据,这就需要责令其说明来源,让本人举证排除各种非法来源的可能性。如果本人不能举证说明其来源是合法的,即可以认定是非法所得。

七、这个《规定》中所述的共产党员在经济方面违法违纪的各种行为和处分档次,与《中国共产党纪律处分条例》(未定稿)中的第九章经济类错误的内容基本相同。所不同的是,考虑到《中国共产党纪律处分条例》是党内关于违纪与处分方面的基本法规,一经通过之后,就要在相当长一段时间内保持稳定,不能轻易变动。因此,对其中的"情节较轻""情节较重""情节严重"的具体标准未作明确规定。为便于各级纪委和党的组织在执行纪律时有具体标准可依,我们在这个《规定》中,对经济方面违犯党纪行为的"情节较轻""情节较重""情节严重"的含义,在数额方面作出了具体规定,并规定了从重或加重,从轻或减轻的各种情节条件。《中国共产党纪律处分条例》颁布以后,这个《规定》可以作为实施细则继续实施。

八、本《规定》第十五条、第十八条、第二十四条、第二十五条、第二十八条、第二十九条、第三十条、第三十一条,这八条中所列举的错误行为都是违反党中央、国务院有关规定的行为,需要给予党纪处理。但鉴于实际情况十分复杂,不好掌握,因此,我们删去了这八条中的具体数额标准。这些条款中的"情节较轻""情节较重""情节严重"的具体含义,因目前难以作出更具体的规定,我们拟在今后作出补充规定或具体解释。其他有关条款中的"情节轻微""情节较轻""情节较重""情节严重"的具体含义,也拟在以后的解释中说明。

九、关于经济方面的违反国家物价政策,机关、团体、企业事业单位挪用专项资金,偷税、抗税,超越权限擅自减免税收,越权贷款造成损失等方面的违纪行为,在几次征求意见稿中曾经列入。有些单位提出,对这几种错误行为的处理,目前感到没有把握,因此,我们在定稿时暂将其删去了,拟待以后条件成熟时再作补充。

中共中央纪律检查委员会关于对妨碍违纪案件查处的党组织和党员党纪处分的规定(试行)

(1990年7月11日)

第一章 总 则

第一条 为了严肃党的纪律,保障各级党组织及时准确地查处党内违纪案件,排除案件查处工作中的干扰和阻力,根据党章、《关于党内政治生活的若干准则》和中央纪委的有关条例,制定本规定。

第二条 任何党组织和党员,以违反党章、《准则》和国家法律、法规的手段,对抗、阻挠、干扰、破坏对于违纪案件的查处,使案件查处工作不能顺利进行的,均属妨碍案件查处的行为。

第三条 凡属妨碍案件查处的行为,都是违犯党的纪律的;其中情节严重的,应给予党纪处分。同时违犯政纪或违犯法律的,党组织可建议并移送行政机关或司法机关予以处理。

第四条 在查处党内违纪案件过程中,如遇党外各种社会组织和个人妨碍案件查处的情况,党组织可要求有关组织及时排除妨碍,并建议对妨碍案件查处的人员作出处理。

第五条 在党组织讨论决定对党员的党纪处分时,本人有权进行申辩,其他党员可以为他作证和辩护,这是党员享有的正当权利,不得认为是妨碍案件查处的行为。

第二章 被检查人

第六条 被检查人要自觉地接受组织的检查,如实说明情况,主动交待问题,认真检查错误,配合组织尽快查清问题。

第七条 被检查人有下列行为之一情节严重的,可按照干部管理权限,经立案机关批准,予以停职检查,并在处理时与原案合并处分。

(一)本人或指使他人对办案人、检举控告人、证明人及上述人员的家属进

行侮辱、诽谤、诬陷、威胁、围攻、殴打以及其他形式的打击报复;

(二)本人或指使他人出伪证、不出证,隐匿、篡改、销毁证据,或嫁祸于人;

(三)利用职权或工作之便,采取欺骗、威胁、贿赂等手段阻止知情人如实反映情况、提供证据,或唆使知情人变证;

(四)本人或指使他人与同案人或知情人串通情况,订立攻守同盟,对抗检查或进行反调查。

第三章　案件知情人

第八条　凡案件知情人都有作证的责任和义务。案件知情人及其他被调查人在接受办案人员的调查询问时,要如实反映情况,提供真实证据和线索,配合党组织尽快查清事实。

第九条　案件知情人及其他被调查人中的党员有下列行为之一者,根据情节轻重,给予必要的纪律处分;情节恶劣或造成严重后果的,给予留党察看或开除党籍处分。

(一)拒不接受办案人员的调查,拒绝回答有关案件情况的询问或拒不出证;

(二)故意隐瞒重要事实情节,或出具伪证;

(三)故意歪曲事实真相,为被检查人开脱责任或对被检查人挟嫌报复;

(四)与被检查人及其他知情人订立攻守同盟,或为被检查人通风报信,为被检查人出谋划策对抗检查;

(五)为被检查人窝藏、转移赃款赃物,伪造、篡改、隐匿、销毁证据。

第四章　发案单位党组织和党员领导干部

第十条　发案单位党组织和党员领导干部必须坚持原则,积极支持、配合办案人员的工作,加强对被检查人和案件知情人的教育,及时正确地处理党员违纪案件。

第十一条　发案单位党员领导干部有下列行为之一者,立案机关或案件调查组可建议其上级主管机关令其回避或停职检查,并在案件查清后视情节给予警告、严重警告或撤销党内职务处分,情节严重或造成严重后果的,可给予留党察看或开除党籍处分。

(一)故意扣压或销毁群众检举控告党员违纪问题的信件,或把检举控告信转给被检举控告人;

(二)对本单位党员的违纪问题应当向上级报告的故意隐瞒不报或已有明

显线索而故意不予调查，时间超过 3 个月；对上级交办的党员违纪案件顶着不办或案件事实查清后故意拖着不结，时间超过 6 个月；

（三）明知被检查人有违纪问题，而故意歪曲事实，为其说情开脱，袒护包庇；

（四）向被检查人通风报信，故意泄露办案情况；

（五）未经立案机关或案件调查组同意，擅自批准正在被立案检查的党员出境、出国、长期出差，或擅自决定对其进行调动、提拔、奖励；

（六）擅自改变或拒不执行上级批准的对违纪党员的处理决定；

（七）对查处党员违纪案件，故意设置障碍、制造困难，或组织反调查；

（八）利用职权指使、威胁知情人不出证、出伪证，指使他人伪造、篡改、隐匿、销毁证据或窝藏、转移赃款赃物；

（九）接受被检查人及其亲属的贿赂或其他好处而对被检查人袒护包庇；

（十）对办案人、检举控告人、证明人进行打击报复，或对被检查人挟嫌报复；

（十一）指使、支持被检查人及其家属无理取闹、制造事端。

第十二条 已查明被检查人员确有违纪问题应予党纪处分，而其所在党支部拒不处理或故意拖延不作处理的，基层党组织可以直接提出处理意见，报请上级党委、纪委决定给违纪党员以纪律处分；县级和县级以上党委和纪委有权直接决定给违纪党员以纪律处分。

第十三条 党组织有第十一条、第十二条所列妨碍案件查处的行为的，除对党组织主要负责人或分管负责人按第十一条规定处理外，可视情节，对该党组织予以通报批评。

第五章 检举控告人

第十四条 共产党员检举、控告他人要出以公心，实事求是，遵守纪律，服从组织的正确调查结论。如对处理结果仍有异议，可按组织程序继续向上级反映。拒不服从组织的正确调查结论和处理决定，一再纠缠不休、无理取闹，甚至企图制造事端，已经妨碍工作秩序的，给予警告处分。

第十五条 共产党员故意歪曲、捏造事实，栽赃诬陷他人的，参照被诬陷者受到或可能受到的处分给予相应的党纪处分；造成其他严重后果的，从重处分。

属于错告或检举失实的，不适用前款规定。

第六章　办 案 人 员

第十六条　办案人员要按照中央纪委有关条规的要求,尽职尽责地完成组织交给的任务。

第十七条　办案人员有下列行为之一者,给予警告或严重警告处分;情节严重或造成严重后果的,给予撤销党内职务、留党察看或开除党籍处分。不适合在纪检机关工作的,应予调离。

(一)接受被检查人及其亲属的宴请、贿赂或其他好处;

(二)向被检查人及有关人员通风报信,故意泄露办案情况;

(三)对被检查人或有关人员采取违反党章、《准则》和国家法律的手段;

(四)明知被检查人有违纪问题,而对其袒护包庇;

(五)伪造、篡改、隐匿、销毁证据;

(六)利用办案之机对被检查人及其亲属敲诈勒索;

(七)利用办案之机对被检查人挟嫌报复,制造冤假错案。

第七章　其他组织和人员

第十八条　发案单位或立案机关的上级党组织和上级行政机关,必须支持、协助立案机关对案件的查处工作,不得以任何借口、任何方式为被检查人说情开脱、袒护包庇;不得对案件查处工作设置障碍、进行刁难;不得对办案人员、检举控告人、证明人及其家属打击报复;未经立案机关或案件调查组同意,不得批准被检查人出差、出境、出国,不得对被检查人调动、提拔或奖励。违者,根据情节轻重,给予该组织主要负责人和直接责任人警告、严重警告或撤销党内职务处分。

第十九条　在办理跨地区案件的过程中,所有的案件涉及单位及其上级领导机关,均有责任配合和协助立案机关做好案件查处工作。要积极提供线索和证据,提供便利条件,敦促被检查人交待问题,要求知情人如实说明情况,严肃处理违纪人员。不得片面强调地方利益,妨碍案件的查处。对于妨碍案件查处工作,情节严重的,应给予该组织主要负责人和直接责任人警告或严重警告处分。立案机关有权向妨碍案件查处的组织或个人的上级机关提出处理建议。

第二十条　与案件无直接关系的党员,无论是党员领导干部还是其他党员,都不得违反党章、《准则》,以任何借口、任何方式为被检查人说情开脱、袒护包庇,妨碍案件的查处;更不得以任何方式指使、支持被检查人或被处分人无理取闹,制造事端。违者应根据情节轻重和造成的后果,由党组织在适当范围内给予批评教育,或给予警告、严重警告或撤销党内职务处分。

第八章 附 则

第二十一条 对于犯有本规定没有列举的其他妨碍案件查处的行为的党组织和党员,可根据其错误事实、情节和造成的后果,比照本规定的有关条款处理,但须报上一级纪委备案。

第二十二条 本规定由中共中央纪律检查委员会负责解释。

第二十三条 本规定自发布之日起施行。

中共中央纪律检查委员会关于印发《中共中央纪委关于清理党政干部违纪违法建私房和用公款超标准装修住房的报告》的通知

(1990 年 7 月 12 日)

《中共中央纪委关于清理党政干部违纪违法建私房和用公款超标准装修住房的报告》已经中共中央领导同志同意,现印发你们,请遵照执行。

中共中央纪委关于清理党政干部违纪违法建私房和用公款超标准装修住房的报告(节录)

……

前不久,中央纪委召开了部分省市清理党员干部违纪建私房座谈会,总结交流了各地清房工作的情况和经验,并就清房中遇到的一些政策性问题,进行了讨论。根据各地的做法和座谈会中提出的问题,中央纪委常委研究提出以下建议:

一、以六中全会精神为指导,统一部署,集中领导,集中时间,集中力量,把清理党政干部违纪违法建私房和用公款超标准装修住房的工作切实认真开展起来,善始善终进行到底

这次清理的对象,主要是指有这类问题的党政干部(包括工青妇等群众团体及由县以上领导机关任命的企事业单位的干部)。清理的时限,由各省、自治区、直辖市根据实际情况自行确定。清理中要坚持自上而下,首先从领导机关、领导干部做起;公开政策规定,公开个人申报登记及组织核查与处理结果,接受群众的监督;要明确宽严政策,凡主动交待问题,深刻检查,经济上彻底退赔的,可从宽处理,对拒不坦白交待和弄虚作假,阻碍干扰清房甚至搞打击报复的,要从严处理。

二、明确政策，严格把关，坚决遏制党政干部违纪违法建私房和用公款超标准装修住房的歪风

1. 今后，党政干部确因住房困难需要建私房的，必须按照干部管理权限报经上级党委和政府主管领导批准，按规定履行用地、建房等审批手续，严格控制土地和建筑面积，统一组织，统一规划，采取集资联建、集资统建或参加建房合作社等形式进行。一律不准在城镇自筹自建私人住房。

2. 党政干部建私房只限于自住，不准出租、出售。由于工作调动或人口自然减少等原因，确需转让或出租的，按干部管理权限，报上级党委和政府主管领导批准，租金、售价按当地政府的有关规定执行，不得收取高价，并严格依法交纳税款。违反规定出租、出售的，要没收其非法所得，并课以罚款。

3. 党政干部一律不准利用公款公物超标准装修住房（含租用公房、购买的商品房和私房）；已建私房的必须按规定在限期内退出租用的公房；不准用国家和单位留成外汇购买商品房分给个人；不准利用职权多占住房。违犯者除经济退赔或退出住房外，情节严重的要给予党纪、政纪处分。党政机关特别是地市以上领导机关和企事业单位，不准为领导干部建造和购买超标准的或独门独院的住宅。违犯者要追究当事人和主管领导的责任。

4. 在建私房中，凡属收支明显不符而又说不清正当资金来源的，按有关法规以非法所得论处；属于贪污、受贿、敲诈勒索、投机倒把、挪用公款的，要坚决追回非法所得，直至没收住房，并视情节给予党纪、政纪处分，触犯刑律的要依法追究刑事责任。凡属套购国家统配物资或低价、压价购买建筑材料的，要限期按当时当地市场平均价补足差额款；不付少付土地、建筑、运输、建材等费用和税款的，要按规定的标准交款，决不能让其在经济上占便宜，情节严重的要分别给予党纪、政纪处分。对于超过规定占地面积和建筑面积或非法占用土地建房的，要区别不同情况依法处理。

5. 有关职能部门及其工作人员违反规定滥批、失职、渎职造成不良后果的，应追究部门主要负责人和有关人员的责任；单位违反规定，巧立名目，化公为私，滥发建房补助的，除所发款额要如数退还外，并追究单位主要负责人的责任；单位或个人用国家、集体物资送人情、拉关系的，要追究单位主要负责人和当事人的责任，情节严重的要给予党纪、政纪处分。

三、加强领导，是关系到清理党政干部违纪违法建私房和用公款超标准装修住房工作能否获得全胜的关键

各级党委和政府要下决心，认真部署，具体安排，切实把这项工作作为惩治腐败的一件大事抓紧抓好，不留尾巴，不走过场。要由一名主要领导同志负责，组成强有力的班子,建立起严格的责任制。各级领导要亲自动手,特别是要在突破重点、难点上下功夫。对问题严重而清理不力的地方和单位,上级应派驻工作组,帮助清理。对在清理工作中,敷衍塞责、袒护包庇、徇私枉法的,要追究主要领导的责任。这项工作要争取在明年内完成。

各省、自治区、直辖市党委和中直机关工委、中央国家机关工委要根据上述精神,结合本地区本部门实际制定具体的实施方案,并在清理工作结束后向中央写出报告。

各级党的纪检机关、行政监察机关、司法机关及有关职能部门,要在党委和政府的统一领导和部署下,各司其职,密切配合,发挥整体效能。各级党的纪律检查机关要协助党委搞好调查研究,抓紧大案要案的查处,认真行使监督检查的职能;行政监察机关和司法机关,要充分发挥监督作用,利用行政和法律的手段,及时查处在这方面的违纪违法行为。建设、国土、财政、房管等职能部门,要尽快研究制定出一整套关于营建私人住房的管理制度,并对过去有关政策法规,进行一次认真清理。

中共中央保密委员会关于
高级干部保守党和国家秘密的规定

(中共中央1990年12月13日转发)

第一条 为使高级干部严格保守党和国家秘密,根据《中华人民共和国保守国家秘密法》和有关规定,制定本规定。

第二条 本规定所称高级干部,是指党和国家机关及人民团体中副省、部级以上干部,包括离退休后享受副省、部级以上待遇的干部。

第三条 高级干部必须模范地遵守保密法律、法规和下列保密守则:

(一)不泄露自己知悉的党和国家秘密。

(二)不在无保密保障的场所阅办秘密文件、资料。

(三)不使用无保密保障的电信通信传输党和国家秘密。

(四)不在家属、亲友、熟人和其他无关人员面前谈论党和国家秘密。

(五)不在私人通信及公开发表的文章、著述中涉及党和国家秘密。

(六)不在社交活动中携带秘密文件、资料;特殊情况确需携带的,应由本人或指定专人严格保管。

(七)不在出国访问、考察等外事活动中携带秘密文件、资料;因工作确需携带的,应采取严密的防范措施。

(八)不在接受记者采访中涉及党和国家秘密,经批准的除外。

(九)不将阅办完毕的秘密文件、资料私自留存而不及时按规定清退、归档。

(十)不擅自复制或销毁秘密文件、资料。

第四条 现职高级干部阅办秘密文件、资料和办理其他属于党和国家秘密的事务,应在办公室内进行。

党和国家领导人及现已退居二线或者离休的原党和国家领导人,确需在家中阅办秘密文件、资料的,必须具备下列条件:

(一)有单独的具有保密保障的办公室;

(二)有存放秘密文件、资料的保密箱、柜;

(三)有专门负责管理秘密文件、资料的人员;

(四)有防止无关人员接触秘密的措施;

(五)经所在直属管理部门检查同意。

其他现职高级干部,如因特殊情况确需在家阅办秘密文件、资料的,必须具备一定的保密条件,但不得将绝密文件带回家中。

其他离退休高级干部阅读秘密文件、资料,到所在机关指定的办公室进行;行动不便的,由机关派人送阅,阅毕即由来人送还机关。

第五条 高级干部住院治疗或疗养期间,确需阅办的秘密文件、资料,由秘书或秘书部门派人送达,阅办完毕即由秘书人员送还机关。

第六条 高级干部的秘书人员的任用,应严格按照规定,经组织部门和秘书主管部门审查批准;未经审查批准,高级干部个人不得自行决定。

第七条 高级干部必须接受所在机关和保密部门对其保守党和国家秘密情况的监督检查。

第八条 高级干部及其身边工作人员发生泄密问题,应主动、及时地向所在机关和保密部门如实报告,并积极配合有关部门进行调查处理。

第九条 军队高级干部保守党和国家秘密的规定,由解放军保密委员会参照本规定制定。

第十条 本规定由国家保密局负责解释。

第十一条 本规定自发布之日起施行。过去印发的规定与本规定不一致的,以本规定为准。

中共中央办公厅、国务院办公厅关于严格控制领导干部出国访问的补充规定

（1991年3月28日）

党的十三届七中全会以后，国内各项任务十分繁重。我们应该集中精力，扎扎实实地为实现十年规划和“八五”计划做好各项工作。《中共中央办公厅、国务院办公厅关于严格控制领导干部出国访问的规定》发布后，总的来说，执行情况是好的。但最近一个时期出现了领导干部出国热度加大、出访国家过多、出访时间过长的问题，这不利于集中精力抓好国内工作。鉴此，党中央、国务院重申，必须继续严格执行《中共中央办公厅、国务院办公厅关于严格控制领导干部出国访问的规定》的规定，并作以下补充规定。

一、省、部级（含副省、部级）以上领导干部出国和赴港澳地区访问，要做到快去快回，可去可不去的不去。出访时间应尽可能压缩，访问一个国家（地区）一般仍限于三至五天；一次访问一般不多于两个国家（地区），在外停留时间最多不得超过十二天。如工作上有特殊需要者，必须经国务院或中央外事工作领导小组特别批准。

二、领导干部出访的目的要明确，要讲究实效，组团要少而精，主要进行对口会谈或工作会晤。凡地、司级干部能够解决的问题，省、部级以上领导干部就不必出访，一般性考察要坚决停止。

三、领导干部出访，一般不安排顺访，更不得以任何理由绕道旅行或擅自延长在境外停留时间。

四、各地区、各部门对机关地、司级以下（含地、司级）干部及工作人员临时因公出国，也要参照上述精神严格审批，从严控制，切实纠正出国过多、过滥的现象。任何单位和个人违反规定，滥用审批权，必须严加追究。

五、各级领导干部在遵守上述规定方面应严格要求自己，作出表率。各外事主管部门要按中央和国务院有关规定严格把关，各纪检、监察、财政部门要加强检查和监督。

中共中央办公厅、国务院办公厅关于处理党和国家机关正、副省(部)级干部用公款、公物超标准装修住房问题的通知

(1991年11月20日)

近几年来,一些领导干部违反党中央、国务院有关规定,用公款、公物超过规定标准装修住房,在群众中造成了不良影响。为了教育干部,挽回影响,发扬廉洁奉公、艰苦奋斗的优良传统,必须对党和国家机关正、副省(部)级干部用公款、公物超标准装修住房的问题进行处理。为此,特作如下通知:

一、党和国家机关及人民团体正、副省(部)级干部用公款、公物装修住房,必须严格执行《中共中央、国务院印发〈关于高级干部生活待遇的若干规定〉和邓小平同志报告的通知》的规定,国务院各部门的部级干部还要执行国务院机关事务管理局《关于中央国家机关部级干部宿舍修缮标准的规定》。凡违反以上规定用公款、公物超标准装修住房的,属违纪行为。

二、对超标准装修住房所动用的公款,由该干部现所在单位负责向其全部追回。所动用的公物,由该干部现所在单位按装修时当地的国家规定价格折价计款追回。追回的款额一律上缴国库。

三、用公款、公物超标准装修住房的,除了按本通知第二条处理外,还要根据其超过规定标准所动用的款额(含动用公物折价款额)和情节轻重,给予下列处分:

(一)款额不满一万元的,给予警告处分;

(二)款额在一万元以上不满二万元的,给予警告或记过处分;

(三)款额在二万元以上的,给予记过直至撤职处分。

多次动用公款、公物超标准装修住房未经处理的,按照累计动用款额给予处分。

四、用公款、公物超标准装修住房,有下列情形之一者,要从重或加重处分:

(一)侵占、挪用和克扣救灾、防汛、扶贫、教育等公款、公物的;

(二)使国家和集体利益遭受严重损失的;

（三）共同动用公款、公物，负有主要责任的；

（四）伪造、销毁单据，阻挠他人坦白，对检举人、办案人打击报复的；

（五）先以公款、公物高标准装修，后又按住房制度改革有关文件规定的标准价购买该住宅的。

五、动用公款、公物超标准装修住房，款额（含动用公物折价款额）不满一万元，情节轻微，本人又主动检查，及时纠正并退回款、物的，可免予处分，但应给予批评教育。

六、在本通知发出时，正在用公款、公物超标准装修住房的，有关部门应责令其停止施工，并按照本通知的规定对有关人员进行处理。为使住房不受损坏，可按规定的标准重新设计装修。

七、对违反财政法规，批准动用公款、公物超标准装修住房的直接责任者，按《国务院关于发布违反财政法规处罚暂行规定的通知》处理。

八、对违反本通知规定需要给予党纪处分的，由其上级党的机关进行处理。对违反本通知规定需要给予行政处分的，由其上级主管机关按照干部管理权限进行处理。中共中央纪律检查委员会和监察部也可以按管辖权限和处分程序直接处理。

九、已办理退（离）休手续的党和国家机关及人民团体正、副省（部）级干部，适用本通知。

十、国营企事业单位中相当于正、副省（部）级的干部，适用本通知。

十一、本通知执行情况，由中共中央纪律检查委员会和监察部负责监督、检查。

十二、凡在《中共中央关于党和国家机关必须保持廉洁的通知》发布以后，仍用公款、公物超标准装修住房的，按照本通知精神处理；在此以前用公款、公物超标准装修住房的，参照本通知精神酌情处理。

十三、军队机关的高级干部用公款、公物超标准装修住房的处理办法，由中央军委参照本通知精神另行制定。

中共中央办公厅、国务院办公厅关于党政机关兴办经济实体和党政机关干部从事经营活动问题的通知

(1992年6月26日)

最近一个时期,一些地区陆续作出规定,鼓励党政机关兴办各类经济实体,提倡和支持党政机关干部从事各种经营活动。这是一个政策性强而且比较复杂的问题,必须坚持政企分开的原则。为了防止出现政企不分、官商不分及以权谋私等问题,需要重申一些基本原则和政策界限。经党中央、国务院批准,现通知如下:

一、县及县以上党政机关(包括党委机关、国家权力机关、行政机关、审判机关、检察机关),要坚决执行中共中央、国务院历来的规定,不准经商、办企业。所兴办的各类经济实体,必须与党政机关在财务、名称、人事等方面彻底脱钩。严格划清党政机关管理职权与经济实体经营权的界限,凡是经济实体,必须根据国家法律和政策的规定,自主经营,自负盈亏。严禁用经济实体经营所得增加机关干部的工资、奖金、补贴等收入或用作其他福利开支。严禁党政机关利用自己掌握的权力为经济实体谋取非法利益。

在当前机构改革试点和下一步机构改革中,由政府经济管理部门成建制转为经济实体的,要严格实行政企职责分开,不能"一个机构、两块牌子",不能再行使政府部门的行政管理职能。

二、县及县以上党政机关在职干部一律不得经商、办企业,不得兼有党政机关干部和企业职工双重身份。在机构改革试点中,应支持和鼓励一部分干部从党政机关分离出来,从事包括第三产业在内的各种经济活动,尤其应提倡其中的专业技术人员领办、承包、租赁亏损、微利企业,创办开发性、服务性的经济实体。但这些人员不能保留原在党政机关担任的职务,不能再以党政机关的名义或以党政机关干部的身份从事经营活动,要与党政机关脱钩。

三、各级党委、政府要遵照党中央、国务院的要求,抓紧当前有利时机,进一步解放思想,加快改革开放和经济发展步伐,力争使经济更好更快地上一个新

台阶；同时要继续抓好廉政建设、纠正部门和行业不正之风等工作，注意掌握好党政机关兴办经济实体和党政机关干部从事经营活动中的政策界限。要认真研究新情况，及时解决新问题，使本地区、本部门的改革开放和经济建设工作更健康地向前发展。

中共中央办公厅、国务院办公厅关于严禁用公费变相出国(境)旅游的通知

(1993年10月2日)

近几年,党中央、国务院针对过多过滥的出国(境)活动,特别是假借各种名义用公费出国(境)旅游的问题,多次作过规定,严加制止。但是近一年来,一些党政机关、企业事业单位和社会团体以考察、学习、研讨、培训、招商、促销为名出国(境),实为用公费旅游的现象愈演愈烈,并有蔓延之势,不仅挥霍浪费了国家的大量外汇,而且严重损害了党和政府的形象,在群众中造成很坏的影响。为贯彻落实党中央关于反腐败斗争的工作部署,坚决刹住用公费变相出国(境)旅游的不正之风,经党中央、国务院批准,特作如下通知:

一、严格控制用公费出国(境)活动。凡属一般性考察、学习和没有明确公务目的及实质内容的出国(境)活动,要坚决停下来;出访团组必须严格执行有关规定,不得以任何理由绕道旅行或擅自延长在境外停留的时间。要坚决贯彻执行《国务院办公厅关于派遣团组和人员赴国(境)外培训的规定》,严格控制党政机关出国(境)培训的团组和人员。这项工作统一由国家外国专家局归口管理,从严掌握,并尽快制定管理办法。

二、审批公务出国(境)经费要严格把关。上报出国(境)报告时要说明经费来源和用汇数额。凡用汇未列入预算或超预算的团组和人员,不得批准。违者要追究组团单位和审批机关领导的责任。

三、严禁党政机关干部索要、挤占企业事业单位的名额搭车出国(境);因引进技术、设备等项目确需随企业团组出国(境)的,要严格审核并由所在机关开支出国经费。

四、中央和国家机关部委、直属机构中享有派遣临时出国审批权的单位,可以直接向党中央、国务院行文的公司和团体,可按照规定的程序组织少量跨地区、跨部门出国(境)的团组。其他任何单位包括各类学会、协会、基金会、中心、公司、院校、办事处等,均不得组织跨地区、跨部门的团组和人员出国(境)进行考察、培训、研讨、交流等活动,有特殊需要的须报省级以上主管部门批准。

违反的要追缴组团所得收入,并追究单位领导的责任。

五、凡因公出国(境),必须严格按照规定的渠道和程序报批,不准弄虚作假,不准异地办理护照,不准假借自费名义、改变身份,不准通过旅行社渠道出国(境)。各旅游部门不得办理公费出国(境)的有关事宜。

六、公务组团出访,组团单位不准超过国家规定的标准收费,不准从中牟利,也不准采取赠送“免费出国名额”、发给奖金或回扣等办法招揽参团人员。

七、各地区、各部门、各单位要对1992年7月1日以来公费出国(境)情况进行一次清理,对检查发现的问题认真作出处理。凡属用公费变相出国(境)旅游的,以本通知发布的时间为界,在这以前的,可以适当从宽处理,但要把已由单位支付的制装费、伙食费和零用钱,改由个人自理。在这以后的,要从严处理:所有出国(境)旅游费用要全部自理,并视情节轻重给予适当的纪律处分;组团单位的违纪收入要全部没收,上缴国库;对违反规定滥用审批权和颁发护照权的单位,除追究当事人和主管领导的责任外,还要根据情节轻重暂停直至取消该单位的审批权和颁发护照权。各地区、各部门清理整顿的情况,于今年底以前报中纪委、监察部、外交部、国务院外事办公室。

八、纠正用公费出国(境)旅游的不正之风,由各级党委、政府统一领导,各部门、各单位负责进行清理整顿。首先从领导机关和领导干部抓起,中央国家机关要带头清理和制止。各地区外事办和各部门主管外事工作的司(局)要加强对出国(境)工作的监督和管理。财政部门和审计机关要加强财务管理和审计,严格执行财经纪律。各级纪检、监察机关要加强监督检查,严肃查处用公费出国(境)旅游的案件,特别是发生在各级领导干部中的案件;对继续弄虚作假、顶风违纪的,要从严惩处,并有选择地予以公开处理。

中共中央、国务院关于反腐败斗争近期抓好几项工作的决定

(1993年10月5日)

反腐败斗争是加强党的建设和政权建设,密切党和政府与人民群众的联系,保持社会稳定,保证改革开放和经济建设顺利进行的一项重要工作。各级党委和政府必须遵循邓小平同志建设有中国特色社会主义的理论和党的十四大精神,在牢牢把握经济建设这个中心的同时,采取坚决有力的措施惩治腐败,加强党风廉政建设。反腐败斗争既是长期的、艰巨的任务,又具有现实的紧迫性;既要坚决地、持久地进行下去,又要重视抓阶段性成果,一步一步地把斗争引向深入。针对当前的情况,决定在近期内着重抓好以下三项工作,并取得明显成效。

一、党政机关领导干部要带头廉洁自律。领导干部要严于律己,以身作则,自觉执行中央在加强党风廉政建设方面已经作出的各项规定,带头同腐败现象作斗争。为此,对党政机关县(处)级以上领导干部重申和提出以下要求:

(1)不准经商办企业;不准从事有偿的中介活动;不准利用职权为配偶、子女和其他亲友经商办企业提供任何优惠条件。

(2)不准在各类经济实体中兼职(包括名誉职务);个别经批准兼职的,不得领取任何报酬;不准到下属单位和其他企业事业单位报销应由个人支付的各种费用。

(3)不准买卖股票。

(4)不准在公务活动中接受礼金和各种有价证券;不准接受下属单位和其他企业事业单位赠送的信用卡,也不准把本单位用公款办理的信用卡归个人使用。

(5)不准用公款获取各种形式的俱乐部会员资格,也不准用公款参与高消费的娱乐活动。

二、查办一批大案要案。重点查办党政领导机关领导干部和司法部门、行政执法部门、经济管理部门及其工作人员的违法违纪案件。各有关部门要密切配合,采取发动和依靠群众检举、揭发与专门机关依法处理相结合的方法,集中力量在近期内查办一批大案要案。对腐败分子,必须依照党纪、政纪、国法坚决

惩处。对严重干扰、阻碍查办案件工作的,不管是谁,都必须坚决处理。

三、狠刹几股群众反映强烈的不正之风。要在全国范围内集中力量基本刹住乱收费的不正之风。重点治理国家机关及其所属部门擅自把职责范围内的业务变成收费项目;擅自立项和扩大收费范围、提高收费标准;将一部分职能转移到下属的经济实体,搞有偿服务;利用职权和行业垄断强行“服务”,收取高额费用;只收费不服务,明目张胆地敲诈勒索等利用职权巧立名目乱收费的不正之风。这项工作由各级政府及其所属各部门负责,自上而下地进行清理和纠正,凡 1992 年 1 月 1 日以后出台的行政事业性收费项目,除经中央和省、自治区、直辖市财政部门会同计划(物价)部门批准的外,一律先停后清;确需保留的收费项目,其收费标准按隶属关系分别报中央和省、自治区、直辖市计划(物价)部门会同财政部门批准;重要项目及标准分别报国务院和省、自治区、直辖市人民政府批准。要一级抓一级,使这股风在年内基本刹住。同时还要刹住用公款变相出国(境)旅游的不正之风。各地、各部门、各行业都要从实际出发,近期内通过专项治理,解决几个群众反映强烈的重点问题。必须重申:(1)各级党政机关一律不准经商办企业。已经兴办的经济实体要按规定与原机关彻底脱钩。(2)实行“收支两条线”。任何地方和部门不准擅自下达收费、罚款的指标,不准把法定的应上缴的收费、罚没收入与本地区、本部门的经费划拨、职工奖金福利挂钩,坚决禁止上缴提成。各级法院、检察院和公安、海关、工商、税务、审计等执法部门所需经费,由各级财政拨款。

各级党委和政府要切实加强对近期反腐败斗争几项工作的领导,并认真把握好以下原则:坚持党的基本路线,紧紧围绕经济建设这个中心,为推进改革、建设和发展服务;把当前反腐败的重点放在党政领导机关,以及司法部门、行政执法部门和经济管理部门;从领导干部做起,首先从高级干部做起,包括领导干部身边工作人员;严格依法办案,对违法违纪案件要一查到底,坚持以事实为根据,以法纪为准绳,严肃处理;紧紧依靠人民群众开展反腐败斗争,但不搞群众运动;惩治腐败和扶持正气相结合,大力宣传和表彰廉洁奉公、勇于同腐败现象作斗争的先进典型,弘扬勤政爱民、艰苦奋斗、乐于奉献的良好风尚。

为切实保证本决定的贯彻执行,县以上各级党委和政府必须立即按照决定的要求,结合本地区、本部门的实际,研究和制定具体实施方案,建立明确的责任制,精心组织,狠抓落实,务必在近期内取得反腐败斗争的明显成效,以鼓舞和振奋党员、干部、群众的信心和斗志。各级纪检监察机关要加强监督检查,做好协调工作。各级党委和政府要及时将执行决定中的重要情况报告上级党委和政府。

中共中央纪律检查委员会、中共中央组织部、监察部关于党政机关县(处)级以上领导干部廉洁自律“五条规定”的实施意见

(1993年10月8日)

《中共中央、国务院关于反腐败斗争近期抓好几项工作的决定》(以下简称《决定》)重申和提出的党政机关县(处)级以上领导干部廉洁自律的“五条规定”,是推动当前反腐败斗争深入进行,促进党风廉政建设的重要举措。为促使各级领导干部严格遵守“五条规定”,使执行纪律有所依据,保证“五条规定”的正确实施,提出如下实施意见。

一、“五条规定”适用于党政机关县(处)级以上领导干部,即党的机关、人大机关、行政机关、政协机关、审判机关、检察机关副县(处)级以上(含副县、处级)领导干部,包括已到退(离)休年龄,尚未办理退(离)休手续的上述干部。

按国家规定批准设立的具有行政管理职能的公司和具有行政管理职能的事业单位(总会)以及工会、共青团、妇联、文联、科协等群众团体机关中副县(处)级以上(含副县、处级)领导干部,也适用“五条规定”。

上述机关中任非领导职务的副县(处)级以上(含副县、处级)干部,也适用“五条规定”。

二、对违反“五条规定”的行为,凡是党和国家已有规定的,按照有关规定进行处理。过去没有规定的,按照本《实施意见》处理。

对经商办企业,利用职权为配偶、子女和亲友经商办企业提供优惠条件,在各类经济实体中兼职(包括名誉职务)领取报酬,到下属单位和其他企业事业单位报销应由个人支付的各种费用,在公务活动中接受礼金和各种有价证券等问题,按党中央、国务院及中央纪委已发布的有关规定处理。本人自查自纠的,可以从轻处理。

对违反“五条规定”的行为,过去没有规定的,按以下规定处理:

(一)《决定》公布实施前从事有偿中介活动的,按经商办企业处理。

《决定》公布实施后,继续从事有偿中介活动的,责令其停止活动,收缴经

营所得并视情节轻重给予党纪、政纪处分。

（二）《决定》公布实施前合法持有的股票，必须向所在单位登记并依照股票交易规则售出。已持有的企业内部职工股，必须按发行时的价格立即退还企业；在《国务院办公厅转发国家体改委等部门〈关于立即制止发行内部职工股不规范做法意见〉的紧急通知》发布后，购买、无偿获取企业内部职工股的，除必须立即退还企业外，并视情节轻重给予党纪、政纪处分。

《决定》公布实施后买卖股票的，应视情节轻重给予党纪、政纪处分，并依照《股票发行与交易管理暂行条例》的规定处理。

无偿或非法获取的股票及其非法所得，予以没收，并给予党纪、政纪处分。

（三）《决定》公布实施前以各种名义接受下属单位或其他企业事业单位赠送的信用卡、归个人使用的本单位的信用卡，应立即退还。因私事使用上述信用卡所开支的费用如数退还，并视情节轻重予以处理；拒不交出信用卡和拒不退还用于私事费用的，从重处理。

《决定》公布实施后以各种名义接受下属单位或其他企业事业单位赠送信用卡以及将本单位用公款办理的信用卡归个人使用的，必须立即交出所持有的信用卡，退还因私事开支的费用，并视情节轻重，给予党纪、政纪处分。

（四）《决定》公布实施前用公款取得各种形式的俱乐部会员资格的，必须立即退出。如不退出，由本人支付全部费用。

《决定》公布实施后，仍用公款取得各种形式的俱乐部会员资格的，必须退还公款，并给予党纪、政纪处分。

（五）《决定》公布实施后，用公款参与高消费娱乐活动的，由个人承担费用，并视情节给予党纪、政纪处分。

违反"五条规定"触犯刑律的，由司法机关依法处理。

三、本《实施意见》由各级党委、政府组织实施，同级纪检监察机关、组织部门负责监督检查。

中共中央办公厅、国务院办公厅关于转发《国家经贸委关于党政机关与所办经济实体脱钩的规定》的通知

(1993 年 10 月 9 日)

《国家经贸委关于党政机关与所办经济实体脱钩的规定》已经党中央、国务院同意,现转发给你们,请遵照执行。

这项工作,由国家经贸委负责,国家体改委、国家工商局配合。各级党委、政府要切实加强领导,财政、审计、工商行政和纪检监察等部门要按照规定严格要求,加强监督检查,把这项工作做好。

国家经贸委关于党政机关与所办经济实体脱钩的规定

随着机构改革的进一步推进,各级党政机关陆续组建了一批公司和企业集团等经济实体,这对于转变政府职能、妥善安置机关分流人员、发展第三产业起到了一定的积极作用。但是,在兴办经济实体中也出现了一些值得注意的问题,如组建政企不分的"翻牌公司(集团)",以权经商,强买强卖,垄断经营等。这些问题的出现引起了广大企业和群众的不满,对于深化企业改革,加强党的建设和政权建设,建立社会主义市场经济体制极为不利。为及时纠正这些问题,切实落实党中央关于开展反腐败斗争的工作部署,经党中央、国务院同意,现就党政机关与所办经济实体脱钩的若干问题规定如下:

一、县及县以上各级党政机关要坚决贯彻执行《中共中央办公厅、国务院办公厅关于党政机关兴办经济实体和党政机关干部从事经营活动问题的通知》、《中共中央办公厅、国务院办公厅关于机构改革人员分流中几个问题的通知》以及党中央、国务院其他有关规定,不准经商、办企业。

二、县及县以上各级党的机关、人大机关、审判机关、检察机关和政府机关中的公安、安全、监察、司法、审计、税务、工商行政管理、土地管理、海关、技术监

督、商检等部门以及办事机构，均不准：

（一）组建任何类型的经济实体；

（二）以部门名义向经济实体投资、入股；

（三）接受各类经济实体的挂靠。

对现有隶属于上述单位的经济实体，各地、各部门要统筹规划，调查研究，提出划转方案，一律限期在明年6月底前转出（司法部门劳改、劳教企业和各机关后勤服务系统按国家规定开展对社会经营服务的，不在此限）。个别因特殊需要，保留或组建经济实体的，须报经国务院或省级人民政府批准。

应划转的经济实体，尽可能划转到大型企业集团或大型综合性公司。在划转时必须清查资产，按规定办理手续，防止国有资产流失。

三、除上述部门外的国家机关，为适应机构改革、转变职能和分流人员等需要，经批准可以组建经济实体（包括企业集团，下同），但必须同时在职能、财务、人员、名称四个方面与机关彻底脱钩。已经设立但尚未脱钩的，也必须在今年年底前脱钩。

（一）各类经济实体不得兼有行政管理和行业管理的职能。

（二）各类经济实体在财务上与机关脱钩，不向机关上交利润和管理费，不为机关报销各种费用。经济实体单独在财政立户，按照国家规定缴纳税费，接受本级财政部门以及监察、审计、税务等部门的监督。

经济实体与机关财务脱钩和脱钩后对机关经费补贴的具体办法，由财政部制定。

（三）党政机关在职干部一律不得兼有机关干部和企业职工双重身份，不得在经济实体中兼职。凡有兼职的，要如实报告，各部门要负责认真清理，逐个审核，确定其辞去一头的职务。要求在10月底以前清理完毕。

（四）各类经济实体一律不得冠以党政机关的名称。凡已使用机关名称的，必须到工商行政管理部门办理更名手续，否则按注销处理。

四、组建企业集团必须坚持企业自愿和政策引导相结合的原则，认真征求企业和各方面意见。不得按行业“装口袋”，强行“捏合”，不得任意上收企业经营权，取消或变相取消企业法人地位。

五、经济实体与行政机关脱钩后，应当自主经营、独立核算、自负盈亏。国家对各类经济实体只实行行业管理、任免主要干部以及必要的监督、服务等事项，不干预其经营管理活动。

六、除法律、法规另有规定外，各级党政机关均不得利用职权，指定任何一家经济实体垄断经营某项业务，也不得限制、排斥本部门以外的经济实体从事与本部门职能有一定联系的经营业务。对某些确需由少数经济实体经营的特殊业务,应依照法律、法规的规定,采取公开、竞争方式,确定有关经济实体经营,防止部门垄断和地区封锁。

七、对于机关分流人员新组建经济实体的开办资金,财政部门应有明确规定,不得挤占正常开支经费。在成立初期确有困难的,可按《中共中央办公厅、国务院办公厅关于机构改革人员分流中几个问题的通知》规定,区别情况,给予一定的扶持。但要制订具体扶持办法,限期过渡(不超过两年)。对扶持资金,要单独列帐,并接受有关部门的监督。

八、政府部门在机构改革中组建新的经济实体,不得干扰其他企业正常的生产经营活动,影响企业贯彻《全民所有制工业企业转换经营机制条例》,不得强行向其他企业平调人、财、物,摊派铺底资金。国家用于扶持行业发展的有关优惠政策、资金等,应在行业内所有企业间公平合理地落实和分配,不得由新组建的经济实体截留。不得赋予新组建的经济实体特殊经营手段,避免形成不合理的竞争条件。

九、各地区、各部门要指定专门机构,制定贯彻落实《中共中央办公厅、国务院办公厅关于党政机关兴办经济实体和党政机关干部从事经营活动问题的通知》、《中共中央办公厅、国务院办公厅关于机构改革人员分流中几个问题的通知》和本规定的具体措施,对党政机关所办的经济实体进行一次认真的检查、清理,凡不符合本规定的,要坚决予以纠正,切实做好经济实体与机关的脱钩、转出工作,并将检查与纠正情况于今年 11 月底前报国务院,同时报国家经贸委。

中共中央办公厅、国务院办公厅关于认真贯彻执行《国务院关于在对外公务活动中赠送和接受礼品的规定》的通知

(1993 年 12 月 16 日)

《国务院关于在对外公务活动中赠送和接受礼品的规定》(以下简称《规定》),是我国制定的关于在对外公务活动中赠送和接受礼品的行政法规。加强在对外公务活动中赠送和接受礼品的管理,对于严肃外事纪律,保持党和国家工作人员廉洁奉公,维护我国国际声誉,保证对外交往的顺利进行,具有重要意义。党和国家机关工作人员尤其是各级党政领导干部应当模范遵守,带头执行。为了认真贯彻执行这个《规定》,经党中央、国务院同意,现将在对外公务活动中赠送和接受礼品有关具体事项通知如下:

一、国家领导人、政府部门和地方政府负责人出国访问,根据国际惯例和国别情况,可以酌情赠送礼物。对首次访问我国的外宾,如果对方赠礼,可以适当回赠。

对来华帮助建设、免费讲学或者长期工作的外国专家、学者和技术人员离华回国时,可以赠送纪念品。

对再次或者多次访问我国的外宾,包括参加定期磋商、会晤、会议等活动的外宾,可以商对方互相免赠礼品。如果对方坚持赠礼,可以向代表团团长及其夫人、重要成员适当回礼。

对外赠送礼物必须贯彻节约、从简原则,礼物应尽量选择具有民族特色的纪念品、传统手工艺品和实用物品,朴素大方,不求奢华。

二、所受礼物,价值按照我国市价折合人民币不满 200 元的,留归受礼人使用;200 元以上的,按照以下办法处理:

(一)贵重礼品,黄金、珠宝制品,高级工艺品,有重要历史价值的礼品,由受礼单位交礼品管理部门送有关机构或者博物馆保存、陈列。

(二)专业用品、设备器材和具有科研价值的礼品,可以留给受礼单位。

(三)高级耐用品,汽车、摩托车,交礼品管理部门:电视机、摄像机、录像

机、组合音响、高档照像机等,交礼品管理部门处理,经礼品管理部门同意后也可以留给受礼单位。

(四)食品、烟酒、水果类礼品,可以归受礼人本人或者其所在单位。

(五)高中档实用物品,如钟表、收录机、衣料、服装等,按照国内市价折半价由受礼人所在单位处理,可以照顾受礼人,每人一年以两件为限。

(六)其他贵重物品和未经礼品管理部门批准归受礼人或者其所在单位的物品,全部交由礼品管理部门处理。

礼物变卖收入一律上缴国库。

三、在对外公务活动中如果对方赠送礼金、有价证券,应当谢绝;确实难以谢绝的,所收礼金、有价证券一律上缴国库。

四、受礼人应当按照《规定》的要求填写礼品申报单。

五、出访、来访以外的其他对外交往中赠送礼品的标准和接受礼品的处理,参照前列有关规定办理。

六、对外赠送礼物金额由财政部和外交部规定。两部可以根据我国物价的变动,对金额作出调整并发文通知,其他任何部门均无权变更。

七、《规定》和本通知也适用于党的各级组织、国家权力机关、审判机关、检察机关、政协、各人民团体和军队。上述部门和单位在对外公务活动中都应当依照《规定》和本通知的要求,做好赠送、接受和处理礼品的管理工作。

附：

国务院关于在对外公务活动中赠送和接受礼品的规定

（1993年12月5日中华人民共和国国务院令第133号发布）

第一条 为了加强对国家行政机关工作人员在对外公务活动中赠送和接受礼品的管理，严肃外事纪律，保持清廉，制定本规定。

第二条 本规定所称的礼品，是指礼物、礼金、有价证券。

第三条 根据国际惯例和对外工作需要，必要时可以对外赠送礼物。礼物的金额标准另行规定。

第四条 对外赠送礼物必须贯彻节约、从简的原则。礼物应当以具有民族特色的纪念品、传统手工艺品和实用物品为主。

第五条 对来访的外宾，不主动赠送礼物。外宾向我方赠送礼物的，可以适当回赠礼物。

第六条 对外赠送礼物或者回赠礼物，必须经国务院所属部门或者省、自治区、直辖市人民政府批准，或者由其授权的机关批准。审批时，应当从严掌握。

第七条 在对外公务活动中接受的礼物，应当妥善处理。价值按我国市价折合人民币200元以上的，自接受之日起（在国外接受礼物的，自回国之日起）一个月内填写礼品申报单并将应上缴的礼物上缴礼品管理部门或者受礼人所在单位；不满200元的，归受礼人本人或者受礼人所在单位。

在对外公务活动中，对方赠送礼金、有价证券时，应当予以谢绝；确实难以谢绝的，所收礼金、有价证券必须一律上缴国库。

第八条 在对外公务活动中，不得私相授受礼品，不得以明示或者暗示的方式索取礼品。

第九条 国务院机关事务管理局负责保管、处理国务院各部门上缴的礼品。

县级以上地方各级人民政府指定专门单位负责保管、处理该级人民政府各部门上缴的礼品。

第十条 礼品管理部门及有关部门对于收缴的礼品,应当登记造册,妥善保管,及时处理。礼品保管部门应当每年向受礼单位通报礼品处理情况。受礼单位应当将礼品处理情况告知受礼人。

第十一条 国家行政监察机关按照有关规定负责对对外赠送和接受礼品的情况进行监督、检查。

第十二条 国家行政机关工作人员违反本规定的,对负直接责任的机关有关领导人和直接责任人,给予行政处分;构成犯罪的,由司法机关依法追究刑事责任。

对国家行政机关工作人员的行政处分,按照干部管理权限和规定程序办理。

第十三条 国家行政机关工作人员在公务活动中向华侨和香港、澳门、台湾地区的居民赠送礼品和接受其礼品,依照本规定执行。

第十四条 本规定由国务院办公厅负责解释。

第十五条 本规定自发布之日起施行。

中共中央纪律检查委员会关于党政机关县(处)级以上干部违反廉洁自律“五条规定”行为的党纪处理办法

(1993年12月29日)

一、《中共中央、国务院关于反腐败斗争近期抓好几项工作的决定》(以下简称《决定》)中关于廉洁自律的“五条规定”,是党政机关县(处)级以上领导干部必须遵守的行为规范之一。为保证《决定》的贯彻执行,正确处理违反“五条规定”的行为,制定本办法。

二、对于有违反廉洁自律“五条规定”行为的,在这次贯彻《决定》中如实自查自纠的,原则上不予处分;对于数额巨大或有其他严重情节的,应从轻或减轻处分;对于不自查自纠,经调查核实属于有违反“五条规定”行为的,依照本办法第三至十条严肃处理;《决定》发布后继续违反“五条规定”的,依照本办法第三至十条从重处理。

三、违反党中央、国务院有关规定经商办企业或利用职权为配偶、子女和亲友经商办企业提供优惠条件,不自查自纠的,依照《中共中央纪律检查委员会关于共产党员在经济方面违法违纪党纪处分的若干规定(试行)》(以下简称《若干规定》)第三十条,按党政机关干部经商办企业错误处理。

四、从事有偿中介活动,不自查自纠的,依照《若干规定》第三十条,按党政机关干部经商办企业错误处理。

五、在各类经济实体中兼职(包括名誉职务)的,除个别按规定批准的以外,必须辞去一方职务;领取的报酬都必须退出。不辞去一方职务的以及不退出所领取报酬的,属违纪行为,由有关部门作出组织处理,免去其所任的一方职务,并依照《若干规定》第三十条,按党政机关干部经商办企业错误处理。

六、到下属单位和其他企业事业单位报销应由个人支付的各种费用,必须退出。不自查自纠的,依照《若干规定》第五条,以侵占错误论处。

七、购买企业内部职工股的,应将购买的企业内部职工股退还企业,由企业按发行时的价格退还个人;企业一时无法退还钱款的,必须先登记以后酌情处理。已将购买的企业内部职工股售出的,应将获利部分交出。购买的企业内部职工股能退不退的,不将售出企业内部职工股获利部分交出的,以及《国务院办公厅转发国家体改委等部门〈关于立即制止发行企业内部职工股不规范做法的意见〉的紧急通知》发布后购买或者利用职务上的便利为他人购买企业内部职工股的,属违纪行为,根据情节轻重,给予警告、严重警告或撤销党内职务处分。

在《决定》发布后购买股票的,属违纪行为,根据情节轻重,给予警告或严重警告处分。

接受赠予的股票(包括股权证),必须交出或退还企业。不交不退的,以及《决定》发布后接受赠予的,依照《若干规定》第十一条,以受礼错误论处。

八、在国内公务活动中接受的礼金和各种有价证券必须交公。不交公的,依照《若干规定》第十一条按受礼错误处理。

九、接受下属单位或其他企业事业单位赠送给个人信用卡的,必须将信用卡和个人所用钱款退出。不退出的,依照《若干规定》第十一条,以受礼错误论处。

在《决定》发布前,以办理公事名义接受下属单位或其他企业事业单位赠送信用卡以及将本单位用公款办理的信用卡归个人使用的,应将信用卡退出。将上述信用卡用于私事的,必须将所用钱款退出,不退出的,依照《若干规定》第五条,按侵占错误处理。

在《决定》发布后以办理公事名义接受下属单位或其他企业事业单位赠送信用卡以及将本单位用公款办理的信用卡归个人使用的,属违纪行为,根据情节轻重,给予警告或严重警告处分;将上述信用卡用于私事的,除应将信用卡和所用钱款退出外,还应依照《若干规定》第五条,按侵占错误从重处理。

十、在《决定》发布前用公款取得各种形式的俱乐部会员资格的应退出。不退出的,由本人支付全部费用。不退出俱乐部本人又不支付费用的,以及在《决定》发布后用公款取得各种形式的俱乐部会员资格的,比照《若干规定》第二十八条、第二十九条,以挥霍浪费错误论处。

在《决定》发布后,用公款参与高消费娱乐活动的,必须由个人承担费用,情节严重的比照《若干规定》第二十八条、第二十九条,以挥霍浪费错误论处。

十一、对党政机关县(处)级以上干部违反廉洁自律"五条规定"的行为,需要给予行政处分的,由其任免机关或监察机关参照本办法和有关规定处理。

十二、自查中的问题构成贪污贿赂错误的,按有关规定处理;触犯刑律的移送司法机关依法处理。

十三、本办法由中共中央纪律检查委员会负责解释。

附：

《中共中央纪律检查委员会关于共产党员在经济方面违法违纪党纪处分的若干规定（试行）》有关条文

第五条 利用职务上的便利，以无偿占有或购买物品时象征性的只付少量现金等方式侵占国家、集体、个人财物，折款价额不满1000元的，给予警告处分，其中情节轻微的，可免予处分；折款价额在1000元以上不满5000元的，给予严重警告或撤销党内职务处分；折款价额在5000元以上的，给予留党察看处分，情节严重的，给予开除党籍处分。

第十一条 党和国家工作人员、集体经济组织工作人员或者其他从事公务的人员中的共产党员，接受有关单位或者个人以各种名义送的礼品，根据国家规定应交公而不交公，价额不满1000元的，给予警告或严重警告处分，其中情节轻微的，可免予处分；价额在1000元以上不满5000元的，给予严重警告或撤销党内职务处分；价额在5000元以上的，给予撤销党内职务或留党察看处分，情节严重的，给予开除党籍处分。

第二十八条 党和国家机关工作人员、集体经济组织工作人员或者其他从事公务的人员中的共产党员，违反国家规定，用公款旅游、吃喝，情节较重的，给予警告或严重警告处分；情节严重的，给予撤销党内职务处分。

第二十九条 机关、团体、企业事业单位，违反财务开支规定，挥霍浪费国家资财，用公款旅游、送礼、请客的，追究负直接责任的主管人员和其他责任人员中的共产党员的责任，情节较重的，给予警告或严重警告处分；情节严重的，给予撤销党内职务处分。

第三十条 党和国家机关、群众团体中的党员干部，违反党中央、国务院有关规定，经商办企业，或者利用职权，为亲属经商办企业谋取利益的，给予严重警告或撤销党内职务处分。

在经商办企业中有其他违法违纪行为的，合并处理。

中共中央纪律检查委员会关于中央纪委三次全会重申和提出的党政机关县(处)级以上领导干部廉洁自律"五条规定"的实施意见

(1994 年 4 月 20 日)

经中共中央批准,中央纪律检查委员会第三次全体会议重申和提出的党政机关县(处)级以上领导干部廉洁自律"五条规定"(以下简称"新五条规定"),是县(处)级以上领导干部必须遵守的行为规范。为保证"新五条规定"的贯彻执行,正确处理违反"新五条规定"的行为,特制定本实施意见。

一、"新五条规定"适用于党政机关县(处)级以上领导干部,即党的机关、人大机关、行政机关、政协机关、审判机关、检察机关中副县(处)级以上(含副县、处级,下同)领导干部,包括已到退(离)休年龄,尚未办理退(离)休手续的上述干部。

具有行政管理职能的企业(公司)和具有行政管理职能的事业单位(总会)以及工会、共青团、妇联、文联、科协等群众团体机关中副县(处)级以上领导干部,各级党政机关所属的报社、杂志社、出版社、广播电台、电视台等单位和各级党校、行政学院(校),工会、共青团、妇联所属干部院校中的副县(处)级以上领导干部适用"新五条规定"。

上述机关中任非领导职务的副县(处)级以上干部,也适用"新五条规定"。

二、党政机关的县(处)级以上领导干部,都要按照《关于对照领导干部廉洁自律规定开好专题民主生活会的通知》的要求,在专题民主生活会上,对照"新五条规定"进行检查,重点是检查 1992 年 7 月 1 日以来是否有违反"新五条规定"的情况,并主动进行纠正。各级党的组织和各级政府要组织力量对领导干部自查自纠的情况认真进行检查和清理。

三、1992 年 7 月 1 日以来,违反中央有关规定,购买供县(处)级以上领导干部乘坐的进口豪华小轿车,以及追求享受,更换进口豪华小轿车的,必须在现有车辆范围内换乘其他符合规定的车辆。不主动检查纠正的,以及在中央纪委三次全会后违反规定购买和更换小轿车的，小轿车予以收缴，并给予有关领导干部党纪政纪处分。

利用职权向企业、下属单位调换、借用和摊派款项购买的各种机动车辆，属调换、借用的，必须归还原单位；属摊派款项购买的，所摊派的款项应归还被摊派单位。不主动检查纠正的，以及在中央纪委三次全会后向企业、下属单位调换、借用和摊派款项购买机动车辆的，责令其限期纠正，并给予有关领导干部党纪政纪处分。

用贷款、集资款和专项资金购买小汽车供领导干部使用的，应予纠正。其中挪用救灾款、救济款、扶贫款、教育基金等专项资金购买的，以及在中央纪委三次全会后违反规定的，小汽车予以拍卖或变卖，如数归还钱款，并给予有关领导干部和责任者党纪政纪处分。

非法购买走私车的，车子予以没收，并给予有关责任者党纪政纪处分。

拖欠职工工资（由财政负担的部分）的县（市），县（市）党政领导机关购买小汽车的，以及拖欠本单位职工工资的其他单位购买小汽车的，应作出检查，小汽车予以拍卖或变卖，钱款用于补发职工工资。不主动检查纠正的，以及在中央纪委三次全会后违反规定的，责令其限期纠正，并给予有关领导干部党纪政纪处分。

四、违反国务院关于住房制度改革的规定，利用职权以低于当地房价评审机构依据省、自治区、直辖市人民政府审查批准的公有住宅出售方案审定的价格购买住房的，必须如数交清少付的房价款。不主动检查纠正的，以及 1993 年 12 月 31 日《国务院办公厅关于制止低价出售公有住房问题的通知》发布后利用职权压价购买住房的，责令其限期交清少付的房价款，并给予党纪政纪处分。

超过国家规定的住房标准购买住房，对超过的部分未按市场价购买的，必须补交少付的房价款。不主动检查纠正的，以及在中央纪委三次全会后对超过标准的部分不按市场价购买的，责令其限期纠正，并给予党纪政纪处分。

利用职权在购房资格、房源、价格等方面为子女、亲友购买住房提供优惠条件的，必须退出非法获得的利益。不主动检查纠正的，以及在中央纪委三次全会后利用职权为子女、亲友购买住房提供优惠条件的，责令限期退出非法获得的利益，并给予党纪政纪处分。

用公款超过规定标准为个人装修现住房的，必须将超标准部分所用的公款如数退回。不主动检查纠正的，以及在中央纪委三次全会后用公款超标准为个人装修住房的，责令其限期将超标准部分所用公款退出，并给予党纪政纪处分。在公房出售前用公款超标准装修本人现住房屋的，从重处理。

利用职权用公款超标准装修住房后供个人居住的,按前款规定处理。

五、党政机关领导干部在国内公务活动中,大吃大喝,追求豪华奢侈,食宿违反中央有关规定以及超过省、自治区、直辖市政府制定或批准的当地接待标准的,应作出检查。其中情节严重、造成恶劣影响的,经济上应适当退赔,并给予党纪政纪处分。不主动检查纠正的,以及在中央纪委三次全会后违反规定的,责令其在经济上适当退赔,并给予党纪政纪处分。

中央纪委三次全会后,有关部门和单位追求豪华奢侈,铺张浪费,超过标准接待领导干部的,给予有关责任者党纪政纪处分。

中央纪委三次全会后,用公款公物在营业性舞厅和其他场合为领导干部举行专场舞会的,给予有关责任者党纪政纪处分;领导干部参加为其举办的专场舞会的,由本人承担一定费用,并给予党纪政纪处分。

六、利用本人及家庭成员婚丧嫁娶以及工作调动、过生日、迁新居等机会大操大办,挥霍浪费的,应作出检查。

利用职务上的便利大操大办,挥霍浪费的,应作出检查。不主动检查的,以及在中央纪委三次全会后利用职务上的便利大操大办,挥霍浪费的,责令其作出检查,并给予党纪政纪处分。

利用职务上的便利,借本人及家庭成员婚丧嫁娶以及工作调动、过生日、迁新居等机会,动用公款公物操办或借机敛财的,所用的公款公物必须退赔,借机收取的钱物上缴国库;情节较重的,给予党纪政纪处分。不主动检查纠正的,以及在中央纪委三次全会后违反规定的,责令其将动用的公款公物或借机收取的钱物退赔或上缴,并给予党纪政纪处分。

七、借用公款供个人进行营利活动或非法活动的,所借用的公款必须立即归还并按银行同期贷款利率付息,所获利润和非法所得,予以没收,上缴国库,并给予党纪政纪处分。不主动检查纠正的,以及在中央纪委三次全会后借用公款进行营利活动或非法活动的,从重处理。

借用公款为本人及其亲友买房、建私房的,应在1994年9月底以前将所借公款归还,并按同期银行贷款利率付息。到期不还的,以及在中央纪委三次全会后借用公款买房、建私房的,追缴所借公款,并给予党纪政纪处分。

因其他原因借用公款的,所拖欠的公款应在1994年9月底以前全部归还。到期不还的,以及在中央纪委三次全会后因其他原因借用公款6个月不还的,追缴所欠公款;情节严重的,给予党纪政纪处分。个别确实生活困难借用公款不能按期归还的,应定出分期还款计划,经批准后可延期归还。

八、自查中的问题凡构成贪污、受贿、挪用公款等错误的,按有关规定处理;

触犯刑律的移送司法机关处理。

九、各省、自治区、直辖市,中直机关和中央国家机关各部委可根据实际情况和本实施意见制定具体实施办法,报中央纪委备案。

在本实施意见发布前,一些地方和单位对“新五条规定”中有关问题,按照省一级党政机关制定的规定已经作了检查、处理的,可以不再重新检查、处理。

十、本实施意见由中共中央纪律检查委员会负责解释。

中共中央办公厅、国务院办公厅关于党政机关工作人员在国内公务活动中食宿不准超过当地接待标准的通知

(1994年4月28日)

近几年来,党中央、国务院对党政机关工作人员在国内公务活动中的食宿安排问题,多次发布文件,作出了明确规定。这些规定,对加强党风廉政建设,制止用公款大吃大喝、铺张浪费,起到了重要的作用。随着改革开放的深入进行和社会主义市场经济体制的逐步建立,国内公务活动中的接待工作出现了一些新的情况。中央纪委第三次全体会议从变化了的实际情况出发,提出了在国内公务活动中"食宿不准超过当地接待标准"的要求,进一步规范了当前和今后一个时期接待工作中的食宿安排问题。经党中央、国务院领导同志同意,现就执行这一要求通知如下:

一、党政机关工作人员在国内公务活动中,包括上级到下级检查指导工作、调查研究,地区之间公务往来、参观学习,食宿不准超过当地接待标准。当地接待标准由省、自治区、直辖市财政部门和地、市财政部门分别参照当地会议标准提出,报同级人民政府批准。

二、制定当地接待标准,要从本地区经济、财政的实际状况出发,坚持有利公务、节俭实在、杜绝浪费的原则,不搞互相攀比。当地接待标准要便于操作,切实可行,可随着经济发展和物价变化进行调整。当地接待标准可以在接待住所公布。

三、党政机关工作人员在国内公务活动中,应住内部指定的宾馆、招待所,不准住非指定的豪华宾馆、涉外旅游饭店。用餐由各地接待部门按当地接待标准安排,确因工作需要陪餐的,要严格控制人数,减少次数。用餐和陪餐要坚决杜绝浪费,不准上名贵菜肴,更不准上当地不出产的名贵菜肴和酒水。

四、党政机关工作人员在国内公务活动中,要严格按照有关规定向接待部门主动交纳食宿费用,接待部门要按规定收取。

五、凡搞超标准接待的,超出标准的费用,不得用公款报销。对严重浪费、在群众中造成恶劣影响的有关责任人员,要严肃处理。

国务院纠正行业不正之风办公室
关于清理党政机关及其工作人员利用
职权无偿占用企业钱物的实施意见

（中共中央办公厅、国务院办公厅
1994年7月6日转发）

清理党政机关及其工作人员利用职权无偿占用企业（包括实行企业化管理的事业单位，下同）的钱物，是今年纠正部门和行业不正之风专项治理的一项重要内容。搞好这项工作，对于保持党政机关清正廉洁，减轻企业负担，维护企业的合法权益，具有重要意义。各地区、各部门都要按照党中央、国务院关于今年深入开展反腐败斗争的工作部署和有关要求，把党政机关及其工作人员利用职权无偿占用企业钱物问题列为专项，集中一段时间进行认真清理，务必抓出成效，坚决刹住这一不正之风。为保证清理工作顺利进行，现提出以下实施意见：

一、清理的重点是，党政机关假借各种名义为本部门充作小金库或搞福利而无偿占用企业的资金，以及党政机关工作人员利用职权占用企业的资金；党政机关及其工作人员利用职权无偿占用企业的交通工具、通讯设备、音像设备及其他高档贵重物品；党政机关为谋取本部门利益向企业索要的赞助款。

二、清理工作中对有关问题按照以下原则处理：

1. 1992年7月23日《全民所有制工业企业转换经营机制条例》发布实施后，党政机关无偿占用企业的上述设备和物品都应归还企业；1992年7月23日以前无偿占用、群众反映强烈的，原则上也要进行清退。立即归还确有困难的，要与被占用的企业协商并经上级机关批准，或付款购买，或签订租赁协议。

2. 1992年7月23日以来，党政机关为本部门充作小金库或搞福利而占用企业的资金，以及为谋取本部门利益向企业索要的赞助款，都应归还企业。立即归还确有困难的，要与被占用或被索要的企业协商并经上级机关批准，作出还款计划。

3. 党政机关工作人员利用职权和工作之便无偿占用的企业钱物，要一律限期归还。所占用物品丢失或损坏的，要作价赔偿；利用无偿占用钱物经商牟利的，要追缴其非法所得。

4. 党政机关及其工作人员无偿占用企业钱物,凡主动自查、清退的,一般不追究单位和个人的责任;问题严重又不自查自纠的,经查实要责令其清退,并对其主管领导和直接责任人给予党纪、政纪处分,触犯刑律的,由司法机关依法处理。对1994年3月1日中央纪委第三次全体会议后,继续利用职权无偿占用企业钱物或继续为谋取本部门利益向企业索要赞助款的,一经查实,要从严处理。

三、各级党政机关及其工作人员都要认真进行自查自纠,不得以工作需要或经费紧张为由,对清理工作敷衍推拖,更不准弄虚作假,隐瞒不报。要动员企业和广大职工群众积极参与清理工作,协助提供有关情况。要坚持边清边改,针对暴露出来的问题和管理上、制度上存在的漏洞,认真总结经验教训,制定改进措施。

四、各级党委和政府要加强对这项工作的领导,认真安排部署,精心组织指导。要确定一位领导同志主管清理工作,必要时可从有关部门抽调人员组成临时工作班子负责具体工作。各级经(计)委和财政、审计等部门要把这项工作作为专项检查的内容,同级纪检、监察机关要加强监督检查,对不认真清理甚至走过场的,应坚决要求其进行补课,确保清理工作取得实效。

中共中央纪律检查委员会关于党政机关县(处)级以上领导干部廉洁自律补充规定的实施和处理意见

(1995 年 4 月 14 日)

为保证中共中央纪律检查委员会第五次全体会议对党政机关县(处)级以上领导干部廉洁自律作出的补充规定(以下简称"补充规定")的贯彻执行,正确处理违反"补充规定"的行为,特制定本实施和处理意见。

一、不准违反规定建私房。根据 1990 年 7 月 12 日经党中央批准下发的《中共中央纪委印发〈中共中央纪委关于清理党政干部违纪违法建私房和用公款超标准装修住房的报告〉的通知》(以下简称《通知》)的规定,党政机关县(处)级以上领导干部不准在城镇自筹自建私人住房。

《通知》发布后至中央纪委第五次全会前,在城镇自筹自建私人住房的,应主动检查纠正,将产权交公,由有关组织按照国家和地方的房改政策进行处理,并根据当时建房的实际情况给予个人补偿。不检查纠正的,以及中央纪委第五次全会后违反规定在城镇自筹自建私人住房的,由有关组织按规定对所建私房予以收购、拆除或没收,并给予党内警告或严重警告处分;情节严重的,给予撤销党内职务处分。

在自筹自建私人住房中有其他违法违纪行为的,合并处理。触犯刑律的,移送司法机关依法处理。

二、不准违反规定参加集资建房。领导干部住房未达到规定标准,确有困难的,可以参加集资建房,但必须按照国家规定经过有关部门审批。已按国家规定的标准价或成本价购买了公有住房,且达到住房标准的,不准参加集资建房。

违反规定参加集资建房的,必须主动检查纠正,或者退出已购买的公有住房,或者退出集资建的住房。不检查纠正的,以及中央纪委第五次全会后违反规定参加集资建房的,由有关组织按规定对所建住房进行处理,并给予党内警告或严重警告处分;情节严重的,给予撤销党内职务处分。

在参加集资建房中有其他违法违纪行为的,合并处理。触犯刑律的,移送司法机关依法处理。

三、不准违反规定使用军警车号牌及外籍车号牌。凡是违反规定使用军警车号牌的,应在本实施和处理意见发布后二个月内,更换为符合规定的车号牌。属于借用、占用挂外籍车号牌车辆的,应在本实施和处理意见发布后一个月内将借用、占用的车辆退还。对于不主动检查纠正的,以及在中央纪委第五次全会后违反规定办理、使用军警车号牌、外籍车号牌的,责令限期纠正,并对专车、相对固定用车的乘车人及批准、办理车号牌的有关责任人进行批评教育;情节严重的,给予党内警告或严重警告处分。

车辆管理部门违反规定滥发军警车号牌的,对有关责任人进行批评教育;情节严重的,给予党内警告或严重警告处分。有关人员在办理军警车号牌中,收受贿赂的,依照《中共中央纪律检查委员会关于共产党员在经济方面违法违纪党纪处分的若干规定(试行)》第八条给予党纪处分;触犯刑律的,移送司法机关依法处理。

四、未经批准不准用公款和单位车辆学习驾驶技术。检察、公安、安全、外事等部门中的领导干部,确属业务需要,须用公款和单位车辆学习驾驶技术的,部门负责人需由上级主管部门批准,其他人员由本部门负责人批准,培训费用只能从本部门支出。

中央纪委第五次全会前未经批准用公款及本单位或其他单位车辆学习驾驶技术的,应当主动检查纠正。中央纪委第五次全会后未经批准用公款及本单位或其他单位的车辆学习驾驶技术的,给予批评教育;情节较重的,给予党内警告或严重警告处分;所用公款如数退出。

五、不准参加用公款支付的营业性歌厅、舞厅、夜总会等的娱乐活动。不准利用职权和工作之便,参加营业性歌厅、舞厅、夜总会等公共娱乐场所的免费娱乐活动。

各地区、各部门都应结合实际情况作出明确的具体的规定和相应的处理办法。

六、在同国内的单位和个人的交往中,不准接受可能对公正执行公务有影响的宴请。

各地区、各部门都应结合实际情况作出明确的具体的规定和相应的处理办法。

七、"补充规定"及本实施和处理意见的适用范围,与1993年《中共中央纪委、中共中央组织部、监察部关于党政机关县(处)级以上领导干部廉洁自律"五条规定"的实施意见》、1994年《中共中央纪委关于中央纪委三次全会重申和提出的党政机关县(处)级以上领导干部廉洁自律"五条规定"的实施意见》已经明确的适用范围相同。县(市)直属机关的科级干部、乡(镇)领导干部和基层站所负责人,参照执行。

"补充规定"的后两个"不准"及本实施和处理意见第五条、第六条的规定,适用于前款包括的党政机关、人民团体、企事业单位的所有工作人员。

八、对违反"补充规定"的行为,需要给予行政处分的,由其任免机关或监察机关比照本实施和处理意见及有关规定处理。

九、各省、自治区、直辖市和中央国家机关各部门可根据本实施和处理意见,结合本地区、本部门的实际情况制定具体实施办法,并报中共中央纪委备案。

关于党政机关县(处)级以上领导干部收入申报的规定

(中共中央办公厅、国务院办公厅
1995年4月30日印发)

第一条 为保持党政机关领导干部廉洁从政,密切党和政府同人民群众的关系,加强党风廉政建设,制定本规定。

第二条 各级党的机关、人大机关、行政机关、政协机关、审判机关、检察机关的县(处)级以上(含县、处级,下同)领导干部须依照本规定申报收入。

社会团体、事业单位的县(处)级以上领导干部,以及国有大、中型企业的负责人,适用本规定。

第三条 申报人必须申报下列各项收入:

1. 工资;
2. 各类奖金、津贴、补贴及福利费等;
3. 从事咨询、讲学、写作、审稿、书画等劳务所得;
4. 事业单位的领导干部、企业单位的负责人承包经营、承租经营所得。

第四条 申报人于每年7月1日至20日申报本年度上半年的收入;次年1月1日至20日申报前一年度下半年的收入。因特殊情况不能按时申报的,经接受申报部门批准,可以适当延长申报时限。

第五条 各单位组织人事部门负责接受本单位申报人的收入申报,并须按照干部管理权限将申报材料报送相应的上级组织人事部门备案。

第六条 申报人不申报或者不如实申报收入的,由所在党组织、行政部门或者纪检监察机关责令其申报、改正,并视情节轻重给予批评教育或者党纪政纪处分。

第七条 各级纪检监察机关负责对本规定执行情况进行监督检查。

第八条 本规定由中央纪律检查委员会、监察部负责解释。

第九条 本规定自发布之日起施行。

附：

党政机关县(处)级以上领导干部收入申报表

<table>
<tr><td>姓　　名</td><td></td><td>性　别</td><td></td><td>政治面貌</td><td></td><td>党政职务</td><td></td></tr>
<tr><td>工作单位</td><td colspan="7"></td></tr>
<tr><td>住　　址</td><td colspan="7"></td></tr>
<tr><td colspan="8">上
一九九　　年　　半年收入
下</td></tr>
<tr><td colspan="3">1. 工资</td><td colspan="5"></td></tr>
<tr><td colspan="3">2. 各类奖金、津贴、补贴及福利费等</td><td colspan="5"></td></tr>
<tr><td colspan="3">3. 从事咨询、讲学、写作、审稿、书画等劳务所得</td><td colspan="5"></td></tr>
<tr><td colspan="3">4. 事业单位的领导干部、企业单位的负责人承包经营、承租经营所得</td><td colspan="5"></td></tr>
<tr><td colspan="3">合　　计</td><td colspan="5"></td></tr>
<tr><td>说　明</td><td colspan="7">(具体收入名称、时间、来源、方式、数额)</td></tr>
<tr><td>备　　注
(由接受申报部门填写)</td><td colspan="7"></td></tr>
</table>

填表日期:199　年　月　日

关于对党和国家机关工作人员在国内交往中收受的礼品实行登记制度的规定

(中共中央办公厅、国务院办公厅
1995年4月30日印发)

第一条 为保持党和国家机关工作人员廉洁从政,加强党风廉政建设,制定本规定。

第二条 党和国家机关工作人员在国内交往中,不得收受可能影响公正执行公务的礼品馈赠,因各种原因未能拒收的礼品,必须登记上交。

党和国家机关工作人员在国内交往(不含亲友之间的交往)中收受的其他礼品,除价值不大的以外,均须登记。

第三条 按照第二条的规定须登记的礼品,自收受礼品之日起(在外地接受礼品的,自回本单位之日起)一个月内由本人如实填写礼品登记表,并将登记表交所在机关指定的受理登记的部门。受理登记的部门可将礼品的登记情况在本机关内公布。

登记的礼品按规定应上交的,与礼品登记表一并上交所在机关指定的受理登记的部门。

第四条 对于收受后应登记、上交的礼品在规定期限内不登记或不如实登记、不上交的,由所在党组织、行政部门或纪检监察机关责令其登记、上交,并给予批评教育或者党纪政纪处分。

第五条 本规定所称党和国家机关工作人员,是指党的机关、人大机关、行政机关、政协机关、审判机关、检察机关中从事公务的人员。

国有企业、事业单位的负责人,国家拨给经费的各社会团体中依照法律从事公务的人员,适用本规定。

第六条 本规定由各级党组织和行政部门负责执行,各级纪检监察机关负责监督检查。

第七条 各省、自治区、直辖市应根据本规定,结合本地区的实际,制定具体的礼品登记标准;中共中央直属机关和中央国家机关的礼品登记标准,由中共中央直属机关事务管理局、国务院机关事务管理局制定。各省、自治区、直辖市和中共中央直属机关事务管理局、国务院机关事务管理局还应制定具体的礼品上交处理办法。各省、自治区、直辖市和中共中央直属机关事务管理局、国务院机关事务管理局制定的礼品登记标准和上交处理办法,要报中央纪委、监察部备案。

第八条 本规定由中共中央纪律检查委员会、监察部负责解释。

第九条 本规定自发布之日起施行。

附：

礼品登记表

<table>
<tr><td>登记人</td><td></td><td>政治面貌</td><td></td><td>登记时间</td><td></td></tr>
<tr><td>单位、职务</td><td colspan="3"></td><td>电　话</td><td></td></tr>
<tr><td>礼品名称、
数量、型号
及 价 值</td><td colspan="5"></td></tr>
<tr><td>送礼人姓名、
单位、职务</td><td colspan="5"></td></tr>
<tr><td colspan="6">送礼时间、地点：</td></tr>
<tr><td colspan="6">（以下由受理礼品登记部门填写）</td></tr>
<tr><td>接受登记部门</td><td colspan="5"></td></tr>
<tr><td>礼品处理情况</td><td colspan="5">经手人：　　　　批准人：</td></tr>
<tr><td>礼品移交情况</td><td colspan="5">移交人：　　　　接收人：</td></tr>
</table>

中共中央纪律检查委员会
关于国有企业领导干部廉洁自律
“四条规定”的实施和处理意见

（1995 年 5 月 11 日）

经中共中央批准，中央纪律检查委员会第五次全体会议提出的国有企业领导干部廉洁自律四条规定（以下简称“四条规定”），是推动反腐败斗争深入进行，促进党风廉政建设的重要举措。为正确贯彻执行“四条规定”，特制定本实施和处理意见。

一、“四条规定”的适用范围是：国有大型、特大型企业中层以上领导干部；国有中小型企业负责人；国有资产占控股地位或主导地位的公司中由政府主管部门委派或者招聘的领导干部、企业职工代表大会选举产生并报政府主管部门批准的领导干部、企业党组织的领导干部。包括上述人员中已到退（离）休年龄，尚未办理退（离）休手续的干部。

事业单位领导干部的廉洁自律，原规定按照党政机关县（处）级以上领导干部廉洁自律规定执行的，仍按原规定执行；国家全额预算管理的事业单位领导干部的廉洁自律，也按照党政机关县（处）级以上领导干部廉洁自律的规定执行；其他事业单位领导干部的廉洁自律，适用国有企业领导干部廉洁自律“四条规定”及本实施和处理意见。

二、企业领导干部要参照中央纪委、中央组织部《关于对照领导干部廉洁自律规定开好专题民主生活会的通知》精神，认真开好专题民主生活会，对照“四条规定”进行自查自纠，重点检查自中央纪委第三次全会以来的情况。各级党的组织和企业主管部门，对企业领导干部召开专题民主生活会自查自纠的情况要进行监督检查。

三、不准把经营、管理活动中收取的折扣、中介费、礼金据为己有。

在经营、管理活动中收取折扣，不如实入帐并据为己有的，以贪污论，依照《中共中央纪律检查委员会关于共产党员在经济方面违法违纪党纪处分的若干规定（试行）》（以下简称《若干规定》）第四条处理。在经营、管理活动中收取回扣的，按有关法律和规定处理。

在经营、管理活动中以企业名义从事中介活动并将所得据为己有的,以贪污论,依照《若干规定》第四条处理;利用职务上的便利私自从事中介活动并将所得据为己有的,以受贿论,依照《若干规定》第八条处理。

在经营、管理活动中接受下属单位、其他单位或用公款以个人名义给予的礼金据为己有的,应主动自查自纠。不自查自纠的以及中央纪委第五次全会后违反的,依照《若干规定》第十一条处理。所收取的礼金如数退出。

四、不准违反规定领取兼职职务的工资、奖金。对违反规定领取兼职职务的工资、奖金及其他酬金据为己有的,应作出检查,并将领取的钱款交公。不自查自纠的以及中央纪委第五次全会后违反的,责令将所领取的钱款交公并批评教育;情节严重的,给予党内警告、严重警告或撤销党内职务处分。

五、不准个人私自经商办企业。中央纪委第五次全会前个人私自经商办企业的,应主动自查自纠,一律停办。其中私自经办与其所在的国有企业(包括国有资产占控股地位的公司)的经营管理活动有关联的企业,依托所在国有企业进行营利活动的,应将盈利部分交给所在的国有企业。不自查自纠的以及中央纪委第五次全会后私自经商办企业的,比照《若干规定》第三十条给予党纪处分,并收缴经营所得。其中将国有资产非法转移到个人经办的企业的,以贪污论处,有其他违法违纪行为的,合并处理。

六、不准利用职权为家属及亲友经商办企业提供各种便利条件。对利用职权或职务之便为配偶、子女或亲友经商办企业提供各种便利条件的,比照《若干规定》第三十条处理。其中有非法转移国有资产以及其他违法违纪行为的,合并处理。

七、不准违反规定多占住房。各地区、企业主管部门要制定或完善企业领导干部住房原则规定。各企业要依据国家以及本地区、本行业的有关规定,结合企业实际情况制定领导干部住房具体标准。企业领导干部要根据要求自查自纠,清理清退违反规定多占用的住房。

八、不准用公款购买、建造超标准住宅。企业领导干部居住、使用用公款购买的超标准住宅的,应退出。有关责任人和居住人应主动自查自纠。对于不自查自纠的以及中央纪委第五次全会后违反的,责令退出并批评教育;情节严重的,给予党内警告、严重警告或撤销党内职务处分。

九、不准在企业非政策性亏损、拖欠职工工资期间购买小汽车。1992 年 7 月 1 日以来在企业非政策性亏损、拖欠职工工资期间购买供领导干部使用的小汽车的,有关责任人应作出检查,小汽车予以拍卖或变卖,钱款用于企业生产经营或补发所拖欠的职工工资。不自查自纠的,以及在中央纪委第五次全会后违反的，责令其限期纠正，并给予有关责任人党内警告、严重警告或撤销党内职务处分。

十、不准购买进口豪华小轿车。中央纪委第五次全会后购买和更换供企业领导干部使用的排气量超过2.6升(含2.6升)进口小轿车的，小轿车由有关部门予以收缴拍卖或变卖，钱款返还企业用于发展生产，并给予有关责任人党内警告、严重警告或撤销党内职务处分。

国家另有规定的，从其规定。

十一、对于违反"四条规定"的行为，需要给予行政处分的，由主管部门、监察机关或所在企业，按照《企业职工奖惩条例》，比照本实施和处理意见予以处分。触犯刑律的，移送司法机关依法处理。

十二、各省、自治区、直辖市、中央国家机关企业主管部门、具有行政管理职能的公司和总会，可根据本实施和处理意见结合实际情况，制定具体实施办法，并报中央纪委备案，同时抄送国家经济贸易委员会。

党的纪律检查机关

中共中央纪律检查委员会、中共中央组织部关于加强各级纪律检查部门与组织部门相互联系的通知

(1982 年 4 月 22 日)

为了加强各级党的纪律检查部门和组织部门工作中的联系,互通情况,密切配合,现将有关事项通知如下:

一、党的纪律检查部门,在查处党员干部违纪案件过程中,应当及时地将立案审查的情况向同级党委组织部门通报;处理结案后,应将处分决定等有关材料抄送组织部门备查。

二、党的组织部门,在选拔、任命干部时,对于有问题正在查处或有反映还没有查处的干部,要向同级党委纪律检查部门了解情况,征求意见。

三、如果意见有分歧时,可请示同级或上级党委解决。

四、同级党委的纪律检查部门和组织部门要根据工作需要,研究制订加强双方联系的具体办法,如:建立定期的联席会议制度或规定相互邀请参加有关会议,交流情况的碰头会等。

中共中央纪律检查委员会
关于健全党的纪律检查系统
加强纪检队伍建设的暂行规定

（1983年3月2日）

党的十一届三中全会决定重建党的纪律检查机构以来，在各级党委领导下，纪律检查机构已逐步建立，做了大量工作。党的第十二次全国代表大会要求五年内实现党风的根本好转，决定进一步加强党的纪律检查工作，建立从中央到支部的纪律检查工作系统并赋予党的中央和地方各级纪律检查机关以新的任务和重大责任。现根据党的十二大的决定和党章关于党的纪律检查机关的规定，对健全党的纪律检查系统，加强纪检队伍的建设，作如下具体规定。

一、党的各级纪律检查机构的设置

1. 中央一级党和国家机关党的纪律检查机构：

党中央直属机关设立中央直属机关纪律检查委员会。

党中央直属各部门，是设立机关党的纪律检查委员会还是设纪律检查委员，由中直党委根据各部门具体情况确定。

中央国家机关设立中央国家机关党的纪律检查委员会。

中央国家机关各部门，是设立机关党的纪律检查委员会还是设纪律检查委员，由中央国家机关党委根据各部门具体情况确定。

中央纪律检查委员会根据工作需要，向中央一级党和国家机关的某些部门派驻党的纪律检查组。没有派驻党的纪律检查组的部门，原党组纪检组（纪委）仍继续履行职责。

对下属单位实行高度集中统一领导的国家工作部门，设立党的纪律检查委员会。

2. 党的地方各级纪律检查机构：

省、市、自治区，省（自治区）辖市和自治州，县（旗）、自治县，相当于县的市、区，设立党的纪律检查委员会。

党的地区委员会和相当于地区委员会的组织是省、自治区党委的派出机构，地区纪律检查委员会也是省、自治区纪委的派出机构。

省、市、自治区和地(市)直属机关及建立了直属党委的县直机关,设立直属机关党的纪律检查委员会。

省、市、自治区党的纪律检查委员会根据工作需要,可以向省、市、自治区一级党政机关派驻纪律检查组或纪律检查员。

3. 企业、事业单位和基层党组织的纪律检查机构:

相当于县级和县级以上的大、中型企业、事业单位,设立党的纪律检查委员会。大型企业、事业的下属单位,建立党委的,一般应设立纪律检查委员会,有的也可设纪律检查委员。

乡、镇(人民公社)、城市街道和其他县级以下基层单位,是设党的纪律检查委员会还是设纪律检查委员,由它的上级党委根据具体情况确定。

党的总支部委员会和支部委员会设纪律检查委员。

4. 中国人民解放军党的各级纪律检查机构的设置,由中央军委另行规定。

上述各级党的纪律检查机构(包括纪律检查委员),尚未建立的,必须在1983年建立;已经建立还不够健全的,要尽快健全起来。

党的各级纪律检查委员会的名称为:中国共产党某省(或某县、某部门)纪律检查委员会。

二、党的各级纪律检查机构的任务和职责范围

党的各级纪律检查委员会均在同级党委和上级纪委双重领导下,按党章规定的任务和职责进行工作。中央国家机关各部委和省、市、自治区党政机关党的纪律检查委员会,受上级纪委派驻该机关的纪律检查组或该机关党组纪检组的指导。

各级党政机关党的纪律检查委员会,在党章关于党政机关中党的基层组织的职责范围内,负责本机关(包括党的关系在机关党委的直属单位)党的纪律检查工作。

中央纪委派驻各部门的纪律检查组或纪律检查员,在中央纪委直接领导和驻在部门党组指导下进行工作,纪律检查组组长(副组长)或纪律检查员可以列席该机关党的领导组织的有关会议。派驻纪检组在驻在部门执行中纪委的任务,其主要工作是:协同党委检查驻在部门和系统执行中央的路线、方针、政策的情况;检查处理驻在部门和系统重大或复杂的违纪案件;指导驻在部门机关和所属单位党的纪律检查委员会的工作。

国家机关各部委党组纪检组,省、市、自治区纪委派出的纪律检查组,可参照中纪委派出的纪检组的任务执行。

对由中央部门和地方双重领导的企业、事业单位的重大违纪案件,地方党的纪律检查委员会应主动检查，中央纪委派驻各部门的纪律检查组或这些部门的党组纪检组（纪委）积极协助。

三、党的各级纪律检查委员会委员名额和机关编制

省、市、自治区党的纪律检查委员会委员名额，一般为 20 人至 50 人，常委 7 人至 9 人，设书记 1 人，副书记 2 人至 3 人。

中央直辖市的区、省（自治区）辖市和自治州党的纪律检查委员会委员名额，一般为 15 人至 30 人，常委 5 人至 7 人，设书记 1 人，副书记 1 人至 2 人。

党的地区纪律检查委员会委员名额，一般为 7 人至 9 人，设书记 1 人，副书记 1 人至 2 人。

县（旗）、自治县，不设区的市和市辖区，党的纪律检查委员会委员名额，一般为 11 人至 15 人，常委 5 人至 7 人，设书记 1 人，副书记 1 人至 2 人。

机关和企业、事业等基层单位党的纪律检查委员会委员名额，由它的上一级党组织根据具体情况确定。

党的各级纪律检查委员会的机关编制，以精干为原则，地方各级纪委和对下属单位实行高度集中统一领导的国家工作部门的纪委，大体相当于同级党委组织部门的干部编制人数。中直和国家机关纪委的编制为 10 至 15 人左右。其他机关和企业、事业单位纪委的编制由各单位党委和上一级纪委根据具体情况确定。

中央纪委派驻各部门纪律检查组成员一般为 5 至 7 人，设组长 1 人、副组长 1 人至 2 人，并配备适当的工作人员，其编制一般为 15 人左右。任务很多、工作特别繁重的纪检组，可以配备 20 人、30 人左右。省、市、自治区纪委派驻各部门纪律检查组的编制，由派出机关确定。各派驻纪检组的人员均列入驻在机关编制，其政治和生活待遇，由驻在机关按规定安排。

各部委党组纪检组参照中纪委派驻纪检组的编制列编。

地（市）以上纪委在机关编制外可聘请特约检查员或特约研究员。

四、各级纪检机构干部配备和管理原则

要按照革命化、年轻化、知识化、专业化的要求，调整充实各级纪委领导班子。各级纪委都要有政治坚强、经验丰富、身体较好的老同志担负领导工作，同时要选拔一些德才兼备、具有高中以上文化程度的优秀中青年干部到领导岗位，组成强有力的领导班子。少数民族地区纪委领导班子中应有少数民族干部。

省、市、自治区纪委和中央国家机关各部委纪检组（纪委）的书记（组长）一般不超过 65 岁，副书记（副组长、局级检查员）不超过 60 岁，常委和纪检组成员中55岁以下的不少于三分之一,并要有45岁左右的中青年干部,具有高中以上文化程度的不少于三分之一。省(市、自治区)以下纪委的领导干部一般不超过60岁,常委中50岁以下的不少于三分之一,具有高中以上文化程度的应占三分之一左右。

各级纪委的书记一般应由同级党委常委担任。根据纪检工作的需要,各级纪委副书记和常委按同级党委各部门的正副部长级政治待遇,中央纪委派驻各部门纪检组和各部委党组纪检组组长按副部长级政治待遇。

地方各级纪委的常委一般应当是专职的,如党委正副书记兼任纪委书记,主持日常工作的纪委副书记,按照《中共中央批转中纪委召开的第三次贯彻〈准则〉座谈会纪要》规定,在通常情况下,列席同级党委常委会议。

各级纪委的领导干部由同级党委和上级纪委双重管理。省、市、自治区纪委要设立干部管理机构,地、市纪委应配备管理干部工作的人员,加强对干部的考察、了解和培训。各级纪委领导干部的任免、调动、奖惩应征得上一级纪委的同意。要保持纪检干部的相对稳定。

在"文化大革命"期间跟随林彪、江青一伙造反起家的人,帮派思想严重的人,打砸抢分子,反对三中全会以来中央路线的人,以及在经济领域和其他方面有违法乱纪行为的人,绝不能做纪律检查工作。

纪律检查干部应该既是党的纪律检查员,又是党章和《准则》的宣讲员。要有一定的马克思主义理论基础和党的建设、经济、法律、文化科学等必要知识,懂得党的方针政策,熟悉纪律检查工作业务,有较高的文化程度。不具备这些条件的,要有计划、有步骤地进行培训。年龄在45岁以下,不具备高中文化程度的,要争取在三、五年内达到高中毕业文化程度,已具备高中文化程度的,要争取逐步达到大专文化程度,以适应新时期纪律检查工作的需要。

中共中央纪律检查委员会关于未在纪检部门担任具体工作的中纪委委员工作的几项规定

（1983 年 3 月 2 日）

为了发挥未在纪检部门担负具体工作的中纪委委员的作用，更好的开展党的纪检工作，现作如下规定：

一、没有在纪检部门及其他部门和地区担负具体工作的中纪委委员，应承担下列任务：

1. 了解所在部门或地区维护党章、整顿党风及对党的路线、方针、政策和决议的贯彻执行情况，积极提出建议，并向中央纪委常委反映。

2. 协助所在部门、地区党的纪律检查组织或中央纪委派驻部门的纪律检查组的工作，帮助他们进行某些重大案件的调查处理。

3. 承担中央纪委委托的任务。

二、在中央各部门和地方担任实职的中纪委兼职委员，在做好本职工作的同时，要积极支持和帮助本部门、本地区党的纪检组织工作，注意通过本职工作了解和研究党风党纪的情况和问题，向中纪委常委反映和提出建议。

三、军队中的兼职中纪委委员的工作，可参照上述原则进行。在各军区的中纪委委员也可参加地方各级纪委的活动。

四、中央纪委召开的地区性的工作会议，要通知当地的中纪委委员参加；中央各部门、各地区和军队党的纪律检查委员会（纪律检查组）召开的重要工作会议，要请在本部门和本地区的中纪委委员参加。

五、中央纪委的通知、通报、工作安排等重要文件，要分送所有委员；中央各部门、各地区党的纪律检查组织的重要文件，也要分送本部门、本地区的中纪委委员。

六、在中央各部门、各地区的中纪委委员，一般可与分管所在部门或地区纪检工作的中纪委常委直接联系。

七、在中央各部门、各地区及军队的中纪委委员的党的生活、阅读文件、生活待遇等问题，仍由所在单位按规定负责安排、解决。

党的纪律检查机关案件审理工作条例

(中共中央纪律检查委员会
1987 年 7 月 14 日印发)

第一章　总　　则

第一条　根据党章和《关于党内政治生活的若干准则》,结合案件审理工作的实践经验,制定本条例。

第二条　案件审理工作,是对违犯党的纪律的案件的审核处理工作,是党的纪律检查工作的重要组成部分,是检查处理党员或党组织违犯党纪案件的重要环节。做好案件审理工作,对于正确地处理违犯党的纪律的案件,维护党的纪律的严肃性,端正党风;对于坚持四项基本原则,保证党的路线、方针、政策、决议的贯彻执行,促进社会主义物质文明和精神文明建设,有着积极的作用。

第三条　审理党员或党组织违犯党的纪律的案件,必须坚持实事求是的原则。以事实为依据,重证据,不主观臆断,不带框框。对于处理错了的案件,一经发现,坚决改正。

第四条　对犯错误的同志,必须坚持"惩前毖后,治病救人"的方针。对他们耐心地进行思想教育,根据其错误,恰当处理,既反对惩办主义,又不得姑息、迁就。

第五条　处理党员或党组织违犯党的纪律的案件,必须坚持严肃慎重、区别对待的原则。违纪必究,严肃处理,不能含糊敷衍。但在处理的时候,必须慎重从事。对具体案件,要具体分析其错误事实、性质、情节和危害,根据不同情况,做不同处理。

第六条　对于违犯党的纪律的党员,必须坚持在党的纪律面前人人平等的原则。不论其职位高低,贡献大小,资历长短,都要严肃查处,决不容许有不受党纪约束的特殊党员。

第七条　对党员或党组织的处分,必须坚持民主集中制的原则,由党委或纪委集体讨论决定。不允许任何个人或少数人决定和批准对党员或党组织的处分。

第八条 审查处理违犯党的纪律的案件的人员，需要回避的，经批准后实行回避。

第二章 任务和职责范围

第九条 案件审理工作的任务是：审查处理党员、党组织违犯党的纪律的案件和复查的案件。实事求是地核对违犯党的纪律的案件的事实材料，审核鉴别证据，根据党的政策和国家的法律法规，分析认定问题的性质，按照党章的规定和党对犯错误党员的一贯政策以及规定的程序，正确地处理违犯党的纪律的党员或党组织。

第十条 职责范围：

（一）审理按照批准权限由本级纪委或同级党委批准的违犯党的纪律的案件；

（二）审理报送上级纪委或党委审批的案件；

（三）审理下级纪委报的特别重要或复杂的案件；

（四）审理下级纪委对同级党委处理案件的决定有不同意见请求予以复查或复议的案件；

（五）审理下级纪委报来的备案案件；

（六）审理领导同志交办的其他案件；

（七）受理本级党委、纪委及上级党委、纪委批准的案件中党员对所受处分或结论不服的申诉；

（八）调查研究案件审理工作和执行党纪的情况，拟定有关案件审理工作规范化的规定，对下级纪委的审理工作进行业务指导；

（九）为进行党性党风党纪教育选择典型案例。

第三章 审理案件的基本要求

第十一条 事实清楚

事实是定案的基础。审理案件，必须将错误事实发生的时间、地点、情节、后果、本人应负的责任，以及产生错误的主客观原因等，审核清楚。如发现事实不清，要责成或协同原报案单位重新查证清楚，要使所认定的错误事实符合客观实际。

第十二条 证据确凿

证据是判断事实的依据。对证据必须认真地进行鉴别，去伪存真。认定错误的事实，一定要有充分的证据。没有证据或证据不充分、不确凿，不能认定。

证据充分、确凿,即使犯错误的人拒不承认,也可以认定。

第十三条 定性准确

认定问题的性质,必须在事实清楚、证据确凿的基础上,以党章、《关于党内政治生活的若干准则》、党的方针政策和国家的法律法规为准绳,进行具体分析,是什么性质的问题就定什么性质。性质难以确定的,用写实的办法作出结论。

第十四条 处理恰当

在事实清楚、证据确凿、定性准确的基础上,作出恰当处理。既不要处理过头,又不要姑息迁就。

在任何情况下都不得株连无辜。

第十五条 手续完备

处理案件要严格按照党章规定的手续办理,按照处分党员或党组织的批准权限审批。手续不完备的,原报案单位必须补办。

报请审批的案件,须报以下材料:

(1)处分决定;

(2)错误事实调查报告和主要证据材料;

(3)本人检查材料和对处分决定的意见以及党组织对本人意见的说明;

(4)党的纪律检查委员会或党组织的审查意见。

复查的案件须报:复查或复议报告和主要证据材料;处理决定及有关党组织的意见;本人意见和党组织对本人不同意见的说明;原处分决定和原定案的主要证据材料。

第四章 保障党员的合法权利

第十六条 基层党组织在讨论决定对党员的处分时,如无特殊情况,应通知本人出席会议,允许他在会上为自己申辩,也允许他人为之辩护。

第十七条 党组织对党员所要作出的处分决定和所依据的事实材料必须同本人见面,听取本人说明情况和申辩。当本人对党组织所认定的错误事实有不同意见时,要认真地进行复核,采纳其合理的意见。对事实清楚、证据确凿,本人坚持错误意见或拒不签署意见的,由党组织作出书面说明,并根据事实作出处理决定。需要报上级审批的案件,连同本人意见一并上报。

要切实保障检举人、证明人的权利,检举材料和证人证言,不能给犯错误的人看。

第十八条 党组织作出的处分决定(或结论),需由本人签字,经上级批准后,连同批复给本人一份,并在适当范围内宣布。

第十九条 处分决定一经批准即执行。如果本人不服提出申诉,有关党组织必须负责及时处理或迅速转递,不得扣压,承办单位不得推诿。对于申诉有理,需要改变的,要实事求是地予以改正;对于错误事实清楚,证据确凿,定性准确,处理恰当,而本人坚持错误和无理要求的,要批评教育;对于无理取闹的,要严肃处理。

第五章 审理案件工作程序

第二十条 凡需经本级党委、纪委决定或批准以及需报上级党委、纪委批准的案件,在正式决定或批准前,必须经过审理部门审理。

第二十一条 审理部门在接到需由本部门审理的案件后,应即指定承办人。除案情简单者外,每个案件应由两人共同承办,特别重大复杂的案件,应组成两人以上的审议组办理。

第二十二条 承办人员按照本条例第三章的基本要求,对案件认真审理,提出审理意见。对于重大或复杂的案件,必要时,对主要事实和证据直接进行复查核实。

第二十三条 审理部门集体审议案件。由承办人员汇报案情和审理意见。汇报案情要言必有据,不得随意扩大或缩小事实。讨论中充分发扬民主,畅所欲言,允许为犯错误者申辩。然后根据会议决定写出审理报告。讨论中如有不同意见,同时上报。

第二十四条 一般情况下,批准机关在审理过程中应派专人与受处分人谈话,认真听取受处分人的意见。同时根据情况对犯错误的党员进行必要的帮助教育。做好谈话记录。

第二十五条 需要征求有关部门意见的案件,在常委审定前进行。

第二十六条 经过审理部门集体审议的案件,将案件审理报告和下级纪委或党委报来的有关材料,一并提请本纪委常委会审批。

第二十七条 经本纪委常委会讨论决定后,按照批准权限,由本纪委批准的案件,立即办理批复手续;需报同级党委或上级党委、纪委审批的案件,及时办理请示手续。在接到同级党委或上级党委、纪委的批复后,及时办理给有关党组织的批复手续。

第二十八条 已经批复或同意备案的案件,及时抄送同级党委组织部门和其他有关部门。给予党员的处分决定中,有向党外组织建议撤销党外职务和给予其他行政处分时,应将处分决定送党外有关组织。

第二十九条 案件办理完结后,由承办人按照规定立卷归档。

第六章 对案件审理工作人员的要求

第三十条 案件审理工作人员应具有的党性原则和工作作风:

(一)要有坚强的党性和高度的责任感,坚持原则,刚正不阿,秉公办案,不徇私情,敢于同一切违反党纪国法的行为作坚决斗争。

(二)坚持实事求是,一切从实际出发,不主观臆断;坚持调查研究,走群众路线,不偏听偏信,善于听取不同意见。

(三)注重总结经验,努力提高工作质量和效率。

(四)模范地遵守党纪国法,严格遵守保密制度,不得向无关人员泄露所办案件的情况。

(五)认真学习党的各项方针政策、党规党法和国家的法律法规,不断提高自己的政治思想水平和政策、业务水平。

第三十一条 本条例是案件审理工作的法规。各级党组织和各级纪委审查处理案件,必须按照本条例办理。

中共中央纪律检查委员会关于建立健全报告制度的通知

（1988 年 4 月 19 日）

在当前国家的改革不断加快和深化，党的纪律检查工作任务更加繁重的情况下，建立健全报告制度，加强中央纪委与省、自治区、直辖市纪委之间的联系，对于及时沟通情况，传播经验，发现和解决问题，使纪检工作更好地为党的基本路线服务，是十分必要的。

过去，各省、区、市纪委在向中央纪委报告工作、反映情况方面，总的说是做得好的，对帮助我们了解下情、作出决策、指导工作起了重要的作用。但是，也有的纪委对这项工作重视不够，抓得不紧，致使一些重要情况不能及时上达。

为了加强这项工作，现决定建立健全如下报告制度：

一、各省、自治区、直辖市纪委每半年要向中央纪委报告一次工作。其内容包括：(1)在管好党纪和协助党委管好党风方面做了哪些工作，有什么经验；(2)党风形势发生了哪些新变化，还存在哪些主要问题；(3)对做好纪检工作有何意见和建议等。年终向中央纪委作出全面工作报告。

上半年工作报告，要在当年 7 月底以前报出；年终的全面工作报告，在第二年 1 月底以前报出。

二、重要问题要作专题报告。如：贯彻落实中央和中央纪委有关会议精神的情况；重大案件的发现和查处情况；中央纪委交办的重要事项办理情况；典型经验等。专题报告，不定期报送。

三、要经常地、及时地向中央纪委报送信息。主要内容是：重要工作部署及实施情况；党纪党风重要动态；突发性的重要问题和重大社情等。具体内容，可按中央纪委办公厅提出的信息要点，及时报送。

四、各省、自治区、直辖市纪委向中央纪委报告工作、反映情况，一般应同时报告同级党委。必要时，可以直接向中央纪委报告。

希望各省、自治区、直辖市纪委按照本通知的要求，及时、准确、实事求是地报告工作、反映情况。

中共中央纪律检查委员会、最高人民检察院关于党的纪律检查委员会与国家检察机关建立联系制度的通知

(1988 年 11 月 21 日)

1982 年开展打击严重经济犯罪活动以来,各级党的纪检机关与国家检察机关密切配合,团结协作,有力地打击了经济犯罪分子的嚣张气焰。当前,在治理经济环境,整顿经济秩序,全面深化改革的任务面前,党的纪检机关和国家检察机关进一步加强相互间的协作、配合和支持是非常必要的。为此,特作如下通知:

一、党的纪检机关和国家检察机关应加强工作联系,及时交流信息。确定双方负责联系的部门和联系人,建立双方负责同志定期和不定期的联席会议制度。中央一级每两月召开一次联席会议,省、地、县级多长时间召开一次请各地协商确定;对急需共同研究的问题,可随时召开。联席会议的主要内容是:交流打击经济犯罪以及其他违法乱纪案件的情况和线索;研究、协调有关政策和法律问题;研究重大案件的查处和需要协调解决的问题。

二、建立案件移送制度。党的纪检机关查处的违犯党纪的案件,经审查已触犯刑律,需要追究刑事责任的,按照刑事诉讼法关于案件管辖的规定,及时将有关材料(复制件)移送相应的检察机关。检察机关要及时进行审查处理。检察机关在办案过程中,对于共产党员不构成犯罪,但确有严重错误和问题的案件,应及时将材料移送相应的纪检机关处理。

三、移送检察机关立案侦查尚未终结的案件,一般不要公开报道,需要公开报道时由双方协商决定。

四、党的纪检机关或国家检察机关收到(接待)属于对方管辖范围的来信(来访),应当及时转送对方处理。

五、纪检机关和检察机关在查处案件中要相互配合,相互支持,对于经济犯罪与党纪政纪问题交织在一起的大案要案,检察机关可提前介入,协同办案。检察机关在查处案件中遇到阻力和困难时,纪检机关应支持检察机关依法办

案,保护检察人员的工作积极性;对于利用职权打击报复办案人或举报人的,一定要严肃处理。

对执行本通知遇到的重要情况和问题,要及时报告上级党的纪检机关和国家的检察机关。

纪检机关档案工作管理规定(试行)

(中共中央纪律检查委员会办公厅
1989年4月28日印发)

第一章 总　　则

第一条 党的纪律检查机关的档案工作,是机关工作的组成部分;是实现纪检机关工作规范化、制度化、科学化,提高工作效率和工作质量的必要条件;是维护纪检机关工作历史真实面貌的重要工作。

为加强党的各级纪委对机关档案工作的领导,逐步提高机关档案工作规范化、系统化、科学化水平,根据《中华人民共和国档案法》和国家档案局制定的《机关档案工作条例》,结合纪检机关档案工作实际情况,特制订本规定。

第二条 纪检机关在工作活动中形成的全部档案应由本机关档案部门集中统一管理,以确保档案的完整与安全。

第三条 纪检机关档案部门和档案工作人员的基本任务是:

(一)对本机关文书部门和业务部门的立卷归档工作进行监督和指导。

(二)收集、整理和保管本机关在各项工作中形成的全部档案,并负责提供利用。

(三)根据国家和地方档案管理机关及上级业务主管部门的有关规定,制定本机关档案工作的规章制度并督促检查执行。

(四)按有关规定,对本机关的档案定期进行鉴定,向同级档案馆移交。

(五)根据纪检系统管理体制和档案工作专业管理体制,负责对下级纪检机关的档案工作进行指导。

第二章 纪检机关档案工作机构和人员

第四条 纪检机关应设立和配备相应的档案工作机构和人员,档案工作由各级纪检机关办公厅、室主管。中央纪委办公厅设档案处;省、自治区、直辖市纪委办公厅、室设档案室或专职档案工作人员;地、县级纪委办公室设专职或兼职档案工作人员。

第五条 纪检机关档案工作人员应忠于职守,严格遵守纪律,具有高中或高中以上文化水平,具有相应的纪检工作常识和档案专业知识,能够胜任工作。

第六条 纪检机关档案工作人员应保持相对稳定。凡符合档案专业技术职务条件者,本人提出申请,由本机关委托地方同级档案工作管理机关评定专业职称资格,由本机关根据工作需要任命专业职务。

第三章 档案的收集和整理

第七条 根据纪检机关的工作职能和特点,为保持纪检机关档案的完整和历史联系,纪检机关在工作活动中形成的全部档案应作为独立全宗,通常可采用年代—问题或年代—组织机构统一分类整理。

第八条 凡机关工作活动中形成的具有保存价值的各种文件材料(包括会议、检查、审理、信访、研究、教育、党务、组织人事、财务会计、机关事务等方面),均由文书部门和业务部门整理、立卷。文书材料可运用六个特征(作者、问题、名称、地区、时间、通讯者)组卷。案件材料应以案件为单位组卷,由承办部门或承办人员负责将检查、审理、转办过程中形成的材料按一案一卷或一案多卷进行立卷。

第九条 归档的案卷,应符合下列要求:

(一)归档的材料应收集齐全、完整。

(二)保持文件材料之间的历史联系,区分保存价值,分门别类,科学组卷。

(三)案卷标题的拟写要简明确切,卷内文件目录应按排列顺序逐件填写,要去掉金属物,装订整齐美观,以便于保管和利用。

第十条 纪检机关查处的案件,被查处者触犯刑律受到法律追究的,应向司法机关移交有关材料和证据的印件或复制件,原件由纪检机关立卷归档;由司法机关查处的案件,需要给予党纪处理的,纪检机关应请司法机关移交给有关材料的印件或复制件。几个单位联合查处的案件,主办单位或牵头单位存原件,其他单位存印件或复制件。

第十一条 机关文书部门或业务部门一般应在翌年上半年向本机关档案部门归档,归档时须按目录清点核对,履行签收手续。

第四章 档案的保管、利用和统计

第十二条 纪检机关档案部门对所保管的档案要实行科学管理,配置相应数量的档案柜,并逐步配备防盗、防光、防火、防高温、防潮、防尘、防鼠、防虫等设施。省、自治区、直辖市纪委应设专库保管档案,地(市)、县级纪委有条件的也应设专库保管。

第十三条 纪检机关档案部门每年收进的案卷,必须编制案卷目录,根据需要可编制专题卡片、索引等检索工具,编纂档案文件汇集和各种参考资料,为档案的查阅和利用创造必要的条件。

第十四条 纪检机关档案部门要建立严格的档案借阅审批手续和借阅登记制度。外单位使用纪检机关档案,须经本机关主管领导人批准,并按有关规定履行借阅手续。

第十五条 建立档案统计制度。对档案的收进、移出、保管、利用、销毁等情况,应及时、准确统计,明确记载,并按规定向同级地方档案业务管理机关报送档案工作基本情况统计表。

第十六条 纪检机关档案部门根据国家档案局的有关规定,制定本机关和本系统的《档案保管期限表》和《文件材料归档与不归档的范围》,对超过保管期限的档案,由档案部门和有关业务部门组成鉴定小组进行鉴定,对确无保存价值的档案应登记造册,经机关领导人批准后销毁。

第五章 档案的移交

第十七条 纪检机关的档案应按规定向同级档案馆移交。档案移交工作应按国家档案局颁发的《机关档案工作条例》所作的“省级以上机关应将永久保存的档案在本机关保存二十年左右;省直辖市(州、盟)和县级机关应将永久、长期保存的档案在本机关保存十年左右,连同案卷目录(一式三份)和有关的检索工具、参考资料,一并向有关的档案馆移交。一个机关的全部档案是不可分割的整体,应统一向一个档案馆移交”等规定办理。

第十八条 纪检机关档案向同级档案馆移交后的借阅办法由纪检机关与同级档案馆商定。

第六章 纪检机关档案工作的监督和指导

第十九条 纪检机关档案部门在统一领导,分级管理的原则下,对本系统的档案工作实行监督和指导。同时接受上级纪检机关档案部门和同级地方档案管理机关的监督和指导。

第二十条 中央纪委办公厅根据国家档案局的有关规定制订全国纪检机关档案工作的规章制度;负责对省、自治区、直辖市纪委档案工作的监督和指导。

第二十一条 省、自治区、直辖市纪委办公厅、室根据上级纪检机关和同级地方档案管理机关的有关规定,制定本地区纪检机关档案工作制度;负责对地

(市)纪委档案工作的监督和指导。

第二十二条 地(市)级纪委办公室根据上级纪检机关和同级地方档案管理机关的有关规定,制定本地区纪检机关档案工作制度;负责对县级纪委档案工作的监督和指导。

第七章 附 则

第二十三条 各级纪委办公厅、室可根据本《规定》结合本机关的具体情况,制定具体实施办法。

第二十四条 中央、国家机关和企事业单位的纪检档案工作可参照本《规定》执行。

第二十五条 本《规定》自印发之日起实施。

中共中央纪律检查委员会、最高人民法院、最高人民检察院、公安部关于纪律检查机关与法院、检察院、公安机关在查处案件过程中互相提供有关案件材料的通知

(1989年9月17日)

共产党员违法犯罪的案件,有的是由纪律检查机关开始查处的,有的是由法院、检察院、公安机关开始查处的,为了及时、严肃地使那些违法犯罪的党员受到党纪和法律的追究,在查处过程中或结案之后,需要互相提供案件的有关材料。为此,特将有关事项通知如下:

一、由县级以上纪律检查机关或党委(党组)立案检查的案件,在检查过程中,发现需由法院、检察院、公安机关依法查处的违法犯罪案件,或在党纪处理之后,还需追究刑事责任的,应按照公、检、法之间案件管辖的分工,与所在地的公、检、法机关取得联系,把立案材料(正在检查的案件,提供主要证据;已处理的案件,提供处分决定、调查报告、主要证据和本人交待材料)移送法院、检察院、公安机关。

二、法院、检察院、公安机关在接到纪律检查机关或党委(党组)的案件材料和建议后,应及时进行审查。对应立案侦查的,应及时立案,并通知原送案单位;经过审查,不予立案的,应说明不立案的理由,并将材料退回原送案单位。

三、法院、检察院、公安机关查处的党员违法犯罪案件,在依法处理前,有关纪律检查机关或党委决定要作党纪处分,需要法院、检察院、公安机关提供有关材料的,法院、检察院、公安机关应积极配合。

四、法院对犯罪的党员依法判决后,应将判决书(或裁定书)副本送有关纪律检查机关或党委(党组)。有关纪律检查机关或党委认为对犯罪的党员需要作出党纪处分的,可以到作出判决的法院摘抄或复制主要证据和本人交待等材料。党员在外省或外地犯罪被依法判决的,党员组织关系所在地的县以上纪律检查机关可以函请作出判决的法院代为摘抄或复制主要证据和本人交待等材料,或者发函委托当地纪检机关到法院摘抄、复制有关材料。法院应予协助、支

持。摘抄、复制材料所需的费用，由发函单位承担。

五、检察院对违法犯罪党员的免予起诉或不起诉的决定副本应送有关纪律检查机关或党委（党组）。需要作出党纪处分的，有关纪律检查机关或党委可以到检察院摘抄或复制主要证据和本人交待等材料。检察院应予协助、支持。

六、公安机关在办理治安管理处罚案件，法院在办理民事、经济和行政案件的过程中，发现共产党员严重违反共产主义道德、工作失职或其他严重错误，亦应向纪律检查机关及时通报情况，提供有关材料，以便纪检机关查处。

七、纪律检查机关与法院、检察院、公安机关互相交接案件的有关材料时，必须正式办理手续。

中共中央纪律检查委员会机关提高办案效率防止案件积压的暂行办法

(中共中央纪律检查委员会办公厅
1989年10月28日印发)

为了健全和完善案件经办制度,改进工作作风和工作方法,明确责任,提高效率,防止案件积压,依据《中国共产党纪律检查机关案件检查工作条例》(试行)和《党的纪律检查机关案件审理工作条例》,特制定以下暂行办法。

一、案件经办时限制

1. 中央纪委立案并直接调查的案件(涉及中管干部或其他典型案件),纪检室从受理到写出调查报告报主管常委,或移送审理室审理,时间不超过三个月。如因案情复杂,不能按期报出或移交的,经室主任批准,可适当延期。如果超过半年还没办结,纪检室应向主管常委说明原因并提出办理意见请求核准。

2. 中央纪委向省(区、市)委,省(区、市)纪委,中央和国家机关各部委,中直机关工委,国家机关工委、纪工委(简称为省部级党委、纪委,下同)要结果并由省部级党委、纪委立案直接调查的案件,以及中央纪委委托省部级党委、纪委核实的问题,发函转办时应注明办结的时间要求,经办时限不超过四个月。如因案情复杂,不能按期上报的,经主管室同意,可适当延期。如果超过半年还没办结,纪检室应向主管常委说明原因并提出办理意见请求核准。

3. 中央纪委向省部级党委、纪委要结果但由省部级党委、纪委转下级党委、纪委调查处理的案件和问题,经办时限不超过半年。情节复杂的,经主管室同意,可适当延期。如果超过九个月仍未办结,纪检室应向主管常委说明原因并提出办理意见请求核准。

4. 经常委和中央纪委领导批准结案或销案的案件,从批准之日起,纪检室办理结案或销案手续的时限为10天。

5. 审理室收到纪检室移送审理或省部级党委、纪委报批的案件,在材料齐全,手续完备的情况下,应在两个月内审理完毕,写出审理报告报主管常委。如超过两个月仍未审理完毕,应向主管常委写出报告,说明原因。

二、办案进度报告制

1. 办案进度月报、季报、半年报、年报制。对于案件办理情况及存在的问题,各纪检室的案件经办处或经办人每月向室务会报告一次;纪检室每季度向主管常委报告一次;每半年向主管常委综合报告一次;每年向常委会总结报告一次。中央纪委委托省部级党委、纪委核实或转给省部级党委、纪委调查处理并要求报告结果的问题,纪检室可要求省部级纪委每月向中央纪委报告一次,每半年综合报告一次,每年总结报告一次。对于没有按期办结的案件,要在半年报和年报中说明原因。

2. 登记表制。为便于检查汇总,各纪检室和审理室要在每月5日前将本室上月的案件经办情况填入登记表(表格另发)并送办公厅综合处一份。该登记表的内容,包括案情简介、领导批示、处理方式、每月案件查处进展情况等。

3. 催办制。中央纪委委托省纪委核实或转省部级党委、纪委调查处理并要求报告结果的问题,其中已临近或已超过经办时限的,纪检室每月催办一次。

4. 督促检查制。对中央纪委委托省部级党委、纪委核实和转给省部级党委、纪委调查处理并要求报告结果的案件和问题,纪检室要及时对经办情况进行督促检查。凡是去省里出差的同志,都要承担检查案件进展情况和催办案件的任务。对一些久拖不决的疑难案件,纪检室要派专人前往督促检查或协助办理。

三、案件经办协调制

1. 对中央纪委与省部级党委意见不一致的案件,先由纪检室或审理室进行协调,解决不了的,应及时报告主管常委,由主管常委与省委或部委领导再次协调,如仍不能统一认识,则将中央纪委和省委或部委的意见同时报中央裁定,也可按党章授予中央纪委的权限办理。

2. 对省部级党委和省部级纪委意见不一致而久拖不决的案件,由纪检室通知省部级纪委把他们的意见及省部级党委的意见同时报中央纪委。

3. 纪检室对常委批办事项如有不同意见,要及时向主管常委报告。对纪检室和审理室意见不一致的案件,由主管常委负责进行协调。经协调仍不能统一,可由纪检室和审理室分别向常委会报告,由常委会裁定。

4. 对涉及党纪、政纪和法纪的案件,应争取党纪与政纪、法纪同时处理。如果司法部门和监察部门在短期内不能作出处理,可先进行党纪处理。在纪检机关与司法部门、监察部门对案件的处理有不同意见时,由中央纪委常委出面,提交中央纪委、最高人民检察院、监察部联席会议协调解决。

控告申诉室办理的信访案件,仍按原有规定执行。

中共中央纪律检查委员会、中共中央组织部、监察部、人事部关于加强工作联系的通知

(1990年8月4日)

加强各级纪检、监察机关与组织、人事部门工作中的联系,对于严格执行党纪、政纪,全面地考察了解干部和正确地选拔使用干部,是十分必要的。1982年以来,曾先后下发了《关于加强各级纪律检查部门与组织部门相互联系的通知》等文件,相互加强了工作联系,但不够经常,尚未形成制度。为了进一步加强配合,及时通报情况,共同做好工作,现将有关事项重申和补充通知如下:

一、党的纪律检查机关和政府监察机关在查处干部违纪、违法案件过程中,应及时地将立案、核实情况或审查情况、重要事实材料通报给组织、人事部门;对给予撤销党内职务以上(含撤销党内职务)党纪处分的、给予降级以上(含降级)政纪处分的干部,上报审批前,要按照干部管理权限,征求组织、人事部门的意见;对给予其它党纪、政纪处分的,上报审批的同时,将处分意见抄送组织、人事部门;查处结案后,应及时将处分决定(处理意见)、错误事实调查报告、上级批示、本人检讨及本人对处分决定的意见,一式两份,加盖公章,抄送组织或人事部门,归入本人档案。纪检、监察机关调查案件需要组织、人事部门配合时,组织、人事部门应给予支持和配合。

二、组织、人事部门在考察干部或受理来信来访时,发现干部有不正之风或违纪、违法行为的,应及时将有关情况通报给纪检机关或监察机关。组织、人事部门考察这些干部,需要纪检、监察机关配合时,纪检、监察机关应给予支持和配合。必要时可吸收纪检、监察机关的有关人员一起参加考察。

三、在选拔、任用干部时,对有违纪、违法行为正在查处或群众有强烈反映尚未调查的干部,组织、人事部门要向纪检、监察机关了解情况;按照干部管理权限,办理任职报批手续之前,要征求纪检、监察机关的意见。

四、各级纪检、监察机关和组织、人事部门的负责同志每半年要召开一次联席会议,就有关干部情况,沟通信息,交换意见;根据工作需要,也可采取邀请参加有关会议等形式,加强工作联系。

中共中央纪律检查委员会关于全民所有制工业企业纪律检查工作的暂行规定

（1990 年 11 月 5 日）

第一章 总 则

第一条 为适应全民所有制工业企业生产、经营管理和深化改革的要求，加强企业党的建设，加强和改进企业党的纪律检查工作（以下简称纪检工作），充分发挥企业中党的纪律检查组织的作用，根据党章和有关规定，制定本规定。

第二条 企业党的纪检工作的指导思想是：遵循党在社会主义初级阶段的基本路线，坚持四项基本原则，坚持改革开放，坚持从严治党，围绕党的中心任务搞好企业党风建设，严格执行党的纪律，促进企业的经济发展和精神文明建设，保证企业生产和经营的社会主义方向。

第三条 企业党的纪检工作的基本任务是：维护党的章程和其他重要的规章制度，协助企业党的委员会整顿党风，检查党的路线、方针、政策和决议在企业中的贯彻执行情况。

第四条 企业党的纪律检查委员会（以下简称企业纪委）是党在企业的党内执纪、监督组织，是企业党的纪检工作的领导机构，依据党章赋予的权力，履行“保护、惩处、监督、教育”的职能。

第五条 企业纪委受同级党委和上级纪委的双重领导。上级纪委对企业纪委的工作应加强领导。企业纪委要认真执行同级党委和上级纪委的决定、决议，经常主动地请示、报告工作。

第六条 企业党委要加强对纪检工作的领导，定期讨论研究纪检工作。企业厂长（经理）要积极支持纪检工作。企业纪委要主动接受企业党委的领导，支持厂长（经理）依法行使职权，并履行对企业同级党委和所属党组织及党员特别是党员领导干部的监督职能。企业中的党组织和党员领导干部要自觉接受企业纪委的监督。

第七条 地方党委、纪委要重视和加强对本地区企业党的纪检工作的领导和协调,支持企业纪委开展工作。中央直属(省属)企业的主管部门的党委(党组)、纪委(纪检组),对党的关系在地方的所属企业党的纪检工作要加强指导,并主动与地方党委、纪委协调和配合。党的关系在地方的中央直属(省属)企业纪委要主动接受地方党委、纪委的领导。

第二章 组织机构和干部配备

第八条 设党委的企业一般应设纪委;经上级党组织批准不设纪委的小型企业,党委应设专职纪检委员;设党总支的企业(包括党委下属的总支单位,下同),在党总支内设专职或兼职纪检委员;设党支部的企业(包括党委或党总支下属的支部单位,下同),在党支部内设纪检委员。

第九条 企业纪委由党员代表大会或党员大会与企业党委同时选举产生,向企业党员代表大会或党员大会负责并报告工作,每届任期与企业党委相同。企业纪委换届时,纪委组成人员候选人应在征求上级纪委的意见后,报上级党委审批。企业纪委实行委员会制,党委设常委的企业,纪委也可设常委。纪委设书记一人、副书记一至二人。企业纪委书记应是党委常委,党委不设常委的应是党委委员。

第十条 企业纪委应按精干、高效、有利于工作的原则设置办事机构,配备相应的工作人员。

大中型企业纪委应设办事机构,配备与工作量相适应的专职从事党的纪律检查工作的干部(以下简称纪检干部)。不设办事机构的纪委应配专职纪检干部。对在同一地区或同一系统的若干小型企业,也可以由主管上级纪委派出纪律检查员,专职协办这些小型企业的党的纪检工作。

企业纪委的专职人员,应按本企业政工干部15—20%的比例配备。

第十一条 从事企业党的纪检工作的干部应具备的基本条件是:坚决执行党的路线、方针、政策;坚持原则,实事求是,秉公执纪,作风正派,联系群众;熟悉党务工作,有一定理论、政策水平和专业知识;接受党的纪检工作。

第十二条 企业纪委书记一般应专职,配备同级党政副职级干部。纪委副书记应配备企业中层正职级的干部,纪委常委、专职委员及下设机构的负责人应配备企业中层正职或副职级干部。企业纪委可根据工作需要配备一定数量的中层副职级的纪律检查员,检查员职务是实职,与其他同级党政领导干部职级相同。

第十三条 要保持企业党的纪检干部的相对稳定。企业纪委书记、副书记、常委、专职委员在任期内的任免和调动,须征求上级纪委的意见后,再按干部任免程序办理手续。企业纪委其他干部的任免、调动和奖惩,应征得所在纪委同意。

根据《中共中央关于实行党和国家机关领导干部交流制度的决定》,有条件的地区或部门的党的纪检机关,可在本地区或本系统企业之间,对纪检干部进行横向或纵向的交流。

第十四条 企业党委应根据纪委的定员职数,选拔、任用和调配优秀干部充实加强纪检机构。企业行政要为企业纪委提供必要的工作经费、办公条件;对纪检干部的工资、职称、奖金、福利等待遇,应与本企业其他党务、行政管理干部同等对待。

第十五条 企业纪委对工作成绩显著的纪检干部,应予表彰、奖励;对违犯党纪的纪检干部,要严肃处理,对不适宜做纪检工作的要及时调离。

要切实保证企业纪检干部正常履行职责。纪检干部因履行职责而受到指责、威胁、诬陷或打击报复等不公正对待时,有向上级机关要求保护的权利;企业党委和上级纪委应及时查明情况,严肃处理,确保纪检干部的正当权益。

第三章 工作职责和权限

第十六条 企业纪委的主要职责是:

1. 检查本企业党组织和党员领导干部执行党的路线、方针、政策和决议及遵守党章和其他各项规章制度的情况,实施党章和有关规定范围内的党内监督,支持、保护和促进企业的生产经营健康顺利进行。

2. 检查、处理本企业党组织和党员、党员领导干部违犯党纪的案件,并按职权范围决定或改变对党员的处分;

3. 对本企业的党风状况进行调查分析,及时提出加强党风建设的建议,抵制和纠正各种损害党和国家利益的不正之风,协助党委制定党风和廉政建设规划,参加党员、党员干部的评议考核和本企业的党风党纪检查工作,督促、检查党风责任制和廉政措施的落实;

4. 会同党委有关部门,结合企业纪检工作实际,采取多种形式,对本企业党组织和党员进行党性党风党纪教育,增强党组织和党员在发展社会主义商品经济中拒腐蚀防演变的能力;

5. 受理本企业党组织、党员和群众在党的纪律和党风方面的检举、控告、申诉及建议、反映等;

6. 保护本企业党员按党章规定享有的权利和其他合法权益,支持党组织和党员同违法乱纪行为和不正之风进行斗争;

7. 领导下级纪委的工作,指导下级党组织的专职和兼职纪检委员开展工作;对本企业纪检干部进行政治、业务培训,不断提高干部素质;

8. 承办上级纪委和企业党委交办的党风党纪工作事项。

第十七条 企业纪委有行使党章和上级党组织规定的党内监督的权力。企业纪委监督工作的对象是企业各级党组织和全体党员,监督的重点是各级党员领导干部特别是主要领导干部。根据工作需要和有关规定,企业纪委书记或主持日常工作的副书记应参加或列席企业党组织和行政方面的有关会议和活动。

企业纪委发现党员领导干部在生产经营及其他活动中,有违犯党纪、损害党和国家利益的行为,应认真调查,对属于一般性错误的,要向本人提出批评,促其改正;对问题严重的,要及时向同级党委和上级纪委报告,必要时也可直接向上级纪委报告。

企业纪委发现问题不如实报告、不认真查处,是失职行为,严重者应按有关规定追究其责任。

第十八条 企业纪委有权根据党内案件检查、审理工作的有关规定,按照党员干部管理权限对本企业党员违纪问题进行了解核实或立案检查,并按处分党员干部的批准权限和程序决定或改变对党员的党纪处分。

企业纪委在作出批准对违纪党员的处分决定时,如与同级党委的意见不一致,应向上级纪委报告,请上级纪委或党委审定。

地方党委、纪委在讨论、决定对党的关系在地方的中央、省属企业党员领导干部的党纪处分时,应征求主管部门党委(党组)、纪委(纪检组)的意见。

第十九条 企业纪委有权对本企业党组织、党员特别是党员领导干部执行党的路线、方针、政策、决议和党风党纪状况进行经常性的调查研究和考核,及时向企业党委提出建议和意见,并向上级纪委和党委报告。企业纪委应加强与组织、人事部门在选拔任用干部工作上的联系与配合,纪委对党员干部有关党风党纪的情况,应及时向组织、人事部门通报;组织、人事部门在选拔、任用干部时,对有违纪违法行为正在被查处或群众有强烈反映尚未调查的党员干部,在按照干部管理权限办理任职报批手续之前,应向纪委了解情况,征求纪委的意见。

第二十条 企业纪委有权根据《党章》、《准则》和中共中央、中央纪委的有关规定,结合本企业的实际情况,制定或协助企业党委制定执行党纪、反对腐败、清正廉洁、纠正不正之风等方面的制度和规定,并监督实施。

第二十一条 企业纪委在工作中,应注意加强与本企业有关部门的联系,熟悉生产经营、业务方面的知识和政策规定;应经常深入实际调查研究,了解新情况,研究新问题,总结新经验,积极探索、改进企业党的纪检工作。

第二十二条 企业党总支(含党支部,下同)纪律检查委员(含专、兼职委员,下同)的主要职责和权限是:

1. 对党员和党总支成员在党纪方面实行监督;

2. 协助上级纪委和党总支检查处理或复查本党总支内党员违犯纪律的案件,协助党总支对受党纪处分的党员进行考察教育;

3. 在党总支领导下抓好党风工作,落实党风建设的有关规定,经常了解并及时向党总支和上级纪委反映本单位党员遵纪守法及党风方面的情况,提请党总支讨论研究本单位党风党纪方面的情况和问题;

4. 受理对本党总支党员的检举、控告和党员的申诉,并及时向党总支和上级纪委反映。

5. 参加同级党组织和行政方面的有关会议和活动,参加上级纪委召开的会议,接受纪检工作业务培训。

6. 在党总支和企业纪委的领导下,对党员进行党纪教育,组织党员及时学习中共中央、中央纪委及上级党委、纪委有关党风、党纪工作的指示、决定和规定。

第四章 附 则

第二十三条 本规定原则上适用于其他全民所有制企业。事业单位和集体所有制各类企业可参照执行。

各省、自治区、直辖市、计划单列市纪委以及中央国家机关各部门纪委(纪检组)负责本规定的贯彻、实施和监督、检查,也可根据本地区、本部门的实际情况,制定执行本规定的实施细则并报中央纪委备案。

第二十四条 本规定由中共中央纪律检查委员会负责解释。

第二十五条 本规定自下发之日起执行。

中共中央纪律检查委员会关于中央纪委派驻纪检组和各部门党组纪检组(纪委)若干问题的规定(试行)

(1991年4月23日)

为了加强中央一级党和国家机关各部门党的纪律检查工作,根据党章和有关规定,对中央纪委派驻中央一级党和国家机关各部门纪检组和各部门党组纪检组(纪委)的若干问题,作出如下规定:

一、领导体制和工作关系

1. 中央纪委派驻纪检组、各部门党组纪检组(纪委)受中央纪委和所在部门党组(党委)的双重领导。

2. 派驻纪检组和党组纪检组指导所在部门及所属系统党的纪律检查机关的工作。对所属系统实行高度集中统一领导的国家工作部门的派驻纪检组、党组纪检组和部门纪委,领导所在部门及所属系统党的纪律检查机关的工作。

中央纪委派驻金融系统纪检组受中央纪委委托,会同各专业银行党组、中国人民保险公司党组,对各专业银行和中国人民保险公司的党组纪检组实行双重领导。

3. 派驻纪检组组长和党组纪检组(纪委)组长(书记)应参加所在部门的党组(党委),尚不是党组(党委)成员的,列席所在部门的党组(党委)会议。

二、任务和职责范围

1. 检查所在部门及所属系统的党组织和党员领导干部执行党的路线、方针、政策和决议的情况。对所在部门党组(党委)及其成员和其他党员领导干部实行党章规定范围内的监督。

2. 检查所在部门党员领导干部违犯党纪的案件以及所属系统重要的违纪案件。派驻纪检组和党组纪检组根据有关规定,对所检查的案件提出处理意见;部门纪委按照党的隶属关系和干部管理权限,对所检查的案件中的党员作出处分或撤销处分的决定。

3. 协助所在部门党组(党委)管好党风,加强廉政建设,纠正行业不正之风。配合有关部门对党员特别是党员领导干部进行党风党纪教育。

4. 指导（领导）所在部门及所属系统党的纪律检查工作。

5. 受理所在部门及所属系统党员的控告和申诉。

6. 完成中央纪委和所在部门党组（党委）交办的其他事项。

三、机构、职务设置和干部管理

1. 派驻纪检组和党组纪检组设组长（中央国家机关各部委为副部长级，国务院直属局为正司局长级）1 人，副组长（中央国家机关各部委为正司局长级，国务院直属局为副司局长级）1 至 2 人。

部门党的纪律检查委员会，一般由 5 至 7 人组成，设书记（部纪委为副部长级，国务院直属局纪委为正司局长级）1 人，副书记（部纪委为正司局长级，国务院直属局纪委为副司局长级）1 至 2 人。

派驻纪检组和党组纪检组（纪委）根据工作需要，可设正副局级、正副处级检查员。

2. 派驻纪检组和党组纪检组（纪委）可根据工作需要和本部门的具体情况，设立必要的办事机构，办事机构统称室。室主任配备条件参照中央纪委、中央组织部 1988 年颁发的《关于党的各级纪委内部机构和干部职务设置的若干规定》精神执行。

3. 派驻纪检组组长、副组长、局级检查员和副司局级室主任，由中央纪委商所在部门党组提出人选，组长由中央纪委报中央任免；副组长、局级检查员和副司局级室主任由中央纪委任免。其他工作人员委托所在部门任免。

党组纪检组（纪委）组长（书记）由所在部门党组（党委）或由中央纪委商所在部门党组（党委）提出人选，经中央纪委考察同意后，由所在部门党组（党委）报中央任免；副组长（副书记）由所在部门党组（党委）征得中央纪委同意后任免；局级检查员、部门纪委委员和副司局级室主任由各部门党组（党委）任免后报中央纪委备案。

各专业银行和中国人民保险公司党组纪检组副组长，由所在部门党组征得中央纪委驻金融系统纪检组同意后任免。

四、工作制度

1. 认真贯彻执行中央纪委和所在部门党组（党委）的指示、决议和规定。根据中央纪委和所在部门党组（党委）的部署，结合本部门党风党纪的实际情况，制定年度工作计划。年度工作计划和工作总结向中央纪委和党组（党委）报告。

2. 及时完成中央纪委和所在部门党组（党委）交办的各项工作任务。工作进度情况及主要问题,每半年向中央纪委和党组(党委)书面报告一次。

3. 所在部门及所属系统党风党纪方面的倾向性或重大问题,要随时向党组(党委)请示、报告,同时抄报中央纪委。特殊情况和问题可随时向中央纪委请示、报告。

4. 派驻纪检组、党组纪检组(纪委)同中央纪委的日常工作联系,一般通过中央纪委有关纪律检查室。重要问题可直接向中央纪委常委请示、报告。

本规定自下发之日起实行。

中共中央纪律检查委员会办公厅关于中央纪委案件审理室承办的征求意见案件的办理办法

（1991年6月13日）

第一条 为了明确办案程序，妥善办理征求意见的案件，根据中央纪委《党的纪律检查机关案件审理工作条例》、《关于处分违犯党纪的党员批准权限的具体规定》和《关于修改〈关于处分违犯党纪的党员批准权限的具体规定〉的通知》，制定本办法。

第二条 本办法所指的征求意见案件包括：

1. 报中央或中央纪委批准的案件，在正式报批前，省部级党委（党组）、纪委（纪检组）对案件的错误事实和性质的认定确实把握不准，征求中央纪委审理室意见的。

2. 由省部级党委、纪委批准的重要或复杂的案件，批准机关对案件的错误事实和性质的认定及对违纪党员的处分确实把握不准，征求中央纪委审理室意见的。

3. 由地市级党委、纪委批准的案件，一般不受理。其中特别重要、复杂和社会影响很大的案件，批准机关对案件的错误事实和性质的认定及对违纪党员的处分确实把握不准，报省部级党委、纪委征求意见后，省部级党委、纪委也把握不准，要求进一步征求中央纪委审理室意见的。

4. 由中央纪委纪检室检查的案件，检查工作基本结束，正式移送审理前，有关纪检室在案件的错误事实和性质的认定方面，征求审理室意见的。

5. 中央纪委控告申诉室在案件的错误事实和性质的认定方面，征求审理室意见的。

6. 中央纪委常委交办的其他征求意见案件。

第三条 征求意见案件，须报下列材料：

1. 错误事实调查报告和主要证据材料；

2. 有关纪委或党组织的审查意见；

中央纪委纪检室和控告申诉室所送的案件，要附有案件检查组和有关室对案件审查、处理的意见。

3. 犯错误党员的检查和对错误事实见面材料的意见；

4. 党组织对犯错误党员所提意见的说明。

案件材料不齐全的,有关部门应补报材料。案件材料补齐后,中央纪委审理室再审理。

第四条 中央纪委审理室对征求意见案件必须指定专人认真审理,经室务会集体讨论,提出处理意见。有的案件还要征求中央纪委有关纪检室或控告申诉室的意见。

第五条 中央纪委审理室对征求意见案件按下列原则提出处理意见:

1. 需报中央或中央纪委批准的案件,主要对案件的错误事实和性质的认定提出意见。如省部级党委、纪委已提出具体处分意见,在报批前征求中央纪委审理室意见的,可对处分提出意见。

2. 需由省部级党委、纪委和地市级党委、纪委批准的案件,可对案件的错误事实和性质的认定及对违纪党员的处分提出意见。

3. 由中央纪委纪检室检查的案件,可对案件的错误事实和性质的认定提出意见。

4. 由中央纪委控告申诉室审核的案件,可对案件的错误事实和性质的认定提出意见。

中央纪委审理室对征求意见案件所提的处理意见,仅供征求意见单位党组织参考。

第六条 答复征求意见案件的批准权限和程序:

1. 省部级党委、纪委送来的需由中央或中央纪委批准的案件,中央纪委审理室提出意见报经中央纪委常委会议讨论或分管审理室的常委同意后,由中央纪委审理室答复。采用什么名义,由常委确定。其中,需以中央纪委名义答复的,应由分管审理工作的副书记签批。

2. 省部级党委、纪委送来应由省部级党委、纪委批准的案件,一般由中央纪委审理室审议、答复。必要时报分管审理室的常委同意后答复。

3. 省部级党委、纪委送来应由地市级党委、纪委批准的案件,中央纪委审理室审议后直接答复省部级党委、纪委。

4. 中央纪委有关纪检室或控告申诉室征求意见的案件,审理室审议后直接答复有关室。

5. 中央纪委常委交办的其他征求意见案件,审理室提出意见报经交办常委同意后,以中央纪委案件审理室名义或交办常委指定的名义答复。其中,需以中央纪委名义答复的,应由分管审理工作的副书记签批。

第七条 本办法自 1991 年 7 月 1 日起实行。本办法由中央纪委案件审理室负责解释。

中共中央纪律检查委员会
关于审理党员违纪案件
工作程序的规定

（1991 年 7 月 13 日）

第一章　总　　则

第一条　根据《党的纪律检查机关案件审理工作条例》的有关规定，结合审理党员违纪案件工作的经验和实际情况，制定本规定。

第二条　为了保证办案质量，保障党员民主权利，正确执行党的纪律，各级纪律检查机关必须遵照本规定审理案件。

第三条　案件检查结束后，必须移送案件审理部门或专兼职审理人员进行审理。

第四条　审理案件应按照处理违纪案件批准权限的规定，分级负责。

第五条　审理案件的人员是本案的当事人，或者是当事人的近亲属，或者与本案有利害关系的，应当回避，犯错误的党员也有权要求他们回避。审理案件人员的回避须经批准，未经批准之前不得停止对案件的审理。

案件审理部门负责人的回避，由本级纪委分管案件审理工作的常委决定；其他案件审理人员的回避，由审理部门负责人决定。

第二章　违纪案件的受理

第六条　案件审理部门受理下列案件：

（一）下级党委、纪委呈报的需由本级党委、纪委批准的案件；

（二）本级纪委检查部门直接检查的，并需由本级党委、纪委直接决定处理的案件；

（三）需呈报上级党委、纪委审批的案件；

（四）下级党委、纪委呈报的备案案件；

（五）本级纪委负责同志或上级党组织交办的案件；

（六）下级党委、纪委呈报的，原由本级纪委、同级党委及上级党委、纪委批

准的案件中的申诉复查案件;

(七)原由下级党委、纪委批准经复查复议后申诉人对复查结论和复查处理决定仍不服,下级党委、纪委呈报请求复核的复查案件;

(八)行政监察机关、公安机关、人民检察院、人民法院移送的需给予党纪处分的案件。其中,需要进一步调查取证的,由受理案件的纪委检查部门或商请移送案件的机关补充调查后移送审理。需要个别调查补充证据的,由受理案件的纪委审理部门调查补证。

第七条 下级党委、纪委呈报上级审批的案件,应具备下列材料:

(一)呈报审批的请示;

(二)处分决定和所依据的错误事实材料;

(三)调查报告和主要证据材料;

(四)有关的各级纪委和党组织的审查意见;

(五)犯错误党员的检查和对处分决定的意见;

(六)党组织对犯错误党员所提意见的说明。

本级纪委检查部门移送的案件,应具备下列材料:

(一)立案依据;

(二)错误事实材料、被检查人对错误事实材料的意见及检查组对其意见的说明;

(三)调查报告和主要证据材料;

(四)被检查人的书面检讨。

行政监察机关、公安机关、人民检察院、人民法院移送的案件,应具备下列材料:

(一)行政监察机关移送的案件应具备处理意见或决定、调查报告、主要证据材料、与本人见面材料、本人意见和有关组织的说明;

(二)公安机关移送的案件应具备行政处罚决定或行政强制措施决定、摘抄或复制的主要证据和本人检查交待等材料;

(三)人民检察院移送的案件应具备免予起诉或不予起诉决定书的副本、侦查终结报告、摘抄或复制的主要证据和本人交待等材料;

(四)人民法院移送的案件应具备起诉书、判决书或裁定书、摘抄或复制的主要证据和本人交待等材料。

第八条 案件审理部门或审理人员,接到下级纪委呈报的案件或本级纪委检查部门移送的案件或行政监察机关、公安机关、人民检察院、人民法院移送的案件后,经审查,符合本规定第六、七条规定的,给予受理。

第三章 违纪案件的审理

第九条 各级纪委审理部门受理案件后,应及时指定承办人办理。除情节简单的案件外,一般应由两人办理,特别重大复杂的案件,应组成两人以上的审议组办理,并确定其中一人主办。

第十条 审理案件,要按照事实清楚,证据确凿,定性准确,处理恰当,手续完备的要求进行审理。

第十一条 承办人对处分决定中所列举的错误事实要认真审核,弄清犯错误党员犯有哪些错误,每一错误发生的时间、地点、起因、情节及造成的后果,有关人员的责任。审核认定的每一错误事实是否都有确凿的证据。犯错误党员对处分决定所依据的错误事实如提出不同意见,有关组织的说明能否将所提问题说明清楚。

第十二条 承办人根据《党章》、《关于党内政治生活的若干准则》、党的政策、党纪处分规定、国家的法律法规和社会主义道德规范,判断处分决定中所认定的错误性质是否准确,所给予的处分是否恰当。

第十三条 在审理过程中,如发现事实不清、证据不足、有关人员责任不明时,应主动听取报案单位的意见,确需补报材料时,应请报案单位补报材料。

第十四条 一般情况下,案件在提请本级纪委常委决定前,应派人与犯错误党员谈话,核对错误事实,听取本人意见。本人如对处分决定和所依据的事实材料提出不同意见,应写出书面材料。没有书写能力的,应由谈话人将其意见整理成书面材料,并交本人签字。

与犯错误党员谈话,应作好谈话记录。

第十五条 案件涉及专业技术问题或具体业务政策、规定的,必要时征求有关部门的意见。

第十六条 承办人审理后,草拟审理报告。报告中应写明错误事实、性质、政策法规依据、报案单位的意见和承办人的意见。

第十七条 承办人办理的案件,要经过案件审理部门室务会议审议。审议时,承办人根据起草的审理报告,如实清楚地汇报。会议要充分发扬民主,认真讨论,提出结论性意见。

第十八条 承办人根据集体审议的结论性意见修改审理报告,经审理部门负责同志审核后,连同报案单位呈报的有关材料一并提请本级纪委常委会审定。

由本级纪委参与检查或过问的案件在报本级纪委常委会审议前,还要征求有关检查部门的意见,需要本级纪委直接决定的案件,经审理部门集体审议后代常委草拟处分决定,连同审理报告一并提请本级纪委常委会审定,如果检查部门有不同意见,应同时上报。

第十九条 常委会决定后,对由本级纪委批准的案件,审理部门即办理批复手续,其中需要向同级党委和上级党委、纪委备案的,同时办理备案手续;对需要由同级党委或上级党委、纪委批准的案件应及时办理报批手续,在接到同级党委或上级党委、纪委的批复后,及时通知犯错误党员所在单位的党组织宣布执行。

第二十条 凡给予党纪处分或免予党纪处分的案件,要按照干部管理权限,将处分决定或免予处分的结论、错误事实调查报告、上级批示、本人检讨及本人对处分决定或免予处分的结论的意见抄送组织部门;如建议给予行政处分的,抄送有关人事部门;如建议司法机关追究刑事责任的,抄送有关司法机关。

第二十一条 办理批复和备案手续后结案。承办人根据有关规定立卷归档。

第二十二条 给予党员的纪律处分,从处分决定批准之日起生效。处分决定和批复给受处分的党员一份。

第四章 复查案件的审理

第二十三条 对党员的申诉,一般情况下,由原来作出处分决定的党组织进行复查或复议;原办案单位如已撤销,由申诉人现在单位复查复议。

第二十四条 对于上级党委、纪委交办复查或复议的案件,下级纪委应及时办理,并报告处理结果。如果决定撤销或改变原处分决定或结论,应作出书面决定,并报请原来批准给予处分的党组织审批。

"文化大革命"前经中央或中央监委批准处理的案件,经过复查或复议需要改变原结论和处分的,报中央纪委审批,由中央纪委报中央备案;原经中央局批准处理的案件,由有关省、自治区、直辖市党委或纪委审批,报中央纪委备案。各地区、各部门处理的,按各地区、各部门的有关规定办理。

第二十五条 报送复查案件,应具备下列材料:

(一)呈报审批的请示;

(二)复查报告和主要证据材料;

(三)复查处理决定及有关党组织的意见;

(四)受处分党员对复查处理决定的意见和党组织对其意见的说明;

(五)原处分决定、错误事实材料、调查报告和主要证据材料。

第二十六条 审理复查案件除按审理违纪案件的要求进行外，还应注意审阅原处理案卷材料。对照原处分决定和证据，审核改变处理的依据是否充分。如果原证据和复查时取得的证据有矛盾，应认真鉴别。

第二十七条 对案件的复查复议决定，经原批准处分的机关批准后，申诉人对复查复议结论仍不服的，原批准处分的机关应将本人申诉和复查复议材料一并报上一级党委或纪委审查决定。一经上级党委、纪委审查决定后，申诉人仍然不服，继续申诉的，一般不再受理。

第五章 备案案件的审理

第二十八条 呈报上级纪委备案的案件，应具备下列材料：

（一）呈报备案的报告；

（二）处分决定和所依据的事实材料；

（三）调查报告和主要证据材料；

（四）受处分党员的检查和对处分决定的意见及党组织对其意见的说明；

（五）批准机关的批复。

第二十九条 承办人和审理部门审理备案案件，按本规定第十、十一、十二、十六、十七条的要求进行审理。

第三十条 对下级纪委报来的备案案件，审理部门如同意下级党委、纪委的意见，经有关领导批准后归档。如对下级党委、纪委对案件的处理有不同意见，审理部门将审理报告连同备案材料一并提请本级常委会讨论。常委会如作出改变下级纪委对案件处理的决定，审理部门应将常委会的决定通知下级纪委，请他们重新研究处理。如果所要改变的下级纪委的决定是经过它的同级党委批准的，按本规定第三十二条办理。

第六章 执 行 监 督

第三十一条 各级党委对同级纪委批准的案件，有权调卷审查，对审查结论和处理决定直接作出改变，也可以责成纪委重新审查。

第三十二条 上级党委对下级党委、纪委，上级纪委对下级纪委批准的案件，有权调卷审查，对审查结论和处理决定，直接作出改变，也可以责成下级党委或纪委重新审查。但是，如果上级纪委所要改变的下级纪委的决定是经过它的同级党委批准的，这种改变应尽量经过协商取得一致意见，由这一级党委自行改变；如果不能取得一致意见，应将双方的意见同时报上级党委决定。

第三十三条 上级党委或纪委对违纪案件作出的处理决定，下级党组织必须贯彻执行。如有不同意见,可以向上级党委或纪委提出,但是,当上级党委或纪委没有改变原处理决定时,不得停止执行,对拒不执行的要追究有关人员的责任。

第三十四条 党的地方各级纪委如果对同级党委处理的案件有不同意见,可以请求上一级纪委予以复查。上一级纪委应予受理。

第三十五条 各级党委或纪委对犯错误党员的处分决定中,如有建议给予行政处分的内容,有关部门的党组织应保证其得以贯彻,并将执行情况报告作出决定的党委或纪委。

第三十六条 本规定由中共中央纪律检查委员会负责解释。

第三十七条 本规定自下发之日起施行。

中共中央纪律检查委员会
关于查处党员违纪案件中
收集、鉴别、使用证据的具体规定

（1991 年 7 月 23 日）

第一条 为正确收集、鉴别和使用证据，保证办案质量，正确执行党的纪律，特制定本规定。

第二条 证明案件真实情况的一切事实都是证据。证据包括：

1. 物证，指能够证明案件真实情况的物品和痕迹。

2. 书证，指以其记载的内容证明案件真实情况的文字（包括符号、图画）。

3. 证人证言，指证人就其所了解的案件情况所作的陈述。凡是知道案件真实情况的人都可以作为证人。不能辨别是非的人，不能正确表达的人，不能作证人。

4. 视听材料，指可以将重现的原始声响或形象的录音录像用作证明案件事实的材料。

5. 受侵害人员的陈述，指受违纪行为直接侵害的人员就案件事实情况所作的控告和述说。

6. 受审查党员的陈述，指受审查党员就案件事实所作的交待、申辩和对同案违纪人员的检举、揭发。

7. 鉴定结论，指鉴定人运用专门知识或技能对办案人员不能解决的专门事项进行科学鉴定后所作出的结论。

8. 勘验、检查笔录，指公安、司法人员对与案件有关的场所、物品及其他证据材料进行勘验、检查时所作的笔录。

9. 现场笔录，指纪律检查人员对案件（非刑事案件）有关的场所进行检查时所作的笔录。

证据必须经过审核属实，才能做为定案的根据。

第三条 收集、鉴别和使用证据必须实事求是，一切从客观实际出发，不得带框框、主观臆断、偏听偏信；必须尊重党员的民主权利和公民的合法权利。任何党员和群众都有向党组织提供自己所知道的案情的义务。严禁使用威胁、引

诱、欺骗及其他非法手段收集证据。

第四条 收集违犯党纪案件的证据,由党的纪律检查工作人员或党组织委派的党员负责进行,收集证据必须两人以上。收集证据要及时、客观、全面。

证据的收集主要由案件检查人员进行。案件审理人员在审理案件时,发现证据不足或证据间存在矛盾,一般由报案单位补充调查取证,需要补充个别证据的也可以由案件审理部门补充收集。

第五条 收集物证应尽可能提取原物。物证能随卷保存的即随卷保存,不能提取的原物或不能随卷保存的原物应拍成照片入卷,并注明原物存放何处。

第六条 收集书证采用提取会议记录、介绍信、文件、个人记录、私人信件、日记等方法,并尽可能提取原件。如不能提取原件的,用摘抄或复印的方法提取,但应注明出处、原件保存单位,并应由原件保存单位加盖公章。摘抄或复印会议记录、个人记录、私人日记时,要注意时间的连续性,节录材料不得断章取义。

对可作为书证的原始材料或复制件,党的各级组织不得以任何借口拒绝提供。收集的材料涉及机密事项应履行一定的批准手续。党员有义务向组织提供记载有与案情有关系的工作记录本。

对可作为书证的私人日记、信件等原始材料的收集只能采取动员的方法,不得强行收集,涉及个人阴私的,有关党组织应为其保密。

第七条 凡是知道案件情况的党员和群众,都应及时地、如实地提供证言,不得拒绝作证。党员故意提供虚假情况,情节严重的给予必要的纪律处分。

收集证人证言,不要采取座谈会的形式。证人证言要一人一证,一般情况下一事一证。由证人用钢笔或毛笔书写。没有书写能力的,由他人或调查取证人根据证人的讲述代写,写好后读给证人听,并按证人意见进行修改,然后由证人签字、盖章或按手印。书写证人证言,应把所要证明的事实发生的时间、地点、当事人、原因、情节、手段、结果等书写清楚。调查人员要作好询问笔录,并应由被询问人签字。

对证人证言,应由取证人注明证人工作单位、职务,并由取证人签字。不必由所在单位加盖公章或加注“属实”、“供参考”之类的文字。

证人作证后,如有补充、更正,可另行书写,并说明更正的理由。办案人员应将补充、更正的证人证言与该证人原出具的证言一并归入案卷。

证人作证后,党组织应为其保密。如发现受审查党员及其亲友对证人打击报复,从严处理。

第八条 收集受审查党员的陈述包括:受审查党员对自己所犯错误的交待

或申辩;揭发同案违纪人员的材料。

受审查党员应对党忠诚老实,如实向组织交待自己的问题,同时也有依据党章的规定为自己申辩的权利。受审查党员对"处分所依据的事实材料"如提出不同意见,有关党组织应认真研究并作出说明,一并归入案卷。

第九条 纪律检查机关在需要时,可以运用公安机关、人民检察院、人民法院的鉴定结论、勘验检查笔录等。

从公安机关、人民检察院、人民法院取得证据,按有关规定办理。

纪律检查人员对有作案现场的非刑事案件,应注意对现场作出检查,并作好笔录。

第十条 对受到刑事处罚、政纪处分的党员作党纪处理,必须收集主要证据材料。

第十一条 鉴别证据的任务是:根据各种证据材料的具体特征,逐个进行审查和分析研究,鉴别其真伪,判断其与案件事实有无内在联系,对查明和证实案情有无意义。经过鉴别,确实符合客观实际,与案件事实有内在联系的证据,才能作为定案的依据。

第十二条 鉴别证据,首先鉴别每个证据是否客观真实,是否伪造;是否与案件事实有联系;是原始证据还是传来证据,是直接证据还是间接证据,其来源有无问题,然后,综合分析证明案件的同一事实的各类证据之间有无矛盾;各种证据之间有无内在的联系,要注意时间、条件的变化对证据的影响,要把不同的证据摆到案件发生、发展的过程中去,考虑当时的历史背景,同其他证据联系起来综合分析。

第十三条 对物证的鉴别,要审查是否错误地收集了疑似的物品和痕迹,收集的物证是否伪造,有无栽赃陷害的情况。研究、分析所取物证与案件事实的联系,确定其有无证明作用。

第十四条 对书证的鉴别,要查清其原始制作人,是在何种情况下制作的,是否伪造,节录材料是否断章取义,所记载的内容有无差错,联系其他证据判断所取书证的真实性。

第十五条 对证人证言的鉴别,要注意审查证言的内容与案件事实是否有联系,来源有无问题,是否受到外界不正常因素的干扰,是否属实,证言前后是否一致,有无矛盾。不得采用对质的方法鉴别证言。

第十六条 对受审查党员陈述的鉴别,要审查其交待或申辩前后是否一致,有无矛盾,将交待或申辩与其他证据相对照,看其是否合情合理,是否属实。

第十七条 对视听材料的鉴别,要注意是否伪造,是否被裁剪,是否拼接组合。

第十八条 对受侵害人员陈述的鉴别,要注意受侵害人员感情因素对其陈述真实性的影响。

第十九条 认定案件事实,证据必须确凿。证据经过鉴别,其真实性得到确认后,即成为有效证据,任何人无权涂改或弃毁,有关党组织在移送证据时,不得任意取舍。特别不得舍弃那些经过鉴别证明受审查党员无错的证据。要综合运用证据,证据之间矛盾时,不能仅凭数量多少决定其真实可靠性;认定主要错误事实所依据的证据之间的矛盾不能排除时,不能定案。

第二十条 在没有物证、书证的情况下,仅凭言词证据定案时,必须有两个以上(含两个)证据,才能定案。

第二十一条 没有直接证据而仅凭间接证据定案时,所有间接证据必须查证属实;每个证据与案件事实都有着客观联系;取得的证据必须形成一个完整的证明体系,这个证明体系足以排除其他可能性,才能定案。不能排除其他可能时,不能定案。

第二十二条 仅有受审查党员的交待,没有其他证据,不能定案;受审查党员拒不承认,其他证据确实充分,仍可定案。

第二十三条 本规定由中共中央纪律检查委员会案件审理室负责解释。

第二十四条 本规定自下发之日起施行。

中共中央纪律检查委员会关于所要作出的处分决定和所依据的事实材料同犯错误党员见面的具体办法

（1991年7月23日）

第一条 为了准确地贯彻党章第四十一条中关于党组织对犯错误党员“所要作出的处分决定和所依据的事实材料必须同本人见面”的规定，有效地保障党员的民主权利，正确地执行党的纪律，特制定本办法。

第二条 作处分决定的党组织必须将所要作出的处分决定和所依据的事实材料同犯错误党员本人见面。

第三条 所要作出的处分决定，是指经党的支部委员会研究起草，党支部大会尚未讨论通过的处分决定文稿或上级党委、纪委直接讨论决定起草的处分决定文稿。这种处分决定文稿，应写明犯错误党员的自然情况，所犯错误的事实、情节、后果，本人责任，错误性质和处分意见等内容。

第四条 处分决定所依据的事实材料，是指党组织或纪律检查机关经过审核作为处分依据的事实材料。这种材料，要隐去检举人、揭发人、证人的姓名。

第五条 对事实情节简单的案件，所要作出的处分决定写得完整、具体，已包含所依据的错误事实的，可以不另写处分决定所依据的事实材料，只将处分决定文稿同犯错误党员见面即可。

第六条 所要作出的处分决定和所依据的事实材料同犯错误党员见面的时间，由党支部大会讨论处分决定的，在支部大会讨论处分决定之前；由上级党组织直接讨论处分决定的，在上级党组织正式决定之前。

第七条 所要作出的处分决定和所依据的事实材料同犯错误党员本人见面的形式，对有阅读能力的，给本人过目；对没有阅读能力的，向其宣读。

第八条 党组织至少委派两人，将所要作出的处分决定和所依据的事实材料同犯错误党员见面。犯错误党员如没有不同意见，应分别在这两份材料上签署“同意”；如提出不同意见，负责同其见面的人员应在记录中如实反映。犯错误的党员有书写能力的，应将自己的意见写成书面材料。

第九条 负责将所要作出的处分决定和所依据的事实材料同犯错误党员见面的党组织或纪律检查机关,对犯错误党员提出的不同意见,必须认真研究,进一步核实。对合理的意见,应予采纳;对不合理的意见,应写出有事实根据的说明。

第十条 由于犯错误党员本人在国内脱离组织长期外出不归或叛逃、出走在国外,党组织无法将所要作出的处分决定和所依据的事实材料同本人见面的,也可以不履行材料见面手续。

第十一条 本办法由中共中央纪律检查委员会案件审理室负责解释。

第十二条 本办法自下发之日起施行。

中共中央纪律检查委员会、监察部关于党的纪律检查机关和国家行政监察机关在案件查处工作中分工协作的补充规定

（1992 年 1 月 13 日）

为更好地贯彻中共中央纪律检查委员会和监察部《关于党的纪律检查机关和国家行政监察机关在案件查处工作中分工协作的暂行规定》，进一步加强纪律检查机关和行政监察机关在案件查处工作中的协调配合，现作以下补充规定：

一、党的纪律检查机关负责受理对各级党组织的检举、控告，对党委、顾委、纪委、人大、政府、政协、军队、法院、检察院、工会、共青团、妇联、武装部等机关团体及其各部门和各类企业事业单位中的中共党员和农村党员违反党纪行为的检举、控告。

二、国家行政监察机关负责受理对国家行政机关及其工作人员和国家行政机关任命的其他人员违反政纪行为的检举、控告。

三、对国家行政机关中的中共党员和国家行政机关任命的其他人员中的中共党员，违反政纪同时又违反党纪行为的检举、控告，纪律检查机关和行政监察机关均可受理。向纪律检查机关和行政监察机关同时提出检举、控告的，双方均应受理。纪律检查机关或者行政监察机关如收到纯属对方受理范围的检举、控告，应及时转送对方。

四、本规定以下各条所称案件，是指涉及双方均有管辖权的同级党委管理的同级政府所属各部门正副职党员领导干部、下一级政府正副职党员领导干部、由国家行政机关任命的其他人员中的党员领导干部的案件，和立案机关认为重要的其他案件。

五、纪律检查机关和行政监察机关对属于本机关受理范围的检举、控告或者领导同志批示办理的案件，在受理后，按照各自的职权范围进行检查或者调查。双方均有权受理的案件，由一方受理时，受理方应将案情和立案决定向另一方通报。必要时可邀请另一方联合办案。事实查清后，需要移送另一方作出

处理的,应提前通报另一方,并将立案根据、调查报告、主要证据、与本人见面材料、处分决定等(复制件)抄送给另一方。另一方的处理结果,应及时通报给对方。如果另一方认为事实不清或证据不足,可以向对方查询,也可以自行调查,并将调查情况通报对方。

六、纪律检查机关和行政监察机关同时受理的案件,双方应通报各自的立案决定,并协商检查、调查案件的办法。一方可邀请另一方联合查办,并确定主办机关,或者由一方进行查处,并将查处结果通报另一方。

在联合查办案件的过程中,双方应当密切配合,加强协作。双方联合调查后,应当按照各自的职权和有关规定,分别审理,作出处理决定,并将处理结果抄送对方。在作出处分决定前,双方应充分交换意见,尽可能使党纪、政纪处分相协调。在双方下达处分决定时,应尽可能同步进行。

七、纪律检查机关和行政监察机关对于双方联合调查的和均要给予处分的案件,在公开报道处分决定时,应事先协商报道事宜,并尽可能同步进行。

八、对因同一行为受到党纪、政纪两种处分不服提出的申诉,原经协商由一方承办的,由承办机关负责复查或者复审,并将复查或者复审结论及有关材料抄送另一方。属于双方联合调查的,可由主办机关先行复查或者复审,也可联合复查或者复审。因同一行为受到党纪、政纪两种处分的,如本人只对一种处分提出申诉,由给予这种处分的机关复查或者复审,并将结论通报另一方。

九、纪律检查机关和行政监察机关均有权受理而由一方查处的案件,其案件材料由负责查处的机关归档。另一方应将对方移送来的案件材料归入本机关档案。

属于双方联合调查的案件,案卷正本由主办机关负责归档,副本由另一方负责归档。分别审理的处分材料正本分别归档。

十、本规定自发布之日起执行。过去的规定与本规定不一致的,按照本规定执行。

中共中央纪律检查委员会、中共中央组织部关于省、自治区、直辖市纪委和中央、国家机关各部门纪检组（纪委）领导干部任免审批程序的通知

（1992年4月17日）

为了加强对省、自治区、直辖市纪委和中央、国家机关各部门纪检组（纪委）领导干部的管理，使干部任免审批工作制度化、规范化，根据党章和有关规定精神，结合纪检系统的实际情况，现对省、自治区、直辖市纪委和中央、国家机关各部门纪检组（纪委）领导干部的任免审批程序通知如下：

一、省、自治区、直辖市纪委领导干部任免审批程序

1. 省、自治区、直辖市纪委换届时，纪委书记、副书记、常委候选人由省、自治区、直辖市党委提出，征得中央纪委同意后，报中央审批。选举结果在上报中央的同时抄报中央纪委。

2. 党代表大会闭会期间，省、自治区、直辖市纪委书记、副书记的调整，由同级党委提出人选，征得中央纪委同意后，报中央审批。常委由所在省、自治区、直辖市党委提出人选，征得中央纪委同意后任免，任免通知抄送中央纪委。

二、中央、国家机关各部门纪检组（纪委）领导干部任免审批程序

1. 中央纪委派驻的纪检组组长、副组长、局级检查员和副局级室主任，由中央纪委商所在部门党组（党委）提出人选，经中央纪委考察后，组长由中央纪委报中央任免；副组长由中央纪委报中央组织部备案后任免；局级检查员和副局级室主任由中央纪委任免。

2. 中央直属机关、中央国家机关纪工委书记、副书记，由中央直属机关、中央国家机关工委商中央纪委提出人选，经中央纪委考察同意后，书记由工委报中央任免；副书记由工委报中央组织部备案后任免，任免通知抄送中央纪委。纪工委委员、局级检查员和副局级室主任，由工委任免，任免后抄送中央纪委备案。

3. 中央、国家机关各部门党组（党委）纪检组（纪委）组长（书记）、副组长

(副书记),由所在部门党组(党委)或中央纪委商所在部门党组(党委)提出人选,经中央纪委考察同意后,组长(书记)由所在部门党组(党委)报中央任免;副组长(副书记)由所在部门党组(党委)报中央组织部备案后任免,任免通知抄送中央纪委。局级检查员和副局级室主任,由所在部门党组(党委)任免,任免后抄送中央纪委备案。

三、材料报送办法

1. 省、自治区、直辖市纪委领导干部任免在事前征得中央纪委同意时,上报材料需一式三份。

2. 中央直属机关、中央国家机关纪工委和中央、国家机关各部门党组(党委)纪检组(纪委)领导干部任免需抄送中央纪委的备案材料,均应附《干部任免呈报表》。

请各地区、各部门参照上述规定,结合实际情况,对本地区、本部门下级纪委(纪检组)的领导干部任免审批程序作出相应规定,并报中央纪委和中央组织部备案。

中共中央纪律检查委员会办公厅关于中央、中央纪委决定或批准的对犯错误党员的处分执行程序的通知

（1992年9月5日）

近年来，各级党组织对执行上级党组织决定或批准的对犯错误党员的处分，是严肃认真的。但是，个别单位在执行中仍然存在一些问题。为了加强对有关党组织执行中央、中央纪委决定或批准的对犯错误党员处分的监督，维护党纪的严肃性，根据《中国共产党章程》和中央纪委《党的纪律检查机关案件审理工作条例》的精神，特做如下通知：

一、对中央、中央纪委决定或批准的对犯错误党员的处分，有关党组织应在犯错误党员所在的基层党委或党支部的范围内予以宣布，并将处分决定及批复给犯错误党员一份。

二、中央纪委直接做出的对犯错误党员的处分决定，由中央纪委或中央纪委委托有关党组织宣布执行。

有关党组织做出的对犯错误党员的处分决定，呈报中央或中央纪委审批的，中央或中央纪委批准后，由呈报单位党组织宣布执行。

三、有关党组织接到中央或中央纪委的批复之日起，必须在一个月内予以宣布执行。并在两个月内将执行情况填写《处分决定执行情况报告表》报中央纪委（具体内容见附表）。

有关党组织如有特殊原因不能按规定时间宣布中央、中央纪委的决定或批复的，应向中央纪委申明原因。对既不按规定时间宣布中央、中央纪委的决定或批复，又不向中央纪委申明原因的，应追究有关责任者和领导者的责任。

四、有关党组织报给中央纪委的《处分决定执行情况报告表》，由中央纪委案件审理室承办。

五、各级纪委可结合本地区、本部门的实际情况，参照本通知的精神，制定相应的规定，并报上一级纪委备案。

处分决定执行情况报告表

姓　名		年龄		性别	
职　务					
处分决定送交本人的时间					
宣布处分决定的时间、范围					
其　他					
报告单位	（盖　章） 年　月　日				

中共中央纪律检查委员会关于加强纪检条规解答工作的通知

（1993年4月22日）

为了加强党的纪律检查条规建设，保证纪检条规解释、答复的准确性和规范性，现就纪检条规解答工作的有关问题通知如下：

一、凡以中央纪委名义发布的纪检条规的解释、答复，由中央纪委法规室负责承办，经中央纪委领导批准后以中央纪委“中纪法复”文件发出。

二、需要由中央纪委予以解释、答复的纪检条规的理解及适用问题（不包括对具体案件的定性、处理问题），原则上由省、自治区、直辖市纪委，中央国家机关各部委纪检组（纪委），中央纪委各派驻纪检组，中直机关和中央国家机关纪工委，军委纪委以书面形式向中央纪委提出。对越级向中央纪委请示、询问和纪检干部个人请示的，中央纪委一般不做答复。

三、对于所要请示的问题，有关纪委（纪检组）应当尽可能地搞清情况加以研究，并提出意见；如果涉及其他有关部门业务的，应当先征求有关部门意见，并在请示中说明，以便研究处理。

四、党的纪检机关与行政监察机关合署办公后，凡有关行政监察法规政策解答工作，仍按照《监察部关于加强监察法规政策解答工作的通知》的规定办理。

中共中央纪律检查委员会、监察部关于中央直属机关和中央国家机关纪检、监察机构设置的意见

(1993年5月18日)

根据党章和行政监察条例的有关规定,中央纪委和监察部现向中央直属机关和中央国家机关的52个部门派驻了纪检、监察机构66个,其中中央纪委、监察部双派驻的部门14个,中央纪委单派驻的部门6个,监察部单派驻的部门32个。42个部门内设纪检、监察机构65个,其中设纪检组(纪委)和监察机构的部门23个,单设纪检组(纪委)的部门4个,单设行政监察机构的部门15个。这些纪检、监察机构在贯彻执行党中央的路线、方针、政策,维护党的章程和国家的法律、法规,协助党的组织整顿党风,纠正行业不正之风,加强党风廉政建设等方面,发挥了重要作用。

党的十四大以后,根据党中央和国务院的决定,中央纪委与监察部已合署办公。中央国家机关一些纪检、监察机构的合署工作也正在进行。为落实党的十四大关于"加强党的纪律和纪律检查工作"、"强化行政监察机关职能"的精神,现对中央直属机关和中央国家机关的纪检、监察机构设置等若干问题提出如下意见:

一、机构设置的原则和形式

中央直属机关和中央国家机关的纪检、监察机构设置应适应改革开放的新形势,本着加强纪检、强化监察职能的精神,加以健全和完善。设置的纪检、监察机构名称分别为:纪律检查组、纪律检查委员会和监察局、监察专员办公室。根据党章和行政监察条例的有关规定,中央直属机关、中央国家机关中的一些重要经济部门、意识形态部门、国家司法和行政执法监督部门可由中央纪委、监察部派驻纪检、监察机构。一些部门可内设纪检、监察机构。同时,要充分发挥中央直属机关纪工委、中央国家机关纪工委的作用。

1. 国务院的部委中,已实行中央纪委、监察部双派驻的国家教委、地质矿产部、建设部、冶金工业部、化学工业部、邮电部、对外贸易经济合作部、文化部、

广播电影电视部和设在中国人民银行的金融系统纪检、监察机构保留。监察部已派驻监察机构的国家计委、国家科委、民政部、司法部、财政部、交通部、水利部、农业部、林业部、卫生部、国家体委、审计署,中央纪委设立派驻纪检组。

新组建的国家经贸委、机械工业部、电子工业部、电力工业部、煤炭工业部、国内贸易部,中央纪委、监察部设立派驻纪检、监察机构。中央纪委、监察部在国家计生委设立派驻纪检、监察机构。

2. 国务院直属机构和办事机构中,中央纪委、监察部派驻海关总署的纪检、监察机构保留。只有中央纪委或监察部派驻机构的新闻出版署、国务院侨务办公室、国家工商局和国家旅游局,中央纪委、监察部派驻纪检、监察机构。中央纪委、监察部在国家税务总局设立派驻纪检、监察机构。

3. 中央直属机关纪工委、中央国家机关纪工委为中央纪委派出机构。

中央纪委派驻中国科学院、中国社会科学院、新华通讯社、人民日报社、最高人民检察院的纪检组和内设监察机构保留。最高人民法院党组纪检组改为中央纪委派驻纪检组,内设监察机构保留。

4. 外交部、公安部、国家安全部、铁道部、中国民用航空总局、国家海洋局的纪委,国家民委党组纪检组和监察部派驻这些部门的监察机构保留。监察部派驻人事部、劳动部的监察机构保留。国家地震局党组纪检组保留,监察部在该局设立派驻监察机构。

5. 中央纪委、监察部不派驻纪检、监察机构的中央国家机关和国务院直属事业单位、国务院联系的企业,机关和直属单位人数较多,对下实行行业管理的,应设立党组纪检组和行政监察机构。

中央纪委、监察部建议国务院机关事务管理局、国家环保局、国家土地局、中国轻工总会、中国纺织总会、中国气象局、中国核工业总公司、中国兵器工业总公司、中国船舶工业总公司、中国航空工业总公司、中国航天工业总公司、中国石油天然气总公司、中国石油化工总公司、中国有色金属工业总公司、中国海洋石油总公司、中国工商银行、中国人民建设银行、中国农业银行、中国银行、交通银行、中国人民保险公司应设立党组纪检组和内设监察机构。

二、领导体制和工作关系

根据《中共中央、国务院批转中央纪委、监察部〈关于中央纪委、监察部机关合署办公和机构设置有关问题的请示〉的通知》精神,中央直属机关、中央国家机关纪检、监察机构合署办公,实行一套工作机构,两个机构名称,履行两种职能的体制。中央纪委、监察部均派驻和内设纪检组、监察机构的部门,纪检组和监察机构实行合署办公;由中央纪委派驻纪检组,行政监察机构实行内设的部门,纪检组同行政监察机构合署办公;只有监察部派驻监察机构的部门,党组纪检组(纪委)与派驻监察机构合署办公。

派驻纪检、监察机构实行中央纪委、监察部和所驻在部门党组、行政领导的双重领导,纪检、监察业务以中央纪委、监察部领导为主。党组纪检组(纪委)与内设行政监察机构实行中央纪委、监察部和所在部门党组(党委)、行政领导的双重领导。

派驻纪检组组长和党组纪检组(纪委)组长(书记)应参加所在部门的党组(党委),尚不是党组(党委)成员的,列席所在部门的党组(党委)会议。

三、职务设置和干部管理

派驻纪检组和党组纪检组(纪委)设组长(书记)一人,副组长(副书记)一至二人。派驻和内设监察局(监察专员办公厅)设局长(专员)一人,设副局长(副专员)一至二人。实行纪检、监察合署办公的监察局(监察专员办公室)局长(专员)由纪检组(纪委)副组长(副书记)担任。派驻和内设纪检、监察机构的内设办事机构统称室。室设主任一人,副主任一至二人。

派驻和内设纪检、监察机构,根据工作需要设局级纪律检查员、监察专员和处级纪律检查员、监察员。纪律检查员和监察专员、监察员是实职。

上述干部的配备、任免和管理,按《中共中央办公厅转发中央纪律检查委员会〈关于纪律检查机关组织建设几个问题的请示〉的通知》、《中共中央纪律检查委员会、中共中央组织部关于颁发〈关于党的各级纪委内部机构和干部职务设置的若干规定〉的通知》、《中共中央纪律检查委员会、中共中央组织部关于省、自治区、直辖市纪委和中央、国家机关各部门纪检组(纪委)领导干部任免审批程序的通知》和《中华人民共和国行政监察条例》的有关规定执行。

四、纪检、监察机构的人员编制

纪检、监察机构人员编制的确定,要以精干、效能为原则。

派驻纪检、监察机构的编制,由中央纪委、监察部根据各部门实际工作需要确定。原则上统一划拨,单独列编。派驻纪检、监察机构的人员,工资、福利待遇、住房及离退休安排等,由所在部门负责。

内设纪检、监察机构的编制,由所在部门根据实际情况和工作需要确定,在本部门列编。

中国共产党纪律检查机关控告申诉工作条例

（中共中央纪律检查委员会
1993年8月22日印发）

第一章 总 则

第一条 受理对党员、党组织的检举、控告和党员、党组织的申诉，是党的纪律检查机关的一项重要职责。根据党章的有关规定，制定本条例。

第二条 控告申诉工作是党的纪律检查机关贯彻执行党的群众路线，依靠群众维护党的纪律、促进党风建设的一项重要工作；是保障党内外群众充分行使民主权利，对党组织、党员特别是党员领导干部进行监督的重要渠道；是纪律检查工作的基础性工作。

第三条 纪律检查机关受理检举、控告、申诉的范围是：对党员、党组织违反党章和其他党内法规，违反党的路线、方针、政策和决议，利用职权谋取私利和其他败坏党风行为的检举、控告；党员、党组织对所受党纪处分或纪律检查机关所作的其他处理不服的申诉；其他涉及党纪党风的问题。

第四条 控告申诉工作的指导思想是：贯彻执行党的基本路线，坚持从严治党方针，为党风廉政建设和维护安定团结服务，保证经济建设的顺利进行。

第五条 控告申诉工作的基本原则是：

（一）按照党章和政策规定处理问题。

（二）实事求是，以事实为依据。

（三）贯彻党的民主集中制。

（四）维护当事人的民主权利。

（五）分级负责、分工归口处理检举、控告和申诉。

（六）解决实际问题同思想教育相结合。

第六条 县以上（含县）纪律检查委员会，应建立控告申诉工作部门，配备专职干部，设置接待群众的场所，公布有关的规章制度，为党内外群众提供检举、控告、申诉的必要条件。

第二章　处理检举、控告、申诉的程序和方法

第一节　处理检举、控告的程序

第七条　中央纪律检查委员会收到对中央委员会、中央纪律检查委员会成员违犯党的纪律行为的检举、控告,应进行初步核实,需要立案检查的,报中央委员会批准。中央以下各级纪律检查委员会收到对上述成员的检举、控告,应及时报告中央纪律检查委员会。

第八条　中央以下各级纪律检查委员会收到对同级党的委员会、纪律检查委员会成员违犯党的纪律行为的检举、控告,应进行初步核实,需要立案检查的,报同级党的委员会批准;涉及常务委员的,经报告同级党的委员会后报上级纪律检查委员会批准。

第九条　对第七、第八条所列范围以外的党员干部违犯党的纪律行为的检举、控告,按照干部管理权限,属于哪一级党的委员会管理的党员干部的问题,就由哪一级纪律检查委员会调查处理。重要的问题,应向上级纪律检查委员会报告,上级纪律检查委员会认为需要时可以直接调查处理。

第十条　对一般党员的检举、控告,由该党员所在的党组织调查处理;上级纪律检查委员会认为需要时可以直接调查处理。

第十一条　中央以下各级纪律检查委员会收到对同级党的委员会的检举、控告,必须报上级纪律检查委员会处理。

第十二条　对党员、党组织的检举、控告,需要立案检查的,按照党的纪律检查机关案件检查工作的有关规定办理。不需立案而被检举、控告人确有缺点、错误的,可由承办的纪律检查机关或有关党组织责成被检举、控告人作出检讨或说明,或通过党内生活进行批评教育。

第十三条　对检举、控告的问题作出处理后,由承办的纪律检查机关或有关党组织将处理结果告知检举、控告人,听取其意见。匿名检举的问题,必要时可在适当范围内公布调查处理的结果。

第二节　处理申诉的程序

第十四条　党员、党组织对所受党纪处分不服的申诉,由批准处分的党的委员会或纪律检查委员会承办。原批准处分的党的委员会或纪律检查委员会已经撤销的,由申诉人现在的相当于原批准处分的一级党的委员会或纪律检查委员会承办。

党员、党组织对纪律检查机关所作的其他处理不服的申诉,由作出处理决定的纪律检查机关承办。

第十五条 对党员、党组织的申诉,需要复议、复查的,按照党的纪律检查机关案件审理工作的有关规定办理。不需要复议、复查的,由承办的纪律检查机关或有关党组织对申诉人说明理由,做好工作。

第十六条 经过复议、复查,如果原结论或处理决定是正确的,应作出维持原结论或处理的决定,并报原批准的党的委员会或纪律检查委员会批准结案;需要改变原结论或处理决定的,应作出新的处理决定,并经原批准的党的委员会或纪律检查委员会批准执行。如果复议、复查结论和决定是由原批准的党的委员会或纪律检查委员会作出的,则不必办理上述批准手续。

第十七条 对党员、党组织的申诉,上级纪律检查委员会认为需要时可以直接复议、复查,也可以责成有关的党的委员会或纪律检查委员会复议、复查。

第十八条 对申诉的问题复议、复查后,由承办的党的委员会或纪律检查委员会将处理意见或复议、复查结论同申诉人见面,听取其意见。复议、复查的结论和决定,应交给申诉人一份。

第十九条 申诉人如果对复议、复查结论仍然不服,由批准的党的委员会或纪律检查委员会,将申诉人的意见及复议、复查的结论和有关材料,一并报上一级党的委员会或纪律检查委员会审查决定。

第三节 处理检举、控告和申诉的基本方法

第二十条 对检举、控告、申诉中的重要情况和问题,可采取适当的书面形式,及时向党的有关领导机关、领导同志和有关部门反映。

第二十一条 对本级党的委员会管理的党员干部的检举、控告和本级党的委员会管理的党员干部的申诉,分别由本级纪律检查委员会的案件检查部门和案件审理部门办理。重要的可由本级纪律检查委员会领导批示办理。

第二十二条 涉及下级党的委员会管理的党员干部和一般党员的检举、控告、申诉,按照分级负责的原则,转交下级相应的纪律检查机关或有关党组织办理。重要的可函交下级纪律检查机关或有关党组织调查处理,有的可责成其报告调查处理的结果。

第二十三条 对转交下级纪律检查机关或有关党组织办理的检举、控告和申诉,交办的纪律检查机关可采取检查、催办、参与调查、参与研究处理意见等方法,促使问题及时、正确地得到处理。

第二十四条 对匿名的检举材料,要具体分析,区别对待,慎重处理;没有

具体事实的,可不予置理;反映情节轻微的一般问题的,可将问题摘抄给被检举人,责成其作出检讨或说明;反映重要问题的,可先进行初步核实,再确定处理办法;内容反动的,可交公安部门处理。

第三章　受理机关的职责和工作要求

第二十五条　在控告申诉工作中,各级纪律检查机关的责任是:按照规定的范围受理检举、控告和申诉,从中了解党风党纪情况和违纪案件线索;直接办理或向下级纪律检查机关和有关党组织交办检举、控告和申诉;指导和协助下级纪律检查机关做好控告申诉工作。

第二十六条　各级纪律检查委员会的控告申诉工作部门承担处理检举、控告和申诉的日常工作,遵照本级纪律检查委员会的决定和有关规章制度,履行下列职责:

(一)通过处理群众来信和接待群众来访,受理检举、控告和申诉;

(二)向本级纪律检查委员会反映检举、控告和申诉的情况和问题;

(三)承办上级和本级纪律检查委员会交办的检举、控告、申诉和其他事项;

(四)向本级纪律检查委员会有关部门移送或向下级纪律检查机关、有关党组织交办检举、控告和申诉,向有关部门转办不属于纪律检查机关职责范围的信访问题;

(五)调查研究控告申诉工作情况,拟订控告申诉工作的规章制度,对下级纪律检查机关的控告申诉工作进行业务指导;

(六)协调处理信访问题,疏导上访群众,维护正常的工作秩序和社会秩序。

第二十七条　各级纪律检查机关对受理的检举、控告和申诉,应及时办理,不得延误。对应由上级处理的问题,应迅速报告上级处理;对应由本级处理的问题,本级有关领导或有关部门应及时处理;对应由下级处理的问题,应迅速转交下级处理。

第二十八条　对于上级纪律检查机关要求报告调查处理结果的检举、控告、申诉案件,承办的纪律检查机关或有关党组织一般应在三个月内报告结果;不能如期报告时,要说明理由和办理情况。对于没有要求报告结果的检举、控告、申诉,也应及时调查处理,不得置之不理或敷衍塞责。

第二十九条　向上级纪律检查机关报告检举、控告和申诉案件的处理结果,应当材料齐全。

报告检举、控告案件处理结果的必备材料是:

(一)调查报告和处理结论。

(二)检举、控告人和被检举、控告人对调查处理的意见。在检举、控告人或被检举、控告人提出不同意见时,应附有承办单位对其不同意见的说明。

(三)被检举、控告人有错误,组织上已令其检讨或给予组织处理的,应附有本人检讨或处理决定。

(四)呈报机关的审查意见。

报告申诉案件处理结果的必备材料是:

(一)原处理决定、复议结论或复查报告及结论。

(二)申诉人对复议、复查结论的意见。在申诉人提出不同意见时,应附有承办单位对其不同意见的说明。

(三)呈报机关的审查意见。

第三十条 上级纪律检查委员会对下级纪律检查委员会或有关党组织上报的调查处理结果审核后,对处理正确的要及时结案;对处理不当的,要及时提出意见或建议。上下级纪律检查委员会如果在重要问题上有不同意见,由上级纪律检查委员会决定;如果下级纪律检查委员会的处理确有错误又坚持不改的,上级纪律检查委员会有权改变下级纪律检查委员会对案件所作的决定。

第三十一条 对检举、控告和申诉调查处理完毕后,承办单位、交办单位应按档案工作的规定,及时立卷归档。

第三十二条 维护当事人的合法权利。对检举、控告人及检举、控告内容,应当保密。不准将检举、控告材料转给被检举、控告人;不得对检举、控告、申诉人歧视、刁难、压制。对打击报复检举、控告、申诉人的,必须追究责任,严肃处理。

第三十三条 对如实检举、报告或反映情况的,应予以支持、鼓励。对检举、控告不完全属实的,除对不属实的部分予以解释说明外,对属实的部分应予以处理。对检举、控告不实的,必须分清是错告还是诬告:如属错告,应在一定范围内澄清是非,消除对被错告者造成的影响,并教育错告者;如属诬告,必须对诬告者追究责任,严肃处理。

第三十四条 认定诬告,必须经过地、市级以上(含地、市级)党的委员会或纪律检查委员会批准。

第三十五条 对于党员、党组织对党纪处分或纪律检查机关所作的其他处理不服的申诉,必须按照全错全纠、部分错部分纠、不错不纠的原则,实事求是地处理。凡属冤假错案,不管是哪一级组织、哪一个领导人定的和批的,都要实事求是地纠正。

第三十六条 发现党的组织或负责人对党员或党组织的申诉不认真复议、复查和对冤假错案坚持不纠,对受理的检举、控告不负责任,无故拖延不办,或为违纪者说情、开脱,予以包庇的,都要给予批评教育,情节严重的,必须追究责任。

第三十七条 对检举、控告、申诉的问题已经得到正确处理,当事人仍无理纠缠,影响工作秩序的,应当进行批评教育;对不听劝告、屡教不改的,可请公安部门协助处理。

第三十八条 受理机关及其工作人员,在坚持原则、执行政策、秉公执纪、廉洁奉公、遵纪守法、工作作风等方面,必须接受党内外群众的监督。

第三十九条 各级纪律检查机关的领导对重要的检举、控告、申诉,应亲自阅批、接谈,进行处理;要支持承办人员履行职责,保护他们的合法权益不受侵害。

第四章 当事人的权利和义务

第四十条 检举、控告、申诉人在检举、控告、申诉活动中有下列权利:

(一)对党员、党组织违法乱纪的行为有权提出检举、控告。

(二)党员对所受党纪处分或纪律检查机关所作的其他处理不服,有权提出申诉,要求复议、复查。

(三)提出检举、控告、申诉后,在一定期限内得不到答复时,有权向受理机关提出询问,要求给予负责的答复。

(四)有权要求与检举、控告、申诉案情有关或有牵连的承办人员回避。

(五)对受理机关及承办人员的失职行为和其他违纪行为有权提出检举、控告。

(六)因进行检举、控告、申诉,其合法权利受到威胁或侵害时,有权要求受理机关给予保护。

第四十一条 检举、控告、申诉人在检举、控告、申诉活动中,必须履行下列义务:

(一)对所检举、控告、申诉的事实的真实性负责。接受调查、询问时,应如实提供情况和证据。如有诬陷、制造假证行为,须承担纪律责任。

(二)遵守党的纪律和控告申诉工作的有关规定,维护社会秩序和工作秩序。如有违犯,须接受教育、劝告,直至承担纪律责任。

(三)接受党组织的正确处理意见,不得提出党章、制度、政策规定以外的要求。

第四十二条 被检举、控告人在党组织处理对他的检举、控告过程中有下列权利：

（一）对被检举、控告的问题有权进行说明解释。

（二）基层党组织讨论决定对他的党纪处分或其他处理时，有权参加和进行申辩。

（三）有权要求党组织将调查处理结论同本人见面。

（四）对党组织认定本人所犯错误的事实、性质和所作处理决定有不同意见时，有权向上级党组织直至中央提出申诉。

（五）对受理机关及承办人员的失职行为和其他违纪行为有权提出检举、控告。

（六）当合法权利受到威胁或侵害时，有权要求受理机关给予保护。

第四十三条 被检举、控告人在党组织处理对他的检举、控告过程中，必须履行下列义务：

（一）配合党组织查清被检举、控告的问题，如实提供情况和证人，接受检查和询问，主动交代问题。如有隐瞒、诬陷、抗拒等行为，须承担纪律责任。

（二）对所犯错误，必须正确对待，认真检讨，接受处理，不得违反组织决定。

（三）尊重检举、控告人和承办人员的权利和职责，如有利用职权打击报复检举、控告人和承办人员的行为，须承担纪律责任。

第五章 附 则

第四十四条 本条例是党内处理检举、控告、申诉的规则，各级纪律检查机关和党组织必须严格执行。

第四十五条 各省、自治区、直辖市纪律检查委员会，中央直属机关和中央国家机关纪律检查工作委员会，可根据实际情况，制定实施本条例的细则或具体规定，报中共中央纪律检查委员会备案。

第四十六条 中国人民解放军的纪律检查机关的控告申诉工作，可参照本条例另作规定。

第四十七条 本条例由中共中央纪律检查委员会负责解释和修改。

第四十八条 本条例自 1993 年 9 月 1 日起施行。其他有关控告申诉工作的规定，如与本条例不一致时，按本条例执行。

中共中央纪律检查委员会、最高人民检察院、监察部关于纪检监察机关和检察机关在反腐败斗争中加强协作的通知

(1993年11月5日)

在深入开展反腐败斗争中,为进一步加强纪检监察机关和检察机关在反腐败斗争中的密切配合与协作,特作如下通知:

一、中央纪委、最高人民检察院、监察部建立联席例会制度。联席例会原则上每三个月召开一次。特殊情况下,经一方提出,可随时召开。联席例会由中央纪委负责召集,中央纪委分管案件的常委、最高人民检察院分管案件的副检察长、监察部部长(或副部长)应参加联席例会。例会的主要任务是:通报各自在反腐败斗争中的工作情况,交流信息;分析反腐败斗争中的新情况、新问题;研究反腐败工作的宏观对策;讨论反腐败斗争中遇到的法律、政策问题;研究需要协调的双方在工作中遇到的问题和重大贪污、贿赂等经济违纪、违法犯罪案件以及非法拘禁、刑讯逼供、徇私舞弊等侵权、渎职案件的查处工作。

地方各级纪检监察机关和检察机关也应建立相应的联席例会制度,加强在反腐败斗争中的协作与配合。

二、纪检监察机关查处的违纪案件,经审查认为已触犯刑律,需要追究刑事责任的,应按照《刑事诉讼法》有关案件管辖的规定,及时将有关证据材料(或复印件)移送相应的检察机关。纪检监察机关根据案情,应在移送前后对当事人作出党纪政纪处理。对于纪检监察机关移送的案件,检察机关要积极受理,及时审查或进行必要的调查,作出是否立案的决定。检察机关决定不予立案的,应说明原因,并将材料退回移送的纪检监察机关。

检察机关在案件侦结后,要将案件的处理结论(起诉、免予起诉、撤案情况)及时通报移送案件的纪检监察机关。

三、检察机关在查处案件中,对需要同时作党纪、政纪处理的案犯和打击报复举报人、包庇案犯、干扰办案的有关人员,应适时将有关证据材料(或复印件)移送纪检监察机关。纪检监察机关应及时作出处理,并将处理情况通报检

察机关。

对于检察机关尚未侦结的案件，纪检监察机关需要对有关违纪人员作出党纪、政纪处分，检察机关在不影响侦查工作的前提下，应积极配合。

四、纪检监察机关和检察机关要及时转送属于对方管辖的有关举报材料。

五、对于查处有阻力或涉及党纪、政纪、法纪交叉的大案要案，经纪检监察机关和检察机关协商，可由一个部门为主调查，另一部门进行配合，必要时由联席例会决定由纪检监察机关和检察机关联合调查，对触犯刑律的，由检察机关依照法律程序办理。

六、纪检监察机关查处的可能构成犯罪需要移送检察机关的案件或移送检察机关尚未侦结的案件，一般不要公开报道，如需公开报道，应由双方协商决定。

七、纪检监察机关和检察机关在反腐败斗争中要依法办案，严格区分违反党纪政纪和刑事犯罪的界限，各司其职，相互配合，协调一致。遇到问题不能协调一致时，提交联席例会协商，协商仍不能一致的，分别报告上一级纪检监察机关和检察机关。

中国共产党纪律检查机关案件检查工作条例

(中共中央纪律检查委员会1994年3月25日印发)

第一章 总 则

第一条 检查中国共产党内违纪案件是中国共产党的纪律检查机关的一项重要工作,是严肃党纪的中心环节。为使案件检查工作规范化、制度化,提高办案质量和效率,根据中国共产党章程有关规定,结合案件检查工作的实践,制定本条例。

第二条 案件检查工作的指导思想是,通过执纪办案,维护党的章程和其他党内法规,严肃党的纪律,加强党风廉政建设,保护改革开放,促进经济发展,保证党的基本路线的贯彻执行。

第三条 纪检机关依照党章和本条例行使案件检查权,不受国家机关、社会组织和个人的干涉。

第四条 案件检查必须坚持实事求是的原则,以事实为根据,以党纪为准绳,做到事实清楚,证据确凿,定性准确,处理恰当,手续完备。

第五条 案件检查要坚持在党的纪律面前人人平等的原则,对任何党员和党组织违犯党的纪律的行为,都必须依据本条例进行检查。

第六条 案件检查要依靠党的各级组织,走群众路线,加强纪检系统内部以及与有关部门的协调配合。

第七条 案件检查要贯彻惩前毖后、治病救人的方针,达到既维护党纪的严肃性,又教育本人和广大党员的目的。

第八条 案件检查中,要切实保障党员包括被检查的党员行使党章所赋予的各项权利。

第九条 案件检查实行分级办理、各负其责的工作制度。

第二章 受理和初步核实

第十条 纪检机关对检举、控告以及发现的下列违纪问题,予以受理:

(一)同级党委委员、纪委委员的违纪问题;

（二）属上级党委管理在本地区、本部门工作的党员干部的违纪问题；

（三）同级党委管理的党员干部的违纪问题；

（四）下一级党组织的违纪问题；

（五）领导交办的反映其他党员和党组织的违纪问题。

属下级党委管理的党员和党组织重大、典型的违纪问题，必要时也可以受理。

第十一条 纪检机关受理反映党员或党组织的违纪问题后，应根据情况决定是否进行初步核实。需初步核实的，应及时派人进行，必要时也可委托下级纪检机关办理。

第十二条 初步核实的任务是，了解所反映的主要问题是否存在，为立案与否提供依据。

第十三条 初步核实可以采用本条例第二十八条中（一）、（二）、（三）、（四）、（五）、（八）的方法收集证据。

第十四条 初步核实后，由参与核实的人员写出初步核实情况报告，纪检机关区别不同情况作出处理：

（一）反映问题失实的，应向被反映人所在单位党组织说明情况，必要时还应向被反映人说明情况或在一定范围内予以澄清；

（二）有违纪事实，但情节轻微，不需追究党纪责任的，应建议有关党组织作出恰当处理；

（三）确有违纪事实，需要追究党纪责任的，应予立案。

第十五条 初步核实的时限为两个月，必要时可延长一个月。重大或复杂的问题，在延长期内仍不能初核完毕的，经批准后可再适当延长。

第三章 立 案

第十六条 对检举、控告以及发现的党员或党组织的违纪问题，经初步核实，确有违纪事实，并需追究党纪责任的，按照规定的权限和程序办理立案手续。

第十七条 对党员的违纪问题，实行分级立案。

（一）党的中央委员会委员、中央纪律检查委员会委员违犯党纪的问题，由中央纪委报请中央批准立案。

（二）党的中央以下各级委员会、纪律检查委员会常务委员（基层党委、纪委为书记、副书记）违犯党纪的问题，与党委常务委员同职级的党委委员违犯党纪的问题，由上一级纪委决定立案，上一级纪委在决定立案前，应征求同级党委的意见。其他委员违犯党纪的问题,由同级纪委报请同级党委批准立案。

(三)其他党员干部违犯党纪的问题,均按照干部管理权限,由相应的纪委或纪工委、纪检组决定立案,在决定立案前应征求同级党委或党工委、党组的意见。未设立纪委或纪工委、纪检组的,由相应的党委或党工委、党组决定立案。

(四)不是干部的党员违犯党纪的问题,由基层纪委决定立案。未设立纪委的,由基层党委决定立案。

第十八条 党的关系在地方、干部任免权限在主管部门的党员干部违犯党纪的问题,除另有规定的外,一般由地方纪检机关决定立案。

若地方纪检机关认为由部门纪检机关立案更为适宜的,经协商可由部门纪检机关立案;根据规定应由部门纪检机关立案的违纪问题,经协商也可由地方纪检机关立案。

第十九条 对于党组织严重违犯党纪的问题,由上一级纪检机关报请同级党委批准立案,再上一级纪委在征求同级党委意见后也可直接决定立案。

第二十条 属于下级纪检机关立案范围的重大违纪问题,必要时上级纪检机关可直接决定立案。

第二十一条 上级纪检机关发现应由下级纪检机关立案的违纪问题,可责成下级纪检机关予以立案。

第二十二条 凡需立案的,应写出立案呈批报告,并附检举材料和初步核实情况报告,按立案批准权限呈报审批。

立案审批时限不得超过一个月。

经批准立案的案件,纪检机关应通报同级党委组织部门。

第四章 调　　查

第二十三条 对已经立案的案件,立案机关应根据案情组织调查组。

第二十四条 调查组要熟悉案情,了解与案件有关的政策、规定,研究制订调查方案,并将立案决定通知被调查人所在单位党组织。

被调查人所在单位党组织应积极支持办案工作,加强对被调查人和案件知情人的教育。未经立案机关或调查组同意,不得批准被调查人出境、出国、出差,或对其进行调动、提拔、奖励。

第二十五条 调查开始时,在一般情况下,调查组应会同被调查人所在单位党组织与被调查人谈话,宣布立案决定和应遵守的纪律,要求其正确对待组织调查。调查中,应认真听取被调查人的陈述和意见,做好思想教育工作。

第二十六条 调查组认为被调查的党员干部确犯有严重错误,已不适宜担任现任职务或妨碍案件调查时，可建议对其采取停职检查措施。停止党内职务，属党委批准立案的，停职检查由党委决定；属纪检机关直接立案的，停职检查由纪检机关征求同级党委意见后决定。停止党外职务的，由纪检机关向有关党外组织提出建议。

第二十七条 证明案件真实情况的一切事实，都是证据。证据包括：物证、书证、证人证言、受侵害人的陈述、被调查人的陈述、视听材料、现场笔录、鉴定结论和勘验、检查笔录。

证据应经过鉴别属实，才能做为定案的根据。

第二十八条 凡是知道案件情况的组织和个人都有提供证据的义务。调查组有权按照规定程序，采取以下措施调查取证，有关组织和个人必须如实提供证据，不得拒绝和阻挠。

（一）查阅、复制与案件有关的文件、资料、账册、单据、会议记录、工作笔记等书面材料；

（二）要求有关组织提供与案件有关的文件、资料等书面材料以及其他必要的情况；

（三）要求有关人员在规定的时间、地点就案件所涉及的问题作出说明；

（四）必要时可以对与案件有关的人员和事项，进行录音、拍照、摄像；

（五）对案件所涉及的专门性问题，提请有关的专门机构或人员作出鉴定结论；

（六）经县级以上（含县级）纪检机关负责人批准，暂予扣留、封存可以证明违纪行为的文件、资料、账册、单据、物品和非法所得；

（七）经县级以上（含县级）纪检机关负责人批准，可以对被调查对象在银行或其他金融机构的存款进行查核，并可以通知银行或其他金融机构暂停支付；

（八）收集其他能够证明案件真实情况的一切证据。

第二十九条 调查取证要做到：

（一）收集物证、书证，应尽量收取原物、原件；不能收取原物、原件的，也可拍照、复制，但须注明保存单位和出处，书证还须由原件的保存单位或个人签字、盖章。

（二）收集证言，应对出证人提出要求，讲明责任。证言材料要一人一证，可由证人书写，也可由调查人员作笔录，并经本人认可。所有证言材料应注明证人身份、出证时间，并由证人签字、盖章或押印。证人要求对原证作出部分或全部更改时，应重新出证并注明更改原因，但不退原证。与证人谈话，调查人员不得少于二人。收集被侵害人的陈述、被调查人的陈述,适用本项规定。

(三)对于有关机关移送的调查材料,必须认真审核,经调查人员认定后才可作证据使用。

第三十条 调查中,如需公安、司法机关和其他执法部门等提供与违纪案件有关的证据材料,有关机关应予积极配合。

第三十一条 应认真鉴别证据,严防伪证、错证。发现证据存在疑点或含糊不清的,应重新取证或补证。

第三十二条 认定错误事实须有确实、充分的证据。只有被调查人的交待,而无其他证据或无法查证的,不能认定;被调查人拒不承认而证据确实、充分的,可以认定。

第三十三条 调查组应将所认定的错误事实写成错误事实材料与被调查人进行核对。对被调查人的合理意见应予采纳,必要时还应作补充调查;对不合理的意见,应写出有事实根据的说明。

被调查人应在错误事实材料上签署意见。对拒不签署意见的,由调查组在错误事实材料上注明。

第三十四条 调查取证基本结束后,调查组应经过集体讨论,写出调查报告。调查报告的基本内容是:立案依据,主要错误事实及性质;有关人员的责任;被调查人对错误的态度;处理建议。对调查否定的问题应交待清楚。对难以认定的重要问题用写实的方法予以反映。调查报告须由调查组全体成员签名。

如调查组内部对错误性质、有关人员的责任及处理建议等有较大分歧,经过讨论仍不能一致时,应按调查组长的意见写出调查报告。但对不同意见应在报告中作适当反映,或另以书面形式反映。

调查组应将调查报告的主要内容向被调查人所在单位党组织通报,并征求意见。

第三十五条 调查中,发现检举人确属诬告或证人出具伪证等妨碍案件检查的行为,应予追究。

第三十六条 要保护办案人、检举人、证人。对上述人员进行诬告陷害、打击报复的,应予追究。

第三十七条 调查中,若发现违纪党员同时又触犯刑律,应适时将案件材料移送有关司法机关处理。

第三十八条 调查结束后,调查组要总结工作,并应协助发案单位党组织总结经验教训。

第三十九条 案件调查的时限为三个月,必要时可延长一个月。案情重大或复杂的案件,在延长期内仍不能查结的,可报经立案机关批准后延长调查时间。

第五章 移送审理

第四十条 凡属立案调查需追究党纪责任的案件,调查终结后,都要移送审理。

个别重大复杂的案件,调查过程中,可提前介入审理。

第四十一条 移送审理时,应移送下列材料,并办交接手续:

(一)分管领导同意移送审理的批示;

(二)立案依据;

(三)调查报告和承办纪检室的意见;

(四)全部证据材料;

(五)与被调查人见面的错误事实材料;

(六)被调查人对错误事实材料的书面意见和检讨材料;

(七)调查组对被调查人意见的说明。

第四十二条 案件经审理并报本级纪委常委会讨论后,应将调查报告、被调查人对错误事实材料的书面意见和检讨材料以及调查组对被调查人意见的说明材料的复制件,送交被调查人所在单位党组织作出处理决定。

被调查人所在单位党组织应在一个月内作出处理决定,并按照处分党员的批准权限呈报审批。

特殊情况下,由县以上纪检机关直接作出处分决定的,事前应征求被调查人所在单位党组织的意见。

第四十三条 审理过程中,发现证据不足的,应予补证;认为案件主要事实不清的,应补充调查。

第四十四条 对公安、司法机关已处理的案件中所涉及的党员,需要给予党纪处分的,由纪检机关直接审理。如需进一步调查的,应由纪检机关办理立案手续。

第六章 对办案人员的要求

第四十五条 办案人员应遵守以下纪律:

(一)不准对被调查人或有关人员采取违犯党章或国家法律的手段;

(二)不准泄露案情,扩散证据材料;

(三)不准伪造、篡改、隐匿、销毁证据,故意夸大或缩小案情;

(四)不准接受与案件有关人员的财物和其他利益。

第四十六条 办案人员有下列情形之一的,应当自行回避,被调查人、检举人及其他与案件有关的人员也有权要求回避:

(一)是本案被调查人的近亲属;

(二)是本案的检举人、主要证人;

(三)本人或近亲属与本案有利害关系的;

(四)与本案有其他关系,可能影响公正查处案件的。

办案人员的回避,由纪检机关有关负责人决定。

对办案人员的回避作出决定前,办案人员不停止对案件的调查。

第七章 附 则

第四十七条 本条例是党的纪律检查机关案件检查工作的规则,各级党组织和纪检机关都必须严格执行。

第四十八条 中国人民解放军党的纪律检查机关的案件检查工作,军委纪委可参照本条例的精神作出规定,报中央军委批准施行,并报中央纪律检查委员会备案。

第四十九条 本条例由中央纪律检查委员会负责解释;实施细则由中央纪律检查委员会制定。

第五十条 本条例自 1994 年 5 月 1 日起施行,《中国共产党纪律检查机关案件检查工作条例(试行)》同时废止。

中国共产党纪律检查机关
案件检查工作条例实施细则

（中共中央纪律检查委员会
1994 年 3 月 25 日印发）

第一章 总 则

第一条 根据《中国共产党纪律检查机关案件检查工作条例》（以下简称《条例》）第四十九条的规定，制定本细则。

第二条 《条例》第三条所称“纪检机关依照党章和本条例行使案件检查权”，是指纪律检查机关在党章和《条例》规定的职权范围内，对党员和党组织的违纪问题有权进行初步核实、立案和调查。

任何国家机关、社会组织和个人均不得以违反法律、法规和党章、《条例》的手段，干扰、阻挠纪检机关的办案活动。对妨碍案件检查工作的，应按照《中共中央纪律检查委员会关于对妨碍违纪案件查处的党组织和党员党纪处分的规定（试行）》作出处理。

第三条 《条例》第四条所称“事实清楚、证据确凿、定性准确、处理恰当、手续完备”是指：

1. 案件发生的时间、地点、手段、情节、后果和有关人员的责任等应清楚明确；

2. 认定的每一案件事实都应有经过鉴别属实的充分证据；

3. 确定错误性质和提出处理建议，均应以事实为依据，以党章、党纪和国家法律、法规为准绳；

4. 案件检查的各个环节都应符合《条例》和本细则规定的程序，并履行相应的手续；收集的证据和形成的案件材料也应符合规定的要求。

第四条 根据《条例》第八条的规定，在案件检查中，纪检机关要切实保障党员和群众提出批评、检举、控告等项权利，保障被调查党员行使申辩、申诉等项权利，保障检举控告人、证人、被调查人和办案人不受打击报复。

第二章　受理和初步核实

第五条　根据《条例》第十条第一项的规定,纪检机关受理同级党委委员、纪委委员的违纪问题,如被反映人同时担任两个以上党委或纪委委员职务的,一般应由与其最高职务同级的纪检机关受理。

第六条　《条例》第十条第五项所称“领导交办的”,是指:

1. 上级党委(党工委、党组)、纪委(纪工委、纪检组)及其负责人交办的;

2. 同级党委(党工委、党组)及其负责人和本级纪委(纪工委、纪检组)负责人交办的。

上述领导交办的反映党员和党组织的违纪问题,必须经分管纪检室领导阅批后,才予以受理。

第七条　根据《条例》第十一条的规定,凡纪检室认为需进行初步核实的,应填写《初步核实呈批表》(附式1);凡委托下级纪检机关进行初步核实的,应当制作《委托初步核实通知书》(附式2)。受委托的纪检机关应及时办理,并将核实情况报告委托机关。

第八条　根据《条例》第十二条、十三条的规定,初步核实应当尽力收集证据,并抓住主要问题进行,注意保守秘密。

第九条　《条例》第十四条所称“初步核实情况报告”,其内容应包括:被反映人的自然情况、反映的主要问题及初步核实的结果、存在的疑点、处理建议。参与核实的人员须在初核情况报告上签名。

承办纪检室应对初步核实情况报告进行审议并提出处理建议,由室主任(室主任不在时由副主任)签名后呈报分管纪检室领导审批。

第十条　根据《条例》第十四条第一项的规定,对经初步核实,反映问题不实的,纪检机关除应向被反映人所在单位党组织说明情况外,还应注意做好以下工作:

1. 在初核过程中如向被反映人作过了解或纪检机关认为有必要的,应向本人说明情况;

2. 因反映问题不实而对被反映人造成不良影响的,应采取适当方式在一定范围内予以澄清;

3. 发现被反映人在工作中做出显著成绩的,应向有关党组织反映;

4. 对检举人因了解情况不全面而错告的,应帮助其总结经验教训;

5. 对蓄意诬告、陷害的,应调查处理或建议有关组织严肃追究。

第十一条　根据《条例》第十四条第二项的规定,对经初步核实,虽有违纪

事头,但情节轻微,不需追究党纪责任的,纪检机关应建议有关党组织按照以下办法做出处理:

1. 党组织负责人同被反映人谈话,进行批评教育;

2. 责成被反映人作出口头或书面检查;

3. 召开民主生活会,对被反映人进行批评帮助;

4. 纠正被反映人的违纪行为或责令其停止正在实施的违纪行为;

5. 对被反映人的工作或职务进行调整;

6. 在一定范围内进行通报批评;

7. 责成被反映人退出违纪所得。

上述处理办法对同一被反映人可以单独使用,也可合并使用。

纪检机关对党组织提出建议时,应制作《纪律检查建议书》(附式3),送达有关党组织。对纪检机关的建议,有关党组织如无正当理由,应予采纳,并应将办理结果及时报告或告知提出建议的纪检机关。

第十二条 《条例》第十五条所称"初步核实的时限",从初步核实工作实际开始之日算起,至纪检室提出处理意见呈报分管领导审批时为止。

第三章 立 案

第十三条 《条例》所称"追究党纪责任",是指给予纪律处分和免予纪律处分。

第十四条 《条例》第十八条第一款所称"另有规定的"部门,是指铁路、外交、民航、海关、税务、新华社、人民日报社等部门。

第十五条 根据《条例》第十八条第二款的规定,对应由地方纪检机关立案的违纪问题,有下列情形之一的,可由部门纪检机关立案:

1. 违纪问题涉及几个地方,由一个地方纪检机关立案调查不便的;

2. 部门纪检机关已受理并经初步核实的。

第十六条 根据《条例》第十九条的规定,对违纪党组织的立案,应由有立案权的党委、纪委常委会议研究决定。

第十七条 根据《条例》第二十一条的规定,上级纪检机关责成下级纪检机关立案的,必须是上级纪检机关或有关部门经过初步核实,认为符合立案条件的。

凡责成立案的,上级纪检机关应制作《责成立案通知书》(附式4)并附核实材料;有关下级纪检机关应即立案,并将查处结果报告上级纪检机关。

第十八条 根据《条例》规定,党员违犯党纪需要立案的,一般由纪委常委会议或纪检组组务会议讨论决定;党委委员、纪委委员违犯党纪需同级党委批准立案的,一般由党委常委会议讨论决定。党委或纪委因常务委员不够常委会议法定人数而无法召开常委会的,可由二名以上常务委员批准立案,但事后应即向其他常务委员通报。

不设常委会的各级党工委、纪工委,地级党委、纪委,基层党委、纪委的立案问题,比照前款规定执行。

立案审批时限,从收到立案呈批报告之日算起,至批准立案之日止。

第十九条 根据《条例》第二十二条的规定,凡需立案的,由承办纪检室写出《立案呈批报告》(附式5)。经批准立案的案件,承办纪检室应填写《立案决定书》(附式6),通报同级党委组织部门。

第二十条 党员工作调动后,发现在原单位有违纪问题并需立案调查的,由其现所在单位承办,原单位应予配合。

离退休后提高职级待遇的党员,其违纪问题需立案调查的,应按其提高待遇后的干部管理权限办理。

第四章 调 查

第二十一条 《条例》所称"立案机关",是指决定立案或经批准后决定立案的机关。

第二十二条 《条例》第二十四条第一款所称"调查方案",其内容应包括:需查清的主要问题,调查步骤、方法,预计完成任务的时间,办案人员的组成和领导关系以及应注意的事项等。

调查方案应经分管纪检室领导批准后实施。

第二十三条 《条例》所称"被调查人(被反映人)所在单位党组织",是指与被调查人(被反映人)在其工作单位担任的党内职务或党外职务相应的一级党组织。

根据《条例》第二十四条第一款的规定,将立案决定通知被调查人所在单位党组织,应填写《立案决定书》,送交被调查人所在单位党组织的主要负责人。

第二十四条 根据《条例》第二十五条的规定,调查开始时,在一般情况下,调查组应会同被调查人所在单位党组织负责人与被调查人谈话,宣布立案决定,进行思想教育,并提出应遵守的纪律:

1. 自觉接受组织的调查,如实说明情况,主动交待问题,认真检查错误,配合组织尽快查清问题;

2. 不得与同案人或知情人串通情况、订立攻守同盟,不得对抗调查或进行反调查;

3. 不得对检举控告人、证人及上述人员家属等进行打击报复。

如调查组认为,调查开始时与被调查人谈话和宣布立案决定,会影响案件调查工作的,可根据案情,在适当时机谈话和宣布立案决定。

被调查对象是一级党组织的,调查开始时,调查组应会同其上一级党组织负责人,与被调查党组织的主要负责人谈话。

第二十五条 《条例》第二十六条所称"已不适宜担任现任职务",是指具有下列情形之一的:

1. 被调查人犯有严重错误,已无法继续履行其职责;

2. 被调查人犯有严重错误,担任现任职务已严重影响调查工作。

本条所称"妨碍案件调查",是指被调查人具有下列行为之一的:

1. 本人或指使他人对办案人、检举控告人、证明人及上述人员的家属进行侮辱、诽谤、诬陷、威胁、围攻、殴打以及其他形式的打击报复;

2. 本人或指使他人出伪证、不出证,隐匿、篡改、销毁证据,或嫁祸于人;

3. 利用职权或工作之便,采取欺骗、威胁、贿赂等手段阻止知情人如实反映情况、提供证据,或唆使知情人变证;

4. 本人或指使他人与同案人或知情人串通情况,订立攻守同盟,对抗调查或进行反调查。

第二十六条 根据《条例》第二十六条的规定,停止被调查人党内职务的,党委或纪检机关在作出停职检查决定后,应制作《停职检查决定书》(附式7)。纪检机关作出的停职检查决定,应将《停职检查决定书》报同级党委、党组备案,并通报同级党委组织部门。

属于停止被调查人党外职务的,纪检机关应制作《停职检查建议书》(附式8),送达有关党外组织。但由党委批准立案的,停职检查建议应在报经党委同意后提出。对纪检机关的建议,有关党外组织如无正当理由应予采纳,并应将结果及时报告或告知纪检机关。

停职检查的期限,不得超过办案期限。

第二十七条 《条例》第二十七条所称证据的种类分别指:

1. 物证:指能够证明案件真实情况的物品和物质痕迹。

2. 书证:指以其记载的内容证明案件真实情况的文字(包括符号、图画)。

3. 证人证言:指证人就其所了解的案件事实情况作的陈述。凡是知道案件真实情况的人都可以作为证人。生理上、精神上有缺陷或者年幼,不能辨别是非、不能正确表达意志的人,不能作证人。

4. 受侵害人的陈述:指受违纪行为直接侵害的人员就案件事实情况所作的控告和诉说。

5. 被调查人的陈述:指被调查党员就案件事实所作的交待、申辩和对同案人员的检举。

6. 视听材料:指可以重现原始声响或形象的用作证明案件事实的材料。

7. 现场笔录:指调查人员对案件(非刑事案件)有关的场所进行检查时所作的笔录。

8. 鉴定结论:指鉴定人运用专门知识或技能对办案人员不能解决的专门事项进行科学鉴定后所作出的结论。

9. 勘验、检查笔录:指公安、司法人员对与案件有关的场所、物品及其他证据材料进行勘验、检查时所作的笔录。

第二十八条 《条例》第二十八条所称"知道案件情况的组织和个人",包括党组织和党外组织、党员和党外人员。

党员拒绝作证或故意提供虚假情况,情节严重的应按照有关规定给予党纪处分;是党外人员的,应建议其主管机关予以追究。

第二十九条 根据《条例》第二十八条第四项的规定,对与案件有关的人员和事项进行录音、拍照、摄像,应严格掌握。与被调查人、受侵害人和证人谈话时,如进行录音、拍照、摄像,应事先告知本人。制作的录音带、录像带和照片,应严加保管,不得扩散外传。被调查人、证人等未经调查人员许可,不得对调查人员使用这些手段。

第三十条 根据《条例》第二十八条第五项的规定,对案件所涉及的专门性问题,调查组可以提请有关专门机构或人员作出鉴定结论。鉴定人员应在鉴定结论上签名,并由鉴定单位加盖公章。

用作证据的鉴定结论,应告知被调查人。如被调查人提出申请,或调查组认为必要时,可以补充鉴定或重新鉴定。调查人员使用鉴定结论时,要注意与其他证据相互印证。

第三十一条 根据《条例》第二十八条第六项的规定,纪检机关暂予扣留、封存可以证明违纪行为的文件、资料、账册、单据、物品和非法所得时,参加的调查人员不得少于二人,并要填写《暂予扣留、封存物品登记表》(附式9),调查人和文件、物品的保管或持有人均应在登记表上签名。对扣留封存的文件、物品等,要指定专人妥善保管。

扣留封存的期限不得超过办案期限。

第三十二条 根据《条例》第二十八条第七项的规定，查核和暂停支付被调查对象在银行或其他金融机构的存款，按照中央纪委、中国人民银行关于纪检机关查询和暂停支付被调查对象存款有关规定办理，并要分别填写《查核银行存款通知书》（附式10）、《暂停支付存款通知书》（附式11）、《解除暂停支付存款通知书》（附式12）。

暂停支付的期限不得超过办案期限。

第三十三条 根据《条例》第二十九条的规定，调查取证还要注意做到：

1. 收集书证时，对可作书证的私人日记、信件等原始材料，应采取动员的方法，不能强行收集。涉及个人隐私的，应为其保密。

2. 收集证人证言，应个别进行，不得采取开座谈会的形式。证人作证后，应为其保密。

3. 调查人员与被调查人、证人、受侵害人谈话时，应制作《谈话笔录》（附式13）。

4. 对与案件（非刑事案件）有关的场所进行检查时，调查人员不得少于二人，并应制作现场笔录，调查人员应在现场笔录上签名。

第三十四条 根据《条例》第三十二条的规定，在没有物证、书证的情况下，仅凭言词证据认定错误事实时，必须有两个以上（含两个）直接证据，才能认定。

在没有直接证据的情况下，运用间接证据认定错误事实时，所有间接证据必须查证属实；每个证据与案件事实都有客观联系；所取得的证据必须形成一个完整的证明体系，并且这个证明体系足以排除其他可能性，才能认定。如不能排除其他可能性，或证据之间、证据与案件事实之间有矛盾的，不能认定。

第三十五条 根据《条例》第三十三条的规定，与被调查人进行核对的错误事实材料，其内容应包括：被调查人的主要错误事实、错误性质及责任。错误事实材料不得泄露立案依据、调查过程、检举人、证明人等内容。错误事实材料，以调查组的名义落款。

错误事实材料与被调查人见面，应由二名以上调查人员进行，必要时可请被调查人所在单位党组织负责人参加。

第三十六条 调查组在调查过程中，如发现被调查人有新的违纪问题，应一并查清，并及时向派出机关报告；如发现与本案无关的其他重大违纪问题，应即向派出机关报告。

第三十七条 对署真实姓名的检举人，调查结束后，调查组应向其口头通报所检举问题的调查结果，并征求意见。对案情需要保密的，应要求检举人不得泄密或扩散。

第三十八条 经调查,属于检举失实的案件,由承办纪检室写出《销案呈批报告》(附式 14),报请立案机关批准后销案,并向被调查人及其所在单位党组织说明情况。

第三十九条 《条例》第三十九条规定的案件调查时限,从批准立案之日算起,至承办纪检室将调查报告报送分管领导审议之日止。

第五章 移送审理

第四十条 根据《条例》第四十条第二款的规定,凡需审理室提前介入审理的案件,应由调查组提出意见,经纪检室审议后,报分管纪检室、审理室领导批准;分管纪检室、审理室领导认为必要时,也可直接决定提前介入审理。

第四十一条 根据《条例》第四十一条的规定,纪检室在向审理室移送案件材料时,应填写《案件移送审理登记表》(附式 15)。

第四十二条 《条例》第四十一条所称"立案依据"包括:

1. 检举材料;
2. 有关领导关于进行初步核实的批示;
3. 初步核实情况报告;
4. 立案呈批报告;
5.《立案决定书》和其他批准立案的材料。

第四十三条 《条例》第四十一条所称"全部证据材料",既包括对所调查的问题认定的证据材料,也包括对所调查的问题否定的证据材料。在移送以上材料时,应按调查报告中认定或否定问题的顺序编号。

第四十四条 根据《条例》第四十二条第一款的规定,将调查报告等案件有关材料的复制件送交被调查人所在单位党组织作出处理决定,由纪检室办理。

根据《条例》第四十二条第三款的规定,特殊情况下,由县以上纪检机关直接作出处分决定的,纪检室应将案件有关材料移送本级纪委审理室,由审理室审理后起草处分决定并征求被调查人所在单位党组织的意见,然后,报本级纪委常委会讨论。

第四十五条 根据《条例》第四十三条的规定,审理过程中,如需个别补证,由审理室直接办理;如审理室认为案件主要事实不清或需要由纪检室补证的,应提出意见,报经分管审理室和纪检室领导同意后,由纪检室补充调查。

第四十六条 根据《条例》第四十四条的规定,对已经公安、司法机关处理的移送纪检机关的案件，由审理室直接受理，不再履行立案手续，但应作为本级纪检机关办理的案件予以统计。如需个别补证的，由审理室办理。需要进一步调查的，报经分管审理室和纪检室的领导同意后，由纪检室办理立案手续。

第四十七条 《条例》第四十四条所称“需进一步调查的案件”，是指主要事实不清，证据不足，需要补充调查或重新调查的案件。

第六章 对办案人员的要求

第四十八条 根据《条例》第四十五条的规定，对办案人员违反本条规定的，应查明情况，追究责任。

第四十九条 《条例》第四十六条所称“近亲属”包括：配偶、父母、子女及其配偶、同胞兄弟姊妹。

第五十条 根据《条例》第四十六条的规定，办案人员未提出回避，被调查人、检举人及其他与案件有关的人员也未要求回避，但纪检机关认为办案人员应当回避的，可以直接作出回避决定。

纪检室负责人的回避，由纪检机关负责人决定；其他办案人员的回避，由纪检室负责人决定。

第七章 附 则

第五十一条 本细则由中央纪律检查委员会负责解释。

第五十二条 本细则自 1994 年 5 月 1 日起施行。

〔附式1〕

中共　　　纪律检查委员会
初步核实呈批表

线索来源							
被反映人		性别		年龄		民族	
单位、职务							
反映的主要问题							
承办纪检室意见							
领导批示							
附:反映材料　　份。							

纪检　　　室填表人　　　年　　月　　日

〔**附式 2**〕

中共　　　　纪律检查委员会
委托初步核实通知书

×纪×字〔　　〕×号

通知书基本内容：

一、反映的主要违纪问题；

二、领导同志批示；

三、委托初步核实并要求报告核实结果。

附：反映、检举材料

中共　　　纪委（印章）

年　月　日

〔附式3〕

中共　　纪律检查委员会
纪律检查建议书

×纪×字〔　　〕×号

建议书基本内容：

一、初核机关和核实认定的违纪问题；

二、处理建议(参照《实施细则》第十一条)；

三、要求将办理结果及时报告或告知纪检机关。

中共　　纪委(印章)

年　月　日

〔**附式4**〕

中共　　　纪律检查委员会
责成立案通知书

×纪×字〔　　〕×号

通知书基本内容：

一、初核机关和核实认定的违纪问题；

二、常委会议决定或领导同志批示；

三、责成立案并要求报告查处结果。

附：1. 反映、检举材料

2. 初步核实材料

中共　　　纪委（印章）

年　月　日

〔附式5〕

中共　　　纪律检查委员会
立案呈批报告

×纪×字〔　　〕×号

立案呈批报告基本内容：

一、案件线索来源；

二、被反映人的自然情况；

三、经初步核实认定的主要违纪问题；

四、呈报立案的党纪根据；

五、呈报单位意见。

附：1. 反映、检举材料

2. 初步核实材料

中共　　　纪委(印章)

年　月　日

〔附式6〕

中共　　　　纪律检查委员会
立案决定书

×纪×字〔　　〕×号

中共××党委(党组):

根据《中国共产党纪律检查机关案件检查工作条例》的规定,经××委常委会议研究决定,对×××同志的严重违纪问题予以立案。

中共　　　纪委(印章)

年　月　日

抄送:××组织部

〔附式7〕

中共　　纪律检查委员会
停职检查决定书

×纪×字〔　　〕×号

中共××党委(党组):

鉴于×××同志严重违犯党的纪律,且____________,根据《中国共产党纪律检查机关案件检查工作条例》的规定,经×××常委会议研究并征求了×委意见,决定暂停×××同志担任的　　　　职务。

中共　　　纪委(印章)

年　月　日

抄报:××党委(党组)

抄送:××组织部

〔附式8〕

中共　　　纪律检查委员会
停职检查建议书

×纪×字〔　　〕×号

建议书基本内容：

一、立案调查机关及开展调查工作的简要情况；

二、被调查人的主要错误事实和本人表现；

三、建议停止党外职务的条规依据；

四、建议停止被调查人的何种职务和建议的提出机关（如该建议按规定须报经党委同意的，还应说明报告过程及结果）；

五、要求有关主管机关及时报告或告知处理结果。

中共　　　纪委（印章）

年　月　日

〔附式9〕

中共　　　纪律检查委员会
暂予扣留、封存物品登记表

编号	物品名称	数量	单位	特征	备注

调查人:　　　　　　原物品持有(保管)人:

保管人:　　　　　　见证人:　　　　　　　　　　　　　　　年　月　日

清单一式三份,调查人、保管人、原物品持有(保管)人各一份。

〔附式10〕

________纪委

查核银行存款通知书

（存根）

____字第___号

发往单位________
事由：因________
____
____

查核________
________的银行存款。

查核人：________
批准人：________
填发人：________
年　月　日

注：查核人填负责向银行联系的承办人

查核字第　号

________纪委

查核银行存款通知书

____字第___号

____银行______：

兹因________
________须向你行查核____的银行存款，特派____同志前往你处，请予协助查核为盼。

附：可提供当事人储蓄存款的线索：

户名____存款开户时间____

存款种类____帐号____

存款金额________

所在储蓄所________

其他________

（公章）　　负责人（签字）

年　月　日

此联交所属银行收执

查核字第　号

查核银行存款通知书

（回执）

____字第___号

______纪委：

你________字第___号查核______的银行存款的通知书收悉。现将有关情况提供如下：

____
____
____
____
____
____

（银行章）

年　月　日

此联由银行填写退查核机关

〔附式 11〕

________纪委 **暂停支付存款通知书** 第一联存根 ____字第____号 发往单位____________ ____________________ ______ 事由: 因____________ __在____________ 银行帐号存款________ ____元与____________ ______案直接有关,请银行暂停支付存款____月(从一九____年____月__日至一九____年____月____日)。 批准人:________ 承办人:________ 填发人:________ 年　月　日	________纪委 **暂停支付存款通知书** 第二联划款凭证 ____字第____号 ________银行________: 经查________在你行帐号______帐户内存款有____元与______案直接有关,请贵行对此款暂停支付____月(从一九____年____月____日至一九____年____月____日)。 特此通知 (公章) 负责人(签字) 年　月　日	**暂停支付存款通知书** 第三联划款回执 ____字第____号 ________纪委: 你________字第________号通知书已收悉。__________在我行帐号________帐户内存款______元已暂停支付。 此复 (银行章) 年　月　日
注:承办人系向银行联系的人员	(此联银行作扣划款付出传票附件)	(此联银行盖章后由纪委存卷)

暂停字第　号

暂停字第　号

〔附式 12〕

______纪委

解除暂停支付存款通知书

第一联存根

______字第____号

发往单位______________________________

事由：

我____于____年____月____日________字第________号通知你行暂停支付的存款__________元，经查，其中__________元应予解除，请办理。

批准人：______________

承办人：______________

填发人：______________

年　月　日

注：承办人系向银行联系的人员

解除字第　号

______纪委

解除暂停支付存款通知书

第二联解除凭证

______字第____号

______银行______：

我____于____年____月____日以____字第____号通知书，通知你行暂停支付______帐号________帐户内存款__________元，经查，其中________元应予解除，请贵行办理。

特此通知

（公章）

负责人（签字）

年　月　日

（此联银行作解除付出传票附件）

解除字第　号

解除暂停支付存款通知书

第三联解除存款回执

______字第____号

__________纪委：

你________字第________号通知书已收悉。__________在我行帐号________帐户被暂停支付的存款__________元已予解除。

此复

（银行章）

年　月　日

（此联银行盖章后由纪委存卷）

〔附式 13〕

中共　　　纪律检查委员会
谈 话 笔 录

时　间　　　　　　地　点

谈话人　　　　　　记录人

谈话对象　　　　　性　别　　　　年龄

政治面目　　　　　文化程度　　　民族

单位、职务　　　　　　　　电话

谈话内容：

签字　　　　　　　　　　　　　　　　第　页　　共　页

谈话笔录(附页)

签字：　　　　　　　　　　　　　　　　　　第　页　共　页

〔附式14〕

中共　　　　纪律检查委员会
销 案 呈 批 报 告

×纪×字〔　　〕×号

销案呈批报告基本内容：

一、立案时间和立案机关；

二、销案理由；

三、呈报单位意见。

附：调查报告

中共　　　纪委(印章)

年　月　日

〔附式 15〕

中共　　　　纪律检查委员会
案件移送审理登记表

案件名称			
被调查人		单位、职务	
立案机关		立案时间	
承办纪检室意见			
材料目录：			
移送单位： 接收单位：	承办人： 接收人：		年　月　日

（此表一式两份，移送单位和接收单位各存一份）

中共中央纪律检查委员会办公厅关于建立纪检监察工作统计分析制度的意见

(1994年6月14日)

为了认真贯彻落实党的十四大和十四届三中全会及中央纪委二次、三次全会精神,全面、准确、及时地向领导反映纪检监察工作特别是反腐败工作的情况,现就建立纪检监察系统工作统计分析制度提出以下意见:

一、正确认识建立工作统计分析制度的意义,切实加强领导

在纪检监察系统建立起运作灵敏、科学求实的工作统计分析制度,是纪检监察机关的领导掌握工作情况,对全局工作实施有效指导的重要途径。这对于坚持实事求是的思想路线,避免主观主义对工作的干扰和误导有着重要的作用。各级纪检监察机关的领导同志应充分认识这项工作的重要性,加强对这项工作的组织领导。要安排人员做好这项工作,并建立起本地的工作统计分析网络,形成从县、地、省、中央逐级上报体系,确保统计分析工作顺利进行。

二、统计分析工作的程序和方法

统计分析工作,以填报统计报表为基础。统计报表由中央纪委办公厅根据每年度纪检监察工作的中心,主要是反腐败工作的部署情况及时设计,报领导审批后下发填报。统计报表根据工作进展情况,按规定要求分别报送。各地的统计数字由省、自治区、直辖市纪检监察机关汇总;中央、国家机关和军队的统计数字,分别由中直机关纪工委、中央国家机关纪工委和中央军委纪委汇总,迳寄中央纪委办公厅信息处。

三、统计分析工作的内容

统计分析工作的内容,根据纪检监察工作的中心和中央纪委常委的要求来确定。今年统计分析工作的重点是:中央纪委三次全会以后,各地区、各部门贯彻落实中央关于党政机关县(处)级以上领导干部廉洁自律“五条规定”、查处大案要案和纠正不正之风的情况。

四、统计分析工作的要求

1. 统计分析工作是一项科学的基础性工作,统计汇总数据,要全面、准确、及时。

2. 统计报表填好后要仔细审核无误，并由纪检监察机关主管负责人审核签署后按要求及时报送。

3. 各省、自治区、直辖市和中央、国家机关各部委的纪检监察机关，每年应针对某方面的工作情况及时报送1至2篇有价值的工作分析报告。

4. 对这次下发的《领导干部廉洁自律情况统计表》，填报时涉及到的政策界限问题，如领导干部在国内公务活动中的接待标准，按照《中共中央办公厅、国务院办公厅关于党政机关工作人员在国内公务活动中食宿不准超过当地接待标准的通知》的有关规定执行。其他政策界限问题，中央、国务院有规定的，一律按中央、国务院的规定执行，暂时未出台的，按各省、自治区、直辖市党委和政府的有关规定执行（呈送统计报表时要附一份地方的有关规定）。该表要认真填写，汇总后于9月30日前报送。

中共中央纪律检查委员会办公厅关于中央和国家机关各部委纪检监察机关执行案件备案制度的通知

(1994年6月24日)

《中央纪委办公厅关于印发〈中央纪委办公厅关于进一步加强案件管理工作的意见〉的通知》提出了对重要违纪问题的立案(核实)和结案建立备案制度的要求。为了落实这一要求,经与监察综合室,各有关纪检监察室研究,现将有关事项通知如下:

一、备案内容:

1. 各部委纪检监察机关主办的立案、结案涉及厅局级干部的案件;性质严重、情节恶劣、造成严重后果的案件;在本地区、本部门有重大影响的案件;具有典型性、代表性、倾向性的案件。

2. 各部委纪检监察机关主办的初步核实反映厅局级干部违纪问题及其他重要核实件。

二、备案形式。填报统一设计的《纪检监察机关立案备案表》、《纪检监察机关结案备案表》、《纪检监察机关初步核实件备案表》、《纪检监察机关初步核实件了结备案表》等四种表格。每季度填报一次,每次填写一式四份(报中央纪委分管纪检监察室二份,监察综合室一份,办公厅案件管理处一份)。每半年将本单位查处案件情况分析报告(一式两份)报中央纪委分管纪检监察室。

三、填表及报送时限。填表截止日期为每季度的最后一天。四种表格每季度报送一次,即每年1月、4月、7月、10月的5日前将上一季度备案表(一式四份)报送到中央纪委分管纪检监察室。查处案件情况分析报告每年1月下旬、7月下旬报送中央纪委分管纪检监察室。

1994年上半年度查处案件(核实件)备案表,请于7月20日前报送到中央纪委分管纪检监察室。

四、各部委纪检监察机关请将本单位负责案件备案工作人员的姓名、单位、职级、联系电话,于1994年7月15日前书面报送到中央纪委分管纪检监察室,以便联系工作。

中央纪委办公厅案件管理处负责每季度将各部委纪检监察机关查处案件情况和执行报送情况进行一次通报。

五、关于《纪检监察机关查办案件工作统计表》的报送渠道，仍按原规定执行。对于执行中出现的一些问题，我们将于今年下半年会同中直机关和中央国家机关纪工委专题研究解决。

本通知自下发之日起执行，以前对案件（核实件）备案的规定与本通知精神不一致的，以本通知要求为准。

纪检监察机关立案备案表

填表单位　　　　　　(章)　填表日期　　年　　月　　日

被调查人		性别		年龄		职级	
文化程度		单位、职务					
案件性质		立案时间		立案单位			
主要违纪问题							
备注							

填表人　　　　　　联系电话　　　　　　审核人

纪检监察机关结案备案表

填表单位　　　　　　（章）　填表日期　年　　月　　日

被调查人		性别		年龄		职级	
文化程度		单位、职务					
案件性质		立案时间		立案单位			
处分情况				结案时间			
主要违纪事实							
备注							

填表人　　　　　　联系电话　　　　　　　　　　审核人

纪检监察机关初步核实件备案表

填表单位　　　　　　（章）　填表日期　　年　　月　　日

线索来源							
被反映人		性别		年龄		职级	
文化程度		单位、职务					
问题性质		批示初核时间		承办单位			
反映的主要问题							
备注							

填表人　　　　　　　联系电话　　　　　　　　　　审核人

纪检监察机关初步核实件了结备案表

填表单位　　　　　　（章）　填表日期　　年　　月　　日

线索来源							
被反映人		性别		年龄		职级	
文化程度		单位、职务					
问题性质		批示初核时间		承办单位			
处理情况			了结时间				
核实情况							
备注							

填表人　　　　　联系电话　　　　　审核人

中共中央纪律检查委员会办公厅
关于纪检条规备案工作的通知

(1994年9月6日)

为使中央纪委及时了解、掌握各省、自治区、直辖市、计划单列市纪委,中央和国家机关各部委纪检组(纪委)制定的在本地区、本部门、本系统适用的纪检条规、制度、规范性文件的情况,加强中央纪委对各级纪委纪检条规工作的指导,根据《中国共产党党内法规制定程序暂行条例》的有关规定,现将纪检条规备案工作的有关问题通知如下:

一、各省、自治区、直辖市、计划单列市纪委,中央和国家机关各部委(纪检组),中直机关和中央国家机关纪工委,军委纪委(含总政纪检部)制定发布的在本地区、本部门、本系统普遍适用的规定、规则、办法、细则、制度、实施意见等规范性文件(含政策性规定,下同),不论是纪检机关单独发布的,还是与监察机关、其他机关联名发布的,或是由同级党委、党组批转的,均应由上述纪检机关于发布之日起三十日内,报中央纪委备案。

二、报送备案的规范性文件,应是铅印或打印的正式文本(或复印本),并应附备案报告。如有需要说明的问题,可在备案报告中写明(见附1)。一般应一件一报,同时或就同一问题发布的几个规范性文件,也可几件一起报。正式文本和备案报告均一式五份。不要以会议文件或文件汇编的撕页报送。

三、纪检机关与监察机关联名发布的规范性文件,由纪检机关和监察机关按本通知要求联名报送备案;由监察机关单独发布的,仍按监察部办公厅《关于报送监察法规、规章、规范性文件的意见》报送。

四、党的十四大以来至本通知发布之日前制定的规范性文件,除已废止或自然失效的外,请于今年10月底以前补报中央纪委备案。补报备案的规范性文件,一式一份,并按附2予以登记,附一个补报备案的报告即可。

五、党的十四大以来及今后省部级纪检机关编印的规范性文件汇编,不论是正式出版的还是供内部使用的,均应按本通知要求,一式五本(套),报送备案,但无须附备案报告和登记表。

六、每年一月底以前,省部级纪检机关应将上一年度发布的规范性文件目录(见附2)一式五份报送中央纪委法规室备查。

七、上述向中央纪委、监察部备案的材料,迳寄中央纪委法规室。

附 1：

（纪检机关全称）

关于《　　　　　　　　　　　》的备案报告

字〔19　　〕号

中央纪委法规室：

现将我委（纪检组）19　　年　　月　　日发布的《　　　　》上报备案，请查收。

（需要说明的问题）

（印　章）

19　　年　　月　　日

附2：

规范性文件登记表

填表单位　　　　（印章）　　填表时间　　年　　月　　日

序号	制发单位	规范性文件名称	发布日期
1			年　月　日
2			年　月　日
3			年　月　日
4			年　月　日
5			年　月　日
6			年　月　日
7			年　月　日
8			年　月　日
9			年　月　日
10			年　月　日

中共中央纪律检查委员会、最高人民法院、最高人民检察院、公安部、监察部关于采取有力措施保护执纪执法办案人员合法权利的通知

（1994年11月21日）

随着反腐败斗争的深入，各级纪检监察机关、公安司法机关和法律监督部门充分发挥职能作用，加大了查办违纪违法案件，尤其是大案要案的力度。广大执纪执法办案人员不畏困难，排除阻力，坚持原则，秉公办案，迅速查办了一批违纪违法犯罪案件，惩处了一批违纪人员和违法犯罪分子，为惩治腐败作出了重要贡献。但是，近一个时期以来，执纪执法办案人员及其家属受到打击报复的事件屡有发生，有的受到恐吓威胁，有的被谩骂殴打，有的甚至遭到报复杀害。这不仅直接危害了执纪执法办案人员及其家属的人身安全，而且严重干扰了执纪执法机关正常的办案工作，影响了反腐败斗争的顺利开展。对此，各级党委、政府及有关部门必须予以高度重视和警惕。为了保护执纪执法办案人员的合法权利，保证反腐败斗争尤其是查办大案要案工作的顺利进行，特就有关问题通知如下：

一、切实采取有效的防范措施，防止打击报复事件的发生。各级党委、政府及有关部门要采取切实有效的措施，加强对执纪执法办案人员的保护。一旦发现打击报复的苗头，或者执纪执法办案人员的人身安全受到威胁，公安司法机关必须及时实施相应的保护，保证办案人员不受到伤害。同时，本单位的领导要认真负责地做好有关当事人的教育疏导工作，对预谋报复伤害办案人员者，迅速、果断地采取相应的控制措施，把可能发生的打击报复事件消除在萌芽状态。对于放任打击报复事件的发生，不采取相应措施予以制止，导致严重后果的，要严肃追究有关党政负责人和其他人员的责任。各级纪检监察机关，公安司法机关和法律监督部门要加强保密纪律教育，严守有关保密规定。在查办违纪违法案件过程中，严禁任何组织和个人泄露案情，严禁任何组织和个人以任何方式向涉案人泄露直接办案人员的有关情况。在宣传报道各类案件以及表

彰办案有功人员时,对办案人、举报人以及知情人的情况,要严格遵守保密规定;需要公开报道的,也应注意方式方法,掌握好分寸。要坚决防止由于泄密导致的打击报复事件的发生。

二、依法从严从快查处打击报复案件。对由于受到举报和查处,而对举报人、办案人在精神上施加压力,在工作中无理刁难,给予种种不公正待遇,肆意进行打击报复的,各级党委、政府和有关部门要采取有力措施,坚决制止和纠正。对进行打击报复的人员要进行严肃的批评教育和组织处理。对于已经发生的打击报复案件,各级纪检监察机关、公安司法机关和法律监督部门要高度重视,及时受理,并投入力量迅速查清事实,严肃处理。对因打击报复构成犯罪的人员,由司法机关依法从重惩处;违反治安处罚条例的,由公安机关给予相应的治安处罚;违犯党纪政纪的,由纪检监察机关从严查处。要选择一些影响大、危害严重的典型案件公开处理,以儆效尤。

三、旗帜鲜明地支持执纪执法人员依法办案。查处违纪违法案件,维护党纪国法的尊严,是深入开展反腐败斗争的重要环节,是各级执纪执法机关的神圣使命。自觉接受法纪监督是每一个公民应尽的义务。要加强法纪教育,增强广大人民群众的法纪观念,支持执纪执法机关履行职责。要大力宣传执纪执法人员坚持原则、无私无畏、敢于斗争的事迹和精神,弘扬正气,鼓舞广大人民群众同各种违纪、违法现象作斗争的勇气,树立执纪执法机关的威信,为查办案件工作创造一个良好的社会环境。各级党委、政府要加强对查办案件工作的领导,旗帜鲜明地支持办案人员依法办案。要从政治上、思想上、工作上、生活上关心和支持办案人员,帮助他们排忧解难。要研究和制定有关法规,从制度上保证办案人员的合法权益不受任何侵犯,以确保反腐败斗争尤其是查办大案要案工作的顺利进行。

关于保护检举、控告人的规定

（中共中央纪律检查委员会、监察部
1996 年 1 月 19 日印发）

第一条 为了保障检举、控告人依法行使检举、控告的权利，维护检举、控告人的合法权益，促进党风廉政建设和反腐败斗争，根据《中国共产党党员权利保障条例（试行）》和行政监察法律、法规，制定本规定。

第二条 任何单位和个人有权向纪检监察机关检举、控告党组织、党员以及国家行政机关、国家公务员和国家行政机关任命的其他人员违纪违法的行为。

任何单位和个人不得以任何借口阻拦、压制检举、控告人依法进行的检举、控告。

第三条 检举、控告人应据实检举、控告，不得捏造事实、制造假证、诬告陷害他人。

纪检监察机关对如实检举、控告的，应给予支持，鼓励。对检举、控告有功的，应给予奖励。对检举、控告不实的，必须分清是错告还是诬告。对错告的，应澄清事实；对诬告的，应依照有关规定予以处理。

第四条 纪检监察机关受理检举、控告和查处检举、控告案件，必须严格保密：

（一）纪检监察机关应设立检举、控告接待室，接受当面检举、控告应单独进行，无关人员不得在场。

（二）检举、控告信函的收发、拆阅、登记，当面或电话检举、控告的接待、接听、记录、录音等工作，应建立健全责任制，严防泄密或遗失检举、控告材料。

（三）对检举、控告人的姓名、工作单位、家庭住址等有关情况及检举、控告的内容必须严格保密，严禁将检举、控告人的有关情况以及检举、控告的内容透露给被检举、控告单位和被检举、控告人以及其他单位和人员。

（四）检举、控告材料列入密件管理，不得私自摘抄、复制、扣压、销毁。

（五）检举、控告材料，除查处案件工作需要外，不得向有关人员出示；因查处案件工作需要出示的，必须经本委、部（厅、局）主管领导批准，并隐去可能暴露检举、控告人身份的内容。

（六）核实情况必须在不暴露检举、控告人的情况下进行。

（七）未经检举、控告人同意，不得公开检举、控告人的姓名、工作单位及其他有关情况。

第五条 受理机关工作人员无意或故意泄露检举、控告情况的,应追究责任,严肃处理。

第六条 严禁将检举、控告材料转给被检举、控告单位或被检举、控告人。

第七条 任何单位和个人不得擅自追查检举、控告人。对确属诬告陷害,需要追查诬告陷害者的,必须经地、市级以上(含地、市级)党的委员会、政府或纪检监察机关批准。

第八条 对匿名检举、控告材料,除查处案件工作需要外,不得擅自核对笔迹或进行文检;因查处案件工作需要核对笔迹或进行文检的,必须经地、市级以上(含地、市级)纪检监察机关批准。

第九条 受理机关工作人员有下列情形之一的,应当回避:

(一)是被检举、控告人或被检举、控告人近亲属的;

(二)本人或近亲属与被检举、控告问题有利害关系的;

(三)与检举、控告问题有其他关系,可能影响检举、控告问题公正处理的。

受理机关工作人员应当主动提出回避,检举、控告人有权要求其回避,回避决定由受理机关作出。

第十条 任何单位和个人不得以任何借口和手段打击报复检举、控告人及其亲属或假想检举、控告人。

指使他人打击报复的,或者被指使人、被指使单位的主要负责人和直接责任人员明知实施的行为是打击报复的,以打击报复论处。

第十一条 打击报复检举、控告人的,纪检监察机关应分别不同情况予以处理:

(一)对于正在实施的打击报复行为,纪检监察机关应在其职权范围内采取措施及时制止,并予以处理,或者及时移送有关部门予以处理。

(二)检举、控告人因被打击报复而受到错误处理的,纪检监察机关应在其职权范围内依照有关规定予以纠正,或者建议有关部门予以纠正。

(三)检举、控告人因被打击报复而造成人身伤害及名誉损害、财产损失的,纪检监察机关应在其职权范围内负责处理,或者移送有关部门予以处理。

第十二条 违反本规定的,应依照党纪、政府的有关规定给予党纪处分、行政处分或其他处理;构成犯罪的,移送司法机关依法追究刑事责任。

第十三条 纪检监察机关受理纪检监察业务范围内的港澳台胞、华侨及外国人的检举、控告,适用本规定。

第十四条 本规定由中共中央纪律检查委员会、中华人民共和国监察部负责解释。

第十五条 本规定自发布之日起施行。

党组

中共中央关于建立党组、党委问题的补充通知

（1978年4月5日）

根据党的十一大通过的《中国共产党章程》的有关规定，中央曾对建立党组和在党中央各部委建立党委的问题发出《中共中央关于国家机关、人民团体改设党组的通知》。现在根据各地提出的问题，作如下补充通知：

一、中央一级国家机关和人民团体中的党组，可以领导直属单位的党组织，可以管理干部和审批所属单位干部的任免。

地方各级国家机关和人民团体中的党组，可以参照上述原则办理。

二、国家机关各部委的政治部，是党的政治工作机关，受各部委的党组领导。

三、中央一级国家机关和人民团体中的党组，可以领导该单位的机关党委。

四、党中央各部委应成立党委，由机关党代表大会或党员大会选举产生，报中央审查批准。各部委的党委和它的常委会是各部委实行集体领导的班子；同时，负责管理本机关的党务工作。

五、地方各级党委的部委，可建立由领导成员组成的部务会议或办公会议的制度。这些部委中的机关党组织（党支部或总支或机关党委），归同级直属机关党委领导。

中共中央组织部转发《中央国家机关工委关于中央国家机关各部门党组指导机关党委工作的意见》的通知

(1994年6月21日)

党和国家领导机关党的建设,是整个党的建设中的一个重要组成部分。国家机关部门党组指导机关和直属单位党组织的工作,是党章规定的党组的主要任务之一。近几年来,中央国家机关许多部门党组(党委),在加强对机关党委工作的指导方面,积累了一些好的经验和做法。中共中央国家机关工委经过调查研究,经商中央国家机关各部门党组,提出了《关于中央国家机关各部门党组指导机关党委工作的意见》,对党组指导机关党委工作的主要任务、主要做法,以及机关党委在党组指导下积极主动地做好工作,工委与各部门党组在加强和改进机关党的工作中的关系等重要问题,提出了明确的意见。

经中央领导同志同意,现将《中央国家机关工委关于中央国家机关各部门党组指导机关党委工作的意见》转发给你们,请结合实际情况参照执行。

中央国家机关工委关于中央国家机关各部门党组指导机关党委工作的意见

机关党的建设,是整个党的建设的重要组成部分,是完成机关各项任务,促进机关建设的重要保证。为贯彻落实党章关于党组指导机关和直属单位党组织的工作的规定,加强党组对机关党的工作的指导,经商中央国家机关各部门党组,现就中央国家机关各部门党组指导机关党委工作的有关问题提出如下意见。

一、党组指导机关党委工作的主要任务

依照党章对党组和机关党组织基本任务的规定,党组指导机关党委工作的主要任务是:

1. 指导机关党委根据新时期党的建设的指导思想及工委的工作部署,结合本部门实际,加强和改进党的思想、组织和作风建设,全面履行机关党委的职责,提高机关党组织的凝聚力、吸引力和战斗力。

2. 指导机关党委搞好党员、干部的理论学习，教育和引导他们用马列主义、毛泽东思想，特别是用邓小平同志建设有中国特色社会主义的理论武装头脑，指导工作。

3. 指导机关党委在本部门实现党的路线、方针、政策的过程中，组织党员、干部积极投身改革，协助行政领导完成各项任务，确保政令畅通，做贯彻执行党和国家各项方针政策的模范。

4. 指导机关党委建立健全党内监督制度，加强对包括本部门行政负责人在内的每个党员的监督，协助行政领导搞好勤政廉政，加强各级领导班子的思想作风建设，提高工作效率，克服官僚主义。

5. 指导机关党委配合行政领导做好职工的思想政治工作和统战工作，加强对机关工、青、妇等群众组织的领导，调动一切积极因素，促进本部门机关的两个文明建设。

二、党组指导机关党委工作的主要做法

根据近几年的实践经验，党组指导机关党委工作的主要做法是：

1. 将机关党的建设作为党组总体工作的一个重要组成部分，列入工作议程，每年至少听取机关党委的两次工作汇报，讨论机关党的工作，研究机关党的思想、组织和作风建设中的重要问题，提出指导性意见。

2. 发挥机关党委在完成本部门各项任务中的协助作用，吸收机关党委的专职书记或常务副书记列席党组的有关会议，参加行政的重要会议和重大业务活动。部署工作时，依靠机关党委做好宣传、动员和组织群众的工作。

3. 切实加强机关党委领导班子建设，选派一名部门党员行政副职兼任书记，同时配好专职副书记；个别一时无合适人选兼任的，也要选配得力干部担任专职书记。

4. 注意发挥机关党委联系群众、协调各方的作用，经常通过机关党委了解干部和职工的思想动态，以及对部门重要决策、改进工作、领导干部廉洁自律等方面的反映和意见。支持机关党委参与对党组管理的党政领导干部的考核和民主评议，任免本机关的行政干部要听取机关党委负责同志的意见。

5. 党组成员应以身作则，增强党性，支持并积极参加机关党的活动，自觉过好双重组织生活，开展批评和自我批评，接受机关党组织的监督，发挥表率作用；支持机关党委履行监督职责，督促各级党员干部特别是担任党内职务的领导干部，认真执行机关党委的决议，做好党的工作。

6. 按照有关规定，解决好机关党委的工作机构设置、人员编制等问题；重视和支持机关党务干部的使用、培训和交流；在经费、时间等方面为开展党的活动提供必要的条件。

三、机关党委要在党组的指导下做好工作

党组的重视和指导,是做好机关党的工作的关键。机关党委要在党组的指导下,认真履行党章赋予的职责,积极主动地开展党的工作,完成党章规定的基层组织的基本任务。要紧紧围绕党组的中心任务和重要部署,安排好机关党的工作,积极主动地完成党组交办的任务;深入调查研究,认真听取党员、干部的意见和建议,为党组和行政领导正确决策、改进工作、任用干部当好参谋,提供服务;认真做好干部和职工的思想政治工作,领导群众组织积极开展社会主义精神文明建设活动;协助党组开好民主生活会,组织好领导干部中心组的学习,促进各级领导班子搞好思想作风建设;积极探索新形势下开展党的工作的新方法、新途径,健全和活跃党内生活,切实加强和改进机关党的自身建设;在召开重要会议、部署重要工作和组织重大活动之前,及时向党组请示报告,取得党组的具体指导和支持。

四、中央国家机关工委要与各部门党组加强联系和协调,共同做好机关党的工作

按照党中央的规定,中央国家机关工委对中央国家机关党的工作实行领导,各部门党组对本部门机关党的工作进行指导。

中央国家机关工委的主要职责是:规划中央国家机关党的建设,分类指导各部门机关、企业、事业单位党的建设工作;指导各级党组织抓好党的思想、组织、作风建设和党员教育管理以及处以上干部的理论培训;指导各级党组织实施对党员特别是党员领导干部的监督,定期了解各部门党员和群众对部门领导干部的意见,及时向党中央反映各部门领导班子和领导干部的情况和问题;指导各级党组织配合行政领导做好思想政治工作和统战工作;负责各部门机关党委和纪委书记、副书记的审批、考核及培训;领导中央国家机关党的纪律检查工作和工、青、妇等群众组织的工作;完成党中央交办的其它任务。

在加强和改进中央国家机关党的工作过程中,工委与各部门党组应互相尊重和支持,着重在以下几方面搞好协调配合:机关党组织的机构设置、人员编制和干部配备;党员领导干部民主生活会、中心学习组和处以上干部理论培训等制度的落实;各部门领导班子和领导干部政治、思想、作风等方面情况的检查和监督;经工委审议或审批的违纪党员干部的处理;机关党委工作的检查和考核,以及其它重要问题的研究解决。

工委和各部门党组领导同志,要以适当方式加强联系,互通工作情况,经常就机关党的工作交换意见。

其他

中共中央关于清理历史遗留问题中涉及到有关中央文件的处理办法的通知

（1979 年 8 月 17 日）

自党的十一届三中全会以来，中央和地方党政军领导机关，都抓紧解决了一大批历史遗留的重要问题，并经中央批准，相应地撤销了一批历史上错误的中央文件或纠正了有关中央文件中的错误部分。这些，都是完全正确的、非常必要的。

但是，由于林彪、“四人帮”的长期干扰破坏，在中央下发的文件中，有的是他们出于篡党夺权的需要，采取欺上压下的手法，打着“高举”、“紧跟”的旗号，蓄意歪曲、篡改马列主义、毛泽东思想和党的正确路线，兜售了极左路线的修正主义货色；有的是在他们直接操纵把持下，炮制的假经验、假材料。在其它的许多中央文件中，也或多或少地被他们塞进了一些极其荒谬和错误的思想观点。这类文件，数量很多，情况复杂，如果一一清理、撤销，不但工作量大，实际也不必要。

现在，全国范围的揭批林彪、“四人帮”的群众运动已基本结束，文化大革命中的重大是非已基本澄清，全党工作的重点已转移到社会主义现代化建设上来。当前最重要的，是要积极引导广大党员、干部和群众，把仇恨集中到林彪、“四人帮”身上，解放思想，振奋精神，发愤图强，团结一致向前看，团结一致搞四化。为此，中央认为有必要就进一步清理历史遗留问题中涉及到有关中央文件的处理办法，作如下通知：

一、粉碎“四人帮”以来，中央发的一系列文件，中央领导同志在多次重要会议上代表党中央作的重要讲话，特别是党的十一大文件、十一届三中全会文件、去年十一月、今年四月两次中央工作会议文件，和五届人大第一、第二次会议文件,对林彪、"四人帮"篡党夺权的反革命罪行,对他们推行的极左路线及其在各方面的表现,都已作了系统、全面、深入的批判;在拨乱反正中,对一系列重要问题都基本上有了新的正确的分析和提法。对于林彪、"四人帮"制造的冤假错案,及历史上错误点名批判和处理的、曾经在中央和地方担任过重要领导职务的人员,绝大部分也都得到平反昭雪。按照党的一贯原则,中央过去所发文件的内容、提法和决定,同中央新发文件的内容、提法和决定相矛盾、相抵触的,一律应以新的文件为准,旧的文件或其中的有关部分自然失效,除少数特殊情况外,不必再一一宣布撤销。

二、中央和地方党政军领导机关,对少数目前正在或尚未清理的历史重要遗留问题,都要按照党的十一届三中全会的精神,抓紧进行工作,争取在短期内尽快求得解决。至于在清理和解决这些问题中,凡是涉及过去中央同意和转发了的中央各部门、各地方党委的报告及其它文件,完全错的完全纠正,部分错的部分纠正。并由有关党组织根据上述中央新发的有关文件的内容、提法和决定,实事求是地重新写出自己的结论或决定,报中央审查批准后宣布执行。凡涉及中央正在或尚未处理的重大历史遗留问题时,应将有关情况和意见报告中央,由中央一并考虑解决。对一切冤假错案中被诬陷、打击、迫害的党员、干部和有关人员的平反昭雪问题,仍照现行的有关规定办理。

三、前一时期,各省、市、自治区党委和中央各部门,就清理历史遗留问题涉及到的有关中央文件,要求予以撤销或部分纠正问题向中央作的请示报告,至今中央尚未批复的,都应按上述原则办理,一般不另作复。

四、中央和地方党政军领导机关自己发的同类文件,也可参照上述原则处理。

中共中央关于坚持“少宣传个人”的几个问题的指示

（1980年7月30日）

三中全会决定要“多歌颂工农兵群众，多歌颂党和老一辈革命家，少宣传个人”。随后在五中全会通过的《关于党内政治生活的若干准则》第二条就此作了一些正式规定。实践证明，这个方针是正确的，三中全会以来执行这个方针总的说来是有成绩的。但是也还有一些问题。主要是对老一辈革命家的歌颂仍有一些过于突出个人，不够实事求是；纪念文章多了一些；一部分纪念文集重复积压；特别是许多纪念方法严重地流于形式，有的甚至为了收集个人文物，成立专门小组，跑遍全国。这些不适当的纪念方法不但造成铺张浪费，脱离群众，而且本身就带有个人创造历史的色彩，不利于在党内外进行马克思主义教育和扫除封建主义遗毒。为此，中央决定：

（一）从现在起，除非中央有专门决定，一律不得新建关于老一代革命家个人的纪念堂、纪念馆、纪念亭、纪念碑等建筑。正在建设的和虽已建成但尚可改造的，应尽可能改建为其他社会经济文化福利设施。毛周刘朱等少数领导人和一些革命先烈的纪念设施，以及革命历史的纪念设施，应当有，应当管理好，但是必须严格控制，防止多建滥建。各地已设者均应向中央报告，以便作出统一规定，并一律不许任意增设。其中很少历史价值特别脱离群众的，如一时不能改建，宁可先行封闭。各地如有有历史意义而适宜集中保存的革命文物，应集中到中央或省市一级的博物馆纪念馆，以利长期保存。至于现尚在世的中央领导同志的故乡、母校和曾经活动的场所，一律不得进行任何形式的纪念布置，已有的布置一律撤销，并须将撤销情况向中央报告。

（二）关于老一辈革命家和其他革命英雄的斗争史，以及革命战争、革命运动、革命工作的历史，写成不事夸张的回忆录发表或保存，对于教育后代和研究历史，都是必要的。但出版个人传记或个人文集，则应比较慎重。今后这类传记和文集，有全国影响的应经中央宣传部核准，属于地方范围的应经省一级宣传部核准，不要随便编辑出版，或为此随便成立各种组织，未经中央或省核准而成立的组织应当撤销。对于重要人物或重要历史问题的宣传，报刊或出版社应注意遵照中央有关指示。

(三)报纸上要多宣传马列主义、毛泽东思想,多宣传社会主义优越性和工、农、兵、知识分子为四个现代化奋斗的成就,多宣传党的政策方针决议,少宣传领导人个人的没有重要意义的活动和讲话。

(四)毛主席像、语录和诗词在公共场所过去挂得太多,这是政治上不庄重的表现,有碍国际观瞻,今后要逐步减少到必要限度。其他领导人像和题词也按同样原则处理。毛主席像章要尽量收回利用,以免浪费大量金属材料。

(五)过去几年为许多受迫害致死的老同志昭雪平反,追悼会开得较多较隆重,现在这种情况已基本结束,不应再消耗过多的人力物力和分散群众建设"四化"的注意力。因此,除特殊情况中央另作规定者外,一般高级干部丧事应力求简化和节约。例如,向遗体告别的仪式一般可取消;追悼会规模要缩小,送花圈和出席追悼会的负责人要减少;悼词要缩短和避免溢美之词;逝世后可即发表简短消息,追悼会新闻要减少和缩短。

中共中央办公厅、国务院办公厅关于重申严格控制建立纪念设施的通知

（1988年8月31日）

1980年7月30日《中共中央关于坚持“少宣传个人”的几个问题的指示》中，曾对建立纪念设施问题作过明确规定。以后，中央又多次强调要严格控制建立纪念设施。但是，至今仍有一些地方和部门无视中央的规定，继续新建纪念设施，占用了大量的人力、物力和财力。经党中央和国务院同意，现重申：

一、建立纪念设施必须从严控制。今后，非经党中央、国务院特许，不得再新建个人纪念馆和设立个人故居。经党中央、国务院批准正在建立和已经建立的纪念馆不得再扩建。未经党中央、国务院批准，也不得修建任何历史事件的纪念设施和个人塑像、纪念碑、纪念亭等。对在世的人，一律不准建任何个人纪念设施。

二、建立纪念设施，必须严格按照规定程序报批，任何领导个人不能批条子上项目。任何单位和个人均不得利用领导同志的题词、题字代替规定的报批手续，更不得将其作为筹集、摊派资金的依据或借此向财政、规划、建筑等部门施加压力。

三、经过批准修建纪念设施的费用，要从严掌握，并纳入当地基本建设的审批项目，严格按照基建程序办理。

四、已故近代名人的故居，除经党中央、国务院批准的以外，一律坚持正常使用，不得专门腾出作纪念馆。可以在这些地方建立简易纪念标志，但这种纪念标志的设立，不得影响其他设施的正常使用。

各省、自治区、直辖市党委和政府要根据上述要求，对当地纪念设施的修建情况作一次认真检查，凡不符合规定的在建项目一律停建，并于年底前将情况报告党中央、国务院。

中国共产党党内法规制定程序暂行条例

(中共中央1990年7月31日印发)

第一章 总 则

第一条 为使党内法规制定程序科学化、规范化,提高工作效率,保证党内法规质量,根据《中国共产党章程》和党的建设的实践经验,制定本条例。

第二条 党内法规是党的中央组织、中央各部门、中央军委总政治部和各省、自治区、直辖市党委制定的用以规范党组织的工作、活动和党员的行为的党内各类规章制度的总称。

党章是最根本的党内法规,其他党内法规是党章有关规定的具体化。

党内法规对于加强党的建设,保证党的各项工作和党内生活的制度化,具有十分重要的作用。

第三条 本条例适用于党的中央、中央纪律检查委员会和中央各部门在其职责权限范围内制定党内法规的活动。

第四条 党内法规的名称为党章、准则、条例、规则、规定、办法、细则。

中央纪律检查委员会、中央各部门制定并发布的党内法规,称规定、办法、细则。

第五条 制定党内法规的工作在中央统一领导下有计划有组织地进行。制定党内法规的日常工作由中央书记处负责,中央办公厅承办具体事务。中央纪律检查委员会、中央各部门按其职责权限分别负责有关工作。

第六条 制定党内法规应遵循下列原则:

(一)以党章为依据,贯彻党的路线、方针、政策;

(二)遵守党必须在宪法和法律的范围内活动的规定,不得与国家法律相抵触;

(三)贯彻党的民主集中制原则;

(四)从党的建设的实际出发;

(五)既注重配套完备,又防止繁琐过滥。

第二章 规　划

第七条 中央党内法规制定工作规划，由中央办公厅根据党章和中央指示，在调查研究并对中央纪律检查委员会、中央各部门提出的建议进行综合研究后汇总拟订，经中央书记处办公会议讨论，报中央政治局常委会审定。

第八条 中央纪律检查委员会和中央各部门，凡需列入翌年中央党内法规制定工作计划的制定党内法规的建议，应在当年九月底以前向中央提出。

中央纪律检查委员会、中央各部门提出的制定党内法规的建议，应包括下列内容：

（一）名称；

（二）制定目的和依据；

（三）适用范围；

（四）批准和发布机关；

（五）报送草案的时间。

第九条 中央党内法规制定工作规划和计划在执行过程中需要变动时，或由中央进行调整，或由中央纪律检查委员会、中央各部门提出书面报告，经中央审定后进行调整。

第三章 起　草

第十条 列入中央党内法规制定工作规划和计划的党内法规，按其内容，由中央纪律检查委员会、中央各部门分别起草。综合性的党内法规，由中央办公厅协调中央纪律检查委员会、中央有关部门联合起草。

第十一条 党内法规草案一般应包括下列内容：

（一）名称；

（二）制定目的和依据；

（三）适用范围；

（四）具体规范；

（五）监督措施；

（六）对违反规定的处理办法；

（七）主管部门或负责解释的部门；

（八）生效或施行日期。

第十二条 党内法规的内容用条文表述。条文可由若干款组成，款下可分项、目。内容较复杂的可分章、节。

第十三条　党内法规应文字规范、简明、准确。

第十四条　主管部门起草涉及其他部门工作范围的党内法规时,应与有关部门进行协商。经协商未能取得一致意见的,应在上报党内法规草案时对有关情况作出说明。

第十五条　起草新的党内法规应与现行的党内法规相衔接。对同一事项,如果需要作出与现行的党内法规不相一致的规定,应在草案中作出废止现行党内法规或其中某些条款的规定,并在上报党内法规草案时说明情况和理由。

第十六条　需经中央审议批准的党内法规草案拟定后,视其内容,或在一定范围内征求意见,或经中央同意后在全党范围内征求意见。

第四章　审　　定

第十七条　党内法规起草工作完成后,应履行审定手续。

第十八条　报送中央审议批准的党内法规草案,应有必要的说明并附有关材料。

第十九条　需经中央审议批准的党内法规草案,由中央办公厅负责校核,并向中央提出校核报告。

第二十条　党内法规的审议批准,严格按照下列职责权限进行:

(一)党章的修改,党的全国代表大会选举、组织方面的党内法规,以及涉及党的重大问题的党内法规,由党的全国代表大会审议批准。

(二)党的某一方面工作的基本的党内法规,由中央委员会全体会议或者中央政治局会议审议批准。

(三)须由中央发布或批准发布的其他重要的党内法规,由中央政治局常委会议审议批准。

(四)中央纪律检查委员会、中央各部门发布属于其职责权限范围内的党内法规,由中央纪律检查委员会、中央各部门审议批准。

第五章　发　　布

第二十一条　经中央审议批准的党内法规,根据其内容和适用范围,以下列名义发布:

(一)由中央发布;

(二)经中央批准后由中央纪律检查委员会、中央主管部门发布;

(三)经中央批准后由中央纪律检查委员会、中央有关部门联名发布。

第二十二条　经中央纪律检查委员会、中央各部门审议批准的党内法规,由中央纪律检查委员会、中央各部门发布,或者由中央纪律检查委员会、中央有关部门联名发布,同时报送中央备案。

第二十三条 党内法规采用中共中央文件、中共中央办公厅文件、中央纪委文件、中央各部门文件的形式发布。有的党内法规公开发布。

第二十四条 中央纪律检查委员会、中央各部门起草的拟由中央发布的党内法规,其发布范围和发布形式,由起草机关和部门提出建议,报中央审定。

第二十五条 对不够成熟但实际工作迫切需要的党内法规,可先试行,待在实践中完善后正式发布。

第六章 附 则

第二十六条 中央发布的党内法规规定由主管部门制定具体规范的,具体规范应在该法规发布的同时或稍后即行发布,其施行日期应与该法规的施行日期相同。

第二十七条 党内法规的修改或废止,由原发布机关确定,其程序参照本条例办理。

第二十八条 中央发布的党内法规的解释工作,除已明确规定解释部门的外,由中央办公厅请示中央后具体承办。

第二十九条 各省、自治区、直辖市党委制定党内法规的活动,依照本条例的基本精神进行。

各省、自治区、直辖市党委制定的党内法规,称规定、办法、细则。

各省、自治区、直辖市党委制定的规定、办法、细则,应严格遵循党章的规定和中央、中央纪律检查委员会以及中央各部门发布的党内法规的规定,不得与其相抵触。

各省、自治区、直辖市党委制定的党内法规,应在发布的同时报送中央备案。

第三十条 中央有权撤销中央纪律检查委员会、中央各部门和各省、自治区、直辖市党委发布的与党章和中央发布的党内法规相抵触的党内法规。

第三十一条 中央军委及其总政治部制定军队党内法规的活动,依照本条例的基本精神进行。

第三十二条 本条例由中央办公厅负责解释。

第三十三条 本条例自发布之日起施行。

中共中央办公厅关于党内法规备案工作有关问题的通知

(1990年11月12日)

《中国共产党党内法规制定程序暂行条例》规定,中央纪律检查委员会、中央各部门、中央军委及其总政治部和各省、自治区、直辖市党委发布的党内法规,应于发布的同时报送中央备案。根据这一规定,现就党内法规备案工作的有关问题通知如下:

一、党内法规由发布机关报送中央备案。联名发布的党内法规,由主办机关报送中央备案。报送中央备案的党内法规,除正式文本外,应附制定说明和备案报告,正式文本十份,制定说明和备案报告各五份。

二、党的十一届三中全会以来至《中国共产党党内法规制定程序暂行条例》发布之前,中央纪律检查委员会、中央各部门、中央军委及其总政治部和各省、自治区、直辖市党委发布的党内法规,除已宣布废止或自然失效的外,请于明年三月底以前补报中央备案。补报备案的党内法规,用正式文本或复印本均可,一式两份。

三、每年一月底以前,中央纪律检查委员会、中央各部门、中央军委及其总政治部和各省、自治区、直辖市党委应将上一年度发布的党内法规目录报送中央备查。

中共中央办公厅、国务院办公厅关于严格执行建立纪念设施有关规定的通知

（1996 年 2 月 17 日）

关于建立纪念设施问题，党中央、国务院一贯坚持从严控制的原则，多次作过指示，已有明确规定。各地区、各部门贯彻执行的情况总的是好的，但也还有一些地方、单位对此控制不严，甚至出现不经报批就擅自修建纪念设施的现象。经党中央、国务院同意，现再次重申，各地区、各部门、各单位要认真贯彻落实《中共中央办公厅、国务院办公厅关于重申严格控制建立纪念设施的通知》，严格执行如下规定：

一、建立纪念设施必须报经党中央、国务院批准。未经党中央、国务院批准，不得新建个人纪念馆和设立个人故居，也不得在公共场所、工作区域修建任何历史事件的纪念设施和个人塑像、纪念碑、纪念亭等。

二、建立纪念设施必须严格按照规定程序报批。任何领导个人不能批条子上项目。任何部门、单位和个人不得利用领导同志的题词、题字等代替规定的报批手续，更不得将其作为筹集、摊派资金的依据或借此向计划、财政、建设等部门施加压力。

三、经党中央、国务院批准建立的纪念设施，要纳入基本建设审批项目，严格按照基建程序办理并从严掌握经费开支。经党中央、国务院批准已经建立和正在修建的纪念设施，不得自行扩建。

四、已故近代名人的故居，除经党中央、国务院批准的以外，一律坚持正常使用，不得专门腾出作纪念馆。

五、各地区、各部门、各单位对建立纪念设施问题，要按照中央的要求从严把关。对违反中央规定擅自建立纪念设施的，要坚决予以纠正，对有关人员要追究责任并作出严肃处理。

图书在版编目(CIP)数据

中国共产党党内法规选编:1978～1996/中共中央办公厅法规室,中共中央纪委法规室,中共中央组织部办公厅编.—2版.—北京:法律出版社,2009.9(2020.8重印)

ISBN 978-7-5036-9842-2

Ⅰ.中…　Ⅱ.①中…②中…③中…　Ⅲ.中国共产党—党的纪律—汇编—1978～1996　Ⅳ.D262.13

中国版本图书馆CIP数据核字(2009)第148697号

中国共产党党内法规选编(1978～1996)
ZHONGGUO GONGCHANDANG DANGNEI FAGUI XUANBIAN(1978～1996)

中共中央办公厅法规室
中共中央纪委法规室　编
中共中央组织部办公厅

责任编辑 董　昱　冯高琼
装帧设计 李　瞻

编辑统筹 法规出版分社
开本 710毫米×1000毫米　1/16
印张 35.5
字数 580千
版本 1996年9月第1版
2009年9月第2版
印次 2020年8月第25次印刷

出版 法律出版社
总发行 中国法律图书有限公司
经销 新华书店
印刷 天津嘉恒印务有限公司
责任印制 吕亚莉

法律出版社/北京市丰台区莲花池西里7号(100073)
网址/www.lawpress.com.cn
投稿邮箱/info@lawpress.com.cn
举报维权邮箱/jbwq@lawpress.com.cn
销售热线/400-660-8393
咨询电话/010-63939796

中国法律图书有限公司/北京市丰台区莲花池西里7号(100073)
全国各地中法图分、子公司销售电话:
统一销售客服/400-660-8393/6393
第一法律书店/010-83938432/8433　西安分公司/029-85330678　重庆分公司/023-67453036
上海分公司/021-62071639/1636　深圳分公司/0755-83072995

书号:ISBN 978-7-5036-9842-2　**定价**:88.00元